2001 西安统计年鉴

XI'AN STATISTICAL YEARBOOK

总第9期

西安市统计局 编

(京)新登字 041 号

图书在版编目(CIP)数据

西安统计年鉴—2001/西安市统计局编 .—北京:中国统计出版社 2001.8

ISBN 7—5037—3595—3/C·1955

Ⅰ.西…

Ⅱ.西…

Ⅲ.社会经济统计—统计资料—西安市—2001—年鉴

Ⅳ.C832.411—54

中国版本图书馆 CIP 数据核字(2001)第 048670 号

西安统计年鉴—2001

作　　者 / 西安市统计局
责任编辑 / 蔡启新
E — mail / yearbook @stats.gov.cn
责任校对 / 西安市统计局
封面设计 / 师爱平
出版发行 / 中国统计出版社
通信地址 / 北京市西城区三里河月坛南街 75 号　中国统计出版社
电　　话 / (010)63262295
印　　刷 / 西安合鑫统计资料印刷厂
经　　销 / 新华书店
开　　本 / 880×1230 毫米 1/16 开本
字　　数 / 1000/千字
印　　张 / 40 印张
印　　数 / 1000(册)
版　　别 / 2001 年 8 月第 1 版
版　　次 / 2001 年 8 月第 1 次印刷
书　　号 / ISBN 7—5037—3595—3/C·1955
定　　价 / 200 元

《西安统计年鉴—2001》编委会

《西安统计年鉴—2001》编辑部

总　　编　　辑：陈瑾瑜

副　总　编　辑：师爱平　张宪治　申中惠

编　辑　人　员：张　宏　曹　华　王丽华　蔺秀玲　鄢晓莉

资料整理校对：（按姓氏笔画为序）

丁抗玲	马晓庆	马秋娟	马　琰
邓玉岚	王巨章	王子明	王莉屏
王翠贤	王金桂	王凤玲	王明珠
叱干兴民	田　禾	申中惠	左　宇
令润翠	米　婷	连　鹏	江天赋
冯军魁	刘建萍	李　芬	何秋和
肖西安	何癸玲	余菲玲	吴建萍
吴秦兰	禹建萍	陈　英	陈雅杰
陈立民	杨　虎	杨　骏	张　欣
张雅莉	张利民	张文社	张喜兰
张　育	张晓文	郇安民	金　渝
侯　燕	胡树建	胡友林	赵　晖
赵　敏	赵兰莉	赵群洁	席锋旭
徐　广	秦万来	贯新荣	贾海宇
郝　静	高小琴	高　唯	郭　群
焦卫冬	葛津华	隋铭国	鲍　勇
雷稳强	雷麦鸽	薛芙蓉	

电　子　排　版：薛　燕　马建华

编辑说明

一、《西安统计年鉴》由西安市统计局编辑、中国统计出版社出版，是全面系统综合反映西安国民经济、社会和科技发展基本状况的大型工具书，它同《中国统计年鉴》和全国各省、市(自治区)、计划单列市和副省级城市年鉴形成配套系列，向国内外发行。该书具有资料信息量大、覆盖面广的特点，融权威性、实用性于一身，它不仅及时向社会公众提供经济信息，同时也是向世界宣传西安，让世界了解西安，使西安走向世界的一本宣传材料。

二、《西安统计年鉴—2001》资料主要对专业统计年报及行业统计资料加工而成，也收录了市级有关部门的统计数据。

三、全书共分十八部分，主要包括：1．综合；2．人口；3．从业人员和职工工资；4．固定资产投资；5．工业企业能源购进、消费及库存；6．农、林、牧、渔业及农村经济；7．工业；8．建筑业；9．交通运输、邮电通信业；10．城市公用事业及环境卫生；11．批发零售贸易和餐饮业；12．对外贸易和国际旅游业；13．财政、金融和保险业；14．教育、科技和文化事业；15．体育、卫生、社会福利和其他；16．人民生活；17．物价；18．企业调查。

四、为保证年鉴资料的连续性和一致性，《西安统计年鉴—2001》基本上与近几年西安统计年鉴版本体系相近。本年鉴数据以2000年为主，主要指标列示了建国以来重点年份和就近连续年份的统计资料，并对个别年份的历史资料进行了修正。

五、为方便读者使用，本年鉴在内容上又有充实：一是结尾附有主要统计指标解释；二是增加了区、县和大中型企业等微观统计资料。

六、本年鉴中符号使用说明："－"表示无经济活动："……"表示数据不足本表最小单位数；"空格"表示该项统计指标数据不详，"#"表示基本的主要项。

七、《西安统计年鉴》从1993年由中国统计出版社正式出版以来，得到全市各部门和驻市各单位的热情支持，谨向这些部门和单位表示衷心感谢。

篇目索引

目　录

工业企业能源购进、消费及库存

农、林、牧、渔业及农村经济

工　业

建筑业

交通运输、邮电通信业

城市公用事业及环境卫生

批发、零售、贸易和餐饮业

对外经济贸易和国际旅游业

财政、金融

物　价

企业调查

关于西安市国民经济和社会发展第十个五年计划纲要(草案)的报告

——2001 年 2 月 25 日在西安市
第十二届人民代表大会第六次会议上

西安市市长　冯煦初

各位代表：

我们已经跨入了新的世纪，即将实施国民经济和社会发展第十个五年计划。根据党的十五届五中全会精神、省委省政府的总体部署及对西安市的要求，按照市委九届六次全体会议通过的《建议》，市政府经过反复调研论证，制订了《西安市国民经济和社会发展第十个五年计划纲要（草案）》。现在，我代表市人民政府就《纲要（草案）》向大会报告，请各位代表审议，并请政协委员和其他列席人员提出意见。

一、关于“九五”计划执行情况

“九五”计划的五年，是我市改革和建设任务艰巨，成就突出的五年，是我市建国以来经济总量增加最大、城市建设步伐最快、人民群众得到实惠最多的五年。五年来我市认真贯彻中央的路线方针政策和省委省政府的一系列工作部署，改革开放和现代化建设取得了显著成就。

经济总量快速增长，综合实力迈上了一个新台阶。“九五”期间，我市经济总量以年均 13.4% 的速度增长，高于计划年均 12% 的目标。2000 年，国内生产总值达到 689 亿元，比上年增长 13.1%，顺利实现比 1980 年翻三番的目标，使我市人均国内生产总值在世纪之交突破 1 万元；地方财政收入达到 46.96 亿元，比上年增长 14.9%，“九五”期间年均增长 20.9%；社会商品零售总额达到 328.5 亿元，比上年增长 10.2%，是“八五”末的 1.8 倍，年均增长 12.8%。“九五”期间，全市固定资产投资累计完成 816.8 亿元，是“八五”投资总量的 2.4 倍。区县经济实力迅速壮大，蓝田县已实现整体脱贫。

经济结构调整取得明显成效，经济增长方式发生重大转变。“九五”期间我市产业结构发生重大变化。2000 年三次产业的比重为 6.7:47.9:45.4。第一产业中，多种经营发展迅速，城郊型农业的格局初步形成；第二产业中，高新技术产业规模扩大，所占比重上升；第三产业内部结构不断优化，旅游、信息、金融、保险等新型服务业发展壮大。所有制结构调整进一步加快，全市国有中小企业改制面达 89%，非公有制经济在国内生产总值中的比重达到 33.6%。各个开发新区、产业园区和乡镇企业的迅速发展，改变了我市生产力布局，并成为我市充满活力的新的经济增长点。科技进步对经济增长的贡献率超过 43%，经济增长的质量和效益明显提高。

基础设施建设步伐加快，人居环境和城市面貌显著改善。“九五”期间，我市共组织实施重大基础设施项目80多项，总投资150多亿元。黑河引水工程、天然气城市气化工程、西蓝高速公路、二环路工程及其它城市道路改造工程、通信工程、城乡电网改造、城市污水处理、城运村、国际展览中心等一批重点项目相继发挥效益。新增高等级公路90公里，新建和改造二级公路237.5公里。程控交换机总容量达174.5万门，电话用户141万户。市区日供水能力达到150万吨。环境保护进一步加强，大气质量明显改善，饮用水质保持良好。市容综合整治初见成效。

改革开放取得新进展，经济外向度提高。社会主义市场经济体制初步建立，市场在资源配置中的基础性作用明显增强。以国有企业改革为重点的综合配套改革不断深入，完成了国有大中型亏损企业脱困目标。放开搞活国有小企业，大力发展非公有制经济取得显著成效。按照市场经济要求，政府职能逐步转变，管理体制不断创新。以养老、失业、基本医疗保险及最低生活保障为主的社会保障体系初步建立，正逐步扩大覆盖面并加以完善。全市外商投资企业已达2162家，投资领域涉及到国民经济的14个门类34个行业。“九五”期间，实际利用外资累计达13.35亿美元，是“八五”总和的2.3倍；外贸进出口总额累计达82.07亿美元，其中出口50.06亿美元，分别是“八五”总和的1.9倍和1.6倍；接待海外旅游者累计达到262万人次，旅游外汇收入10.5亿美元，分别是“八五”总和的1.3倍和2.3倍。

各项社会事业全面发展，市民素质不断提高。“九五”期间，我市努力发挥科技、教育、文化等资源优势，精神文明建设和各项社会事业得到全面发展。思想道德建设得到加强，“八大工程”和群众性精神文明创建活动不断深入。科技创新能力明显增强，研发具有自主知识产权的科技成果以及实现产业化的进程加快。教育现代化工程全面启动，中小学素质教育得到大力推进，接受高等教育人数大幅增加。广播电视、文学艺术、新闻出版事业日益繁荣，城乡群众文化活动丰富多彩，体育事业不断发展，医疗卫生事业得到加强，人口素质得到提高。2000年人口自然增长率为4.67‰。

城乡人民生活不断改善，整体达到小康水平。2000年，全市城镇居民人均可支配收入和农民人均纯收入分别达到6364元和2344元，比上年增长6.1%和6.4%，“九五”期间年均增长9.6%和11.6%。居民消费结构出现新变化，吃、穿、用消费稳步增长，文化、旅游、住房、教育等消费增长较快。城乡人民群众居住、交通、通讯条件明显改善，社区服务得到较快发展，城镇人均居住面积达到10.1平方米，较“八五”末增长31.2%。社会稳定，人民安居乐业。

各位代表，五年来我市改革开放和现代化建设的巨大成就，是全市人民汗水和心血的结晶，也是各方面大力支持的结果。全市人民过去五年奋力拼搏创造的业绩和作出的贡献，海内外所有关心支持西安发展的人士所付出的努力，已为今天西安日新月异的变化所见证。我和市政府全体成员向全市人民，向一贯支持政府工作的各位代表、各位委员和社会各界人士表示崇高的敬意和衷心的感谢！

在肯定成绩的同时，应当充分认识到我市经济社会发展中还存在很多不容忽视的矛盾和问题，主要是：经济结构仍不尽合理，传统工业技改步伐较慢，优势产业规模偏小，农业产业化水平较低；城市基础设施还不能满足发展的需要，小城镇建设滞后；科技成果就地转化率较低，科技优势还没有得到充分发挥；经济发展的环境，特别是投资软环境还有待进一步改善。对这些问题和矛盾必须给予高度重视，并在“十五”期间采取切实有效的措施，努力加以解决。

二、关于“十五”发展的总体要求和主要目标

党的十五届五中全会指出：“必须把发展作为主题，把结构调整作为主线，把改革开放和科技进步作为动力，把提高人民生活水平作为根本出发点”。我市《纲要（草案）》的制订，贯彻了这一基本指导思想。

“十五”计划的五年，是西安在新的世纪抓住机遇，实现经济和社会大发展的关键时期。我们面临着严峻的挑战，也面临着前所未有的机遇。改革开放以来，特别是邓小平同志视察南方谈话发表以后，我市经济进入了持续快速发展时期，综合实力大大增强，为今后发展奠定了坚实基础。国家实施西部大开发战略，加大对西部地区基础设施、生态环境建设等方面的投资力度，并颁布实施了一系列支持西部大开发的政策措施，为西部地区也为我市经济社会发展提供了强有力的支持。省委、省政府对西安的发展寄予很高的期望，省九届人大四次会议通过的《陕西省国民经济和社会发展第十个五年计划纲要》，把支持西安发展摆在全省发展的突出位置，对于强化西安中心城市功能，发展高新技术产业和旅游、信息等现代服务业，不断增强经济实力提出了更高的要求。西安在西部大开发中所处的地位极为重要，具有科技、教育、智力和发展高新技术、旅游产业的突出优势。依托现有的发展基础，我市完全有可能发展得更快一些，在全省和国家区域经济中发挥更大的作用。

“十五”期间，我市经济社会发展要以西部大开发为契机，充分发挥比较优势，继续实施开放带动、科教兴市、城乡一体化和可持续发展战略，加快体制、科技和管理创新，以高新技术产业和旅游业为主导，在调整经济结构、发展科技教育、加快城市基础设施建设、搞好生态环境保护、改善人民生活、提高城市文明化程度等方面取得显著成效，把西安建成西部地区重要的经济高地、科技高地、人才高地和我国重要的高新技术产业、国防科技工业、装备工业基地，建成国际性旅游城市和区域性商贸、金融、信息中心，成为市场配置资源能力较强、具有持续创新能力和发展活力、人居环境优美、各项社会事业比较发达的社会主义外向型城市。

“十五”期间，我市经济社会发展的主要预期目标是：经济增长要继续高于全国和全省平均水平，年均增长率保持在12.5%以上；到2005年，按2000年价格计算的国内生产总值达到1170亿元；三次产业比重为5:46:49，城镇化水平达到55%；科技进步对全市经济增长的贡献率达到50%左右，高新技术产业增加值占工业增加值的比重达到40%以上，旅游业总收入相当于全市国内生产总值的18%左右；非公有制经济增加值占国内生产总值的比重达到50%左右；人口自然增长率控制在4.61‰以下，总人口规模控制在750万人以内，五年城镇就业累计增加15万人，城镇登记失业率控制在5%以内；人均城市道路面积6平方米，城市绿化覆盖率37%，城市气化率90%，城市污水处理率60%，城市垃圾无害化处理率95%，城镇居民人均居住面积15平方米；城镇居民人均可支配收入和农民人均纯收入分别达到8864元和3500元，年均增长6.9%和8.4%。

我们坚信，有过去五年奠定的坚实基础，有我们在改革开放和现代化建设中积累的成功经验，有全市人民知难而进、开拓创新的精神，21世纪的西安必将在西部大开发中获得新的更大的发展。我们对西安的未来充满希望和信心！

三、关于经济结构调整

“十五”期间，我市经济必须从产业结构、生产力布局、所有制结构上进行全面调整，更好地利用市场机制配置资源，发挥各种生产要素的潜能，全面提升经济的综合竞争力。

（一）以高新技术产业和旅游业为主导产业，推进产业结构调整。

“十五”期间，我市要以建设西部科技创新城为目标，重点发展壮大电子信息、生物工程与新医药、机电一体化、光电子、航空航天工程、新材料等六大高新技术产业，提高高新技术产业在经济中的比重。

在电子信息产业方面，要坚持“以信息化带动工业化”的发展方向，不失时机地推进我市经济和社会信息化步伐，实现我市信息产业的跨越式发展。重点支持企业开发和生产通信设备及产品、计算机及其外部设备、信息网络及安全产品、广播电视技术产品、微电子及新型元器件、计算机软件产品等。在现代生物与新医药产业方面，重点支持具有自主知识产权的新型生物疫苗、基因工程、细胞工程、生物化工新产品、生物芯片、生物育种和生物制剂等方面的研制开发并形成生产规模，不断开发各类新特中药和天然药品。在机电一体化产业方面，重点支持发展模糊变频、新型数显装置、先进扫描成像系统。在光电子产业方面，重点发展光纤、光缆与光材料、磁光电流互感器、红外弱光摇感仪等产品。在航天航空工程方面，重点支持阎良飞机城建设，扩大新舟60飞机的市场占有率，使我市成为国家研究生产新一代支线飞机、无人机、航空地面设备、运载发动机、航天器、卫星应用技术和设备的重要基地。在新材料和高效节能环保产业方面，重点支持研究开发高纯金属材料、超导材料、液晶材料、纳米材料、高性能复合材料、生物医用高分子材料、可降解塑料等有良好发展前景的新材料产品，把高新技术运用于环保产业。

要充分发挥我市科技优势，加速用高新技术和先进技术改造优势传统产业。围绕增加品种、改善质量、节能降耗、防治污染和提高生产率，有重点地改造一批骨干企业，提高工艺技术和装备水平，提高整体素质和竞争力。在装备工业方面，加快输变电成套设备、通信装备、制冷设备、缝制设备、通用机床、矿山、冶金、筑路、农业机械和节水灌溉等专用机械装备的技术进步；以大型载重车、大型系列客车、经济型轿车、改装车、铁路车辆为重点，引进消化先进技术，上水平、上规模，发展特种车辆制造业，提高市场占有率。在轻纺工业方面，按照“有所为，有所不为”的思路，加快新产品开发，提高产品档次，扩大生产规模。在建材工业方面，重点支持发展新型建筑材料和装饰材料。在化学工业方面，积极创造条件，争取石油化工、天然气化工、精细化工有较大发展，扩大现有重化工业的生产规模。

按照“发展大旅游，建设大市场，形成大产业，建成国际旅游城市”的目标，把西安旅游业做大做强，使其成为我市最具市场竞争力的特色产业。要坚持可持续发展原则，搞好旅游业的统一规划和旅游资源的综合开发，避免重复建设和粗制滥造，形成历史人文景观旅游带和自然风景区旅游带交相辉映的资源开发格局。重点支持开发具有古都文化特色的旅游产品，促进旅游产品结构的优化升级，形成以文物古迹为主体，集人文景观、自然风光、民俗风情、休闲娱乐、商务会展、观光购物等为一体的都市旅游新格局。同时，进一步完善旅游服务功能，拓宽服务领域，不断提高旅游从业人员的整体素质；加大宣传促销力度，大力发展入境旅游，积极拓展国内旅游；加强旅游市场管理和环境的综合整治。加强部门协同和地区合作，完善旅游产业体系。运用现代经营方式和服务技术改造提高商贸和传统服务业，推行各种新型营销形式和服务方式。大力发展金融、保险、广告、咨询、信息、会计、法律等现代服务业。

在农业和农村经济结构调整中，要坚持以市场为导向，以提高农业经济效益、增加农民收入为目标，加快优质高效的城效型农业生产体系建设步伐。加强农业基础设施建设，大力推广优良品种和先进实用技术，努力提高粮食和经济作物综合生产能力，大力发展畜牧业和特色养殖业。积极扶持对农产品深加工的龙头企业，健全社会化服务体系，加快市场体系建设步伐，改进政府对农业的引导、服务及扶持方式，调动农民自身的积极性和创造性，推进农业产业化经营。对乡镇企业，要淘汰能源消耗大、环境污染严重的行业，扶持市场前景好、有一定规模的企业进行技术改造，促进产业快速升级。通过大力发展乡镇企业，实现生产要素的合理聚集，加速传统农业向现代农业转变和农村城镇化进程。

（二）加快开发区和小城镇建设，推进生产力布局的调整。

“十五”期间，要在坚持“分散组团式”城市布局形态，控制发展中心市区的基础上，合理调整城市功能分布，有序拓展城市发展空间，发挥不同的资源优势，培育各具特色的产业基地。西安高新技术产业开发区以建成国内一流的高新技术产业基地为目标，建设好集中新建区二期工程及长安科技产园、大学科技产业园等园区。在高科技产品研发和孵化基地建设、多渠道引进留学人员回国创业方面有大的突破。西安经济技术开发区要吸引更多的国内外知名企业入区投资，在功能和效益方面，成为我国西部地区最有活力的国家级经济技术开发区之一。

各区县按照要素特征确定各自比较优势和主导产业，发展特色经济。城区和郊区要着力发展高新技术产业，突出发展商贸流通业，推进各项服务业和文化教育产业的发展壮大。各县以提高综合经济实力，增加农民收入为目标，加快发展、培育特色产业。

发展小城镇是壮大我市县域经济实力，调整生产力布局，形成功能完善、布局合理、规模适度、结构协调、均衡发展的城市经济体系的重要举措。“十五”期间，小城镇建设发展的重点是县城和部分基础条件好、发展潜力大的建制镇。各县城要按照现代化 的标准进行规划和建设。要加大城镇水、电、路、通信等市政基础设施建设及改造力度，吸引农村人口向小城镇转移和乡镇企业向城镇集中，扩大农村小城镇人口比例和经济规模，形成一批具有较强带动能力的农村区域经济文化中心。

（三）支持、鼓励和引导非公有制经济发展，推进所有制结构的调整。

我市国有经济在经济中所占比重过高，受计划经济体制的影响较深，企业缺乏活力和市场竞争力，难以适应市场经济发展的要求。因此，要坚持优胜劣汰、有进有退的方针，做到进而有为，退而有序，有步骤地使国有资本从难以发挥优势的竞争性领域中退出，向高新技术产业、旅游产业、城市基础设施和公益性产业转移。积极发展各种非公有制经济，尤其要大力支持有潜力的民营科技企业的发展。建立健全促进非公有制经济发展的支持体系，改善政策环境、融资条件、服务环境，依法保护非公有制经济的合法权益，为各类企业发展创造平等竞争的环境。鼓励个体、私营经济联合重组以及与外商合资合作，鼓励非公有制经济参与国有企业改制，鼓励科技人员、国有企业职工创办多种形式的科技型、外向型企业，使非公有制经济在全市经济结构战略性调整中发挥更大的作用。

四、关于深化改革和扩大开放

（一）加快国有企业改革步伐，建立现代企业制度。

要按照“产权清晰、权责明确、政企分开、管理科学”的现代企业制度要求，在2005年前全面完成对国有大中型骨干企业的公司制改制，完善法人治理结构，健全决策、执行和监督体系，形成各负其责、协调运转、有效制衡的企业机制。对国有中小型企业继续采取联合、兼并、租赁、承包、股份合作等多种形式，全面放开搞活。积极探索公有制的多种有效实现形式。建立起规范的国有资本监管、营运体系。

（二）建立和完善投融资体系及市场体系。

积极建立以政府投入为引导、企业投入为主体、金融机构融资为支撑、广泛吸引社会资金和外商投资的多元化投融资体系，形成区域性金融中心。积极扩大证券融资规模，创造条件争取更多股份制企业上市，建立健全风险投资机制，发展风险投资公司，为企业发展提供资金支持。加强市场管理，健全市场准入和管理的规则，打破行业分割封锁，创造公平竞争的市场环境。“十五”期间，建立起比较完善的生产要素市场体系。

（三）切实转变政府职能，提高服务水平。

要完成政府机构改革，实现政企分开、政事分开，精减机构，提高工作人员素质，建设高效、廉洁、勤政、务实的政府。通过政府审批制度改革等措施，努力转变政府管理经济活动和社会事业的方式及手段，充分发挥市场配置资源的作用，增强政府的宏观调控能力，构建服务规范、办事高效、管理有序、运转协调的行政体系，更好地为经济建设和社会事业发展服务。

（四）坚持开放带动战略，扩大对外开放。

充分利用国家西部大开发的优惠政策，吸引和鼓励外商投资高科技领域和农业、水利、交通、环保、市政基础设施及矿产、旅游等资源开发。扩大服务贸易领域对外开放，允许外商对银行、商业零售企业、外贸企业投资，引导外商兴办中外合资工程设计公司、铁路和公路货运企业、市政公用企业和其它已承诺开放领域的企业。加强对世界发达国家和地区招商引资，特别是要拓展与世界著名大企业的联系，争取其在西安投资办厂和设立研发中心。要拓宽引资渠道，创新引资方式，允许外商投资项目开展包括人民币在内的项目融资，支持外资企业在境内外股票市场上市。对国家鼓励和允许类产业的企业，转让经营权、出让股权、兼并收购、资产重组等方式吸引外商投资。健全外商和外地投资企业投诉网络，规范市场行为，依法保护投资者的合法权益。要继续实施“走出去”战略，加强对外经济协作，参与国际分工和竞争，建立和扩大出口基地，增加高新技术产品的出口份额。加强与东部地区与周边地区的合作，建立双赢的观念和利益机制，不断扩大东西合作的广度和深度。

五、关于基础设施建设和生态环境建设

基础设施建设和生态环境建设是西部大开发中国家重点支持的领域。我市要紧紧抓住这一机遇，在“十五”期间首先抓好交通体系建设，适度超前发展，形成辐射全国的交通网络，积极配合国家和省上加快以西安为中心、五条国道主干线为骨干的“米”字型高等级公路建设和西安——南京铁路建设，完成西安咸阳航空港改扩建工程。高标准地建成沿山旅游公路，完成县域、农村公路网和“三横、三纵、三环、八射线”的城市道路网建设，并力争早日动工建设西安地铁工程。市政公用设施建设要高质量地如期完成黑河水利枢纽工程，使城市日供水能力达到172万吨，基本解决2010年以前的城市供水问题；完成天然气城市气化二期工程，日供气能力达到188万立方米；逐步提高城市供热普及率；加快城乡电网改造，保证电力供应；按照建设现代通讯枢纽的要求，尽快建成西安信息港和城域宽带信息传输网。要在积极争取国家资金支持的同时，充分发挥资本市场的作用，加大城市建设资金筹措力度，并通过出售、特许经营权转让等方式和“谁投资，谁受益”的政策来吸引国内外投资者参与城市建设。

“十五”期间，要更加严格地实施《城市规划法》，使城市建设和管理走上法制化轨道。要根据国务院批准的西安城市总体规划，制定相应的分区规划、控制性规划和专业规划，从城市格局和宏观环境上充分体现西安古都风貌和现代化气氛有机结合的恢宏气势。在规划执行中，对城市功能分布予以适当调整，加快外围组团和县城建设。要积极探索构建适应市场经济要求的现代化城市建设管理新体系。

“十五”期间，要努力改善生态环境，实施山川秀美工程，建设园林化城市。积极实施封山育林、退耕还林（还草）计划，加快城市绿化和多圈层防扩林体系建设。沿河流和公路两边栽植树木，形成绿化林带，在渭、灞、浐、沣河三角洲地带利用河滩地建设生态林工程，搞好小流域治理，实施水土保持工程，整治水土流失1500平方公里，提高对干旱、洪涝等自然灾害的防御能力。坚持开源节流并举，节水优先的原则，综合治理水利环境，保护好现有水源地，积极开辟新的水源地，全面推广节水措施。进一步加大对城市大气、水体、噪声污染及生产、生活垃圾的综合整治，全面实现工业污染源治理达标，把城市污水日处理能力提高到70万吨，到2005年使城市大气质量和地面水环境质量稳定达到功能区标准。

六、关于发展科技教育和社会事业

“十五”期间，要继续深化科技体制改革，优化科技资源配置，形成符合市场要求和科技发展规律的科技进步与创新机制，以充分发挥西安科技优势。促使一批重点实验室、研究中心、工程中心转变为区域研究中心；在高等院校和科研机构中，组建具有国内优势和特色的工程开发中心、行业技术创新服务中心和成果转让中试基地；支持科研机构进入企业集团或向企业转制，创办产学研紧密结合的科技型企业。培育一批拥有自主产权和广阔市场前景、对高新技术产业具有较大带动作用的重大科技项目，开发一批具有国内先进水平的名牌产品，发展一批规模大，竞争力强的高新技术企业集团。鼓励资本、技术、管理参与收入分配，推动技术成果的资本化。加强高新技术引进、消化、吸收工作，扩大科技交流与合作。

“十五”期间，要按照科技兴市的要求和建设教育强市的目标，深化教育体制改革，合理调整教育结构，优化教育资源配置，不断提高教育的整体水平。要加大对基础教育的投入，高标准实施九年义务教育，大力发展高中阶段教育，全面推进素质教育。2005年全市城镇基本普及高中阶段教育。鼓励社会力量办学，实现投入主体和办学模式的多元化。进一步发展高等职业教育和成人教育，积极支持普通高校和民办高校扩大规模，提高质量，大力发展教育产业。加快高等院校设施和后勤保障体系建设，转变管理模式，实现高校后勤服务社会化。高度重视现有人才的培养和使用工作，建立健全有利于人才脱颖而出的激励机制，在全社会形成尊重知识、尊重人才、支持创业的浓厚氛围。

加快医疗卫生体制改革，初步建立与我市经济社会发展水平相适应的医疗保障体系、卫生服务体系和执法监督体系。进一步完善农村三级卫生网，行政村合作医疗覆盖率达到85%。实施区域卫生规划，合理配置卫生资源。计划生育工作在农村要继续坚持“村为主”战略，在城市坚持属地管理并初步建立计划生育社区服务体系。到2005年，全市人口出生率不超过11.5‰，计划生育率保持在96%以上。

大力发展文化体育等社会事业。重视社会科学研究。繁荣优秀传统与时代特征结合的各种文化艺术，增加对文化事业的投入，改造和新建一批文化设施；推进文化体制改革，大力倡导国家、集体、社会、个人共同兴办文化产业。加快广播电视设施建设，实现广播数字化和电视节目的卫星传输，加强对新闻出版的管理，推动新闻出版、广播影视事业发展。大力开展全民健身运动，提高竞技体育水平，促进体育产业发展。2005年，建成全民健身广场200个，中小学体育达标率达到88%。

七、关于提高城乡人民生活水平

（一）努力扩大就业，不断增加城乡居民收入。

我市国有大中型企业多，随着改革的深化和经济结构调整，企业中富余人员大量下岗，社会就业压力增大，解决好这个问题至关重要。要建立起适应社会主义市场经济体制的城乡一体的、相互配套的劳动就业体系。发展、规范劳动力市场和劳务中介组织，完善就业服务体系，加强职业培训，形成市场导向的就业机制。大力发展社区服务业，作为今后几年下岗、失业人员再就业的主要方向之一。要适当发展劳动密集型产业，大力发展集体企业、个体私营企业，以提供更多的就业岗位。鼓励和扶持下岗、失业人员通过创办生产自救型经济实体或劳动组织，促进多种形式就业。要千方百计增加城乡居民收入，确保低收入群众的基本生活。坚持“按劳分配为主，多种分配形式并存”和“效率优先，兼顾公平”的原则，调整收入分配格局，规范社会分配秩序，鼓励各阶层大胆创业，激发经济者和劳动者的生产积极性。随着经济发展逐步提高城镇低收入者的社会保障标准。要努力开辟农民收入的新渠道，切实落实减轻农民负担的各项政策措施。

（二）完善社会保障制度，不断扩大社会保险覆盖面。

要按照中央提出的建立独立于企业事业单位之外、资金来源多渠道、管理服务社会化的中国特色社会保障体系的要求，逐步完善城镇职工基本养老保险制度、基本医疗保险制度、失业保险制度和城镇居民最低生活保障制度，发展商业保险。2005年，全市城镇劳动者养老保险全部纳入社会保障范围，养老保险和失业保险收缴率均保持在95%以上，巩固和完善养老保险金的社会化发放。做到老有所养、病有所医、困有所帮，基本生活有保障。继续推进城镇职工基本医疗保险制度改革，加快农村社会保障体系建设。要多渠道保证资金来源，增强保障基金的支撑力度，不断扩大社会保障覆盖面。

（三）坚持“以人为本”，改善人居环境和公共服务水平。

要进一步深化住房制度改革，规范房屋市场，发展城市房地产业，推动经济适用住房建设，降低工程造价，提高工程质量。2005年前新增城镇住房面积1400万平方米，人均住房面积增加4.9平方米，居住条件有较大改善。大力发展城市便民设施和公共交通，增加车辆、路线，方便居民出行。重视和发展老年人教育等老龄服务事业。进一步增加公共娱乐场所和设施，不断满足大众休闲娱乐需求。按照便于居民自治、便于管理，有利于资源合理配置的原则，积极推进城市社区建设，完善城市服务功能。整治市容市貌，在保持和提高主干道容貌水平的基础上，切实治理背街小巷。搞好城市环境保护，植树种草，扩大绿地面积，绿化、美化、净化城市，为市民创造良好的生活空间。逐步解决部分农村群众长期饮用苦咸水、高氟水的问题。

八、关于精神文明建设和民主法制建设

“十五期间，要以邓小平理论和江泽民“三个代表”的重要思想为指导，继续坚持不懈地进行党的基本理论和基本路线教育，培养和造就有理想、有道德、有文化、有纪律的社会主义新人，推动全社会的文明进步。贯彻以德治国方略，坚持实施精神文明建设“八大工程”，形成有利于社会主义市场经济和现代化建设的思想观念、价格观念，大力倡导社会公德、家庭美德和职业道德，激发起全市人民热爱西安、建设西安的巨大热情和干劲。坚持正确的舆论导向，加强科普宣传教育，加强对新闻媒体、国民教育、社会文化、休闲娱乐等各种思想文化阵地的管理。加强国防教育和民兵预备役建设，搞好军民共建和双拥工作。大力开展群众性精神文明创建活动，逐步形成以社区为核心的精神文明建设网络。要坚持从严治政，大力加强政府机关廉政建设，加大从源头治理腐败的力度，切实抓好行政审批制度、财政制度、人事制度等“三项制度”改革，加强对行政执法部门的监督，防止行政权力腐败，保证公共行政权力的正确行使。

要按照依法治国，建立社会主义法治国家的要求，积极推进依法治市进程。加强城乡基层政权机关和群众性自治组织建设，进一步扩大基层民主，实行政务、厂务、村务公开。加强政府法制建设，改进政府立法工作，提高立法质量，以解决经济建设和城市管理的重大问题为重点，完善规章体系，为依法治市提供强有力的法律支撑。重视人民群众的来信来访工作，保持政府与群众的密切联系。认真贯彻执行党的民族、宗教政策。健全人民调解员制度和社会矛盾调解网络，妥善处理和化解各种社会矛盾。深入开展法制教育，进一步加强普法宣传，增强人民群众特别是干部的法制意识，落实社会治安综合治理工作的各项措施，严厉打击犯罪，确保社会稳定，保护人民利益，为西部大开发、西安大发提供良好的社会环境。

九、关于2001年我市经济和社会发展主要目标，任务和工作重点

2001年是实施我市“十五”计划的起步之年。做好今年的各项工作，对于实现“十五”时期改革和发展的各项目标，具有十分重要的意义。今年政府工作的总体要求是：高举邓小平理论伟大旗帜，按照江泽民“三个代表”重要思想的要求，认真贯彻党的十五大、十五届五中全会和中央经济工作会议精神，按照省委省政府和市委九届六次全会的部署，抓住西部大开发的历史机遇，以发展为主题，以经济结构调整为主线，以改革开放和科技进步为动力，以提高人民生活水平为根本出发点，继续实施开放带动、科教兴市、城乡一体化战略，加快发展高新技术产业和旅游业，改造提升传统产业，大力发展商业和现代服务业，进一步巩固发展城郊型农村经济，努力提高经济增长的质量和效益；切实加强城市建设与管理，大力整顿市容，大力整治投资环境；推进民主法制建设和精神文明建设，努力实现“十五”计划的良好开局。

今年我市经济和社会发展的预期目标是：国内生产总值达到731亿元，比上年增长12.5%；其中第一、二、三产业增加值分别达到47.5亿元、332.5亿元、351亿元，分别增长3.3%、14.3%、12.1%；地方财政收入51.8亿元，可比增长13.5%；全社会固定资产投资268亿元，增长15%，社会消费品零售总额363亿元，增长10.5%；实际利用外资1.9亿美元，增长15%；城镇居民人均可支配收入6810元，增长7%；农民人均纯收入2484元，增长6%；城镇登记失业率控制在3.5%以内；人口自然增长率控制在6.52‰以内。为了实现上述目标，市政府今年要着力抓好以下重点工作：

（一）认真贯彻落实中央实施西部大开发战略各项方针政策和工作部署。

继续开展实施西部大开发的宣传教育活动，引导和激励广大干部群众进一步解放思想，转变观念，强化机遇意识、开放意识、竞争意识，积极投身到西部大开发、西安大发展的各项建设中去。

认真落实好国家有关实施西部大开发战略的各项政策和部署。各区县、市政府各部门要按照我市“十五”计划的要求，明确各自发展的目标任务，提出具体贯彻的措施，把中央的各项政策措施用足、用活、用好。按照中央实施西部大开发的政策导向、投资重点，加强与国家和省上有关部门的沟通和联系，力争更多的建设项目列入国家和省上计划，争取更多的建设资金。

（二）按照产业结构调整方向，加快高新技术产业和旅游业的发展步伐。

今年，我市要进一步扩大高新技术产业规模，实现产值350亿元。高新技术产业开发区要加快二期工程和各园区的建设，不断拓展发展空间，进一步扩大招商引资范围。全年实现技工贸收入330亿元，工业总产值220亿元，实际利用外资5000万美元，引进国内资金8亿元。经济技术开发区要不断优化投资环境，吸引更多的国内外知名企业入区投资。要积极发展出口加工园，扩大出口创汇规模。全年实现技工贸收入110亿元，工业总产值70亿元，外资到位5350万美元。全市要选择几户重点工业企业，利用闲置资源，组织“传统产业技术升级孵化器”试点。积极探索传统产业现代化的有效途径，努力提高其整体素质和竞争力。

旅游业要按照总体规划扎实推进曲江旅游度假区、临潼风景旅游区、“三园”工程等各项旅游设施建设。办好2001年中国西安丝绸之路国际旅游节。加大对日本、韩国、西欧、北美和香港、澳门以及江苏、广东等沿海省份的促销，促进国内外旅游客源市场的持续扩大。完善旅游“黄金周”工作，引导假日旅游健康有序发展。建立旅游信息服务体系，提高旅游服务水平，争创“中国最佳旅游城市”。全年实现接待境外游客72万人次，创汇2.86亿美元，接待国内游客1680万人次，总收入110亿元的目标。

（三）以农民增收为目标，推进农业产业化。

今年要在稳定提高粮食综合生产能力的同时，扩大专用优质粮生产。按照农村经济结构调整的要求，加快农业产业化步伐。发展粮食、果品、蔬菜、花卉等农产品加工业，抓好蔬菜基地建设，扩大畜禽商品基地规模。大力推进以信息服务为重点的农业社会化服务体系建设，积极推广优良品种和节水灌溉、秸杆综合利用等一系列实用科学技术。继续加快乡镇发展，充分发挥其在农业产业化方面的带动作用，使其成为增加农民收入重要途径。按照国务院和省政府统一部署，推进农村税费改革，从根本上减轻农民负担。巩固扶贫开发成果，继续帮助农村贫困人口脱贫，采取有效措施防止返贫。启动农村广厦工程，解决农村贫困户的住房困难。

（四）加快各项改革步伐，进一步完善社会主义市场经济体制。

今年在继续抓好国有工商企业改制的同时，全面启动公交、建筑、自来水、天然气、市政建设、园林绿化等行业的体制改革和企业改制。发展壮大一批大公司和大企业集团，进一步放开搞活国有中小企业，积极推进国有资本管理、监管、营运体制改革。认真做好下岗职工“出中心、进市场、再就业”工作。进一步深化小城镇综合配套改革，不断完善社会保障体系，扩大社会保障覆盖范围，搞好医药卫生体制改革。完成市、区县政府机构改革和政府系统行政审批制度改革，进一步转变政府职能。

（五）大力整治投资环境，把我市对外开放提高到一个新水平。

今年招商引资要取得更大成果。积极参加2001年中国东西部经济和贸易洽谈会，继续办好2001年中国西安投资与贸易洽谈会，利用各种机会在境外举办招商活动，并通过中介招商、网上招商、以商招商等多种形式，加大推介西安的力度。全年自营出口总额增长10%以上。

继续努力整治投资环境。认真落实扩大对外开放的各项政策，推进对外商投资企业国民待遇的实施，使落户我市的中外企业得到更多的发展机会和实惠。抓紧清理、废除不利于经济发展的规章和规定。进一步做好理顺管理体制、规范服务、提高效率、强化监督等工作，组建市投资服务中心和市受理投资商投诉办公室，努力改进工作作风，对严重影响我市投资环境的典型案件和违法违纪行为要依法严肃查处。通过综合整治，使我市的投资环境进一步优化。

（六）加快城市基础设施重点工程建设，改善城市环境，增强综合服务功能。

今年基础设施建设的重点是交通、市政公用设施，要高质量地完成一批重大工程项目。积极配合国家和省上实现西阎高速公路通车。加快西户高速公路、沿山旅游公路建设和县域二级公路改造，开工建设城市快速干道一期工程，完成西大街和南广济街等道路拓宽改造工程。年内完成黑河水利枢纽主体工程，南郊水厂达到试生产运行条件。全面完成城市气化一期工程收尾工作，开工建设二期工程。基本完成西郊热电厂二期扩建工程。扩大市话电话用户 30 万户。坚决地、有步骤地继续推进城市环境容貌综合整治，进行环城河治理及综合开发，实施路灯改造、背街小巷改造，完成 200 万平方米城市人行道整治。

加强环境污染治理力度，今年内基本完成无燃煤区和改煤区建设任务，非采暖期市区大气环境质量基本达到国家二级标准。完成邓家村污水处理厂改造项目。

（七）加强社会主义精神文明建设，推进各项社会事业发展。

巩固、拓宽、深化以思想道德文化建设为主要内容的精神文明建设八大工程，以创建文明社区为龙头，深入开展群众性精神文明创建活动。开展“倡导文明新风、共建美好家园”等项精神文明创建活动。在全市区县部门、乡镇、村领导班子和基层干部中有计划、有步骤地开展“三个代表”重要思想学习教育活动。

加强中小学标准化建设，进一步理顺教育经费拨付和教师工资发放机制。今年全面推行中小学教师聘任制，提高教师队伍素质。继续开展科技、文化、卫生“三个乡”活动。加强文化市场管理。各艺术表演团体要积极进行改革，加强艺术创作完成全年演出任务。抓好广电中心建设的前期规划和实施。促进有线电视网络升级改造及用户开发工作。举办好市十二届运动会，力争竞赛成绩超过往届。加强人口与计划生育工作，稳定低生育水平，计划生育率达到 95% 以上，坚持稳定压倒一切的方针，坚决同法轮功邪教组织作斗争，抓好社会治安综合治理，严厉打击刑事犯罪和各种恶势力，扫除黄赌毒等社会丑恶现象。认真抓好“四五”普法规划的制定工作，认真落实依法治市的各项工作措施。自觉接受人大监督，高度重视人大代表建议和政协委员提案，认真做好办理工作。

要进一步抓好政府系统廉政建设和反腐败斗争。以规范领导干部从政行为为重点，进一步加强领导干部廉洁自律工作。强化案件查处工作，严厉惩处腐败分子。以解决群众反映强烈的突出问题为重点，深入开展纠正部门和行业不正之风工作。深化体制、机制和制度的创新，努力从源头上预防和治理腐败。推进财政制度改革，强化“收支两条线”监管，抓好全市会计核算中心的组织和运行。加强重点建设项目、国债资金、社会保障资金、专项资金的审计和执法监察。市政府要继续办好“十件事”。各级政府工作人员都要认真改进作风，深入基层，深入群众，努力为全市人民办实事、办好事。

各位代表，在新的世纪里，我们正面临着国际国内难得的发展机遇，同时，也将面对日新月异的高科技发展的挑战和更加激烈的综合实力竞争。抓住机遇，迎接挑战，在西部大开发中乘势而上，再创西安新世纪的浑煌，这是广大西安人民的重托，是历史赋予我们的责任。我们将不辱使命，以更加振奋的精神状态，更加强烈的创新意识，更加扎实的工作作风，高举邓小平理论伟大旗帜，紧密团结在以江泽民同志为核心的党中央周围，为实现第十个五年计划的宏伟目标而努力奋斗！

西安市2000年国民经济和社会发展统计公报

西安市统计局

2001年3月12日

2000年，全市人民在市委、市政府的领导下，认真贯彻党中央、国务院的重大决策部署，积极落实扩大内需、调整结构、深化改革等一系列政策措施，努力加强社会主义精神文明建设，投资、消费、出口同步增长，经济持续、快速、健康发展，各项社会事业全面进步，人民生活水平继续提高，全面完成了“九五”计划的主要任务，提前实现了现代化建设第二步战略目标。国民经济和社会发展中存在的主要问题是：经济快速发展的基础还不很牢固，结构调整的任务仍相当艰巨，城乡居民收入增长趋缓，科技优势还没有得到充分发挥，投资环境还有待于进一步改善。

一、国民经济快速增长　三次产业协调发展

国民经济保持快速增长。2000年西安市实现国内生产总值689亿元，按可比价格计算，比上年增长13.1%。人均国内生产总值突破10000元，顺利实现了比1980年翻三番的目标。“九五”期间全市国内生产总值年平均递增13.4%。2000年全市财政总收入69亿元，比上年增长12.9%。其中地方财政收入46.96亿元，比上年增长14.9%，地方财政支出51.89亿元，比上年增长27.6%。“九五”期间全市地方财政收入年平均递增20.8%。2000年全市地方财政收入占国内生产总值的比重达6.8%，比1995年的5.5%提高1.3个百分点。

三次产业在改革中协调发展。2000年全市第一产业增加值46亿元，比上年增长3.2%，“九五”期间平均递增4.5%；第二产业增加值330亿元，比上年增长15.9%，“九五”期间平均递增16.8%；第三产业增加值313亿元，比上年增长12.5%，“九五”期间平均递增12.1%。

二、农村经济全面发展　农业结构得到调整

农村经济全面发展。2000年全市农业总产值74亿元，按可比价格计算，比上年增长4.3%，非农行业总产值847亿元，比上年增长3.3%。2000年全市农村家庭从业人员213万人，比上年减少3.3%，其中从事非农产业的劳动力占31.3%，从事传统农业生产的劳动力比重比“八五”期末下降了3.1个百分点。

农业结构得到调整。“九五”以来，西安市农业适应市场需求变化，积极调整生产结构，发展多种经营，改良农产品品种，提高农业经济效益，粮经比例由“八五”期末的36：64调整到2000年的26：74。2000年，全市粮食总产量201.92万吨，比上年下降1.2%；油料总产量1.37万吨，比上年增长5.4%；蔬菜总产量162.14万吨，比上年增长5.8%；肉类总产量14.76万吨，禽蛋总产量13.83万吨，奶类总产量17.5万吨，分别比上年增长13.4%、1.7%和19.4%。

农业现代化水平有所提高。2000年全市农业机械总动力达200.43万千瓦，比上年增长3%；农村用电量11.8亿千瓦时，比上年增长6.6%；农用排灌动力机械11.15万台，比上年下降2%；联合收割机年末拥有3456台，比上年增长1.7%。

三、工业经济稳步增长 国企改革取得成效

工业经济稳步增长。2000年全市面对结构调整、改革深化、市场约束的竞争和挑战，工业生产保持了稳步增长的态势。实现工业增加值273亿元，按可比价计算比上年增长16.5%。完成工业总产值986亿元，其中全部国有及年销售收入500万元及以上的非国有工业企业工业总产值531亿元，比上年增长14.2%，实现销售收入413亿元，比上年增长23.0%，实现利税总额33亿元，比上年增长42.6%。

产品结构得到调整。在市委、市政府积极推进高新技术产业化政策引导下，2000年全市国有及年销售收入500万元及以上的非国有工业企业新产品产值55.54亿元。一批技术含量高、市场需求旺的产品产量增长较快。其中，彩色显像管345.5万只，比上年增长180.5%，程控交换机245.2万线，增长92.8%，微型电子计算机54762部，增长23.4%，通讯电缆2.2万公里，增长48.2%，高压开关板2419面，增长41.6%，汽车8832辆，增长19.8%，缝纫机41.4万架，增长119.0%，中成药1236吨，增长18.6%，建筑涂料176.8吨，增长56.5%。

国企改革积极推进，生产经营整体扭亏。截止2000年末，全市已改制中小企业1054户，先后破产企业67户，兼并24户，减负增效16户，债转股1户，建立现代企业制度38户。市直属国有企业改制37户。2000年末国有及控股企业已调整到415家。2000年全市国有及控股工业企业总产值415.1亿元，比上年增长15.8%，利润总额2.22亿元，整体扭亏为盈。

四、投资力度不断加大 投资结构得到优化

投资规模不断扩大。2000年西安市全社会固定资产投资233.4亿元，比上年增长18.3%。“九五”期间，全社会固定资产投资累计达817亿元，比“八五”投资增长1.45倍。五年累计建成投产项目1789个，新增固定资产452亿元。

投资结构得到调整。工业性投入继续增加。“九五”期间，我市对工业性投入累计达160亿元，比“八五”时期增长62.8%，占全社会固定资产投资总额的19.6%。加大了以交通运输、邮电通讯、城市供水、社会服务业、城市基础设施和房地产开发等为重点的第三产业的投资力度，累计用于这方面的投资达407亿元。“九五”期间，全市房地产投资总额183.6亿元，比“八五”时期增长3.15倍。累计竣工商品房屋面积1137.5万平方米，其中住宅面积1037.7万平方米，分别比“八五”时期增长378.5%和399.1%。2000年全市固定资产交付使用率70%，比上年上升1.1个百分点，建筑项目投产率53.2%，比上年下降0.6个百分点，房屋建筑面积竣工率40.8%，比上年下降0.5个百分点。

建筑业生产稳定增长，企业效益有所提高。2000年全社会完成建筑业增加值57亿元，比上年增长9.2%。全市建筑企业实现利润比上年减亏19万元。

五、城市建设迅猛发展 城市功能日臻完善

城市基础建设步伐加快。“九五”期间，我市共组织实施重大基础设施项目80多项，总投资150多亿元。黑河引水工程、天然气城市气化工程、西蓝高速公路、二环路工程及其它城市道路改造工程、通信工程、城乡电网改造、城市污水处理、城运村、国际展览中心等一批重点项目相继发挥效益。新增高等级公路90公里，新建和改造二级公路237.5公里。2000年末全市道路长度975公里，比上年下降0.2%，道路面积1262.5万平方米，比上年增长1.3%。人均道路面积5.12平方米。全市供水综合生产能力139.3万立方米/日，比上年增长19.1 %。市区公共汽车、电车运营车辆2573辆，比上年增长14.3%，出租车年末运营车辆数10277辆，比上年增长2.3%。全社会年末绿化覆盖面积6542公顷，比上年下降7.9%，人均公共绿地面积5.12平方米，比上年下降0.4%。城市用气普及率81.5%，比上年增加1.1个百分点。

邮电通信业继续保持高速增长。2000年全市邮电业务总量42亿元，比上年增长37.1 %；年末电话交换机总容量205万门，比上年增长41.2 %，其中电话用户141万户，比上年增长48.8%；2000年全市无线寻呼79万户，比上年增长33.6%；全市移动电话用户73万户，比上年增长62.4%；互联网工程获得巨大发展，2000年上网用户已突破20万户。

公路交通运输能力稳步提高。公路客运量8266万人次，比上年增长4.5%，公路客运周转量39.32亿人公里，比上年增长73.7%，公路货运量7082万吨，比上年增长4.1%，公路货物周转量41.97亿吨公里，比上年增长39.9%。

城市环境综合整治、污染防治和环境卫生工作成效显著。2000年年末市区累计建成烟尘控制区面积168平方公里，覆盖率达100%；城市空气综合污染指数2000年比上年下降了10.2%，二氧化硫浓度下降了21.2%，二氧化氮浓度下降了7.1%，大气总悬浮颗粒物浓度下降了5.7%；城市道路交通噪声等效声级68.0分贝，比上年降低0.2分贝 。2000年垃圾粪便无害化处理率90.98%，比上年下降2.46个百分点。

六、不断提高对外开放水平　积极发展对外经贸合作

对外贸易有所发展。2000年，全市外贸进出口总额（海关数）17.3亿美元，比上年增长0.24%。其中外贸出口10.6亿美元，比上年增长12.8%。2000年全市自营外贸进出口总额4.35亿美元，比上年增长16.6%，其中出口2.77亿美元，比上年增长21.0%。

利用外资规模有所回升。2000年末全市外商投资企业已达2162家，投资领域涉及到国民经济的14个门类34个行业。2000年全市协议利用外资5.41亿美元，比上年增长34.0%，实际利用外资1.56亿美元，比上年增长13.3%。“九五”期间全市实际利用外资13.35亿美元，是“八五”期间的2.3倍。

七、开发区建设突飞猛进　旅游业再上新的台阶

“九五”期间，西安市把发展高新技术产业和旅游业作为带动全市经济增长的两个“轮子”，使高新技术产业和旅游业取得了超常规的发展。

开发区生产经营增长强劲。2000年西安高新技术产业开发区和西安经济技术开发区实现工业增加值69.3亿元，比上年增长39.1%。其中，西安高新技术产业开发区实现工业增加值55.4亿元，比上年增长35.7%，西安经济技术开发区实现工业增加值13.9亿元，比上年增长54.7%。

旅游业又上台阶。2000年全市共接待国内外旅游者1567万人次，比上年增长24.4%，其中，国内旅游者1502万人次，增长24.6%，境外旅游者65万人次，增长17.4%。2000年全市接待境外旅游者中，外国人占84%，港、澳、台同胞占16%。在外国人中，亚洲占45%，欧洲占31%，美洲占19%，大洋洲占2%，非洲及其他占3%。全年旅游业总收入105亿元，比上年增长27 %，其中，创汇2.7亿美元，增长20%。

八、城乡市场繁荣活跃　居民生活进入小康

城乡市场繁荣兴旺，消费需求稳步增长。2000年，全市社会消费品零售总额328.5亿元，比上年增长10.2%，比1995年增长82.3%。市场吃、穿、用各类商品供应充足，销售保持稳定增长。"九五"期间，我市大力加快市场培育，到2000年底全市拥有各类商品交易市场513个，其中年成交额在亿元以上的有24个。

城乡居民收入增加，整体达到小康水平。2000年，城镇居民家庭人均可支配收入达6364元，比上年增长6.1%，比1995年增加2196元，年平均递增8.8%。2000年末城乡居民储蓄存款675.8亿元，比上年增长12%。居民消费结构不断改善，2000年全市城镇居民人均消费支出5445元，比上年增长1.6%，比1995年增长44.6%，年平均递增7.7%。2000年全市城镇居民人均食物支出1986元，人均衣着支出443元，人均住房支出611元，人均用品和服务支出2406元，分别比上年增长2.1%、-0.1%、-5.7%和3.5%。2000年年末城镇居民人均居住面积达到10.1平方米，比上年增加近1平方米，较"八五"期末增长31.2%。2000年全市农村居民人均纯收入为2344元，比上年增长6.4%，比1995年增加991元，年平均递增11.6%。全市农村居民人均消费支出1605元，比上年增长7.6%，比1995年增长31.6 %，年平均递增5.6%。

居民耐用消费品品种和拥有量增加。2000年末，每百户城镇居民拥有彩电达124台，比"八五"期末增加23.3台；家用电冰箱89.3台，增加6.6台；空调51.3台，增加33.3台。每百户农村居民拥有彩电64台、洗衣机62台，分别比1995年增加31台和22台。

市场物价止降转稳。2000年全市居民消费价格总指数100.2，商品零售价格总指数98.7，农产品成交价格总指数93.2。

九、科技教育位置突出　社会事业全面发展

科技队伍壮大，教育事业发达。2000年末，全市拥有独立核算科学研究机构735个，技术贸易机构739个。全市拥有各类专业技术人员36.9万人，比上年增长0.5%。"九五"期间共列入国家、省级火炬计划项目112项、"星火"计划项目95项。2000年末全市专利批准数为6139件。2000年末，全市普通高等学校25所，在校学生17.4万人，比上年增长15.2%；各类中等专业技术学校47所，在校学生6.02万人，比上年增长4.7%；成人高等教育学校在校学生数11.8万人，比上年增长19.2%；普通中学466所，在校学生48.3万人，比上年增长11.0%；小学2323所，在校学生77.8万人，比上年下降2.5%。

文化、卫生、体育事业取得新成就。2000年末广播人口覆盖率和电视人口覆盖率分别达98.69%

和95.08%。2000年末全市卫生机构数（不含诊所、卫生保健所、医务室）637个，卫生技术人员46917人，床位数31690张。群众性体育活动蓬勃展开，全民健身形成热潮，2000年末全市已建成20个国民体质监测站，体育锻炼达标率87.1%。2000年西安市运动员在各项赛事中共获亚洲冠军2个、全国冠军4个。

社会治安：2000年全市刑事案件立案数21257起，较上年增长40.2%，犯罪人数10348人，较上年下降4.2%。

十、人口增长基本稳定 就业形势不容乐观

人口：2000年年末，全市总人口6880111人，比上年末增加135134人。其中，非农业人口2857913人，比上年增加96548人，农业人口4022198人，比上年增加38586人。2000年末全市共有居民常住户1870805户，比上年增加47960户。2000年共出生人口89036人，死亡人口40587人。全市人口自然增长率4.67‰。

就业和劳动工资：2000年末全市社会从业人数389万人，比上年下降2.8%。第一产业从业人员147万人，占38 %，第二产业107万人，占28%，第三产业135万人，占34%。在全社会从业人数中城镇177万人，占45 %，乡村212万人，占55%。2000年末全市登记失业率3.4%。2000年，全市单位在岗职工平均人数111万人，比上年下降4.3%，在岗职工年平均工资9179元，比上年增长18.2%。

注：1. 本公报为初步统计数。

2. 公报中的国内生产总值、增加值、总产值的绝对数按现价计算，增长速度按可比价计算。

3. 根据国家统计制度规定，职工年平均工资按在岗职工计算。

XI'AN
統計年鑒
2001

综　合
ZONGHE

1-1 行政区划

(2000年)

区县名称	乡级(个)	镇数(个)	乡数(个)	街道办事处(个)	村民委员会(个)	居民委员会(个)
西安市	**231**	**58**	**116**	**57**	**3 163**	**1 033**
(一)市区	98	16	25	57	990	977
新城区	11	0	0	11	13	90
碑林区	10	0	0	10	15	102
莲湖区	11	0	0	11	35	428
灞桥区	11	3	3	5	229	70
未央区	11	2	3	6	213	75
雁塔区	8	0	2	6	120	168
阎良区	8	3	3	2	80	37
临潼区	28	8	14	6	285	7
(二)五县	133	42	91	0	2 173	56
长安县	44	14	30	0	672	12
蓝田县	29	7	22	0	519	6
周至县	29	8	21	0	377	8
户　县	21	10	11	0	518	29
高陵县	10	3	7	0	87	1

1－2　自然状况和资源

指　　标	单　位	2000年
一、自然状况		
土地总面积	公顷	1 010 801.75
#市区面积	公顷	199 319.68
气候(市区)		
年平均气温	℃	14.5
年降水量	毫米	539.0
年日照总时数	小时	1 091.9
平均风速	米/秒	1.2
二、自然资源		
耕地面积	公顷	338 571.09
林地面积	公顷	417 357.30
园地面积	公顷	26 539.23
草地面积	公顷	13 181.00
内陆水域面积	公顷	32 298.43
#可养殖面积	公顷	1 079.45
水资源总量	亿立方米	31.46
#天然地表水资源总量	亿立方米	24.87
地下水资源总量	亿立方米	16.95
地下水可开采量	亿立方米	13.16

注:土地面积为最新普查数据,耕地面积为可耕地面积而非年末实有耕地面积。

1－3　土地面积和人口密度

(2000年)

区县名称	土地面积 绝对数（公顷）	土地面积 比重（%）	总人口（人）	人口密度（人/公顷）
全　市	**1 010 801.75**	**100**	**6 880 111**	**6.81**
(一)市　区	199 319.68	19.72	3 934 654	19.74
新城区	3 001.34	0.30	469 544	156.44
碑林区	2 426.58	0.24	610 362	251.53
莲湖区	4 290.70	0.42	574 816	133.97
未央区	26 206.74	2.59	379 742	14.49
雁塔区	14 874.43	1.47	557 789	37.50
灞桥区	32 535.89	3.22	431 082	13.25
阎良区	24 439.54	2.42	237 375	9.71
临潼区	91 544.46	9.06	673 944	7.36
(二)五　县	811 482.07	80.28	2 945 457	3.63
长安县	159 012.32	15.73	896 395	5.64
蓝田县	200 773.05	19.86	629 265	3.13
周至县	294 874.28	29.17	623 782	2.12
户　县	128 144.83	12.68	563 038	4.39
高陵县	28 677.59	2.84	232 977	8.12

1－4　气 象 情 况

(2000年)

区县名称	平均气温（℃）	日照时数（小时）	降雨天数（天）	年降水量（毫米）	平均风速（米/秒）
市　区	14.5	1 091.9	93	539.0	1.2
长安县	13.6	1 943.8	100	764.9	1.9
蓝田县	13.1	1 702.5	108	764.0	1.4
周至县	14.4	1 691.0	103	527.7	0.7
户　县	14.4	1 758.4	97	644.5	0.6
高陵县	13.7	1 916.7	92	417.5	1.9
临潼区	13.6	1 906.8	91	605.6	1.5

1－5　国民经济主要指标

指　　　　标	单位	1978 年	1980 年	1985 年	1990 年	1995 年
一、人口、劳动力和土地面积						
(一)年末总人数	万人	498.10	511.91	553.11	608.89	648.21
＃ 非农业人口	万人	159.98	172.85	201.9	226.98	255.71
年平均人口	万人	493.92	508.36	548.84	603.12	643.83
人口年增长率	‰	9.70	6.68	10.82	14.84	6.97
(二) 年末社会从业人数	万人	232.63	250.33	298.44	343.06	372.6
第一产业	万人	129.63	135.22	132.28	149.64	153.39
第二产业	万人	57.98	72.63	99.36	106.74	109.67
第三产业	万人	45.02	42.48	60.8	86.68	109.54
(三)土地面积	平方公里	9 983	9 983	9 983	9 983	9 983
二、国内生产总值(当年现价)	万元	253 500	316 600	575 800	1 165 155	3 303 450
第一产业	万元	48 300	47 300	87 600	139 431	413 981
第二产业	万元	145 900	186 900	308 300	501 523	1 253 292
第三产业	万元	59 300	82 400	179 900	524 201	1 636 177
三、全社会固定资产投资	万元	33 179	61 164	144 552	230 964	1 034 184
(一) 国有经济单位投资	万元	32 505	50 357	95 716	222 084	690 806
1.基本建设投资	万元	32 505	50 357	95 716	108 358	296 897
2.更新改造建设投资	万元		9 066	43 851	90 848	286 297
(二)集体所有制单位投资	万元	674	1 741	4 985	8 880	97 778
(三)其他投资	万元					134 302
(四)城乡个人投资	万元					111 298
(五)国有经济单位新增固定资产	万元	49 582	46 377	86 174	195 429	509 328
＃ 基本建设	万元	49 057	38 286	5 3331	84 920	203 099
更新改造	万元		6 630	29 699	81 405	233 989
四、财政、金融						
(一) 地方财政收入	万元	62 267	65 217	68 001	131 153	182 058
(二)地方财政支出	万元	22 398	24 923	40 933	92 876	184 184

1－5 续表1

指 标	单位	1996年	1997年	1998年	1999年	2000年
一、人口、劳动力和土地面积						
(一)年末总人数	万人	654.87	662.06	668.22	674.50	688.01
# 非农业人口	万人	261.28	267.52	271.75	276.14	285.79
年平均人口	万人	651.54	658.47	665.14	671.36	681.25
人口年增长率	‰	5.91	5.64	4.95	3.40	7.11
(二) 年末社会从业人数	万人	379.29	385.14	393.95	400.43	389.10
第一产业	万人	153.43	153.23	153.00	154.64	147.03
第二产业	万人	109.17	109.46	110.45	110.58	107.26
第三产业	万人	116.69	122.45	130.50	135.21	134.81
(三)土地面积	平方公里	9 983	9 983	9 983	9 983	10 108
二、国内生产总值(当年现价)	万元	4 104 259	5 005 543	5 571 501	6 137 007	6 885 081
第一产业	万元	464 603	513 311	519 062	455 264	446 481
第二产业	万元	1 613 621	2 097 050	2 476 267	2 833 653	3 283 704
第三产业	万元	2 026 035	2 395 182	2 576 172	2 848 090	3 154 896
三、全社会固定资产投资	万元	1 143 763	1 169 014	1 547 958	1 973 060	2 323 676
(一) 国有经济单位投资	万元	806 600	774 602	1 130 680	1 365 036	1 596 002
1.基本建设投资	万元	354 283	450 223	601 940	706 922	778 917
2.更新改造建设投资	万元	314 353	232 944	258 381	365 097	469 417
(二)集体所有制单位投资	万元	87 323	102 138	78 899	136 206	146 519
(三)其他投资	万元	124 800	141 210	232 495	309 584	337 196
(四)城乡个人投资	万元	125 040	151 064	105 884	162 234	243 959
(五)国有经济单位新增固定资产	万元	536 612	628 819	638 800	938 348	1 220 632
#基本建设	万元	222 971	277 464	291 026	330 327	631 756
更新改造	万元	230 885	187 370	235 438	256 955	309 655
四、财政、金融						
(一) 地方财政收入	万元	237 753	296 813	350 050	408 896	469 638
(二)地方财政支出	万元	228 711	297 378	365 973	406 732	518 935

1－5 续表2

指 标	单位	1978年	1980年	1985年	1990年	1995年
(三)年末金融机构各项存款余额	万元	128 233	209 893	406 767	1 123 704	3 595 110
＃ 企业存款	万元			179 988	310 992	1 145 367
城乡居民储蓄存款余额	万元	37 216	54 808	166 972	770 900	2 914 647
(四)年末金融机构各项贷款余额	万元	235 577	263 971	485 994	1 316 715	3 345 022
五、物价(以上年为100)						
零售物价总指数	%	102.3	109.3	109.3	100.9	114.6
居民消费价格指数	%	102.1	108.7	109.7	102.5	117.00
六、人民生活						
(一)居民消费水平	元	226	314	568	1 099	2 882
非农业居民	元	113	579	956	1 993	5 168
农业居民	元	144	181	348	553	1 413
(二)城镇居民人均可支配收入	元		414.24	718.56	1 518	3 914
(三)农民人均纯收入	元	140.34	138.74	350.51	610	1 353
(四)职工工资总额	万元	62 849	81 755	141 775	294 784	672 268
＃ 国有经济单位	万元	52 555	67 393	115 600	249 804	576 837
(五)职工平均工资	元	688	818	1 148	2 133	4 763
＃ 国有经济单位	元	705	849	1 215	2 290	5 168
七、农、林、牧、渔业						
(一)农林牧渔业总产值(当年现价)	万元	65 423	65 322	134 933	490 053	754 597
农 业	万元	56 519	54 004	105 888	191 008	513 348
林 业	万元	1 444	1 177	2 559	3 134	7 185
牧 业	万元	7 427	10 106	26 163	65 811	228 598
渔 业	万元	33	35	300	2 011	5 466
(二)主要农产品产量						
粮 食	吨	1 328 183	1 144 087	1 500 863	1 724 273	1 752 537
棉 花	吨	28 524	19 657	4 932	7 020	2 942
油 料	吨	896	5 357	7 454	12 615	21 704
蔬 菜	万吨	45.66	40.13	86.44	119.32	133.6
水 果	吨	33 657	35 181	41 878	69 736	243 114
猪牛羊肉	吨	26 846	30 385	37 709	57 184	101 495
水 产 品	吨	309	368	1 082	4 259	8 517

1-5　续表3

指　　标	单位	1996年	1997年	1998年	1999年	2000年
(三)年末金融机构各项存款余额	万元	6 199 821	6 024 983	7 995 447	10 142 738	13 356 250
＃　企业存款	万元	1 998 523	2 276 084	2 454 357	3 474 937	5 400 862
城乡居民储蓄存款余额	万元	3 940 163	4 335 626	4 996 845	5 863 980	6 758 327
(四)年末金融机构各项贷款余额	万元	4 779 654	4 437 619	5 973 440	7 862 012	9 725 149
五、物价(以上年为100)						
零售物价总指数	%	107.9	101.5	95.5	97.4	98.7
居民消费价格指数	%	110.9	106	97.9	96.8	100.2
六、人民生活						
(一)居民消费水平	元	3 337	3 910	4 289	4 656	5 098
非农业居民	元	5 930	7 026	7 508	8 305	9 121
农业居民	元	1 628	1 865	2 089	2 138	2 272
(二)城镇居民人均可支配收入	元	4 712	5 020	5 284	5 625	6 364
(三)农民人均纯收入	元	1 586	1 846	2 052	2 203	2 344
(四)职工工资总额	万元	756 364	808 250	843 157	901 300	1 016 778
＃　国有经济单位	万元	653 522	696 027	687 736	720 576	813 705
(五)职工平均工资	元	5 407	5 785	6 051	7 749	9 179
＃　国有经济单位	元	5 858	6 204	6 563	8 220	9 742
七、农、林、牧、渔业						
(一)农林牧渔业总产值(当年现价)	万元	822 622	878 951	853 279	739 905	743 712
农　业	万元	552 726	585 973	625 465	530 029	514 845
林　业	万元	7 573	9 226	8 146	8 883	8 482
牧　业	万元	255 833	276 373	212 045	194 552	212 612
渔　业	万元	6 409	7 379	7 623	6 441	7 773
(二)主要农产品产量						
粮　食	吨	1 875 152	1 905 100	2 127 000	2 044 400	2 019 218
棉　花	吨	2 396	1 714	1 400	1 500	1 367
油　料	吨	18 250	18 568	16 700	13 000	13 692
蔬　菜	万吨	138.01	142.11	148.87	153.24	162.14
水　果	吨	287 398	286 526	333 987	355 184	343 551
猪牛羊肉	吨	107 889	126 123	112 472	107 833	123 811
水产品	吨	8 910	10 054	10 480	11 061	11 384

1－5　续表4

指　　标	单位	1978年	1980年	1985年	1990年	1995年
(三)大牲畜年末存栏数	万头	21.93	21.49	16.33	20.93	29.26
#牛年末存栏	万头	14.42	14.02	12.65	17.98	27.67
猪年末存栏	万头	95.86	90.83	90.52	82.6	121.45
羊年末存栏	万只	18.52	23.2	17.92	25.73	36.86
家禽年末存栏	万只	204.72	264.45	688.96	966.6	1 469.23
(四)耕地面积	公顷	353.97	350.86	339.25	330.21	309.31
#机耕地面积	公顷	189.11	198.97	212.77	259.3	257.89
#有效灌溉面积	公顷	257.31	259.16	247.197	324.71	222.33
(五)农业机械总动力	瓦特	665 600	799 400	1 094 500	1 445 313	1 619 045
(六)农村用电量	千瓦小时	3 3981	35 299	34 110	43 068	77 807
(七)化肥施用量(实物量)	吨	272 976	247 145	306 668	505 209	637 409
八、工　业						
(一)工业企业单位数	个	2 240	2 348	3 155	3 467	3 879
#大中型企业	个	35	40	62	158	194
(二)全部工业总产值(当年现价)	万元	483 262	531 775	853 196	1 771 310	4 058 952
轻工业	万元	220 480	283 475	401 748	787 857	1 626 219
重工业	万元	262 782	248 280	451 448	983 453	2 432 733
(三)主要工业产品产量						
纱	吨	74 180	76 770	78 045	66 463	49 035
布	万米	31 916	3 5221	29 336	28 874	30 332
机制纸及纸板	吨	28 517	39 065	75 820	151 154	364 400
饮料酒	万吨	0.45	0.74	3.29	5.79	5.88
#啤　酒	万吨		0.41	2.52		4.5
家用电冰箱	台					13 000
家用电视机	万台	0.33	3.72	40.68	81.04	24.28
#彩色电视机	万台				43.44	22.33

1-5 续表5

指 标	单位	1996年	1997年	1998年	1999年	2000年
(三)大牲畜年末存栏数	万头	29.84	36.09	23.69	24.97	26.07
# 牛年末存栏	万头	28.4	34.73	22.97	24.44	25.61
猪年末存栏	万头	121.33	141.79	107.48	113.56	128.46
羊年末存栏	万只	40.78	43.28	38.32	40.48	42.11
家禽年末存栏	万只	1 687.61	1 726.69	1 625.20	1 598.64	1 623.81
(四)耕地面积	千公顷	301	304.41	303.43	300.49	295.58
#机耕地面积	千公顷	256.85	269.36	246.66	253.74	244.54
#有效灌溉面积	千公顷	221.73	220.7	226.25	225.86	233.98
(五)农业机械总动力	千瓦特	1 616 414	1 775 280	1 854 588	1 945 548	2 004 300
(六)农村用电量	万千瓦小时	87 268	126 046	129 702	125 803	117 974
(七)化肥施用量(实物量)	吨	651 590	630 954	693 836	684 124	697 243
八、工 业						
(一)工业企业单位数	个	3 738	3 208	793	770	816
#大中型企业	个	187	187	182	149	150
(二)全部工业总产值(当年现价)	万元	5 473 938	6 668 065	7 943 366	9 064 279	9 864 207
轻工业	万元	2 435 387	3 186 930	4 011 677	4 446 847	4 488 214
重工业	万元	3 038 551	3 481 135	3 931 689	4 617 432	5 375 993
(三)主要工业产品产量						
纱	吨	47 555	55 330	54 094	61 405	65 593
布	万米	22 490	25 717	23 843	2 6741	27 819
机制纸及纸板	吨	337 426	308 794	98 955	87 093	54 711
饮料酒	万吨	3.31	5.12	6.39	11.74	18.49
# 啤 酒	万吨	2.79	4.82	6.34	11.67	18.28
家用电冰箱	台	2 747		11 840	10 582	33 012
家用电视机	万台	20.69	22.34	17.98	13.70	0.84
# 彩色电视机	万台	12.16	14.98	11.34	12.22	0.84

1-5 续表6

指标	单位	1978年	1980年	1985年	1990年	1995年
发电量	万千瓦小时	186 710	182 319	172 408	190 766	222 592
钢	吨	187 671	200 165	227 019	333 258	334 058
成品钢材	吨	82 490	119 534	146 117	190 189	314 422
水泥	万吨	7.23	9.42	22.87	34	69.31
农用化肥	吨	64 561	29 559	39 468	57 100	82 304
(四)全部规模以上独立核算工业企业财务指标						
固定资产原值	万元	452 423	479 471	66 5171	1 269 476	3 379 284
固定资产净值年平均余额	万元	289 207	318 764	431 986	830 684	2 406 849
利润和税金总额	万元	89 036	94 265	120 533	117 186	80 237
产品销售收入	万元		471 637	706 313	1 272 451	2 710 701
九、运输、邮电业						
(一)公路货运量	万吨	1 978	1 675	3 355	4 154	6 268
公路客运量	万人				3 722	6 128
(二)邮电业务总量(当年现价)	万元	1 420	1 640	2 972	14 535	76 450
(三)年末电话机数	户	12 828	14 024	21 624	148 622	482 461
十、国内贸易						
消费品零售额	万元	109 672	143 988	303 433	682 525	1 802 190
城乡集市贸易成交额	万元	4 094	9 809	32 537	143 584	1 026 468
十一、教育、卫生						
(一)各类普通教育事业在校学生数	人	1 190 709	1 197 567	1 051 618	1 196 456	1 316 557
其中:高等学校	人	28 785	41 748	64 871	80 229	108 670
中等学校	人	450 378	455 760	399 388	321 218	414 322
#普通中学	人	41 1661	440 792	382 413	300 284	323 155
#技工学校	人		7 549	13 006	15 000	21 000
#农、职业中学	人		673	17 621	20 151	32 673
小学	人	740 337	733 585	621 603	618 716	793 565
学龄儿童入学率	%		98.42	98.62	99.11	99.69
(二)卫生						
卫生机构数	个	1 223	1 314	1 539	1 522	1 508
#医院	个	256	267	264	283	368
卫生机构床位数	张	16 044	17 585	22 337	27 758	32 271
#医院床位数	张	14 577	15 076	18 833	24 358	28 265
卫生技术人员数	人	22 922	26 125	34 582	39 425	41 497
#医生	人	10 118	11 203	15 558	18 648	18 846

1－5　续表 7

指　　标	单　位	1996 年	1997 年	1998 年	1999 年	2000 年
发电量	万千瓦小时	215 842	221 045	158 535	193 449	192 376
钢	吨	239 482	97 178	89 457	23 862	30 585
成品钢材	吨	227 735	64 996	157 946	185 266	100 445
水　泥	万吨	93.02	119	112	114	107
农用化肥	吨	112 190	60 892	35 221	27 207	22 494
(四)全部规模以上独立核算工业企业财务指标						
固定资产原值	万元	3 947 575	4 139 149	4 236 274	4 267 782	4 742 076
固定资产净值年平均余额	万元	2 472 499	2 813 133	2 866 883	2 820 022	2 981 896
利润和税金总额	万元	31 420	144 657	148 220	272 969	362 935
产品销售收入	万元	3 247 079	3 488 556	3 468 407	3 462 626	4 204 239
九、运输、邮电业						
(一)公路货运量	万吨	7 095	6 581	6 460	6 804	7 082
公路客运量	万人	6 802	6 167	6 948	7 909	8 266
(二)邮电业务总量(当年现价)	万元	104 566	140 035	204 927	306 457	461 628
(三)年末电话机数	户	585 527	722 287	801 418	949 947	1412 836
十、国内贸易						
消费品零售额	万元	2 128 247	2 495 611	2 718 469	2 981 459	3 284 672
城乡集市贸易成交额	万元	1 228 869	1 476 300	1 608 891	1 803 638	2 118 061
十一、教育、卫生						
(一)各类普通教育事业在校学生数	人	1 530 246	1 558 478	1 578 556	1 622 882	1 690 023
高等学校	人	115 862	118 882	126 601	150 894	194 089
中等学校	人	440 411	464 013	495 119	538 495	587 543
＃普通中学	人	352 481	371 564	397 948	434 947	483 058
＃技工学校	人	20 000	17 000	15 000	14 000	12 000
＃农、职业中学	人	25 955	29 086	31 264	31 973	32 188
小　　学	人	818 080	826 695	820 310	798 142	778 058
学龄儿童入学率	%	99.75	99.74	99.82	99.86	99.85
(二)卫　　生						
卫生机构数	个	1554	1449	2943	2942	3019
＃医　　院	个	216	211	223	227	239
卫生机构床位数	张	31 812	31 099	31 278	31 717	31 690
＃医院床位数	张	26 126	25 693	26 314	26 357	26 328
卫生技术人员数	人	35 531	41 230	42 160	42 243	35 642
＃医　　生	人	14 607	11 933	18 728	18 880	18 750

1－6 国民经济主要指标比例关系

单位：%

指 标	1952年	1978年	1980年	1985年	1990年	1995年
1.国内生产总值	100	100	100	100	100	100
第一产业	47.18	19.50	14.94	15.22	11.96	12.53
第二产业	26.11	57.50	59.03	53.54	43.04	37.94
第三产业	26.71	23.40	26.03	31.24	44.99	49.53
2.国内生产总值使用中						
#最终消费	83.73	78.12	72.16	65.55	65.36	75.98
居民消费	97.45	87.40	88.81	88.33	85.39	73.94
社会消费	2.55	12.60	11.19	11.67	14.61	26.06
3.工业总产值中						
轻工业	88.47	45.62	53.31	47.08	44.48	40.07
重工业	11.53	54.38	46.69	52.92	55.52	59.93
4.农林牧渔业总产值						
农 业	91.42	84.68	79.94	69.05	64.89	68.03
林 业	0.45	2.21	1.80	1.90	1.20	0.95
牧 业	5.73	11.35	15.47	19.39	25.11	30.29
渔 业	0.00	0.05	0.14	0.22	0.77	0.72

1-6 续表

指 标	1996年	1997年	1998年	1999年	2000年
1.国内生产总值	100	100	100	100	100.00
第一产业	11.32	10.25	9.32	7.40	6.50
第二产业	39.32	41.89	44.45	46.20	47.70
第三产业	49.36	47.85	46.23	46.40	45.80
2.国内生产总值使用中					
#最终消费	70.66	68.22	66.68	67.73	67.24
居民消费	75.02	75.92	76.78	75.16	75.00
社会消费	24.98	24.08	23.22	24.84	25.00
3.工业总产值中					
轻工业	44.49	47.79	50.50	49.06	45.50
重工业	55.51	52.21	49.50	50.94	54.50
4.农林牧渔业总产值					
农 业	67.19	66.67	73.30	71.60	69.20
林 业	0.92	1.05	0.90	1.20	1.10
牧 业	31.10	31.44	24.9	26.3	28.60
渔 业	0.79	0.84	0.90	0.90	1.10

1－7　平均每天主要社会经济活动

指标	单位	1978 年	1980 年	1985 年	1990 年	1996 年	1997 年	1998 年	1999 年	2000 年
一、每天创造的财富										
国内生产总值	万元	695	867	1 578	2861	11 292	13 764	15 264	16 814	19 125
工农业总产值	万元	1 503	1 636	2 705	5 571	17 251	20 677	24 100	26 861	29 466
农林牧渔业总产值	万元	179	179	370	718	2 153	2 291	2 338	2 027	2 065
工业总产值	万元	1 324	1 457	2 335	4 853	14 997	18 269	21 763	24 834	27 401
财政收入	万元	184	179	186	359	651	813	920	1 082	1 304
二、每天主要产品产量										
布	万米	87	96	80	79	62	70	65	73	77
啤酒	吨	－	11	69	－	76	132	174	320	508
电视机	台	9	102	1 114	2 220	567	611	493	375	23
发电量	万度	511	500	472	523	591	606	434	530	534
粮食	吨	3 639	3 134	4 112	4 727	5 137	5 219	5 827	5 601	5 609
油料	吨	2	15	20	35	50	51	46	36	38
蔬菜	吨	1 251	1 099	2 368	3 269	3 781	3 893	4 079	4 198	4 504
水果	吨	92	96	115	191	787	785	915	973	954
猪牛羊肉	吨	74	83	103	157	197	234	308	295	341
水产品	吨	0.85	1.01	2.96	11.67	24.41	27.54	28.71	30	32
三、每天消费										
社会消费品零售总额	万元	300	394	831	1 870	5 831	6 837	7 448	8 168	9124
四、每天人口变动和婚姻										
出生	人	214	180	245	340	199	187	156	152	247
死亡	人	83	87	82	94	93	86	85	106	113
结婚	对		167	137	143	139	129	133	118	129
离婚	对		3	6	6	12	14	15	14	14

1－8 主要年份国内生产总值

单位:亿元

年 份	国内生产总值	第一产业	第二产业	第三产业
1952	3.37	1.59	0.88	0.90
1957	8.02	2.09	3.97	1.96
1965	12.76	2.62	7.22	2.92
1970	17.76	3.13	10.96	3.67
1975	21.33	4.14	12.63	4.56
1978	25.35	4.83	14.59	5.93
1980	31.66	4.73	18.69	8.24
1983	35.89	5.22	20.14	10.53
1984	44.14	7.45	24.17	12.52
1985	57.58	8.76	30.83	17.99
1986	65.78	9.59	33.86	22.33
1987	80.16	10.73	37.69	31.74
1988	99.22	11.47	46.58	41.17
1989	109.38	12.78	48.91	47.69
1990	116.51	13.94	50.15	52.42
1991	136.14	17.17	57.06	61.91
1992	164.85	18.78	69.22	76.85
1993	229.56	22.58	110.88	96.10
1994	289.82	31.68	128.27	129.87
1995	330.35	41.40	135.33	153.62
1996	410.42	46.94	169.96	193.52
1997	500.55	51.33	209.71	239.51
1998	557.15	51.91	247.62	257.62
1999	613.70	45.53	283.36	284.81
2000	688.51	44.65	328.37	315.49

1－9　主要年份国内生产总值指数

（以上年为100）　　单位：%

年　份	国内生产总值	第一产业	第二产业	第三产业
1952	103.63	92.16	137.47	123.69
1957	100.67	93.80	97.05	120.65
1965	126.10	134.12	133.03	106.65
1970	122.01	109.36	139.97	100.10
1975	103.79	92.61	107.12	107.54
1978	101.73	101.64	99.35	108.21
1980	111.52	83.31	119.70	116.48
1985	112.62	107.52	111.83	116.90
1986	111.44	107.74	108.40	118.82
1987	113.58	100.80	109.10	126.58
1988	111.35	81.18	115.54	114.73
1989	106.67	103.00	104.50	110.83
1990	105.24	102.99	102.50	109.63
1991	109.78	118.57	108.56	108.76
1992	115.59	109.40	118.14	114.45
1993	123.88	112.53	142.76	111.52
1994	110.15	98.42	110.26	113.31
1995	110.00	104.46	112.05	109.51
1996	114.89	106.78	118.8	113.16

1-9 续表　(以上年为100)　单位:%

年份	国内生产总值	第一产业	第二产业	第三产业
1997	114.37	109.06	116.47	113.38
1998	113.27	106.50	117.51	110.18
1999	112.20	97.40	115.70	111.40
2000	113.00	103.50	115.10	110.80
平均每年增长				
“一五”时期	15.77	5.94	37.71	16.89
“二五”时期	1.99	-3.69	2.44	8.37
1963—1965年	14.17	16.16	23.34	0.30
“三五”时期	7.11	0.12	11.68	5.42
“四五”时期	4.98	3.98	5.34	5.04
“五五”时期	5.99	-0.74	6.50	10.06
“六五”时期	10.72	7.94	10.41	12.90
“七五”时期	9.61	-1.33	7.92	15.96
“八五”时期	13.75	8.46	17.79	11.49
“九五”时期	13.54	4.57	16.71	11.78

1-10　主要年份国内生产总值指数

（以1952年为100）　　单位：%

年份	国内生产总值	第一产业	第二产业	第三产业
1952	100.00	100.00	100.00	100.00
1957	207.93	133.42	495.29	218.23
1965	341.56	173.26	1 048.34	329.21
1970	481.58	174.32	1 821.04	428.62
1975	614.15	211.91	2 362.48	547.90
1978	678.70	231.33	2 560.76	643.78
1980	821.38	204.18	3 237.19	885.15
1985	1 366.78	299.12	5 310.63	1 632.37
1986	1 523.14	322.27	5 756.72	1 928.89
1987	1 729.98	324.85	6 280.58	2 441.59
1988	1 926.33	263.71	7 256.58	2 801.24
1989	2 054.82	271.62	7 583.13	3 104.61
1990	2 162.49	279.74	7 772.71	3 403.58
1991	2 373.98	331.69	8 438.05	3 701.73
1992	2 744.08	362.87	9 994.03	4 236.63
1993	3 399.37	408.23	14 267.48	4 724.69
1994	3 744.41	401.78	15 731.32	5 353.55
1995	4 118.85	419.70	17 626.94	5 862.67
1996	4 732.14	448.16	20 947.86	6 634.20
1997	5 412.15	488.76	24 397.97	7 521.86
1998	6 130.34	520.53	28 670.05	8 287.59
1999	6 878.24	507.00	33 171.25	9 232.38
2000	7 841.19	525.76	38 943.05	9 952.51

1－11　主要年份国内生产总值构成

单位：%

年　份	国内生产总值	第一产业	第二产业	第三产业
1952	100.00	47.18	26.11	26.71
1957	100.00	26.06	49.50	24.44
1965	100.00	20.53	56.58	22.89
1970	100.00	17.62	61.71	20.67
1975	100.00	19.41	59.21	21.38
1978	100.00	19.05	57.55	23.40
1980	100.00	14.94	59.03	26.03
1985	100.00	15.22	53.54	31.24
1986	100.00	14.58	51.47	33.95
1987	100.00	13.38	47.02	39.60
1988	100.00	11.56	46.95	41.49
1989	100.00	12.95	49.58	37.47
1990	100.00	11.96	43.05	44.99
1991	100.00	12.61	41.91	45.48
1992	100.00	11.39	41.98	46.63
1993	100.00	9.83	48.30	41.87
1994	100.00	10.93	44.26	44.81
1995	100.00	12.53	40.97	46.50
1996	100.00	11.44	41.41	47.15

1-11 续表 单位:%

年 份	国 内 生产总值	第一产业	第二产业	第三产业
1997	100.00	10.25	41.90	47.85
1998	100.00	9.32	44.45	46.23
1999	100.00	7.40	46.20	46.40
2000	100.00	6.50	47.70	45.80
平均每年增长				
“一五”时期	100.00	32.88	43.92	23.20
“二五”时期	100.00	18.08	58.63	23.29
1963—1965年	100.00	19.36	55.37	25.27
“三五”时期	100.00	18.60	57.33	24.07
“四五”时期	100.00	20.46	59.59	19.95
“五五”时期	100.00	18.40	57.69	23.91
“六五”时期	100.00	16.03	55.01	28.96
“七五”时期	100.00	12.42	46.11	41.47
“八五”时期	100.00	11.44	43.52	45.04
“九五”时期	100.00	8.98	44.33	46.69

1－12　分行业国内生产总值

单位：亿元

指　　标	1991年	1995年	1997年	1998年	1999年	2000年
国内生产总值	**136.14**	**330.35**	**500.55**	**557.15**	**613.70**	**688.51**
第一产业	17.17	41.40	51.33	51.91	45.53	44.65
第二产业	57.06	135.33	209.71	247.62	283.36	328.37
工业	50.75	112.50	176.55	206.30	234.01	271.43
建筑业	6.31	22.83	33.16	41.32	49.35	56.94
第三产业	61.91	153.62	239.52	257.62	284.81	315.49
农林牧渔服务业	0.20	0.66	0.81	0.81	0.61	1.02
地质勘探、水利管理业	1.23	3.62	3.78	3.79	3.56	2.85
交通运输和仓储邮电通讯业	11.21	27.30	43.02	48.64	55.35	61.87
＃邮电通讯业	1.68	6.87	13.72	17.63	22.79	26.83
批发零售贸易、餐饮业	14.36	34.27	59.31	64.93	70.27	76.90
金融保险业	14.50	29.67	37.50	32.95	30.37	32.39
房地产业	1.10	4.90	8.74	11.95	14.42	16.96
社会服务业	3.61	10.56	17.99	22.87	25.93	29.11
卫生体育、社会福利事业	1.97	5.88	10.66	12.99	17.38	17.98
教育、文艺、广播电影电视业	5.40	15.11	20.16	20.16	24.05	31.58
科学研究和综合技术服务业	3.16	9.17	16.91	17.01	18.67	18.90
国家政党机关和社会团体	3.45	8.17	13.91	14.64	16.66	17.98
其他	1.72	4.31	6.72	6.88	7.54	7.94

1-13　国　内　生　产　总　值

单位:万元

指　　标	2000年	1999年	2000年为1999年(%)
国内生产总值	**6 885 081**	**6 137 007**	**113.0**
第一产业	446 481	455 264	103.5
第二产业	3 283 704	2 833 653	115.1
工业	2 714 330	2 340 168	115.7
建筑业	569 374	493 485	111.1
第三产业	3 154 896	2 848 090	110.8
农林牧渔服务业	10 236	6 100	167.5
地质勘探、水利管理业	24 862	35 578	79.8
交通运输和仓储邮电通讯业	618 742	553 534	107.5
#邮电通讯业	268 342	227 947	117.6
批发零售贸易、餐饮业	768 961	702 713	111.1
金融保险业	323 880	303 744	105.4
房地产业	169 618	144 178	116.0
社会服务业	291 094	259 245	112.1
卫生体育、社会福利事业	179 809	173 809	103.2
教育、文艺、广播电影电视业	315 830	240 514	131.1
科学研究和综合技术服务业	189 021	186 687	101.0
国家政党机关和社会团体	179 823	166 599	107.7
其他	79 420	75 389	105.1

1－14 按支出法计算的国内生产总值

单位：万元

指 标	按当年价格计算		2000年为1999年(%)
	2000年	1999年	
国内生产总值	**6 885 081**	**6 137 007**	**113.0**
(一)最终消费	4 629 314	4 156 598	109.6
1.居民消费	3 471 799	3 124 119	109.5
农村居民	908 713	848 647	105.6
城镇居民	2 563 086	2 275 472	111.1
2.政府消费	1 157 515	1 032 479	110.0
(二)资本形成总额	2 934 916	2 671 679	108.8
1.固定资本形成总额	2 516 017	2 272 320	110.4
2.存货增加	418 899	399 359	102.9
(三)货物和服务净出口	－679 149	－691 270	

1－15 市区五县国内生产总值

(2000年) 单位：万元

区县名称	国内生产总值	第一产业	第二产业	第三产业
全 市	**6 885 081**	**446 481**	**3 283 704**	**3 154 896**
(一)市 区	6 015 250	180 483	2 969 746	2 865 021
(二)五 县	869 831	265 998	313 958	289 875
长 安	274 583	77 157	122 949	74 477
户 县	212 216	52 536	108 962	50 718
周 至	156 382	53 946	29 721	72 715
高 陵	87 227	34 785	22 118	30 324
蓝 田	139 423	47 574	30 208	61 641

1－16　分产业国内生产总值项目构成

（2000年）　　单位:万元

指　标	增加值	劳动者报酬	固定资产折旧	生产税净额	营业盈余
全　市					
国内生产总值	6 885 081	3 250 733	970 181	1 057 084	1 607 083
第一产业	446 481	383 132	19 053	15 618	28 678
第二产业	3 283 704	1 260 687	411 616	622 542	988 859
第三产业	3 154 896	1 606 914	539 512	418 924	589 546
市　区					
国内生产总值	6 015 250	2 695 131	844 752	987 269	1 488 098
第一产业	180 483	161 270	5 924	9 622	3 667
第二产业	2 969 746	1 068 771	372 439	584 713	943 823
第三产业	2 865 021	1 465 090	466 389	392 934	540 608

1－17　分行业国内生产总值项目构成

（2000年）　单位：亿元

指标	增加值	劳动者报酬	固定资产折旧	生产税净额	补贴	营业盈余
国内生产总值	**688.50**	**325.73**	**97.02**	**105.70**	**0.25**	**160.70**
第一产业	44.65	38.31	1.91	1.56		2.87
农业	44.65	38.31	1.91	1.56		2.87
第二产业	328.37	126.07	41.16	62.25		98.89
工业	271.43	96.35	35.81	56.28		83.00
国有和销售收入500万元以上	160.18	64.42	27.09	27.31		41.36
其他	111.25	31.92	8.72	28.97		41.64
建筑业	56.94	29.72	5.35	59.78		15.89
第三产业	315.49	160.69	53.95	41.89	0.25	58.95
农林牧渔服务业	1.24	1.10	0.11	0		－0.19
地质勘探、水利管理业	2.85	2.41	0.16	0.27		0
交通运输和仓储邮电通讯业	61.87	14.32	20.93	9.85		16.80
交通运输和仓储业	35.04	11.01	10.18	7.30		6.55
邮电通讯业	26.83	3.31	10.76	2.55		10.21
批发零售贸易、餐饮业	76.90	38.92	3.21	15.98	0.25	18.78
批发零售贸易业	54.30	33.10	1.57	11.03	0.25	8.60
餐饮业	22.59	5.82	1.64	4.95		10.18
金融保险业	32.38	8.62	3.01	6.21		14.55
金融业	14.64	7.10	2.81	5.70		－0.97
保险业	2.74	1.51	0.20	0.51		0.52
其他	15.00	0	0	0		15.00
房地产业	16.96	1.36	12.87	1.00		1.73
房地产开发业	4.81	0.93	1.15	0.99		1.73
城市居自有住房	6.50	0	6.50	0		0
农村居自有住房	5.19	0	5.19	0		0
社会服务业	29.11	15.03	4.30	4.72		5.06
卫生体育、社会福利事业	17.98	13.00	1.31	2.00		1.67
教育、文艺、广播电影电视业	31.58	27.76	3.41	0.40		0
科学研究和综合技术服务业	18.90	13.81	3.06	1.42		0.61
国家政党机关和社会团体	17.98	16.59	1.40	0.03		－0.03
其他行业	7.94	7.77	0.17	0		0

1－18　按行业划分的资本形成总额

(2000年)　　单位:万元

	编号	2000年	1999年
甲	乙	1	2
固定资本形成总额	01	2 516 017	2 272 320
第一产业	02	30 502	35 705
1.农林牧渔业	03	30 502	35 705
第二产业	04	616 870	443 898
2.采掘业	05	28 280	16 876
3.制造业	06	346 279	252 259
4.电力煤气及水的生产和供应业	07	201 625	137 512
5.建筑业	08	40 686	37 251
第三产业	09	1 868 645	1 792 717
6.交通运输仓储及邮电通信业	10	363 619	387 179
7.批发和零售贸易餐饮业	11	83 989	63 249
8.金融保险业	12	3 838	5 425
9.房地产业	13	536 959	459 293
10.其他行业	14	880 240	877 571
存货增加	15	418 899	399 359
第一产业	16	286	－256
1.农林牧渔业	17	286	－256
第二产业	18	195 735	153 328
2.工业	19	133 527	140 173
3.建筑业	20	62 208	13 155
第三产业	21	222 878	246 287
4.交通运输仓储及邮电通信业	22	2 347	－8 088
5.批发和零售贸易餐饮业	23	35 437	117 358
6.其他行业	24	185 094	137 017

1-19 总 产 出

(按当年价格计算)

(2000年)

单位:万元

指 标	2000年	1999年	2000年为1999年 %
总产出	**19 122 949**	**17 603 810**	**114.0**
第一产业	743 712	739 905	103.7
第二产业	11 768 469	10 682 264	117.4
工 业	9 864 207	9 064 279	117.8
建筑业	1 904 262	1 617 985	113.2
第三产业	6 610 768	6 181 641	107.8
#交通运输和仓储业	955 346	867 613	110.2
邮电通讯业	369 385	309 798	119.7
批发和零售贸易、餐饮业	1 538 406	1 401 099	111.2

1－20　最　终　消　费

单位:万元

指　　标	2000年	1999年
最终消费	4 629 314	4 156 598
一、居民消费	3 471 799	3 124 119
1.农村居民	908 713	848 647
自给性消费	106 796	127 168
商品性消费	527 096	491 464
文化生活服务性消费	205 620	168 591
住房及水电消费	69 201	61 424
#住　房	51 860	44 541
2.城镇居民	2 563 086	2 275 472
商品性消费	1 764 625	1 577 117
文化生活服务性消费	666 091	585 837
住房及水电消费	132 370	112 518
#住　房	64 976	58 508
二、政府消费	1 157 515	1 032 479

1－21　居民总消费水平

指　　标	计量单位	2000年	1999年	2000年为1999年％
一、按当年价格计算				
全体居民消费水平	元/人	5 098	4 656	109.5
农村居民	元/人	2 272	2 138	106.3
城镇居民	元/人	9 121	8 305	109.8
二、按可比价格计算				
全体居民消费水平	元/人	2 229	2 066	107.9
农村居民	元/人	1 073	1 025	104.7
城镇居民	元/人	3 874	3 575	108.4
三、居民年平均人口	万人	681	671	101.5
农村居民	万人	400	397	100.8
城镇居民	万人	281	274	102.6

主要统计指标解释

国内生产总值:指一个国家(地区)所有常住单位在一定时期内生产活动的最终成果。国内生产总值有三种表现形态,即价值形态,收入形态和产品形态。从价值形态看,它是所有常住单位在一定时期内所生产的全部货物和服务价值超过同期投入的全部非固定资产货物和服务价值的差额,即所有常住单位的增加值之和;从收入形态看,是所有常住单位在一定时期内所创造并分配给常住单位和非常住单位的初次分配收入之和;从产品形态看,它是最终使用的货物和服务减去进口货和服务。在实际核算中,国内生产总值的三种表现形态表现为三种计算方法,即生产法,收入法和支出法。三种方法分别从不同的方面反映国内生产总值及其构成。

国民生产总值:指一个国家所有常住单位在一定时期内收入初次分配的最终成果。一国常住单位从事生产活动所创造的增加值在初次分配过程中主要分配给该国的常住单位,但也有一部分以劳动者报酬和财产收入等形式分配给该国的非常住单位,同时,国外生产创造的增加值也有一部分以劳动者报酬和财产收入等形式分配给该国的常住单位。从而产生了国民生产总值概念,它等于国内生产总值加上来自国外的劳动者报酬和财产收入减去付给国外的劳动者报酬和财产收入。与国内生产总值不同之处是,国内生产总值是一个生产概念,而国民生产总值则是个收入概念。

三次产业的划分:根据社会生产活动历史发展的顺序对产业结构的划分是:产品直接取自自然界的部门称为第一产业。对初级产品进行再加工的部门称为第二产业。为生产和消费提供各种服务的部门称为第三产业。这是世界上通用的产业结构分类,但鉴别国的划分不尽一致。我国的三次产业划分是:

第一产业:农业(包括种植业、林业、牧业和渔业)

第二产业:工业(包括采掘工业、制造业、自来水、电力、蒸气、热水、煤气)和建筑业。

第三产业:除第一、第二产业以外的其他各业。由于第三产业包括的行业多、范围广。根据我国的实际情况,第三产业可分为两大部分:一是流通部门,二是服务部门。具体又可分为四个层次:

第一层次:流通部门,包括交通运输邮电通讯业、商业、饮食业、物资供销和仓储业。

第二层次:为生产和生活服务的部门,包括金融、保险业、地质普查业、房地产、公用事业、居民服务业、咨询服务业和综合技术服务业、农、林、牧、渔、水利服务业和水利业,公路、内河(湖)航道养护业等。

第三层次:为提高科学文化水平和居民素质服务的部门,包括教育、文化、广播电视、科学研究、卫生、体育和社会福利事业等。

第四层次:为社会公共需要服务的部门,包括国家机关、政党机关、社会团体,以及军队和警察等。

可比价格:指在不同时期的价值指标对比时,扣除价格变动的因素,以确切反映物量的变化。通常在计算增长速度时都按可比价格计算。按可比价格计算有两种方法:一种是直接用产品产量乘某一年的不变价格计算;另一种是用价格指数换算。

不变价格:指用同类产品的年平均价格作为固定价格,来计算各年产品价值。按不变价格计算的产品价值消除了价格变动因素,不同时期对比可以反映生产的发展速度。新中国成立后，随着工农业产品价格水平的变化，国家统计局先后五次制定了全国的统一的工业产品不变价格和农业产品不变价格，从1949年到1957年使用1952年不变价格，从1957年到1971年使用1957年不变价格，从1971年到1981年使用1970年不变价格，从1981年到1990年使用1980年不变价格，从1990年开始使用1990年不变价格。

平均每年增长速度：在我国计算平均增长速度有两种方法，一种是习惯经常使用的"水平法"，又称几何平均法，是以间隔期最后一年的水平同基期水平对比来计算平均每年增长(或下降)速度，另一种是"累计法"，又称代数平均法或方程法，是以间隔其内各年水平的总和同基期水平对比，来计算平均每年增长(或下降)速度。在一般正常情况下，两种方法计算的平均每年增长速度比较接近，但在经济发展不平衡、出现大起大落时，两种方法计算的结果差别较大。

各个计划时期：恢复时期为1950年到1952年；第一个五年计划时期(简称一五时期)为1953年到1957年；第二个五年计划时期(简称二五时期)为1958年到1962年；第三个五年计划时期(简称三五时期)为1966年到1970年；第四个五年计划时期(简称四五时期)为1971年到1975年；第五个五年计划时期(简称五五时期)为1976年到1980年；第六个五年计划时期(简称六五时期)为1981年到1985年；第七个五年计划时期(简称七五时期)为1986年到1990年；第八个五年计划时期(简称八五时期)为1991年到1995年；第九个五年计划时期(简称九五时期)为1996年到2000年。

总消费：指常住单位在一定时期内的货物和服务的全部最终消费支出，也就是常住单位为满足物质、文化和精神生活的需要，从本国经济领土或外国购买的货物和服务的消费支出(不包括非常住居民在本国经济领土内的消费支出)。总消费分为居民消费和社会消费。

(1)居民消费：指常住居民在一定时期内对于 物和服务的全部最终消费。包括居民以货币直接购买的各种消费品和直接支付的房租、交通、医疗、文教等各种服务费支出；居民本期自产自用的消费品和自有住房的虚拟消费，居民以实物工资形式获得的各种生活消费品等。不包括居民用于购买房屋和生产的支出。

(2)社会消费：指政府部门的总产出扣除其销售收入后的价值。也就是指社会公共服务部门将其生产活动总成果提供给政府，由政府部门购买并提供给全社会享用的社会消费支出。

XI'AN 統計年鑒 2001

人口

RENKOU

2-1　主要年份人口、人口密度和人口发展情况

单位：人

年 份	总人口		女 姓 人口数	非农业 人口数	人口密度（人／平方公里）	总人口指数(上年为100)	
		市 区				全 市	市 区
1952	2 529 228	924 220	1 188 059	576 090	254	102.6	103.1
1957	3 272 826	1 470 085	1 505 793	1 110 763	328	103.2	104.6
1965	4 000 502	1 798 785	1 907 240	1 363 855	401	102.5	103.4
1970	4 351 197	1 881 235	2 104 689	1 391 166	436	101.9	101.4
1978	4 980 995	2 101 455	2 418 216	1 599 849	499	101.7	102.7
1980	5 119 053	2 211 871	2 492 612	1 728 476	513	101.4	102.6
1985	5 531 132	2 457 581	2 683 953	2 019 043	554	101.6	102.2
1986	5 639 673	2 517 950	2 732 976	2 059 200	565	101.9	102.5
1987	5 744 588	2 576 926	5 781 213	2 102 533	575	101.9	102.3
1988	5 858 479	2 649 366	2 836 814	2 169 917	587	101.9	102.8
1989	5 973 588	2 708 002	2 894 424	2 225 428	598	102.0	102.2

2-1　续表

单位:人

年　份	总人口		女　姓	非农业	人口密度（人／平方公里）	总人口指数(上年为100)	
		市　区	人口数	人口数		全　市	市　区
1990	6 088 901	2 756 926	2 952 879	2 269 836	610	101.9	101.8
1991	6 154 777	2 788 918	2 981 337	2 308 534	617	101.1	101.2
1992	6 231 978	2 830 135	3 019 204	2 364 545	624	101.3	101.5
1993	6 309 145	2 878 247	3 052 996	2 408 467	632	101.2	101.7
1994	6 394 544	2 931 624	3 091 700	2 483 546	641	101.4	101.9
1995	6 482 079	2 982 684	3 134 575	2 557 090	645	101.4	101.7
1996	6 548 724	3 033 056	3 165 968	2 612 786	653	101.0	101.7
1997	6 620 578	3 734 917	3 201 816	2 675 156	663	101.1	101.6
1998	6 682 168	3 782 534	3 231 978	2 717 526	669	100.9	101.3
1999	6 744 977	3 830 390	3 261 177	2 761 365	676	100.9	01.3
2000	6 880 111	3 934 654	3 328 256	2 857 913	681	102.0	102.7

注:人口部分均为公安年报数字

2－2　主要年份人口变动情况

年份	出生人口（人）	出生率（‰）	死亡人口（人）	死亡率（‰）	迁入人口（人）	迁出人口（人）	自然增长率（‰）
1952	76 754	30.74	22 138	8.86	…	…	21.87
1957	122 737	38.09	27 612	8.57	259 926	229 226	29.52
1965	115 340	29.19	33 590	8.50	131 109	108 302	20.69
1970	120 511	27.96	23 448	5.44	68 775	83 854	22.53
1978	78 051	19.04	31 699	6.66	89 840	91 562	12.38
1980	65 864	12.96	31 930	6.28	133 560	96 364	6.68
1985	89 451	16.3	30 085	5.48	115 957	87 364	10.82
1986	101 360	18.15	27 777	4.97	117 893	83 933	13.17
1987	97 578	17.14	28 288	4.97	125 790	92 551	12.17
1988	94 213	16.24	28 905	4.98	135 421	89 708	11.26
1989	117 822	19.92	30 379	5.13	127 270	101 451	14.78

2-2　续表

年份	出生人口（人）	出生率（‰）	死亡人口（人）	死亡率（‰）	迁入人口（人）	迁出人口（人）	自然增长率（‰）
1990	123 972	20.55	34 469	5.72	118 160	98 604	14.84
1991	87 267	14.25	32 615	5.33	89 788	60 935	8.93
1992	89 750	14.49	33 928	5.48	139 397	95 444	9.01
1993	92 509	14.75	33 707	5.38	114 950	83 262	9.38
1994	80 760	12.71	31 584	4.97	134 042	85 854	7.74
1995	76 929	11.95	32 061	4.98	144 054	88 468	6.97
1996	72 620	11.15	34 111	5.24	119 435	88 757	5.91
1997	68 368	10.38	31 247	4.75	125 751	86 225	5.64
1998	63 962	9.62	31 007	4.66	108 865	83 567	4.95
1999	61 875	9.22	38 815	5.78	125 834	92 265	3.44
2000	89 036	13.07	40 587	5.96	171 217	92 341	7.11

2－3　分区县人口和户数

（2000 年）　　单位：人

区　县	总户数（户）	总人口	#非农业人口	按性别分 男	按性别分 女	未落常住户口人数
全　市	**1 870 805**	**6 880 111**	**2 857 913**	**3 551 855**	**3 328 256**	**12 739**
一、市　区	1 107 960	3 934 654	2 525 061	2 025 377	1 909 277	6 205
新城区	147 062	469 544	457 892	241 594	227 950	208
碑林区	174 411	610 362	599 126	322 777	287 585	242
莲湖区	180 967	574 816	540 283	295 796	279 020	172
灞桥区	120 644	431 082	157 940	218 079	213 003	121
未央区	114 147	379 742	174 122	191 730	188 012	241
雁塔区	141 271	557 789	410 004	292 008	265 781	1 185
阎良区	59 250	237 375	75 522	121 067	116 308	1 692
临潼区	170 208	673 944	110 172	342 326	331 618	2 344
二、五　县	762 845	2 945 457	332 852	1 526 478	1 418 979	6 534
长安县	240 160	896 395	104 934	456 964	439 431	1 122
蓝田县	160 290	629 265	64 993	327 609	301 656	3 875
周至县	151 939	623 782	47 185	330 158	293 624	132
户　县	153 433	563 038	91 620	293 755	269 283	626
高陵县	57 023	232 977	24 120	117 992	114 985	779

2-4 分区县人口变动情况

(2000年)

	出生人口	死亡人口	迁入人口		迁出人口	
			省内迁入	省外迁入	迁往省内	迁往省外
全 市	**89 036**	**40 587**	**118 422**	**52 795**	**59 338**	**33 003**
一、市 区	55 142	22 666	79 188	48 665	27 549	28 865
新城区	5 180	3 460	2 219	1 940	478	1 497
碑林区	6 098	3 894	20 645	17 097	3 048	10 018
莲湖区	7 280	3 922	8 030	2 734	2 711	3 154
灞桥区	5 867	2 546	3 022	769	1 458	714
未央区	5 185	2 497	4 685	1 727	930	890
雁塔区	6 140	1 522	24 680	22 485	7 011	10 634
阎良区	4 256	1 517	2 860	1 090	1 762	1 093
临潼区	15 136	3 308	13 047	823	10 151	865
二、五 县	33 894	17 921	39 234	4 130	31 709	4 138
长安县	11 138	5 199	13 451	884	9 570	906
蓝田县	7 919	4 441	9 522	1 025	6 790	863
周至县	6 220	3 407	4 580	379	5 118	793
户 县	5 874	2 812	6 679	1 627	7 488	1 462
高陵县	2 743	2 062	5 002	215	2 743	114

2－5　市辖镇人口和户数

（2000 年）

	总户数（户）	总人口（人）			平均每户人数（人）	性别比（女＝100）	非农业人口（人）
		合计	男	女			
西安市	**200 208**	**755 202**	**383 743**	**371 459**	**3.77**	**103.31**	**182 683**
市辖区	200 208	755 202	383 743	371 459	3.77	103.31	182 683
新城区	0	0	0	0	0	0	0
碑林区	0	0	0	0	0	0	0
莲湖区	0	0	0	0	0	0	0
灞桥区	33 640	127 265	64 750	62 515	3.78	103.58	19 557
灞桥镇	14 216	51 262	26 443	24 819	3.61	106.54	16 625
新筑镇	10 669	42 971	21 743	21 228	4.03	102.43	1 462
狄寨镇	8 755	33 032	16 564	16 468	3.77	100.58	1 470
未央区	35 344	116 947	59 022	57 925	3.31	101.89	57 354
三桥镇	27 715	89 604	45 330	44 274	3.23	102.39	52 834
草滩镇	7 629	27 343	13 692	13 651	3.58	100.3	4 520
雁塔区	0	0	0	0	0	0	0
阎良区	22 174	92 590	47 006	45 584	4.18	103.12	2 420
关山镇	8 464	33 055	16 879	16 176	3.91	104.35	983
康桥镇	5 381	23 303	11 753	11 550	4.33	101.76	537
武屯镇	8 329	36 232	18 374	17 858	4.35	102.89	900
临潼区	109 050	418 400	212 965	205 435	3.84	103.67	103 352
骊山镇	24 431	75 668	39 040	36 628	3.1	106.59	61 509
新丰镇	11 242	44 189	22 910	21 279	3.93	107.66	10 144
代王镇	10 480	37 007	18 953	18 054	3.53	104.98	11 176
马额镇	4 987	21 420	10 836	10 584	4.3	102.38	1 054
相桥镇	4 957	20 219	10 358	9 861	4.08	105.04	1 002
雨金镇	5 732	23 328	11 798	11 530	4.07	102.32	1 473
斜口镇	7 495	33 869	16 571	17 298	4.52	95.8	4 563
栎阳镇	7 063	31 241	16 194	15 047	4.42	107.62	1 260
秦陵镇	7 833	28 669	14 617	14 052	3.66	104.02	7 985
零口镇	8 406	34 510	17 363	17 147	4.11	101.26	1 567
交口镇	6 099	26 389	13 268	13 121	4.33	101.12	603
北田镇	5 981	24 085	12 312	11 773	4.03	104.58	614
田市镇	4 344	17 806	8 745	9 061	4.1	96.51	402

2－6 县辖镇人口及户数

(2000年)

	总户数(户)	总 人 口(人)			总人口中(人)	
		合 计	男	女	非农业人口	未落常住户口人员
西安市	**378 383**	**1 379 686**	**717 997**	**661 689**	**278 088**	**2 490**
长安县	102 729	356 857	181 572	175 285	78 461	758
韦曲镇	29 026	75 586	38 050	37 536	52 469	0
郭杜镇	10 739	40 617	20 265	20 352	3 509	13
马王镇	8 085	30 528	15 650	14 878	4 668	0
滦　镇	6 434	24 889	13 306	11 583	4 666	0
子午镇	5 052	18 793	9 531	9 262	684	0
王曲镇	5 572	21 890	11 075	10 815	1 454	32
太乙镇	6 479	21 179	10 946	10 233	1 717	0
引　镇	4 483	16 577	8 302	8 275	1 195	35
杜曲镇	5 725	23 827	11 994	11 833	3 633	628
斗门镇	8 714	33 896	17 243	16 653	2 322	50
鸣犊镇	6 336	25 067	12 823	12 244	991	0
细柳镇	6 111	24 008	12 387	11 621	1 153	0
蓝田县	63 546	233 108	121 576	111 532	53 759	1 040
兰关镇	19 446	55 502	29 867	25 635	46 871	11
曳湖镇	6 404	24 206	12 437	11 769	1 299	183
汤峪镇	6 291	26 669	13 664	13 005	1 138	56
焦岱镇	6 401	24 520	12 850	11 670	927	134
玉山镇	6 244	27 529	14 419	13 110	1 222	243
华胥镇	9 535	35 336	18 209	17 127	1 175	246
前为镇	9 225	39 346	20 130	19 216	1 127	167

2-6　续表　(2000 年)

	总户数 (户)	总人口(人)			总人口中(人)	
		合　计	男	女	非农业人口	未落常住户口人员
周至县	93 850	374 396	197 703	176 693	41 209	52
二曲镇	19 948	59 418	32 516	26 902	28 996	0
哑柏镇	12 183	49 337	25 896	23 441	2 937	0
楼观镇	10 754	46 332	24 555	21 777	1 830	0
终南镇	14 939	62 860	32 860	32 870	29 990	2 240
马召镇	8 366	37 394	20 183	17 211	1 232	0
尚村镇	11 243	51 437	26 345	25 092	1 208	0
集贤镇	7 233	29 083	15 252	13 831	940	52
广济镇	9 184	38 535	20 086	18 449	1 826	0
户　县	97 243	335 276	176 237	159 039	85 943	390
甘亭镇	25 227	69 510	36 033	33 477	45 231	0
秦渡镇	18 503	58 701	32 535	26 166	32 443	22
大王镇	8 136	31 896	16 443	15 453	1 032	0
祖庵镇	7 569	29 495	15 124	14 371	986	62
草堂镇	8 438	31 616	16 903	14 713	2 171	144
蒋村镇	4 626	18 765	9 664	9 101	447	29
庞光镇	8 118	29 148	15 414	13 729	1 532	69
涝店镇	8 782	36 668	19 050	17 618	943	64
高陵县	21 015	80 049	40 909	39 140	18 716	250
鹿苑镇	10 006	35 342	18 221	17 121	15 793	73
耿　镇	4 196	16 620	8 591	8 029	1 103	22
通远镇	6 811	28 087	14 097	13 990	1 820	155

主要统计指标解释

人口数：指一定时点，一定地区范围内的有生命的个人的总和。年度统计的年末人口数是指每年12月31日24时常住户和未落户口的人口数。

市镇人口：指市、镇辖区内的常住人口数。

乡村人口：指县(不含镇)辖区内的常住人口数。

农业人口：指凡在农村从事农、林、牧、渔的劳动者，以及乡(不包括乡)以下，不直接从事农业生产和各种人员及其抚养的家属。

非农业人口：指从事农、林、牧、渔以外各种行业的人员。包括国营的农、林、牧、渔园艺场、拖拉机站、抽水机站，在编的行政管理人员、文教卫生、财贸、邮电等人员，以及附属的独立核算的工业企业中常年不从事农业生产的国家职工，包括抚养家属。

出生率：指一年内平均每千人所出生的人数比例，一般以千分率表示。计算公式如下：

$$出生率=\frac{全年出生人数}{年平均人数}\times 1000‰$$

死亡率：指一年内平均每千人所死亡的人数比例，一般以千分率表示。计算公式如下：

$$死亡率=\frac{全年死亡人数}{年平均人数}\times 1000‰$$

人口自然增长率：指一年内人口自然增长数(出生人数减死亡人数)与平均人数之比例，一般以千分率表示。计算公式如下：

$$人口自然增长率=\frac{年内出生人数-年内死亡人数}{年平均人数}\times 1000‰$$

或人口自然增长率=人口出生率－人口死亡率

人口密度：指在一定时点一定地区的人口数与该地区的面积数之比，即一定时点的单位土地面积上的人口数，通常以每平方公里的居民人数来表示。计算公式如下：

$$人口密度=\frac{该地区的人口数}{该地区的土地面积}$$

XI'AN

統計年鑒

2001

从业人员和职工工资

CONGYERENYUANHEZHIGONGGONGZI

3-1 主要年份社会从业人数

单位:万人

年份	合计	一、按城乡分					二、按三次产业分		
		1.城镇	国有经济	集体经济	其他经济	2.乡村	第一产业	第二产业	第三产业
1985	296.80	129.07	96.8	29.07	3.20	167.73	135.89	98.61	62.30
1986	299.45	132.82	101.28	28.43	3.11	166.63	127.46	100.61	71.08
1987	312.16	138.56	104.58	30.72	3.26	173.60	130.36	107.75	74.05
1988	327.76	142.24	106.46	30.73	5.05	185.52	138.87	108.12	80.77
1989	332.65	145.65	108.80	30.44	6.41	187.00	142.21	106.40	84.04
1990	343.06	147.93	110.95	29.78	7.20	195.13	149.64	106.74	86.68
1991	347.65	149.48	111.87	29.80	7.81	198.17	152.24	108.19	87.22
1992	357.51	151.67	113.19	29.97	8.51	205.84	154.75	110.22	92.54
1993	363.70	155.72	112.98	29.77	12.97	207.98	154.02	114.02	95.66
1994	364.56	154.88	113.39	27.97	13.52	209.68	153.51	108.53	102.52
1995	372.60	158.80	113.79	25.58	19.43	213.80	153.39	109.67	109.54
1996	379.29	164.54	113.29	24.82	26.43	214.75	153.43	109.17	116.69
1997	385.14	169.52	112.44	23.52	33.56	215.62	153.23	109.46	122.45
1998	393.95	177.20	106.06	21.50	49.64	216.75	153.00	110.45	130.50
1999	400.43	180.27	105.08	20.50	54.69	220.16	154.64	110.58	135.21
2000	389.10	176.45	103.46	18.40	54.59	212.65	147.03	107.26	134.81

3－2　分行业从业人数

（2000年）　　　　单位：万人

	合计	国有经济	城镇集体经济	其他经济	城镇私营经济及个体劳动者	乡镇劳动者
总　计	**389.1**	**103.46**	**18.4**	**16.81**	**37.78**	**212.65**
一、按国民经济行业分组						
（一）农、林、牧、渔业	147.03	0.86	0.01	0.02	0.07	146.07
（二）采掘业	0.32	0.22		0.06	0.04	
（三）制造业	77.43	37.12	8.92	11.16	4.8	
（四）电力、煤气及水的生产和供应业	1.96	1.96				
（五）建筑业	27.55	7.6	3.18	0.04	0.28	16.45
（六）地质勘查业、水利管理业	1.66	1.64	0.02			
（七）交通运输、仓储及邮电通信业	19.5	8.15	0.5	0.5	2.7	7.65
（八）批发和零售贸易、餐饮业	45.95	7.58	3.57	2.65	24.01	8.14
（九）金融、保险业	3.95	2.66	0.19	0.65		0.45
（十）房地产业	0.77	0.5	0.16	0.11		
（十一）社会服务业	11.19	3.88	0.72	1.44	5.15	
（十二）卫生、体育和社会福利业	3.96	3.52	0.42	0.02		
（十三）教育、文化艺术及广播电影电视业	13.19	13.03	0.12	0.04		
（十四）科学研究和综合技术服务业	7.51	7.37	0.01	0.13		
（十五）国家机关、政党机关和社会团体	6.94	6.87	0.07			
（十六）其他行业	20.2	0.48	0.51		0.74	18.47
二、按三次产业分						
第一产业	147.03	0.86	0.01	0.02	0.07	146.07
第二产业	107.26	46.9	12.1	11.26	5.12	31.88
第三产业	134.81	55.7	6.29	5.53	32.59	34.7

3-3 劳动力资源总数

单位:万人

年　份	劳动力资源总数	社会从业人数	劳动力资源总数占人口数的比例(%)
1985	344.85	296.80	62.35
1986	352.71	299.45	62.54
1987	367.71	312.16	64.01
1988	378.33	327.76	64.58
1989	388.94	332.65	65.11
1990	395.92	343.06	65.02
1991	400.01	347.65	64.99
1992	410.80	357.51	65.91
1993	413.33	363.70	65.51
1994	451.88	364.58	70.66
1995	455.90	378.52	70.33
1996	458.47	379.29	70.01
1997	466.18	385.14	70.41
1998	480.26	393.95	71.87
1999	484.79	400.43	71.20
2000	479.40	389.10	69.68

3-4 城乡劳动力资源配置情况

2000年 单位:万人

	城乡合计	城 镇	乡 村
一、年末劳动力资源总数	479.40	223.67	255.73
其中:当年新增加的劳动力资源	11.23	4.64	6.59
1.年末16岁以上全部人数	498.37	219.30	279.07
其中:不计劳动力资源的人数	22.65	9.40	13.25
2.机械变动差额跨地区人数	3.68	13.77	-10.09
二、经济活动人口	392.95	180.30	212.65
(一)从业人员	389.10	176.45	212.65
1.按就业身份分组			
(1)全部职工	135.84	135.84	
(2)再就业的离退休人员	0.35	0.35	
(3)私营业主	5.54	1.38	4.16
(4)个体户主	20.08	11.87	8.21
(5)私营企业和个体从业人员	47.91	24.53	23.38
(6)农村劳动力	176.90		176.90
(7)其他	2.48	2.48	
2.按国民经济类型分组			
(1)国有经济	103.46	103.46	
(2)集体经济	195.30	18.40	176.90
(3)私营经济	24.64	6.94	17.70
(4)个体经济	48.89	30.84	18.05
(5)股份合作经济	1.71	1.71	
(6)联营经济	0.07	0.07	
(7)有限责任公司	8.04	8.04	
(8)股份有限公司	5.22	5.22	
(9)外商投资经济	1.27	1.27	

3-4 续表

	城乡合计	城 镇	乡村
(10)港、澳、台投资经济	0.49	0.49	
(11)其他经济	0.01	0.01	
3.按国民经济行业分组			
(1)农、林、牧、渔业	147.03	0.96	146.07
(2)采掘业	0.32	0.32	
(3)制造业	77.43	62.00	15.43
(4)电力、煤气及水的生产和供应	1.96	1.96	
(5)建筑业	27.55	11.10	16.45
(6)地质勘察业、水利管理业	1.66	1.66	
(7)交通运输仓储及邮电通信业	19.50	11.86	7.64
(8)批发和零售贸易餐饮业	45.95	37.81	8.14
(9)金融保险业	3.95	3.50	0.45
(10)房地产业	0.77	0.77	
(11)社会服务业	11.18	11.18	
(12)卫生体育和社会福利业	3.96	3.96	
(13)教育文化艺术和广播电影电视	13.19	13.19	
(14)科学研究和综合技术服务	7.51	7.51	
(15)国家机关政党机关和社会团	6.94	6.94	
(16)其他行业	20.20	1.73	18.47
(二)失业人员	3.85	3.85	
三、非经济活动人口	86.45	43.37	43.08
其中:16岁以上在校学生	42.02	34.04	7.98
家务劳动者	24.61	8.93	15.68

3-5 就业人员来源

单位:人

年份	合计	城镇劳动力	农村劳动力	大学、中专技校毕业生	复员转业军人	其他
1983	38 897	16 668	3 986	9 743	5 614	2 886
1984	63 309	36 401	5 132	11 577	7 298	2 901
1985	68 499	39 443	9 732	12 582	3 961	2 781
1986	81 536	41 110	13 187	14 477	6 663	6 099
1987	61 893	29 626	8 568	16 290	5 802	1 607
1988	66 862	30 821	10 663	14 435	6 757	4 186
1989	65 092	22 564	13 680	14 785	5 995	8 068
1990	64 725	29 295	6 943	16 693	5 861	5 933
1991	59 684	23 914	6 161	17 081	5 822	6 706
1992	66 964	32 868	4 912	17 082	5 746	6 356
1993	65 658	26 340	7 912	16 659	5 407	9 340
1994	41 068	12 262	5 031	15 866	3 419	4 490
1995	61 542	8 924	11 386	19 377	3 695	18 160
1996	54 449	8 392	7 950	19 142	3 798	15 167
1997	56 963	7 869	7 581	17 561	4 064	19 888
1998	51 068	5 516	5 258	17 208	4 062	19 024
1999	69 707	13 027	7 762	16 470	3 761	28 687
2000	68 209	6 228	6 460	16 751	4 670	34 100

3-6 就业人员安置去向

单位:万人

年份	合计	国有经济单位	城镇集体经济单位	其他经济类型单位	城镇个体劳动者	临时性从业人员
1980	3.26	1.84	0.91			0.51
1983	3.58	0.35	2.30		0.04	0.89
1984	3.67	1.01	2.05		0.04	0.57
1985	3.80	1.24	2.02		0.07	0.47
1986	3.95	1.72	2.12		0.04	0.36
1987	3.76	1.63	1.32		0.06	0.75
1988	3.73	1.26	1.28		0.10	1.09
1989	3.33	1.04	1.33		0.08	0.91
1990	3.54	0.97	1.42		0.05	1.10
1991	3.63	1.42	1.35	0.08	0.07	0.69
1992	3.73	1.57	1.21	0.13	0.08	0.73
1993	3.43	1.22	1.17	0.12	0.13	0.79
1994	2.98	0.86	1.09	0.19	0.11	0.73
1995	2.62	0.79	0.79	0.13	0.14	0.77
1996	2.28	0.67	0.73	0.11	0.17	0.60
1997	2.29	0.55	0.67	0.30	0.13	0.64
1998	2.26	0.34	0.65	0.37	0.30	0.60
1999	1.21	0.30	0.66	0.05	0.20	
2000	1.29	0.35	0.56	0.04	0.23	0.11

3－7　全部单位从业人员情况

（2000 年）　　单位：人

	单位从业人员	女性	在岗职工合计	专业技术人员	女性
总　计	**1 124 483**	**447 028**	**1 096 215**	**333 995**	**150 838**
一、按企业、事业、机关分组					
1.企业	778 409	315 164	754 814	172 246	73 027
2.事业	275 621	115 043	271 528	161 749	77 811
3.机关	70 453	16 821	69 873	0	0
二、按国民经济行业分组					
（一）农、林、牧、渔业	8 049	2 489	7 959	2 720	863
（二）采掘业	1 895	593	1 894	416	90
（三）制造业	406 401	168 105	401 572	82 727	34 414
（四）电、煤气及水的生产和供应业	18 694	6 814	18 670	5 924	2 373
（五）建筑业	79 393	18 329	72 049	17 234	4 712
（六）地质勘查业、水利管理业	15 990	4 441	15 970	5 269	1 622
（七）交通运输、仓储及邮电通信业	82 247	26 362	80 443	15 881	6 373
（八）批发和零售贸易、餐饮业	96 837	48 551	95 823	18 019	9 424
（九）金融、保险业	33 701	16 750	26 404	18 504	10 207
（十）房地产业	6 737	2 483	6 644	1 405	550
（十一）社会服务业	55 322	26 410	54 465	6 554	2 856
（十二）卫生、体育和社会福利业	38 780	20 593	38 211	25 960	16 354
（十三）教育文化和广播影视业	130 498	58 937	127 714	86 937	44 954
（十四）科学研究和综合技术服务业	72 914	26 090	72 273	44 780	15 447
（十五）国家机关、政党和社会团体	69 099	16 390	68 537	0	0
（十六）其他行业	7 926	3 691	7 587	1 665	599

3－7　续表1

	从业人员年末人数					
	在岗职工		其他从业人员	聘用的离退休人员	聘用的澳台外籍人	离开本单位仍保留劳动关系的职工
	按用工期限分					
	长期职工	临时职工				
总　　计	**1 058 912**	**37 303**	**28 268**	**3 548**	**153**	**26 215**
一、按企业、事业、机关分组						
1.企业	726 004	28 810	23 595	2 330	68	255 462
2.事业	264 669	6 859	4 093	1 147	85	6 002
3.机关	68 239	1 634	580	71	0	687
二、按国民经济行业分组						
(一)农、林、牧、渔业	7 941	18	90	9	0	900
(二)采掘业	1 886	8	1	1	0	858
(三)制造业	390 552	11 020	4 829	1 309	35	165 620
(四)电、煤气及水的生产和供应业	18 403	267	24	23	0	929
(五)建筑业	62 658	9 391	7 344	157	1	28 792
(六)地质勘查业、水利管理业	15 928	42	20	0	0	633
(七)交通运输、仓储及邮电通信业	79 431	1 012	1 804	98	1	9 361
(八)批发和零售贸易、餐饮业	92 925	2 898	1 014	309	0	41 180
(九)金融、保险业	25 054	1 350	7 297	7	0	1 275
(十)房地产业	6 513	131	93	44	0	917
(十一)社会服务业	51 748	2 717	857	168	30	4 980
(十二)卫生、体育和社会福利业	36 884	1 327	569	255	0	830
(十三)教育文化和广播影视业	124 137	3 577	2 784	382	85	1 395
(十四)科学研究和综合技术服务业	70 897	1 376	641	537	1	2 191
(十五)国家机关、政党和社会团体	66 876	1 661	562	69	0	283
(十六)其他行业	7 079	508	339	180	0	2 007

3－7 续表2

	单位从业人员平均人数	在岗职工	其他从业人员	聘用的离退休人员	聘用港澳台外籍人员	离开本单位仍保留劳动关系职工平均人数
总　计	**1 135 648**	**1 107 699**	**27 949**	**3 326**	**149**	**261 228**
一、按企业、事业、机关分组						
1.企业	789 905	766 698	23 207	2 156	69	254 737
2.事业	275 533	271 357	4 176	1 101	80	5 800
3.机关	70 210	69 644	566	69	0	691
二、按国民经济行业分组						
(一)农、林、牧、渔业	8 046	7 958	88	8	0	867
(二)采掘业	1 989	1 988	1	1	0	1 263
(三)制造业	413 760	408 842	4 918	1 224	35	167 511
(四)电、煤气及水的生产和供应业	18 546	18 522	24	23	0	976
(五)建筑业	83 138	76 427	6 711	157	1	27 594
(六)地质勘查业、水利管理业	15 949	15 929	20	0	0	637
(七)交通运输、仓储及邮电通信业	83 276	79 997	3 279	104	1	8 524
(八)批发和零售贸易、餐饮业	97 147	96 193	954	219	0	40 742
(九)金融、保险业	32 533	26 452	6 081	7	0	777
(十)房地产业	6 736	6 642	94	44	0	914
(十一)社会服务业	55 096	54 172	924	174	31	4 911
(十二)卫生、体育和社会福利业	38 869	38 152	717	249	0	817
(十三)教育文化和广播影视业	130 189	127 430	2 759	375	80	1 379
(十四)科学研究和综合技术服务业	73 545	72 942	603	494	1	2 137
(十五)国家机关、政党和社会团体	68 830	68 272	558	68	0	283
(十六)其他行业	7 999	7 781	218	179	0	1 896

3－8　国有单位从业人员情况

（2000年）　　单位:人

	单位从业人员	女性	在岗职工合计	专业技术人员	女性
合　　计	**842 053**	**316 439**	**823 291**	**284 109**	**128 808**
一、按隶属关系分组					
1.中央	347 739	121 249	338 565	124 569	50 187
2.省、自治区、直辖市	187 005	68 826	184 575	64 358	27 682
3.地区	142 052	56 964	140 985	33 732	17 447
4.县及县以下	165 167	69 351	159 080	61 418	33 486
5.其他	90	49	86	32	6
二、按企业、事业、机关分组					
1.企业	501 476	187 130	487 306	125 143	52 461
①中央	257 654	89 197	249 026	76 005	31 487
②省、自治区、直辖市	108 646	39 391	106 999	26 026	9 866
③地区	93 105	38 869	92 341	18 667	9 210
④县及县以下	41 981	19 624	38 854	4 413	1 892
2.事业	270 827	112 690	266 814	158 966	76 347
①中央	85 533	30 566	84 987	48 564	18 700
②省、自治区、直辖市	64 803	25 709	64 068	38 332	17 816
③地区	32 603	14 283	32 358	15 065	8 237
④县及县以下	87 888	42 132	85 401	57 005	31 594
3.机关	69 750	16 619	69 171	0	0
①中央	4 552	1 486	4 552	0	0
②省、自治区、直辖市	13 556	3 726	13 508	0	0
③地区	16 344	3 812	16 286	0	0
④县及县以下	35 298	7 595	34 825	0	0

3-8 续表1

	单位从业人员	女性	在岗职工合计	专业技术人员	女性
三、按国民经济行业分组					
(一)农、林、牧、渔业	7 697	2 382	7 609	2 568	827
(二)采掘业	1 406	416	1 406	344	78
(三)制造业	248 131	93 605	246 312	54 918	23 276
(四)电、煤气及水的生产和供应业	18 694	6 814	18 670	5 924	2 373
(五)建筑业	53 454	11 968	49 436	14 029	3 789
(六)地质勘查业、水利管理业	15 881	4 429	15 861	5 260	1 620
(七)交通运输、仓储及邮电通信业	75 121	23 486	73 348	14 783	6 045
(八)批发和零售贸易、餐饮业	48 766	23 691	48 241	11 419	5 677
(九)金融、保险业	25 407	12 388	19 832	14 505	7 730
(十)房地产业	4 536	1 631	4 510	1 103	410
(十一)社会服务业	35 364	16 005	34 958	3 750	1 539
(十二)卫生、体育和社会福利业	34 448	18 196	34 020	23 588	15 043
(十三)教育文化和广播影视业	128 950	58 195	126 174	86 404	44 754
(十四)科学研究和综合技术服务业	71 509	25 552	70 875	44 225	15 233
(十五)国家机关、政党和社会团体	68 422	16 181	67 860	0	
(十六)其他行业	4 267	1 500	4 179	1 289	414

3-8 续表2

	从业人员年末人数					
	在岗职工		其他从业人员	聘用的离退休人员	聘用的澳台外籍人	离开本单位仍保留劳动关系的职工
	按用工期限分					
	长期职工	临时职工				
合　　计	**804 260**	**19 031**	**18 762**	**2 047**	**85**	**192 514**
一、按隶属关系分组						
1.中央	331 823	6 742	9 174	830	20	38 488
2.省、自治区、直辖市	177 832	6 743	2 430	757	62	49 888
3.地区	138 194	2 791	1 067	271	3	79 063
4.县及县以下	156 330	2 750	6 087	185	0	25 075
5.其他	81	5	4	4	0	
二、按企业、事业、机关分组						
1.企业	476 624	10 682	14 170	843	0	186 402
①中央	244 753	4 273	8 628	406	0	36 921
②省、自治区、直辖市	102 388	4 611	1 647	363	0	47 814
③地区	91 194	1 147	764	42	0	77 985
④县及县以下	38 208	646	3 127	28	0	23 682
2.事业	260 068	6 746	4 013	1 134	85	5 439
①中央	82 616	2 371	546	424	20	1 564
②省、自治区、直辖市	62 108	1 960	735	368	62	1 736
③地区	31 110	1 248	245	216	3	1 068
④县及县以下	84 234	1 167	2 487	126	0	1 071
3.机关	67 568	1 603	579	70	0	673
①中央	4 454	98	0	0	0	3
②省、自治区、直辖市	13 336	172	48	26	0	338
③地区	15 890	396	58	13	0	10
④县及县以下	33 888	937	473	31	0	322

3-8 续表 3

	从业人员年末人数				
	在岗职工		其他从业人员	聘用的离退休人员	聘用的澳台外籍人
	按用工期限分				
	长期职工	临时职工			
三、按国民经济行业分组					
(一)农、林、牧、渔业	7 593	16	88	7	0
(二)采掘业	1 406	0	0	0	0
(三)制造业	241 772	4 540	1 819	435	0
(四)电、煤气及水的生产和供应业	18 403	267	24	23	0
(五)建筑业	47 083	2 353	4 018	83	0
(六)地质勘查业、水利管理业	15 821	40	20	0	0
(七)交通运输、仓储及邮电通信业	72 432	916	1 773	68	0
(八)批发和零售贸易、餐饮业	47 347	894	525	90	0
(九)金融、保险业	18 664	1 168	5 575	2	0
(十)房地产业	4 397	113	26	11	0
(十一)社会服务业	33 504	1 454	406	61	0
(十二)卫生、体育和社会福利业	32 845	1 175	428	243	0
(十三)教育文化和广播影视业	123 187	2 987	2 776	374	85
(十四)科学研究和综合技术服务业	69 554	1 321	634	531	0
(十五)国家机关、政党和社会团体	66 230	1 630	562	69	0
(十六)其他行业	4 022	157	88	50	0

3-8. 续表4

	单位从业人员平均人数	在岗职工	其他从业人员	聘用的离退休人员	聘用港澳台外籍人员	离开本单位仍保留劳动关系职工平均人数
合　计	**853 734**	**835 266**	**18 468**	**1 904**	**80**	**190 903**
一、按隶属关系分组						
1.中央	354 838	345 576	9 262	766	21	38 380
2.省、自治区、直辖市	188 691	186 562	2 129	696	56	48 517
3.地区	145 812	144 696	1 116	256	3	79 052
4.县及县以下	164 301	158 344	5 957	182	0	24 954
5.其他	92	88	4	4	0	0
二、按企业、事业、机关分组						
1.企业	513 501	499 683	13 818	748	0	184 999
①中央	264 128	255 491	8 637	380	0	36 683
②省、自治区、直辖市	110 350	109 028	1 322	295	0	46 730
③地区	97 002	96 174	828	43	0	77 976
④县及县以下	41 929	38 902	3 027	26	0	23 610
2.事业	270 755	266 670	4 085	1 088	80	5 227
①中央	86 023	85 398	625	386	21	1 692
②省、自治区、直辖市	64 772	64 016	756	377	56	1 445
③地区	32 625	32 395	230	200	3	1 066
④县及县以下	87 335	84 861	2 474	125	0	1 024
3.机关	69 478	68 913	565	68	0	677
①中央	4 687	4 687	0	0	0	5
②省、自治区、直辖市	13 569	13 518	51	24	0	342
③地区	16 185	16 127	58	13	0	10
④县及县以下	35 037	34 581	456	31	0	320

3-8 续表5

	单位从业人员平均人数	在岗职工	其他从业人员	聘用的离退休人员	聘用港澳台外籍人员	离开本单位仍保留劳动关系职工平均人数
三、按国民经济行业分组						
(一)农、林、牧、渔业	7 713	7 627	86	6	0	822
(二)采掘业	1 487	1 487	0	0	0	1 196
(三)制造业	256 646	255 022	1 624	362	0	124 121
(四)电、煤气及水的生产和供应业	18 546	18 522	24	23	0	976
(五)建筑业	56 255	52 773	3 482	88	0	21 430
(六)地质勘查业、水利管理业	15 840	15 820	20	0	0	591
(七)交通运输、仓储及邮电通信业	76 292	73 044	3 248	74	0	5 602
(八)批发和零售贸易、餐饮业	49 321	48 766	555	66	0	26 612
(九)金融、保险业	24 395	19 950	4 445	2	0	747
(十)房地产业	4 537	4 510	27	11	0	483
(十一)社会服务业	35 028	34 630	398	62	0	3 376
(十二)卫生、体育和社会福利业	34 436	33 871	565	237	0	713
(十三)教育文化和广播影视业	128 640	125 889	2 751	367	80	1 315
(十四)科学研究和综合技术服务业	72 134	71 538	596	488	0	2 137
(十五)国家机关、政党和社会团体	68 125	67 567	558	68	0	270
(十六)其他行业	4 339	4 250	89	50	0	512

3－9　城镇集体单位从业人员情况

（2000 年）　　　　单位：人

	单位从业人员	女性	在岗职工合计	专业技术人员	女性
合　　计	**133 486**	**61 987**	**126 654**	**15 803**	**6 902**
一、按企业、事业、机关分组					
1.企业	128 037	59 469	121 280	13 046	5 464
2.事业	4 746	2 316	4 672	2 757	1 438
3.机关	703	202	702	0	0
二、按国民经济行业分组					
（一）农、林、牧、渔业	169	40	169	68	12
（三）制造业	59 186	31 392	56 841	5 628	2 410
（五）建筑业	25 535	6 276	22 242	3 039	878
（六）地质勘查业、水利管理业	109	12	109	9	2
（七）交通运输、仓储及邮电通信业	2 882	1 266	2 874	371	145
（八）批发和零售贸易、餐饮业	26 496	13 013	26 017	2 193	1 129
（九）金融、保险业	1 817	815	1 817	901	480
（十）房地产业	1 235	476	1 193	90	29
（十一）社会服务业	6 377	3 410	6 112	540	245
（十二）卫生、体育和社会福利业	4 159	2 344	4 018	2 323	1 297
（十三）教育文化和广播影视业	1 124	519	1 122	241	74
（十四）科学研究和综合技术服务业	129	42	123	80	28
（十五）国家机关、政党和社会团体	677	209	677	0	0
（十六）其他行业	3 591	2 173	3 340	320	173

3－9 续表1

	从业人员年末人数					
	在岗职工		其他从业人员	聘用的离退休人员	聘用的澳台外籍人	离开本单位仍保留劳动关系的职工
	按用工期限分					
	长期职工	临时职工				
合　　计	**112 127**	**14 527**	**6 832**	**1 253**	**0**	**50 494**
一、按企业、事业、机关分组						
1.企业	106 893	14 387	6 757	1 245	0	49 917
2.事业	4 563	109	74	7	0	563
3.机关	671	31	1	1	0	14
二、按国民经济行业分组						
(一)农、林、牧、渔业	167	2	0	0	0	35
(三)制造业	52 595	4 246	2 345	765	0	30 074
(五)建筑业	15 206	7 036	3 293	62	0	6 230
(六)地质勘查业、水利管理业	107	2	0	0	0	46
(七)交通运输、仓储及邮电通信业	2 801	73	8	8	0	2 145
(八)批发和零售贸易、餐饮业	24 349	1 668	479	210	0	9 198
(九)金融、保险业	1 780	37	0	0	0	22
(十)房地产业	1 193	0	42	20	0	324
(十一)社会服务业	5 732	380	265	38	0	792
(十二)卫生、体育和社会福利业	3 903	115	141	12	0	91
(十三)教育文化和广播影视业	536	586	2	2	0	67
(十四)科学研究和综合技术服务业	123	0	6	6	0	
(十五)国家机关、政党和社会团体	646	31	0	0	0	13
(十六)其他行业	2 989	351	251	130	0	1 457

3－9　续表2

	单位从业人员平均人数	在岗职工	其他从业人员	聘用的离退休人员	聘用港澳台外籍人员	离开本单位仍保留劳动关系职工平均人数
合　　计	**134 189**	**127 322**	**6 867**	**1 165**	**0**	**50 640**
一、按企业、事业、机关分组						
1.企业	128 729	121 948	6 781	1 157	0	50 053
2.事业	4 728	4 643	85	7	0	573
3.机关	732	731	1	1	0	14
二、按国民经济行业分组						
(一)农、林、牧、渔业	165	165	0	0	0	35
(三)制造业	59 162	56 550	2 612	752	0	30 321
(五)建筑业	26 489	23 293	3 196	57	0	6 136
(六)地质勘查业、水利管理业	109	109	0	0	0	46
(七)交通运输、仓储及邮电通信业	2 727	2 719	8	8	0	2 150
(八)批发和零售贸易、餐饮业	26 357	25 968	389	144	0	9 196
(九)金融、保险业	1 784	1 784	0	0	0	22
(十)房地产业	1 227	1 185	42	20	0	324
(十一)社会服务业	6 472	6 141	331	35	0	845
(十二)卫生、体育和社会福利业	4 146	3 994	152	12	0	104
(十三)教育文化和广播影视业	1 125	1 123	2	2	0	64
(十四)科学研究和综合技术服务业	129	123	6	6	0	0
(十五)国家机关、政党和社会团体	705	705	0	0	0	13
(十六)其他行业	3 592	3 463	129	129	0	1 384

3－10　其他经济类型单位从业人员情况

(2000 年)　　单位:人

	单位从业人员	女性	在岗职工合计	专业技术人员	女性
合　　计	**148 944**	**68 602**	**146 270**	**34 083**	**15 128**
一、按登记注册类型分组					
(一)内资	131 777	61 217	129 367	30 994	13 657
1.股份合作	11 358	4 422	11 213	1 834	809
2.联营	632	197	500	75	15
其中:国有联营	628	194	496	72	12
3.有限责任公司	73 427	34 863	73 078	16 949	6 648
其中:国有独资	43 698	22 520	43 657	11 074	4 502
4.股份有限公司	46 388	21 734	44 604	12 143	6 186
5.其他	48	25	48	30	15
(二)港、澳、台商投资	4 785	2 219	4 760	762	237
(三)外商投资	12 382	5 166	12 143	2 327	1 234
二、按企业、事业分组					
1.企业	148 944	68 602	146 270	34 083	15 128
三、按国民经济行业分组					
(一)农、林、牧、渔业	183	67	181	84	24
(二)采掘业	489	177	488	72	12
(三)制造业	99 084	43 108	98 419	22 181	8 728
(五)建筑业	404	85	371	166	45
(七)交通运输、仓储及邮电通信业	4 244	1 610	4 221	727	183
(八)批发和零售贸易、餐饮业	21 575	11 847	21 565	4 407	2 618
(九)金融、保险业	6 477	3 547	4 755	3 098	1 997
(十)房地产业	966	376	941	212	111
(十一)社会服务业	13 581	6 995	13 395	2 264	1 072
(十二)卫生、体育和社会福利业	173	53	173	49	14
(十三)教育文化和广播影视业	424	223	418	292	126
(十四)科学研究和综合技术服务业	1 276	496	1 275	475	186
(十六)其他行业	68	18	68	56	12

3-10　续表1

	从业人员年末人数					
	在岗职工		其他从业人员	聘用的离退休人员	聘用的澳台外籍人	离开本单位仍保留劳动关系的职工
	按用工期限分					
	长期职工	临时职工				
合　　计	**142 525**	**3 745**	**2 674**	**248**	**68**	**19 143**
一、按登记注册类型分组						
(一)内资	126 871	2 496	2 410	136	2	18 716
1.股份合作	11 094	119	145	5	0	5 753
2.联营	492	8	132	9	0	108
其中:国有联营	488	8	132	9	0	95
3.有限责任公司	72 230	848	349	91	2	6 980
其中:国有独资	43 633	24	41	12	0	6 282
4.股份有限公司	43 066	1 538	1 784	31	0	5 859
5.其他	48	0	0	0	0	17
(二)港、澳、台商投资	4 486	274	25	14	11	81
(三)外商投资	11 168	975	239	98	55	346
二、按企业、事业分组						
1.企业	142 525	3 745	2 674	248	68	19 143
三、按国民经济行业分组						
(一)农、林、牧、渔业	181	0	2	2	0	10
(二)采掘业	480	8	1	1	0	95
(三)制造业	96 185	2 234	665	109	35	12 488
(五)建筑业	369	2	33	12	1	28
(七)交通运输、仓储及邮电通信业	4 198	23	23	22	1	789
(八)批发和零售贸易、餐饮业	21 229	336	10	9	0	4 907
(九)金融、保险业	4 610	145	1 722	5	0	11
(十)房地产业	923	18	25	13	0	107
(十一)社会服务业	12 512	883	186	69	30	708
(十二)卫生、体育和社会福利业	136	37	0	0	0	
(十三)教育文化和广播影视业	414	4	6	6	0	
(十四)科学研究和综合技术服务业	1 220	55	1	0	1	
(十六)其他行业	68	0	0	0	0	

3-10　续表2

	单位从业人员平均人数	在岗职工	其他从业人员	聘用的离退休人员	聘用港澳台外籍人员	离开本单位仍保留劳动关系职工平均人数
合　　计	**147 725**	**145 111**	**2 614**	**257**	**69**	**19 685**
一、按登记注册类型分组						
(一)内资	131 157	128 813	2 344	136	2	19 211
1.股份合作	11 521	11 357	164	5	0	5 731
2.联营	642	513	129	9	0	80
其中:国有联营	638	509	129	9	0	67
3.有限责任公司	73 047	72 694	353	91	2	7 481
其中:国有独资	43 140	43 095	45	12	0	6 791
4.股份有限公司	45 975	44 277	1 698	31	0	5 903
5.其他	48	48	0	0	0	17
(二)港、澳、台商投资	4 392	4 367	25	14	11	118
(三)外商投资	12 176	11 931	245	107	56	356
二、按企业、事业分组						
1.企业	147 725	145 111	2 614	257	69	19 685
三、按国民经济行业分组						
(一)农、林、牧、渔业	168	166	2	2	0	10
(二)采掘业	502	501	1	1	0	67
(三)制造业	97 952	97 270	682	110	35	13 069
(五)建筑业	394	361	33	12	1	28
(七)交通运输、仓储及邮电通信业	4 257	4 234	23	22	1	772
(八)批发和零售贸易、餐饮业	21 469	21 459	10	9	0	4 934
(九)金融、保险业	6 354	4 718	1 636	5	0	8
(十)房地产业	972	947	25	13	0	107
(十一)社会服务业	13 596	13 401	195	77	31	690
(十二)卫生、体育和社会福利业	287	287	0	0	0	0
(十三)教育文化和广播影视业	424	418	6	6	0	0
(十四)科学研究和综合技术服务业	1 282	1 281	1	0	1	0
(十六)其他行业	68	68	0	0	0	0

3－11　市属国有单位从业人员情况

(2000年)　　单位:人

	单位从业人员	女性	在岗职工合计	专业技术人员	
					女性
合　计	**298 495**	**123 327**	**294 004**	**92 311**	**49 406**
一、按隶属关系分组					
1.地区	142 809	56 937	141 755	33 730	17 447
2.县及县以下	155 686	66 390	152 249	58 581	31 959
二、按企业、事业、机关分组					
1.企业	131 167	57 895	129 696	22 825	10 982
2.事业	116 896	54 469	114 334	68 101	38 060
3.机关	50 432	10 963	49 974	1 385	364
三、按国民经济行业分组					
(一)农、林、牧、渔业	6 568	2 063	6 496	2 106	690
(二)采掘业	69	14	69	12	3
(三)制造业	61 815	24 906	60 715	10 147	4 742
(四)电、煤气及水的生产和供应业	6 843	2 687	6 842	1 284	569
(五)建筑业	6 110	1 440	6 110	1 640	574
(六)地质勘查业、水利管理业	1 813	501	1 793	547	156
(七)交通运输、仓储及邮电通信业	6 844	2 078	6 833	1 031	448
(八)批发和零售贸易、餐饮业	33 831	18 222	33 564	5 359	2 802
(九)金融、保险业	170	67	170	133	54
(十)房地产业	4 143	1 497	4 121	898	339
(十一)社会服务业	25 301	11 363	25 117	2 424	1 056
(十二)卫生、体育和社会福利业	18 762	10 654	18 511	14 081	8 980
(十三)教育文化和广播影视业	69 251	34 144	67 192	48 711	27 632
(十四)科学研究和综合技术服务业	4 837	2 003	4 818	2 318	916
(十五)国家机关、政党和社会团体	50 801	11 151	50 341	1 411	378
(十六)其他行业	1 337	537	1 312	209	67

3-11 续表1

	从业人员年末人数					
	在岗职工		其他从业人员	聘用的离退休人员	聘用的港澳台和外籍人员	离开本单位仍保留劳动关系的职工
	按用工期限分					
	长期职工	临时职工				
合　计	**288 576**	**5 428**	**4 491**	**429**	**3**	**102 984**
一、按隶属关系分组						
1.地区	138 964	2 791	1 054	271	3	79 062
2.县及县以下	149 612	2 637	3 437	158	0	23 922
二、按企业、事业、机关分组						
1.企业	127 911	1 785	1 471	70	0	100 545
2.事业	111 956	2 378	2 562	322	3	2 112
3.机关	48 709	1 265	458	37	0	327
三、按国民经济行业分组						
(一)农、林、牧、渔业	6 481	15	72	2	0	732
(二)采掘业	69	0	0	0	0	127
(三)制造业	60 152	563	1 100	38	0	66 949
(四)电、煤气及水的生产和供应业	6 746	96	1	0	0	279
(五)建筑业	5 616	494	0	0	0	4 223
(六)地质勘查业、水利管理业	1 771	22	20	0	0	85
(七)交通运输、仓储及邮电通信业	6 744	89	11	10	0	2 548
(八)批发和零售贸易、餐饮业	33 056	508	267	13	0	23 229
(九)金融、保险业	169	1	0	0	0	1
(十)房地产业	4 020	101	22	7	0	414
(十一)社会服务业	24 344	773	184	37	0	2 420
(十二)卫生、体育和社会福利业	18 027	484	251	147	0	345
(十三)教育文化和广播影视业	66 650	542	2 059	117	3	518
(十四)科学研究和综合技术服务业	4 400	418	19	13	0	590
(十五)国家机关、政党和社会团体	49 048	1 293	460	39	0	250
(十六)其他行业	1 283	29	25	6	0	274

3-11 续表2

	单位从业人员平均人数	在岗职工	其他从业人员	聘用的离退休人员	聘用港澳台外籍人员	离开本单位仍保留劳动关系职工平均人数
合　　计	**301 415**	**297 005**	**4 410**	**413**	**3**	**102 876**
一、按隶属关系分组						
1.地区	146 569	145 466	1 103	256	3	79 051
2.县及县以下	154 846	151 539	3 307	157	0	23 825
二、按企业、事业、机关分组						
1.企业	135 010	133 575	1 435	69	0	100 488
2.事业	116 381	113 847	2 534	307	3	2 063
3.机关	50 024	49 583	441	37	0	325
三、按国民经济行业分组						
(一)农、林、牧、渔业	6 591	6 519	72	2	0	699
(二)采掘业	69	69	0	0	0	127
(三)制造业	65 317	64 276	1 041	37	0	67 405
(四)电、煤气及水的生产和供应业	6 782	6 781	1	0	0	266
(五)建筑业	6 222	6 222	0	0	0	4 037
(六)地质勘查业、水利管理业	1 795	1 775	20	0	0	82
(七)交通运输、仓储及邮电通信业	6 816	6 805	11	10	0	2 574
(八)批发和零售贸易、餐饮业	34 184	33 895	289	13	0	22 934
(九)金融、保险业	172	172	0	0	0	1
(十)房地产业	4 143	4 120	23	7	0	411
(十一)社会服务业	24 966	24 783	183	37	0	2 404
(十二)卫生、体育和社会福利业	18 755	18 513	242	136	0	341
(十三)教育文化和广播影视业	68 942	66 903	2 039	113	3	491
(十四)科学研究和综合技术服务业	4 921	4 901	20	13	0	584
(十五)国家机关、政党和社会团体	50 386	49 943	443	39	0	248
(十六)其他行业	1 354	1 328	26	6	0	272

3－12　各区县全部从业人员情况

（2000年）　　　　单位：人

分　类	年末人数							平均人数		
	单位从业人员	女性	在岗职工合计	按用工期限分组		其他从业人员	离开本单位仍保留劳动关系的职工	单位从业人员	在岗职工	离开本单位仍保留劳动关系的职工
				长期职工	临时职工					
全　市	**225 803**	**91 879**	**216 000**	**206 969**	**9 031**	**9 803**	**46 507**	**224 204**	**214 565**	**262 536**
(一)市　区	124 550	57 562	120 436	114 529	5 907	4 114	28 893	123 714	119 564	29 561
新　城	16 606	8 534	16 079	14 793	1 286	527	7 465	16 644	16 078	7 465
碑　林	22 407	11 882	21 998	21 390	608	409	6 350	22 553	22 133	6 302
莲　湖	23 478	11 662	23 078	22 462	616	400	4 160	23 038	22 631	4 160
灞　桥	9 288	4 720	9 188	9 048	140	100	998	9 106	9 022	1 055
未　央	8 950	4 432	8 819	8 629	190	131	539	8 906	8 775	539
雁　塔	13 001	4 252	11 223	9 517	1 706	1 778	1 804	12 989	11 213	1 804
阎　良	7 760	3 459	7 246	6 617	629	514	2 142	7 665	7 154	2 142
临　潼	23 060	8 621	22 805	22 073	732	255	5 435	22 813	22 558	6 094
(二)五　县	101 253	34 317	95 564	92 440	3 124	5 689	17 614	100 490	95 001	18 410
长　安	24 738	9 873	23 090	22 840	250	1 648	3 478	24 408	22 977	3 478
蓝　田	16 041	5 190	15 064	15 064	0	977	2 436	16 007	15 030	2 463
周　至	23 411	7 357	23 394	22 447	947	17	3 815	23 274	23 257	3 815
户　县	25 166	8 014	24 988	23 764	1 224	178	6 246	24 951	24 775	6 815
高　陵	11 897	3 883	9 028	8 325	703	2 869	1 639	11 850	8 962	1 839

注：市区，五县均为区县属数据(下同)

3－13　各区县国有单位从业人员情况

(2000年)　　　　单位:人

分　类	年末人数							平均人数		
	单位从业人员	女性	在岗职工合计	按用工期限分组		其他从业人员	离开本单位仍保留劳动关系的职工	单位从业人员	在岗职工	离开本单位仍保留劳动关系的职工
				长期职工	临时职工					
全　市	**165 410**	**69 403**	**159 310**	**156 560**	**2 750**	**6 100**	**25 076**	**164 544**	**158 574**	**26 579**
(一)市　区	81 841	40 088	80 203	77 993	2 210	1 638	13 473	81 492	79 859	14 207
新　城	9 042	4 644	9 004	8 574	430	38	2 397	9 070	9 028	2 397
碑　林	14 268	7 752	14 114	13 775	339	154	2 097	14 252	14 098	2 097
莲　湖	9 834	5 849	9 585	9 428	157	249	1 316	9 837	9 576	1 316
灞　桥	7 368	3 779	7 284	7 158	126	84	624	7 183	7 115	699
未　央	7 894	3 801	7 780	7 606	174	114	321	7 844	7 730	321
雁　塔	6 806	3 296	6 522	6 355	167	284	592	6 836	6 557	592
阎　良	6 592	3 214	6 087	5 704	383	505	1 680	6 527	6 022	1 680
临　潼	20 037	7 753	19 827	19 393	434	210	4 446	19 943	19 733	5 105
(二)五　县	83 569	29 315	79 107	78 567	540	4 462	11 603	83 052	78 715	12 372
长　安	21 354	8 740	20 705	20 599	106	649	1 808	21 138	20 612	1 808
蓝　田	14 054	4 717	13 077	13 077	0	977	1 921	14 020	13 043	1 921
周　至	18 561	6 324	18 556	18 455	101	5	2 539	18 418	18 413	2 539
户　县	19 876	6 521	19 708	19 488	220	168	4 181	19 778	19 612	4 750
高　陵	9 724	3 013	7 061	6 948	113	2 663	1 154	9 698	7 035	1 354

3－14　各区县城镇集体单位从业人员情况

(2000年)　　单位:人

分类	年末人数							平均人数		
	单位从业人员	女性	在岗职工合计	按用工期限分组		其他从业人员	离开本单位仍保留劳动关系的职工	单位从业人员	在岗职工	离开本单位仍保留劳动关系的职工
				长期职工	临时职工					
全　市	**50 983**	**18 897**	**47 640**	**43 168**	**4 472**	**3 343**	**18 043**	**50 248**	**46 958**	**18 025**
(一)市　区	38 627	15 925	36 299	33 771	2 528	2 328	13 729	38 094	35 725	13 711
新　城	10 076	4 983	9 589	9 156	433	487	5 111	10 086	9 564	5 111
碑　林	4 376	2 328	4 242	4 154	88	134	3 417	4 465	4 320	3 417
莲　湖	13 555	5 783	13 404	12 945	459	151	2 844	13 112	12 966	2 844
灞　桥	1 920	941	1 904	1 890	14	16	374	1 923	1 907	356
未　央	1 056	631	1 039	1 023	16	17	218	1 062	1 045	218
雁　塔	3 830	288	2 361	1 377	984	1 469	429	3 815	2 343	429
阎　良	1 168	245	1 159	913	246	9	462	1 138	1 132	462
临　潼	2 646	726	2 601	2 313	288	45	874	2 493	2 448	874
(二)五　县	12 356	2 972	11 341	9 397	1 944	1 015	4 314	12 154	11 233	4 314
长　安	3 299	1 103	2 300	2 156	144	999	1 393	3 184	2 279	1 393
蓝　田	1 987	556	1 987	1 987	0	0	515	1 987	1987	515
周　至	3 289	434	3 285	2 523	762	4	986	3 320	3 316	986
户　县	3 311	679	3 303	2 305	998	8	1 023	3 228	3 220	1 023
高　陵	470	200	466	426	40	4	397	435	431	397

3－15　各区县其他经济类型单位从业人员情况

（2000年）　　　　单位：人

分　类	年末人数							平均人数		
	单位从业人员	女性	在岗职工合计	按用工期限分组		其他从业人员	离开本单位仍保留劳动关系的职工	单位从业人员	在岗职工	离开本单位仍保留劳动关系的职工
				长期职工	临时职工					
全　市	**13 057**	**5 288**	**12 700**	**11 189**	**1 511**	**357**	**3 383**	**12 692**	**12 316**	**3 282**
（一）市　区	7 729	3 175	7 584	6 713	871	145	1 686	7 408	7 263	1 686
新　城	1 029	515	1 027	902	125	2	0	703	701	
碑　林	3 869	1 820	3 751	3 570	181	118	788	3 901	3 783	788
莲　湖	89	30	89	89	0	0	0	89	89	
灞　桥										
未　央										
雁　塔	2 365	668	2 340	1 785	555	25	783	2 338	2 313	783
阎　良										
临　潼	377	142	377	367	10	0	115	377	377	115
（二）五　县	5 328	2 113	5 116	4 476	640	212	1 697	5 284	5 053	1 596
长　安	85	30	85	85	0	0	277	86	86	176
蓝　田										
周　至	1 561	599	1 553	1 469	84	8	290	1 536	1 528	290
户　县	1 979	814	1 977	1 971	6	2	1 042	1 945	1 943	1 042
高　陵	1 703	670	1 501	951	550	202	88	1 717	1 496	88

3－16　全部单位在岗职工平均人数

(2000年)　　单位:人

分　类	合　计	国有经济	城镇经济	其他经济
总　计	**1 107 699**	**835 266**	**127 322**	**145 111**
一、按隶属关系分组				
中　央	345 576	345 576		
省　属	186 562	186 562		
市　属	575 561	303 128	127 322	145 111
二、按企业、事业、机关分组				
企　业	766 698	499 683	121 948	145 111
其中:市属	402 135	135 076	121 948	145 111
事　业	271 357	266 670	4 643	
其中:市属	121 899	117 256	4 643	
机　关	69 644	68 913	731	
其中:市属	51 439	50 708	731	
三、按国民经济行业分组				
1.农、林、牧、渔业	7 958	7 627	165	166
2.采掘业	1 988	1 487		501
3.制造业	408 842	255 022	56 550	97 270
4.电力、煤气及水的生产和供应业	18 522	18 522		
5.建筑业	76 427	52 773	23 293	361
6.地质勘查业、水利管理业	15 929	15 820	109	
7.交通运输、仓储及邮电通信业	79 997	73 044	2 719	4 234
8.批发和零售贸易、餐饮业	96 193	48 766	25 968	21 459
9.金融、保险业	26 452	19 950	1 784	4 718
10.房地产业	6 642	4 510	1 185	947
11.社会服务业	54 172	34 630	6 141	13 401
12.卫生、体育和社会福利业	38 152	33 871	3 994	287
13.教育、文化艺术及广播电影电视	127 430	125 889	1 123	418
14.科学研究和综合技术服务业	72 942	71 538	123	1 281
15.国家机关、政党机关和社会团体	68 272	67 567	705	
16.其他行业	7 781	4 250	3 463	68

3－17　各区县在岗职工平均人数

（2000 年）　　单位:人

区　县	合　计	国有经济	城镇集体经济	其他经济
全　市	**214 565**	**158 574**	**46 958**	**12 316**
(一)市　区	119 564	79 859	35 725	7 263
新　城	16 078	9 028	9 564	701
碑　林	22 133	14 098	4 320	3 783
莲　湖	22 631	9 576	12 966	89
灞　桥	9 022	7 115	1 907	
未　央	8 775	7 730	1 045	
雁　塔	11 213	6 557	2 343	2 313
阎　良	7 154	6 022	1 132	
临　潼	22 558	19 733	2 448	377
(二)五　县	95 001	78 715	11 233	5 053
长　安	22 977	20 612	2 279	86
蓝　田	15 030	13 043	1 987	
周　至	23 257	18 413	3 316	1 528
户　县	24 775	19 612	3 220	1 943
高　陵	8 962	7 035	431	1 496

3－18　全部单位从业人员劳动报酬

（2000年）　　单位：千元

	单位从业人员劳动报酬	在岗职工工资总额	其他从业人员劳动报酬	聘用的离退休人员	聘用港澳台外籍人员	离开本单位仍保留劳动关系的职工生活费	在岗职工平均工资（元）
总　计	**10 380 451**	**10 167 785**	**212 666**	**20 545**	**22 048**	**583 458**	**9 179**
一、按企业、事业、机关分组							
1.企业	6 876 339	6 694 237	182 102	13 050	16 876	564 258	8 731
2.事业	2 804 876	2 777 109	27 767	7 075	5 172	17 228	10 234
3.机关	699 236	696 439	2 797	420	0	1 972	10 000
二、按国民经济行业分组							
（一）农、林、牧、渔业	54 490	54 014	476	65	0	2 571	6 787
（二）采掘业	12 826	12 814	12	12	0	3 527	6 446
（三）制造业	3 326 880	3 301 330	25 550	6 403	4 225	376 954	8 075
（四）电、煤气及水的生产和供应业	206 649	206 192	457	454	0	9 398	11 132
（五）建筑业	657 010	625 879	31 131	1 033	10	57 272	8 189
（六）地质勘查业、水利管理业	111 940	111 832	108	0	0	1 420	7 021
（七）交通运输、仓储及邮电通信业	1 111 325	1 081 393	29 932	794	115	24 003	13 518
（八）批发和零售贸易、餐饮业	632 421	627 999	4 422	1 597	0	72 197	6 529
（九）金融、保险业	416 000	344 976	71 024	253	0	7 367	13 042
（十）房地产业	55 372	54 723	649	341	0	1 502	8 239
（十一）社会服务业	472 158	456 400	15 758	1 038	11 705	9 060	8 425
（十二）卫生、体育和社会福利业	396 467	393 547	2 920	1 548	0	3 553	10 315
（十三）教育文化和广播影视业	1 277 650	1 257 992	19 658	2 212	5 172	5 249	9 872
（十四）科学研究和综合技术服务业	892 555	886 694	5 861	3 679	821	6 326	12 156
（十五）国家机关、政党和社会团体	688 633	685 905	2 728	393	0	1 549	10 047
（十六）其他行业	68 075	66 095	1 980	723	0	1 510	8 494

3－19　国有单位从业人员劳动报酬

(2000 年)　　　　单位:千元

	单位从业人员劳动报酬	在岗职工工资总额	其他从业人员劳动报酬	聘用的离退休人员	聘用港澳台外籍人员	离开本单位仍保留劳动关系职工生活费	在岗职工平均工资（元）
合　　计	**8 272 246**	**8 137 049**	**135 197**	**13 255**	**5 172**	**508 161**	**9 179**
一、按隶属关系分组							
1.中央	4 134 682	4 042 788	91 894	5 667	3 677	164 009	11 699
2.省、自治区、直辖市	1 639 341	1 626 184	13 157	4 890	1 430	114 732	8 717
3.地区	1 305 436	1 300 672	4 764	1 496	65	201 697	8 989
4.县及县以下	1 191 984	1 166 625	25 359	1 179	0	27 723	7 368
5.其他	803	780	23	23	0	0	8 864
二、按企业、事业、机关分组							
1.企业	4 804 707	4 699 798	104 909	5 817	0	489 410	9 406
①中央	2 934 621	2 853 327	81 294	2 651	0	157 778	11 168
②省、自治区、直辖市	851 960	844 794	7 166	2 716	0	109 197	7 748
③地区	811 404	808 367	3 037	259	0	198 558	8 405
④县及县以下	205 919	192 530	13 389	168	0	23 877	4 949
2.事业	2 774 923	2 747 429	27 494	7 021	5 172	16 789	10 303
①中央	1 134 504	1 123 904	10 600	3 016	3 677	6 216	13 161
②省、自治区、直辖市	646 439	640 972	5 467	1 955	1 430	5 013	10 013
③地区	319 353	317 901	1 452	1 179	65	3 119	9 813
④县及县以下	674 627	664 652	9 975	871	0	2 441	7 832
3.机关	692 616	689 822	2 794	417	0	1 962	10 010
①中央	65 557	65 557	0	0	0	15	13 987
②省、自治区、直辖市	140 942	140 418	524	219	0	522	10 387
③地区	174 679	174 404	275	58	0	20	10 814
④县及县以下	311 438	309 443	1 995	140	0	1 405	8 948
三、按国民经济行业分组							
(一)农、林、牧、渔业	52 158	51 721	437	26	0	2 532	6 781
(二)采掘业	7 906	7 906	0	0	0	3 303	5 317
(三)制造业	2 078 874	2 071 579	7 295	2 471	0	333 449	8 123
(四)电、煤气及水的生产和供应业	206 649	206 192	457	454	0	9 398	11 132
(五)建筑业	524 612	506 361	18 251	609	0	54 643	9 595
(六)地质勘查业、水利管理业	111 408	111 300	108	0	0	1 420	7 035
(七)交通运输、仓储及邮电通信业	1 064 110	1 034 533	29 577	561	0	19 706	14 163
(八)批发和零售贸易、餐饮业	326 679	324 384	2 295	466	0	50 333	6 652
(九)金融、保险业	303 918	259 914	44 004	12	0	7 320	13 028
(十)房地产业	40 585	40 404	181	85	0	1 235	8 959
(十一)社会服务业	320 052	318 016	2 036	400	0	7 327	9 183
(十二)卫生、体育和社会福利业	369 788	367 302	2 486	1 483	0	3 485	10 844
(十三)教育文化和广播影视业	1 264 669	1 245 054	19 615	2 169	5 172	5 178	9 890
(十四)科学研究和综合技术服务业	875 933	870 963	4 970	3 609	0	6 326	12 175
(十五)国家机关、政党和社会团体	682 319	679 591	2 728	393	0	1 539	10 058
(十六)其他行业	42 586	41 829	757	517	0	967	9 842

3－20　城镇集体单位从业人员劳动报酬

（2000年）　　单位：千元

	单位从业人员劳动报酬	在岗职工工资总额	其他从业人员劳动报酬	聘用的离退休人员	聘用港澳台外籍人员	离开本单位仍保留劳动关系的职工生活费	在岗职工平均工资（元）
合　　计	**686 547**	**659 273**	**27 274**	**5 171**	**0**	**29 622**	**5 178**
一、按企业、事业、机关分组							
1.企业	650 250	623 223	27 027	5 143	0	29 173	5 111
2.事业	29 677	29 433	244	25	0	439	6 339
3.机关	6 620	6 617	3	3	0	10	9 052
二、按国民经济行业分组							
（一）农、林、牧、渔业	829	829	0	0	0	0	5 024
（三）制造业	297 494	287 680	9 814	3 079	0	11 871	5 087
（五）建筑业	128 986	116 351	12 635	334	0	2 455	4 995
（六）地质勘查业、水利管理业	532	532	0	0	0	0	4 881
（七）交通运输、仓储及邮电通信业	10 625	10 593	32	25	0	1 419	3 896
（八）批发和零售贸易、餐饮业	132 772	130 696	2 076	1 087	0	12 484	5 033
（九）金融、保险业	15 285	15 285	0	0	0	19	8 568
（十）房地产业	6 332	6 070	262	130	0	247	5 122
（十一）社会服务业	29 682	28 968	714	161	0	435	4 717
（十二）卫生、体育和社会福利业	24 046	23 612	434	65	0	68	5 912
（十三）教育文化和广播影视业	8 089	8 075	14	14	0	71	7 191
（十四）科学研究和综合技术服务业	942	872	70	70	0	0	7 089
（十五）国家机关、政党和社会团体	6 314	6 314	0	0	0	10	8 956
（十六）其他行业	24 619	23 396	1 223	206	0	543	6 756

3－21　其他经济类型单位从业人员劳动报酬

(2000年)　　单位:千元

	单位从业人员劳动报酬	在岗职工工资总额	其他从业人员劳动报酬	聘用的离退休人员	聘用港澳台外籍人员	离开本单位仍保留劳动关系职工的生活费	在岗职工平均工资(元)
合　计	**1 421 658**	**1 371 463**	**50 195**	**2 119**	**16 876**	**45 675**	**9 451**
一、按登记注册类型分组							
(一)内资	1 195 698	1 163 704	31 994	1 231	146	44 310	9 034
1.股份合作	68 860	68 477	383	21	0	10 205	6 029
2.联营	6 199	5 050	1 149	106	0	224	9 844
其中:国有联营	6 180	5 031	1 149	106	0	224	9 884
3.有限责任公司	672 407	669 671	2 736	636	146	20 855	9 212
其中:国有独资	403 589	403 207	382	90	0	18 463	9 356
4.股份有限公司	448 455	420 729	27 726	468	0	13 026	9 502
5.其他	414	414	0	0	0	0	8 625
(二)港、澳、台商投资	44 573	43 870	703	175	523	221	10 046
(三)外商投资	181 387	163 889	17 498	713	16 207	1 144	13 736
二、按企业、事业分组							
1.企业	1 421 658	1 371 463	50 195	2 119	16 876	45 675	9 451
三、按国民经济行业分组							
(一)农、林、牧、渔业	1 503	1 464	39	39	0	39	8 819
(二)采掘业	4 920	4 908	12	12	0	224	9 796
(三)制造业	950 512	942 071	8 441	853	4 225	31 634	9 685
(五)建筑业	3 412	3 167	245	90	10	174	8 773
(七)交通运输、仓储及邮电通信业	36 590	36 267	323	208	115	2 878	8 566
(八)批发和零售贸易、餐饮业	172 970	172 919	51	44	0	9 380	8 058
(九)金融、保险业	96 797	69 777	27 020	241	0	28	14 790
(十)房地产业	8 455	8 249	206	126	0	20	8 711
(十一)社会服务业	122 424	109 416	13 008	477	11 705	1 298	8 165
(十二)卫生、体育和社会福利业	2 633	2 633	0	0	0	0	9 174
(十三)教育文化和广播影视业	4 892	4 863	29	29	0	0	11 634
(十四)科学研究和综合技术服务业	15 680	14 859	821	0	821	0	11 600
(十六)其他行业	870	870	0	0	0	0	12 794

3－22　市属国有单位从业人员劳动报酬

(2000年)　　单位：千元

	单位从业人员劳动报酬	在岗职工工资总额	其他从业人员劳动报酬	聘用的离退休人员	聘用港澳台外籍人员	离开本单位仍保留劳动关系职工的生活费	在岗职工平均工资(元)
合　　计	**2 503 414**	**2 484 429**	**18 985**	**2 551**	**65**	**229 257**	**8 365**
一、按隶属关系分组							
1.地区	1 351 446	1 346 721	4 725	1 496	65	201 689	9 258
2.县及县以下	1 151 968	1 137 708	14 260	1 055	0	27 568	7 508
二、按企业、事业、机关分组							
1.企业	1 009 896	1 004 035	5 861	427	0	222 339	7 517
2.事业	1 011 801	1 000 682	11 119	1 941	65	5 535	8 790
3.机关	481 717	479 712	2 005	183	0	1 383	9 675
三、按国民经济行业分组							
(一)农、林、牧、渔业	43 928	43 568	360	12	0	2 474	6 683
(二)采掘业	257	257	0	0	0	0	3 725
(三)制造业	507 831	503 856	3 975	238	0	154 959	7 839
(四)电、煤气及水的生产和供应业	65 560	65 557	3	0	0	1 527	9 668
(五)建筑业	42 686	42 686	0	0	0	11 704	6 860
(六)地质勘查业、水利管理业	11 704	11 596	108	0	0	177	6 533
(七)交通运输、仓储及邮电通信业	50 626	50 584	42	41	0	6 376	7 433
(八)批发和零售贸易、餐饮业	192 387	191 171	1 216	61	0	39 645	5 640
(九)金融、保险业	1 950	1 950	0	0	0	3	11 337
(十)房地产业	36 125	35 967	158	62	0	1 021	8 730
(十一)社会服务业	240 956	239 770	1 186	192	0	5 628	9 675
(十二)卫生、体育和社会福利业	188 151	186 481	1 670	1 043	0	946	10 073
(十三)教育文化和广播影视业	580 440	572 405	8 035	590	65	2 006	8 556
(十四)科学研究和综合技术服务业	43 485	43 386	99	75	0	995	8 852
(十五)国家机关、政党和社会团体	485 814	483 805	2 009	187	0	1 437	9 687
(十六)其他行业	11 514	11 390	124	50	0	359	8 577

3－23　各区县全部从业人员劳动报酬

（2000 年）　　单位：千元

区　县	单位从业人员劳动报酬	在岗职工工资总额	其他从业人员劳动报酬	离开本单位仍保留劳动关系职工的生活费	内部退养职工	在岗职工平均工资（元）
全　市	**1 512 899**	**1 474 605**	**38 294**	**40 931**	**17 910**	**6 872**
（一）市　区	919 337	904 740	14 597	30 013	10 014	7 567
新　城	122 170	121 145	1 025	6 707	937	7 535
碑　林	173 792	170 792	3 000	6 210	2 239	7 717
莲　湖	146 721	144 505	2 216	2 410	967	6 347
灞　桥	65 740	65 529	211	567	417	7 895
未　央	88 232	87 425	807	530	293	9 963
雁　塔	109 360	104 165	5 195	3 091	1 358	9 290
阎　良	57 675	56 599	1 076	2 140	329	7 911
临　潼	155 647	154 580	1 067	8 358	3 474	6 951
（二）五　县	593 562	569 865	23 697	10 918	7 896	5 999
长　安	145 136	138 863	6 273	2 668	1 827	6 044
蓝　田	104 270	99 348	4 922	1 292	1 156	6 610
周　至	137 156	137 057	99	2 109	1 238	5 893
户　县	144 607	144 108	499	4 434	3 563	5 731
高　陵	62 393	50 489	11 904	415	112	4 916

3－24　各区县国有单位从业人员劳动报酬

（2000 年）　　　　单位：千元

区　县	单位从业人员劳动报酬	在岗职工工资额	其他从业人员劳动报酬	离开本单位仍保留劳动关系职工的生活费	内部退养职工	在岗职工平均工资（元）
全　市	**1 202 974**	**1 177 576**	**25 398**	**27 711**	**12 568**	**7 426**
（一）市区	697 455	690 546	6 909	19 599	6 727	8 647
新　城	87 776	87 554	222	3 705	225	9 698
碑　林	115 334	114 057	1 277	3 674	1 946	8 090
莲　湖	91 083	89 450	1 633	1 697	790	9 341
灞　桥	56 198	56 025	173	467	328	7 874
未　央	82 421	81 672	749	332	141	1 056
雁　塔	72 649	71 741	908	825	306	1 094
阎　良	52 136	51 094	1 042	1 892	129	8 485
临　潼	139 858	138 953	905	7 007	2 862	7 042
（二）五　县	505 519	487 030	18 489	8 112	5 841	6 187
长　安	129 907	127 945	1 962	1 993	1 285	6 207
蓝　田	91 872	86 950	4 922	1 191	1 059	6 666
周　至	111 680	111 663	17	1 510	698	6 064
户　县	121 054	120 604	450	3 255	2 726	6 150
高　陵	51 006	39 868	11 138	163	73	5 667

3－25 各区县城镇集体单位从业人员劳动报酬

（2000 年） 单位：千元

区 县	单位从业人员劳动报酬	在岗职工工资总额	其他从业人员劳动报酬	离开本单位仍保留劳动关系职工的生活费	内部退养职工	在岗职工平均工资（元）
全 市	**240 326**	**229 506**	**10 820**	**9 869**	**3 523**	**4 887**
(一)市 区	178 578	172 144	6 434	8 671	2 756	4 819
新 城	39 893	39 124	769	3 078	1 246	4 091
碑 林	26 368	25 605	763	2 367	161	5 927
莲 湖	54 982	54 399	583	713	177	4 196
灞 桥	9 542	9 504	38	100	89	4 984
未 央	5 811	5 753	58	198	152	5 505
雁 塔	23 038	19 011	4 027	737	119	8 114
阎 良	5 539	5 505	34	248	200	4 863
临 潼	13 405	13 243	162	1 230	612	5 410
(二)五 县	61 748	57 362	4 386	1 198	767	5 107
长 安	14 776	10 465	4 311	499	366	4 592
蓝 田	12 398	12 398	0	101	97	6 240
周 至	15 643	15 613	30	135	131	4 708
户 县	16 051	16 006	45	242	165	4 971
高 陵	2 880	2 880	0	221	8	6 682

3－26 各区县其他经济类型从业人员劳动报酬

(2000 年) 单位:千元

区 县	单位从业人员劳动报酬	在岗职工工资总额	其他从业人员劳动报酬	离开本单位仍保留劳动关系职工的生活费	内部退养职工	在岗职工平均工资(元)
全 市	**82 553**	**80 469**	**2 084**	**3 427**	**2 316**	**6 534**
(一)市 区	56 258	54 996	1 262	1 819	1 028	7 572
新 城	9 617	9 583	34	0	0	13 670
碑 林	29 928	28 960	968	169	95	7 655
莲 湖	656	656	0	0	0	7 371
灞 桥						
未 央						
雁 塔	13 673	13 413	260	1 529	933	5 799
阎 良						
临 潼	2 384	2 384	0	121	0	6 324
(二)五 县	26 295	25 473	822	1 608	1 288	5 041
长 安	453	453	0	176	176	5 267
蓝 田						
周 至	9 833	9 781	52	464	409	6 401
户 县	7 502	7 498	4	937	672	3 859
高 陵	8 507	7 741	766	31	31	5 174

3－27　全部单位从业人员平均劳动报酬

（2000年）　　　　单位：元

	合计	国有经济	城镇集体经济	其他经济
合　　计	**9 141**	**9 689**	**5 116**	**9 624**
一、按隶属关系分组				
1.中央	11 652	11 652		
2.省属	8 688	8 688		
3.市属	7 780	8 053	5 116	9 624
二、按企业、事业、机关分组				
1.企业	8 705	9 357	5 051	9 624
2.事业	10 180	10 249	6 277	
3.机关	9 959	9 969	9 044	
三、按国民经济行业分组				
（一）农、林、牧、渔业	6 772	6 762	5 024	8 946
（二）采掘业	6 448	5 317		9 801
（三）制造业	8 041	8 100	5 028	9 704
（四）电力、煤气及水的生产和供应业	11 143	11 143		
（五）建筑业	7 903	9 326	4 869	8 660
（六）地质勘查业、水利管理业	7 019	7 033	4 881	
（七）交通运输、仓储及邮电通信业	13 345	13 948	3 896	8 595
（八）批发和零售贸易、餐饮业	6 510	6 624	5 037	8 057
（九）金融、保险业	12 787	12 458	8 568	15 234
（十）房地产业	8 220	8 945	5 161	8 699
（十一）社会服务业	8 570	9 137	4 586	9 004
（十二）卫生、体育和社会福利业	10 200	10 738	5 800	9 174
（十三）教育、文化艺术和广播电影电视	9 814	9 831	7 190	11 538
（十四）科学研究和综合技术服务业	12 136	12 143	7 302	12 231
（十五）国家机关、政党机关和社会团体	10 005	10 016	8 956	
（十六）其他行业	8 510	9 815	6 854	12 794

3-28 全部单位在岗职工平均工资

(2000年) 单位:元

	合计	国有经济	城镇集体经济	其他经济
合 计	**9 179**	**9 742**	**5 178**	**9 451**
一、按隶属关系分组				
1.中央	11 699	11 699		
2.省属	8 717	8 717		
3.市属	7 816	8 142	5 178	9 451
二、按企业、事业、机关分组				
1.企业	8 731	9 406	5 111	9 451
2.事业	10 234	10 303	6 339	
3.机关	10 000	10 010	9 052	
三、按国民经济行业分组				
(一)农、林、牧、渔业	6 787	6 781	5 024	8 819
(二)采掘业	6 446	5 317		9 796
(三)制造业	8 075	8 123	5 087	9 685
(四)电力、煤气及水的生产和供应业	11 132	11 132		
(五)建筑业	8 189	9 595	4 995	8 773
(六)地质勘查业、水利管理业	7 021	7 035	4 881	
(七)交通运输、仓储及邮电通信业	13 518	14 163	3 896	8 566
(八)批发和零售贸易、餐饮业	6 529	6 652	5 033	8 058
(九)金融、保险业	13 042	13 028	8 568	14 790
(十)房地产业	8 239	8 959	5 122	8 711
(十一)社会服务业	8 425	9 183	4 717	8 165
(十二)卫生、体育和社会福利业	10 315	10 844	5 912	9 174
(十三)教育、文化艺术和广播电影电视	9 872	9 890	7 191	11 634
(十四)科学研究和综合技术服务业	12 156	12 175	7 089	11 600
(十五)国家机关、政党机关和社会团体	10 047	10 058	8 956	
(十六)其他行业	8 494	9 842	6 756	12 794

3-29 各区县在岗职工平均工资

(2000 年) 单位:元

区　县	合　计	国有经济	城镇集体经济	其他经济
全　市	**6 873**	**7 426**	**4 887**	**6 534**
(一)市　区	7 567	8 647	4 819	7 572
新　城	7 535	9 698	4 091	13 670
碑　林	7 717	8 090	5 927	7 655
莲　湖	6 385	9 341	4 196	7 371
灞　桥	7 263	7 874	4 984	
未　央	9 963	10 566	5 505	
雁　塔	9 290	10 941	8 114	5 799
阎　良	7 912	8 485	4 863	
临　潼	6 853	7 042	5 410	6 324
(二)五　县	5 999	6 187	5 107	5 041
长　安	6 044	6 207	4 592	5 267
蓝　田	6 610	6 666	6 240	
周　至	5 893	6 064	4 708	6 401
户　县	5 817	6 150	4 971	3 859
高　陵	5 634	5 667	6 682	5 174

3－30　离开本单位仍保留劳动关系职工平均生活费

（2000年）　　单位：元

	合计	国有经济	城镇经济	其他经济
总计	**2 234**	**2 662**	**585**	**2 320**
一、按隶属关系分组				
中央	4 273	4 273		
省属	2 365	2 365		
市属	1 748	2 206	585	2 320
二、按企业、事业、机关分组				
企业	2 215	2 645	583	2 320
事业	2 970	3 212	766	
机关	2 854	2 898	714	
三、按国民经济行业分组				
1.农、林、牧、渔业	2 965	3 080	0	3 900
2.采掘业	2 793	2 762		3 343
3.制造业	2 250	2 686	392	2 421
4.电力、煤气及水的生产和供应业	9 629	9 629		
5.建筑业	2 076	2 550	400	6 214
6.地质勘查业、水利管理业	2 229	2 403	0	
7.交通运输、仓储及邮电通信业	2 816	3 518	660	3 728
8.批发和零售贸易、餐饮业	1 772	1 891	1 358	1 901
9.金融、保险业	9 481	9 799	864	3 500
10.房地产业	1 643	2 557	762	187
11.社会服务业	1 845	2 170	515	1 881
12.卫生、体育和社会福利业	4 349	4 888	654	
13.教育、文化艺术及广播电影电视	3 806	3 938	1 109	
14.科学研究和综合技术服务业	2 960	2 960		
15.国家机关、政党机关和社会团体	5 473	5 700	769	
16.其他行业	796	1 889	392	

主要统计指标解释

从业人员:指从事一定社会劳动并取得劳动报酬或经营收入的全部劳动力。包括:1.全部职工;2.城镇私营企业从业人员;3.城镇个体劳动者;4.农村社会劳动者;5.其他社会劳动者。这一指标反映了一定时期内全部劳动力资源实际利用情况,是研究我国基本国情国力的重要指标。各单位的从业人员是指在各级国家机关、政党机关、;社会团体及企业、事业单位中工作并取得劳动报酬的全部人员。包括职工、再就业的离退休人员,民办教师以及在各单位中工作的外方人员和港、澳、台方人员。

职工:指在国有经济、城镇集体经济、联营经济、股份制经济、外商和澳、台投资经济、其他经济单位及其附属机构工作,并由其支付工资的各类人员。

合同制职工:指各单位根据国务院国发(1986)77号文件和国务院令第99号规定,通过签订有固定期限劳动合同、无固定期限劳动合同和以完成一项工作为期限劳动合同所使用的职工。包括实行全员劳动合同制单位的全部职工。

离开本单位仍保留劳动关系的职工:指由于用人单位的生产和经营状况等原因,已经离开本人的生产或工作岗位,并已不在本单位从事其他工作,但仍与用人单位保留劳动关系的职工。包括放长假、下岗待工、退出工作岗位休养等职工,不包括下岗后仍在企业参加转岗等培训的职工。

职工工资总额:指各单位在一定时期内直接支付给本单位全部职工的劳动报酬总额。工资总额的计算原则应以直接支付给职工的全部劳动报酬为根据。各单位支付给职工的劳动报酬以及其他根据有关规定支付的工资,不论是计入成本的还是不计入成本的,不论是以货币形式支付的还是以实物形式支付的,不论是单位自筹的资金还是上级(或政府财政部门)下拨的资金,不论是厂级单位筹集的资金还是下属车间(科室)及附属经营单位筹集的资金,均应列入工资总额计算的范围。

奖金:指支付给职工的超额劳动报酬和增收节支的劳动报酬。

津贴和补贴:指为了补偿职工特殊或额外的劳动消耗和因其他特殊原因支付给职工的津贴,以及为了保证职工工资水平不受物价影响支付给职工的物价补贴。

离开本单位仍保留劳动关系的职工生活费:指用人单位对离开本单位仍保留劳动关系的职工支付的生活补贴费用。

职工平均工资:指企业、事业、机关单位的职工在一定时期内平均每人所得的货币工资额。它表明一定时期内职工工资收入的高低程度,以反映职工工资水平的主要指标。计算公式为:

$$\text{职工平均工资}=\frac{\text{报告期实际支付的全部职工工资总额}}{\text{报告期全部职工平均人数}}$$

$$\text{职工平均实际工资指数}=\frac{\text{报告期职工平均工资指数}}{\text{报告期城镇居民消费价格指数}}\times 100\%$$

XI'AN
統計年鑒
2001

固定资产投资

GUDINGZICHANTOUZI

4-1 全社会固定资产投资

单位:万元

年　份	合　计	国有经济	集体经济	个体经济	其他经济
1985	184 420	139 567	13 567	31 286	-
1986	221 543	180 451	9 694	31 398	-
1987	270 470	221 845	15 020	33 605	-
1988	291 419	237 179	18 589	35 651	-
1989	283 015	232 230	14 589	36 196	-
1990	263 865	222 084	14 422	27 359	-
1991	307 573	244 228	22 604	40 741	-
1992	384 826	320 390	14 469	49 967	-
1993	750 640	596 635	30 254	65 549	58 202
1994	855 718	647 126	41 425	100 862	66 305
1995	1 034 184	690 806	97 778	111 298	134 302
1996	1 143 763	806 600	87 323	125 040	124 800
1997	1 169 014	774 602	102 138	151 064	141 210
1998	1 547 958	1 130 680	78 899	105 884	232 495
1999	1 973 060	1 365 036	136 206	162 234	309 584
2000	2 323 676	1 596 002	146 519	243 959	337 196

注:集体经济:包括城镇集体和农村集体。　个体经济:包括城镇工矿区私人建房和农村私人建房。

4－2　全市固定资产投资

(2000年)

分　类	合　计	基本建设	更新改造	其他投资	房地产开发
本年完成投资(万元)	2 030 122	894 518	548 307	68 837	518 460
按登记注册类型分					
内资	1 936 624	862 367	545 939	64 799	463 519
国有	1 577 328	762 694	466 966	14 305	333 363
集体	32 738			21 434	11 304
股份合作	21 705			13 520	8 185
国有联营	1 000	1 000			
集体联营	2 450			2 450	
国有与集体联营	1 800			1 800	
其他联营					
国有独资公司	17 674	15 223	2 451		
其他有限责任公司	130 835	42 696	29 663	1 551	56 925
股份有限公司	91 666	40 754	40 209	230	10 473
私营个体	40 031			9 509	30 522
其他	19 397		6 650		12 747
港澳台商投资	44 234	9 839	2 368	3 500	28 527
合资经营	31 958	9 839	2 368	3 500	16 251
合作经营	11 816				11 816
独资	460				460
股份有限					
外商投资	49 264	22 312		538	26 414
合资经营	34 393	10 298		538	23 557
合作经营	13 015	12 014			1 001
独资					
股份有限	1 856				1 856
按隶属关系分					
中央	411 325	177 836	231 089		2 400
省属	355 774	246 240	66 723	538	42 273
市属	1 263 023	470 442	250 495	68 299	473 787
按建设性质分					
新建	533 058	482 085	18 136	32 837	
扩建	542 510	163 900	358 824	19 786	
改建	263 657	102 688	151 259	9 710	
按构成分:					
1.建筑工程	1 271 253	676 912	130 773	51 876	411 692
2.安装工程	132 931	21 965	73 076	2 489	35 401
3.设备工器具购置	382 495	71 812	297 569	4 521	8 593
4.其他费用	243 443	123 829	46 889	9 951	62 774
按工程用途分					
其中:住宅	601 509	207 375	6 654	7 951	379 529

4－2　续表

分　　类	合　计	基本建设	更新改造	其他投资	房地产开发
按项目规模分					
基建大中型	203 615	203 615			
更改限上项目	133 758		133 758		
按国民经济行业分					
农、林、牧、渔业	7 577	3 621	456	3 500	
采掘业	28 280	21 976	6 304		
制造业	315 882	134 231	160 062	21 589	
电力、煤气及水的水生产和供应业	199 585	84 971	114 614		
建筑业	28 377	16 643	11 048	686	
地质勘查业、水利管理业	25 084	24 881	203		
交通运输、仓储及邮电通信业	361 175	138 185	208 289	14 701	
批发和零售贸易、餐饮业	77 995	56 737	3 895	17 363	
金融、保险业	3 828	834		2 994	
房地产业	533 932	13 242		2 230	518 460
社会服务业	91 455	45 493	42 496	3 466	
卫生、体育和社会福利业	10 277	10 277			
教育、文化艺术及广播电影电视业	123 439	121 751		1 688	
科学研究和综合技术服务业	26 736	25 936	800		
国家机关、政党机关和社会团体	89 512	88 832	140	540	
其他行业	106 988	106 908		80	
二、构成(%)					
按登记注册类型分					
国有经济	78.62	87.08	85.61	20.78	64.30
集体经济	2.80	–	–	54.34	3.76
按隶属关系分					
中　　央	20.26	19.88	42.15	–	0.46
省　　属	17.52	27.53	12.17	0.78	8.15
市　　属	62.22	52.59	45.68	99.22	91.39
按建设性质分					
新　　建	26.26	53.89	3.31	47.70	–
扩　　建	26.72	18.32	65.44	28.74	–
改　　建	12.99	11.48	27.59	14.11	–
按构成分:					
1.建筑工程	62.62	75.67	23.85	75.36	79.41
2.安装工程	6.55	2.46	13.33	3.62	6.83
3.设备工器具购置	18.84	8.03	54.27	6.57	1.66
4.其它费用	11.99	13.84	8.55	14.45	12.10
按工程用途分					
其中:住宅	29.63	23.18	1.21	11.55	73.20
三、房屋面积(平方米)					
本年施工房屋面积	17 025 783	7 952 707	772 176	669 109	7 631 791
其中:住宅	11 241 796	4 436 117	418 015	189 162	6 198 502
本年竣工房屋面积	7 148 313	3 191 935	354 239	391 164	3 210 975
其中:住宅	5 449 502	2 158 236	246 589	89 214	2 955 463
本年新增固定资产	1 501 585	676 130	371 472	70 172	383 811

4－3　国有经济单位固定资产投资

指　　标	1985 年	1990 年	1995 年	1996 年	1997 年	1998 年	1999 年	2000 年
一、投资总额(万元)	139 567	222 084	690 806	806 600	774 602	1 130 680	1 365 036	1 596 002
1.按资金来源分								
国家预算内投资	45 815	48 770	67 426	53 336	80 584	130 120	180 223	165 304
国内贷款	27 102	58 602	145 108	213 439	107 373	204 952	247 966	280 585
债　　券	-	-	-	-	961	23 333	5 951	32 886
利用外资	2 244	9 970	46 811	26 243	23 639	20 297	7 676	15 276
自筹资金	56 758	91 527	330 333	359 573	417 174	518 790	734 475	689 732
其它资金来源	7 648	13 215	101 128	154 009	144 871	233 188	188 745	412 219
2.按构成分								
建筑安装工程	83 542	130 615	405 057	435 152	466 075	701 519	947 829	1 102 548
设备、工具、器具购置	36 328	72 043	209 351	265 331	209 363	255 623	295 229	328 432
其它费用	19 697	19 426	76 398	106 117	99 164	173 538	121 978	165 022

4－3　续表

指　　标	1985 年	1990 年	1995 年	1996 年	1997 年	1998 年	1999 年	2000 年
3.按建设性质分								
新　　建	33 366	55 242	1 738 081	160 406	175 515	251 691	347 836	390 119
扩　　建	55 370	60 641	162 796	318 721	251 479	359 507	363 070	460 381
改　　建	33 505	63 253	145 783	117 643	120 123	124 230	235 009	254 860
4.按国民经济行业分								
农林牧渔业	1 736	1 888	1 127	1 314	2 392	4 272	3 160	4 077
工业建筑业	61 634	101 407	240 665	227 293	210 817	276 000	310 895	408 234
运输邮电业	4 949	28 180	－	212 104	161 106	221 085	382 834	360 779
二、新增固定资产(万元)	83 030	195 429	509 328	536 612	554 215	638 800	938 348	1 220 632
三、房屋建筑面积(万平方米)								
施工面积	586.49	508.73	841.00	805.26	834.32	1 133.38	1 275.04	1 341.75
竣工面积	213.92	203.12	303.72	278.30	322.70	304.26	542.99	577.14
住　　宅	125.39	107.58	214.01	131.35	249.19	222.77	471.58	475.18

4－4　城镇集体经济单位固定资产投资

指　　标	2000 年
一、投资总额(万元)	56 893
按资金来源分	
国家预算内投资	–
国内贷款	14 695
债券	–
利用外资	–
自筹资金	31 971
其他资金来源	10 227
按构成分：	
建筑安装工程	9 594
设备、工具、器具购置	611
其他费用	12 360
二、新增固定资产(万元)	76 464
三、项目个数	
施工项目	43
投产项目	32
四、房屋建筑面积(平方米)	
施工面积	783 641
住宅	394 720
竣工面积	500 374
住宅	218 498

4－5　主要年份农村集体固定资产投资

指　　标	1985 年	1990 年	1995 年	1996 年	1997 年	1998 年	1999 年	2000 年
一、投资总额(万元)	8 582	5 542	37 892	48 963	66 269	55 235	86 843	89 626
1.按资金来源分								
国家资金	–	–	1 442	472	1 255	2 406	5 404	9 388
国内贷款	2 120	2 620	10 925	7 880	14 110	4 529	10 147	2 977
引进外资	–	313	5 021	8 290	8 641	7 390	5 076	5 394
自筹资金	5 653	1 281	12 220	21 908	31 910	31 154	53 747	53 338
群众集资	–	–	3 732	4 377	5 608	6 786	3 353	7 413
其他资金	809	1 328	4 552	6 036	4 745	2 970	9 116	11 116
2.按行业划分								
农林牧渔业及地质勘查水利管理业	–	–	170	1 315	113	2 886	7 318	9 075
工业	–	–	20 286	21 954	23 208	19 080	42 643	32 437
建筑业	–	–	2 475	2 921	4 797		2 483	12 309

4－5　续表

指　　标	1985年	1990年	1995年	1996年	1997年	1998年	1999年	2000年
交通运输邮电业	–	–	668	360			2 905	2 444
批发和零售贸易餐饮业及仓储业	–	–	3 749	4 693	13 329	18 173	10 111	8 444
金融保险业	–	–	–	–	–	–	200	10
房地产业及社会服务业	–	–	2 338	11 310	8 629	5 802	11 505	12 519
卫生体育社会福利业	–	–	3 054	–	4 887	11	806	126
教育文化艺术及广播电影电视业	–	–	4 642	4 865	4 805	3 791	4 817	6 110
科学研究和综合技术服务业	–	–	–	–	–			500
国家机关政党机关和社会团体	–	–	160	603	2 688	2 177	2 819	635
其他行业	–	–	350	942	2 733	1 070	1 236	5 017
二、竣工房屋建筑面积(万平方米)		–	16.08	42.89	22.01	30.20	40.50	83.96
住宅		–	0.92	7.92	1.24	5.17	9.72	21.33
三、本年新增固定资产(万元)	–	3 739	32 405	45 383	57 972	42 303	84 034	89 626

4－6　农村集体固定资产投资

(2000年)

指　　标	全　　市
一、本年完成投资(万元)	89 626
建筑工程	41 003
安装工程	8 788
设备购置	32 929
其他	6 906
二、本年新增固定资产(万元)	80 924
三、本年投资资金来源(万元)	89 626
国家资金	9 388
国内贷款	2 977
引进外资	5 394
自筹资金	53 338
群众集资	7 413
其他资金	11 116
四、房屋建筑面积(平方米)	
施工面积	967 586
#住宅	263 497
竣工面积	839 686
#住宅	213 311

4－7　主要年份市属固定资产投资

指　　标	1985年	1990年	1995年	1996年	1997年	1998年	1999年	2000年
一、投资总额(万元)	38 896	80 958	432 451	566 602	607 065	933 830	1 070 827	1 263 023
1.按经济类型类型分								
国有经济	34 313	72 078	258 545	419 671	467 790	703 414	756 908	890 546
集体经济	4 583	8 880	5 720	34 770	29 754	20 503	48 663	52 893
其他经济	－	－	168 186	112 161	109 521	209 913	265 256	319 584
2.按管理渠道分								
基本建设	19 100	34 204	138 889	221 431	244 564	339 393	357 406	470 442
更新改造	15 213	30 335	90 715	123 718	146 106	208 159	245 062	250 495
其他投资	4 583	10 934	31 556	11 850	14 486	33 803	68 700	68 299
房地产开发	－	5 485	171 291	209 603	201 909	352 475	399 659	473 787
二、新增固定资产(万元)	27 872	69 434	273 324	296 898	374 318	521 350	859 070	953 173
三、房屋建设面积(平方米)								
竣工面积	986 197	950 215	2 025 223	1 984 330	2 264 862	2 383 041	5 012 547	5 094 751
住　宅	451 128	501 234	1 433 005	1 487 837	1 666 509	1 691 699	4 074 889	3 735 111

4－8 市属固定资产投资

（2000年） 单位：万元

分 类	合 计	基本建设	更新改造	其他投资	房地产开发
本年完成投资	1 263 023	470 442	250 495	68 299	473 787
按登记注册类型分					
内资	1 171 327	438 291	248 127	64 799	420 110
国有	887 596	363 105	187 430	14 305	322 756
集体	28 738			21 434	7 304
股份合作	21 705			13 520	8 185
国有联营	1 000	1 000			
集体联营	2 450			2 450	
国有与集体联营	1 800			1 800	
其他联营					
国有独资公司	1 950	1 950			
其他有限责任公司	85 646	35 298	15 138	1 551	33 659
股份有限公司	86 155	36 938	38 909	230	10 078
私营个体	34 890			9 509	25 381
其他	19 397		6 650		12 747
港澳台商投资	42 970	9 839	2 368	3 500	27 263
合资经营	30 694	9 839	2 368	3 500	14 987
合作经营	11 816				11 816
独资	460				460
股份有限					
外商投资	48 726	22 312			26 414
合资经营	33 855	10 298			23 557
合作经营	13 015	12 014			1 001
独资					
股份有限	1 856				1 856
按建设性质分					
新建	377 394	327 721	16 836	32 837	
扩建	299 618	68 566	211 804	19 248	
改建	64 844	34 222	20 912	9 710	
按构成分：					
1.建筑工程	850 196	328 580	85 711	51 418	384 487
2.安装工程	78 448	16 686	28 235	2 489	31 038
3.设备工器具购置	178 461	45 315	122 194	4 521	6 431
4.其他费用	155 918	79 861	14 355	9 871	51 831
按工程用途分					
其中：住宅	441 564	68 434	720	7 951	364 459

4－8　续表

分　　　类	合　计	基本建设	更新改造	其他投资	房地产开发
按项目规模分					
基建大中型	73 001	73 001			
更改限上项目	78 929		78 929		
按国民经济行业分					
农、林、牧、渔业	7 577	3 621	456	3 500	
采掘业	248	248			
制造业	162 080	56 015	84 476	21 589	
电力、煤气及水的水生产和供应业	81 732	77 045	4 687		
建筑业	686			686	
地质勘查业、水利管理业	18 071	18 071			
交通运输、仓储及邮电通信业	156 202	27 156	114 345	14 701	
批发和零售贸易、餐饮业	74 701	53 443	3 895	17 363	
金融、保险业	3 222	228		2 994	
房地产业	489 259	13 242		2 230	473 787
社会服务业	91 060	45 098	42 496	3 466	
卫生、体育和社会福利业	6 185	6 185			
教育、文化艺术及广播电影电视业	26 512	25 362		1 150	
科学研究和综合技术服务业	1 633	1 633			
国家机关、政党机关和社会团体	38 067	37 387	140	540	
其他行业	105 788	105 708		80	
二、构成(％)					
按登记注册类型分					
国有经济	70.51	77.81	74.82	20.94	68.12
集体经济	4.19	–	–	54.77	3.27
按建设性质分					
新　　建	29.88	69.66	6.72	–	–
扩　　建	23.72	14.57	84.55	–	–
改　　建	5.13	7.27	8.70	–	–
按构成分：					
1．建筑工程	67.31	69.84	34.22	75.28	81.15
2．安装工程	6.21	3.55	11.27	3.64	6.55
3．设备工器具购置	14.13	9.63	48.78	6.62	1.36
4．其它费用	12.35	16.98	5.73	14.46	10.94
按工程用途分					
其中：住宅	34.96	14.55	0.29	11.64	76.92
三、房屋面积(平方米)					
本年施工房屋面积	11 100 512	3 026 548	267 048	628 609	7 178 307
其中：住宅	7 385 350	1 255 803	5 670	189 162	5 934 715
本年竣工房屋面积	5 094 751	1 497 523	102 400	391 164	3 103 664
其中：住宅	3 735 111	783 946		89 214	2 861 951
四、本年新增固定资产	953 173	289 415	226 112	70 172	367 474

4－9　市区固定资产投资额

（2000年）　单位：万元

分　类	合　计	基本建设	更新改造	其他投资	房地产开发
本年完成投资	1 921 834	818 963	536 622	47 995	518 254
按登记注册类型分					
内资	1 828 874	786 812	534 254	44 495	463 313
国有	1 497 532	699 789	455 281	9 305	333 157
集体	29 985			18 681	11 304
股份合作	9 205			1 020	8 185
国有联营	1 000	1 000			
集体联营	2 450			2 450	
国有与集体联营	1 800			1 800	
其他联营					
国有独资公司	17 674	15 223	2 451		
其他有限责任公司	130 784	42 696	29 663	1 500	56 925
股份有限公司	79 016	28 104	40 209	230	10 473
私营个体	40 031			9 509	30 522
其他	19 397		6 650		12 747
港澳台商投资	44 234	9 839	2 368	3 500	28 527
合资经营	31 958	9 839	2 368	3 500	16 251
合作经营	11 816				11 816
独资	460				460
股份有限					
外商投资	48 726	22 312			26 414
合资经营	33 855	10 298			23 557
合作经营	13 015	12 014			1 001
独资					
股份有限	1 856				1 856
按隶属关系分					
中央	396 582	172 497	221 685		2 400
省属	348 853	239 949	66 631		42 273
市属	1 176 399	406 517	248 306	47 995	473 581
按建设性质分					
新建	474 442	436 186	18 136	20 120	
扩建	513 911	151 568	348 395	13 948	
改建	259 341	99 331	150 300	9 710	
按构成分：					
1.建筑工程	1 201 276	624 603	128 903	36 248	411 522
2.安装工程	131 179	20 343	72 956	2 479	35 401
3.设备工器具购置	373 743	64 266	296 422	4 462	8 593
4.其他费用	215 636	109 751	38 341	4 806	62 738
按工程用途分					
其中：住宅	580 505	188 974	6 654	5 518	379 359

4－9 续表

分　　　类	合　计	基本建设	更新改造	其他投资	房地产开发
按项目规模分					
基建大中型	193 615	193 615			
更改限上项目	124 559		124 559		
按国民经济行业分					
农、林、牧、渔业	975	975			
采掘业	28 032	21 728	6 304		
制造业	277 514	115 292	149 633	12 589	
电力、煤气及水的水生产和供应业	196 130	81 721	114 409		
建筑业	28 060	16 643	11 048	369	
地质勘查业、水利管理业	20 647	20 536	111		
交通运输、仓储及邮电通信业	339 821	121 997	208 289	9 535	
批发和零售贸易、餐饮业	76 664	55 807	3 895	16 962	
金融、保险业	1 154			1 154	
房地产业	525 526	5 042		2 230	518 254
社会服务业	90 662	45 203	41 993	3 466	
卫生、体育和社会福利业	7 984	7 984			
教育、文化艺术及广播电影电视业	117 497	116 347		1 150	
科学研究和综合技术服务业	24 821	24 021	800		
国家机关、政党机关和社会团体	79 359	78 759	140	460	
其他行业	106 988	106 908		80	
二、构成(%)					
按登记注册类型分					
国有经济	78.89	87.43	85.30	19.39	64.28
集体经济	2.17	–	–	46.15	3.80
按隶属关系分					
中　　央	20.64	21.06	41.31	–	0.46
省　　属	18.15	29.30	12.42	–	8.16
市　　属	61.21	49.64	46.27	100.00	91.38
按建设性质分					
新　　建	24.69	53.26	3.38	41.92	–
扩　　建	26.74	18.51	64.92	29.06	–
改　　建	13.49	12.13	28.01	20.23	–
按构成分：					
1．建筑工程	62.51	76.27	24.02	75.52	79.41
2．安装工程	6.83	2.48	13.60	5.17	6.83
3．设备工器具购置	19.45	7.85	55.24	9.30	1.66
4．其它费用	11.21	13.40	7.14	10.01	12.10
按工程用途分					
其中：住宅	30.21	23.07	1.24	11.50	73.20
三、房屋面积(平方米)					
本年施工房屋面积	16 219 408	7 404 140	763 039	423 477	7 628 752
其中：住宅	10 873 293	4 142 091	418 015	117 724	6 195 463
本年竣工房屋面积	6 662 861	2 854 186	354 239	246 500	3 207 936
其中：住宅	5 228 954	1 956 165	246 589	73 776	2 952 424
本年新增固定资产	1 425 471	633 684	368 986	41 189	381 612

4－10　五县固定资产投资额

(2000年)　　单位:万元

分　　类	合　计	长　安	户　县	周　至	高　陵	蓝　田
本年完成投资	108 288	40 936	20 957	14 517	27 328	4 550
1.按登记注册类型分						
国有经济	79 796	37 840	20 957	14 271	2 178	4 550
集体经济	15 253	2 507		246	12 500	
联营经济						
按报表种类分						
基本建设	75 555	23 641	18 357	14 179	14 828	4 550
更新改造	11 685	9 199	2 394	92		
其他投资	20 842	8 096		246	12 500	
房地产开发	206		206			
按建设性质分						
新建	58 616	3 095	16 719	8 173	26 835	3 794
扩建	28 599	20 080	1 558	6 152	53	756
改建	4 316	2 047	2 269			
按构成分:						
1.建筑工程	69 977	23 650	7 086	8 182	27 315	3 744
2.安装工程	1 752	91	316	1 345		
3.设备工器具购置	8 752	2 215	2 679	3 655	3	200
按工程用途分						
其中:住宅	21 004	16 702	1 134	2 686	482	
按国民经济行业分						
农、林、牧、渔业	6 602		1 410	1 086	3 500	606

4－10　续表

分　　类	合　计	长　安	户　县	周　至	高　陵	蓝　田
采掘业	248			248		
制造业	38 368	12 413	4 305		21 650	
电力、煤气及水的水生产和供应业	3 455		205	3 250		
建筑业	317	317				
地质勘查业、水利管理业	4 437	2 974	28	192		1 243
交通运输、仓储及邮电通信业	21 354	6 536	10 960	2 266	380	1 212
批发和零售贸易、餐饮业	1 331	1 133		198		
金融、保险业	2 674	2 162	200	228	84	
房地产业	8 406	7 900	506			
社会服务业	793	210	583			
卫生、体育和社会福利业	2 293	745	1 078	290	180	
教育、文化艺术及广播电影电视业	5 942	1 431	1 622	1 080	320	1 489
科学研究和综合技术服务业	1 915	1 855			60	
国家机关、政党机关和社会团体	10 153	3 260	60	5 679	1 154	
其他行业						
三、房屋面积(平方米)						
本年施工房屋面积	806 375	426 416	90 023	84 525	177 940	27 471
其中：住宅	368 503	288 516	16 739	56 568	6 680	
本年竣工房屋面积	485 452	210 832	65 828	48 469	154 162	6 161
其中：住宅	220 548	176 993	8 039	30 936	4 580	
本年新增固定资产	76 114	22 027	11 835	6 164	33 071	3 017

4－11 全市国有经济单位基本建设投资

指　　标	1990 年	1995 年	1996 年	1997 年	1998 年	1999 年	2000 年
一、投资总额(万元)	108 358	296 897	354 283	432 429	601 940	706 922	778 917
1.按隶属关系分							
中　　央	51 101	143 362	116 787	128 304	150 812	183 939	172 398
省　　属	23 053	43 178	45 423	77 355	160 373	252 539	240 464
市　　属	34 204	110 357	192 073	226 770	290 755	270 444	366 055
2.按资金来源分							
国家预算内投资	36 730	56 555	47 429	71 171	117 372	137 190	108 666
国内贷款	19 124	36 773	55 779	37 202	48 722	115 344	170 981
债　　券	－	－	－	946	21 658	4 975	2 479
利用外资	8 514	8 032	17 605	21 100	10 788	5 556	15 211
自筹资金	38 158	140 941	156 492	192 989	297 327	305 800	334 984
其它资金来源	5 832	54 596	76 978	109 021	106 073	138 057	146 596
3.按构成分							

4-11　续表

指　　标	1990年	1995年	1996年	1997年	1998年	1999年	2000年
建筑安装工程	80 791	221 903	267 228	302 731	409 584	534 507	609 160
设备、工具、器具购置	17 979	37 254	37 303	68 236	75 547	86 244	59 281
其它费用	10 588	37 740	49 752	61 462	116 809	86 171	110 476
二、新增固定资产(万元)	84 920	203 099	222 971	274 136	291 026	330 327	631 756
三、建设项目(个)							
施工项目	606	582	498	444	508	474	462
投产项目	266	232	193	159	197	176	216
三、房屋建筑面积(平方米)							
施工面积	3 767 220	5 454 698	4 810 819	5 024 527	5 969 276	6 867 137	7 351 095
#住　　宅	1 777 116	3 609 210	3 141 531	3 114 480	3 858 739	4 293 051	4 376 693
竣工面积	1 452 388	1 887 588	1 759 370	1 928 759	1 678 970	2 305 905	2 971 913
#住　　宅	763 575	1 375 962	1 228 721	1 382 782	1 124 354	1 760 202	2 098 812

4－12　全市国有单位更新改造投资

指　　标	1985年	1990年	1995年	1996年	1997年	1998年	1999年	2000年
一、投资总额(万元)	43 851	90 848	286 297	314 353	214 486	258 381	365 097	469 417
1.按隶属关系分								
中　　央	14 167	38 729	163 079	165 229	66 310	79 029	140 833	217 438
省　　属	14 471	21 784	50 928	32 676	16 928	18 027	13 845	64 549
市　　属	15 213	30 335	72 290	116 448	131 248	161 325	210 419	187 430
2.按资金来源分								
国家预算内投资	2 019	11 856	13 837	4 069	8 556	983	14 116	54 130
国内贷款	19 510	36 551	73 246	122 800	40 960	74 199	57 021	79 910
债　　券	–	–	–	–	–	–	–	29 290
利用外资	–	1 456	38 147	8 965	–	8 660	901	–
自筹资金	21 343	37 349	152 332	172 571	155 209	169 961	287 347	302 548
其它资金来源	979	3 636	8 735	5 948	9 761	4 578	5 712	3 539
3.按构成分								
建筑工程、安装工程	15 867	30 668	93 473	55 507	58 411	73 815	145 792	169 544
设备、工具、器具购置	25 057	54 051	170 777	227 035	138 651	177 851	202 284	268 235

4－12 续表

指　　标	1985年	1990年	1995年	1996年	1997年	1998年	1999年	2000年
其它费用	2 927	6 129	22 047	31 811	17 424	6 715	17 021	31 638
4.按用途分								
增　　产	11 985	25 154	73 479	61 192	25 157	52 546	9 989	75 622
节约能源	1 236	702	1 526	1 204	803	368	947	160
其他节约	28	31	－	66	143	87	95	10
增加品种	10 539	20 910	32 847	23 362	17 175	12 943	21 966	12 713
提高产品质量	3 965	2 018	15 488	15 372	18 178	14 843	7 984	10 490
三废治理	532	1 208	1 549	327	293	177	3 519	1 805
其　　它	15 566	40 825	161 408	212 830	152 737	177 417	320 597	368 617
二、新增固定资产(万元)	29 699	81 405	233 989	230 885	175 994	235 438	256 955	309 655
三、房屋建筑面积(万平方米)								
施工面积	74.71	88.95	70.56	30.66	78.95	67.11	48.77	54.90
＃住　　宅	13.08	35.41	22.48	7.61	58.80	47.26	28.25	41.10
竣工面积	32.86	41.23	43.71	9.41	32.28	41.09	25.64	29.84
＃住　　宅	8.45	16.66	13.64	1.46	24.03	26.56	13.99	24.43

4－13 按行业和用途分更新改造投资

(2000年) 单位:万元

行业	合计	增产	节约能源	其它节约	增加品种	提高产品质量	三废治理	其它
合计	**548 307**	**123 171**	**170**	**10**	**42 885**	**11 200**	**1 805**	**369 066**
农、林、牧、渔业	456							456
采掘业	6 304							6 304
制造业	160 062	75 443	170	10	42 885	10 512	117	30 925
电力、煤气及水的水生产和供应业	114 614	42 942						71 672
建筑业	11 048					688		10 360
地质勘查业、水利管理业	203							203
交通运输、仓储及邮电通信业	208 289							208 289
批发和零售贸易、餐饮业	3 895							3 895
金融、保险业								
房地产业								
社会服务业	42 496	4 786					1 688	36 022
卫生、体育和社会福利业								
教育、文化艺术及广播电影电视业								
科学研究和综合技术服务业	800							800
国家机关、政党机关和社会团体	140							140
其他行业								

4－14 全市固定资产投资效果

（2000 年）

指 标	合 计	基本建设	更新改造	其他投资	房地产开发
一、建设项目投资率（%）	44.17	45.82	54.91	72.58	
施工项目个数	901	502	224	62	113
本年投产项目个数	398	230	123	45	
二、固定资产交付使用率（%）	73.97	75.59	67.75	101.94	74.03
本年新增固定资产	1 501 585	676 130	371 472	70 172	383 811
本年完成投资	2 030 122	894 518	548 307	68 837	518 460
三、未完工程占用率（%）	95.12	141.09	45.98	28.24	76.65
未完工程累计投资	1 930 998	1 262 035	252 109	19 443	397 411
本年完成投资	2 030 122	894 518	548 307	68 837	518 460
四、建设周期（%）	3.78	4.02	2.17	2.95	5.15
计划总投资	7 663 897	3 600 411	1 188 278	202 842	2 672 366
本年完成投资	2 030 122	894 518	548 307	68 837	518 460
五、房屋建筑面积竣工率（%）	41.99	40.14	45.88	58.46	42.07
本年施工房屋面积	17 025 783	7 952 707	772 176	669 109	7 631 791
本年竣工房屋面积	7 148 313	3 191 935	354 239	391 164	3 210 975

4－15　市属固定资产投资效果

（2000年）

指　　标	合 计	基本建设	更新改造	其他投资	房地产开发
一、建设项目投资率(%)	51.38	56.60	63.48	73.77	
施工项目个数	580	318	115	61	86
本年投产项目个数	298	180	73	45	
二、固定资产交付使用率(%)	75.47	61.52	90.27	102.74	77.56
本年新增固定资产	953 173	289 415	226 112	70 172	367 474
本年完成投资	1 263 023	470 442	250 495	68 299	473 787
三、未完工程占用率(%)	88.64	152.05	29.91	27.68	65.52
未完工程累计投资	1 119 561	715 312	74 932	18 905	310 412
本年完成投资	1 263 023	470 442	250 495	68 299	473 787
四、建设周期(%)	3.66	3.25	1.88	2.85	5.13
计划总投资	4 626 800	1 530 669	469 979	194 842	2 431 310
本年完成投资	1 263 023	470 442	250 495	68 299	473 787
五、房屋建筑面积竣工率(%)	45.90	49.48	38.35	62.23	43.24
本年施工房屋面积	11 100 512	3 026 548	267 048	628 609	7 178 307
本年竣工房屋面积	5 094 751	1 497 523	102 400	391 164	3 103 664

4－16 全市固定资产投资资金来源

（2000年） 单位：万元

指标	合计	基本建设	更新改造	其他投资	房地产开发
一、本年资金来源合计	2 234 767	960 446	596 562	68 126	609 633
1.上年末结余资金	181 532	79 250	27 306	6 906	68 070
2.本年资金来源小计	2 053 235	881 196	569 256	61 220	541 563
（1）国家预算内资金	162 815	106 338	55 377		1 100
（2）国内贷款	437 204	208 021	101 561	16 155	111 467
（3）债券	32 830	2 426	29 619		785
（4）利用外资	31 982	21 541	4 559		5 882
（5）自筹资金	885 318	388 102	371 804	32 935	92 477
中央及省自筹	333 879	167 535	151 895	538	13 911
市自筹	363 784	152 637	169 057	4 095	37 995
（6）其他资金来源	503 086	154 768	6 336	12 130	329 852
二、本年各项应付款合计	220 795	86 252	11 974	7 285	115 284

4－17　市属固定资产投资资金来源

(2000年)　　单位:万元

指　　标	合　计	基本建设	更新改造	其他投资	房地产开发
一、本年资金来源合计	1 386 320	496 101	280 397	67 588	542 234
1.上年末结余资金	124 467	51 812	4 999	6 906	60 750
2.本年资金来源小计	1 261 853	444 289	275 398	60 682	481 484
(1) 国家预算内资金	40 938	27 514	12 324		1 100
(2) 国内贷款	241 504	107 810	37 793	16 155	79 746
(3) 债券	1 566	1 266	300		
(4) 利用外资	27 423	21 541			5 882
(5) 自筹资金	551 439	220 567	219 909	32 397	78 566
(6) 其他资金来源	398 983	65 591	5 072	12 130	316 190
二、本年各项应付款合计	170 213	50 128	10 611	7 285	102 189

4－18　全市按行业分房屋建筑面积

（2000年）　　单位：平方米

行业	本年施工房屋面积	住宅	本年竣工房屋面积	住宅	竣工房屋价值	住宅
合计	**17 025 783**	**11 241 796**	**7 148 313**	**5 449 502**	**695 465**	**450 584**
农、林、牧、渔业	38 218	4 914	34 358	4 914	5 566	282
采掘业	120 590	41 662	41 662	41 662	3 782	3 782
制造业	1 931 083	1 063 250	1 021 759	648 840	104 913	48 727
电力、煤气及水的水生产和供应业	185 804	138 844	63 678	58 689	6 319	4 642
建筑业	320 704	320 494	194 617	194 407	16 198	16 168
地质勘查业、水利管理业	150 174	112 456	84 083	62 276	12 390	5 797
交通运输、仓储及邮电通信业	613 683	429 565	351 391	265 409	28 919	18 716
批发和零售贸易、餐饮业	741 586	160 651	356 692	88 584	46 680	8 207
金融、保险业	128 161	111 662	34 829	26 800	3 039	1 848
房地产业	7 823 039	6 382 350	3 386 775	3 127 063	286 978	246 528
社会服务业	210 466	42 299	88 379	28 020	10 661	2 180
卫生、体育和社会福利业	131 793	19 746	33 490	12 046	4 073	748
教育、文化艺术及广播电影电视业	1 898 639	965 574	835 926	464 903	101 427	51 791
科学研究和综合技术服务业	288 719	181 872	135 081	97 413	15 971	10 206
国家机关、政党机关和社会团体	1 812 689	974 911	292 000	202 639	26 342	17 092
其他行业	630 435	291 546	193 593	125 837	22 207	13 870

4-19　按行业分基本建设房屋建筑面积

(2000年)　单位:平方米

行　业	本年施工		本年竣工		竣工房屋	
	房屋面积	住　宅	房屋面积	住　宅	价　值	住　宅
合　计	**7 952 707**	**4 436 117**	**3 191 935**	**2 158 236**	**340 015**	**197 812**
农、林、牧、渔业	23 218	4 914	19 358	4 914	1 566	282
采掘业	120 590	41 662	41 662	41 662	3 782	3 782
制造业	1 461 848	1 024 941	827 359	619 551	69 944	46 246
电力、煤气及水的水生产和供应业	170 804	135 144	63 678	58 689	6 319	4 642
建筑业	306 104	305 894	194 617	194 407	16 198	16 168
地质勘查业、水利管理业	150 174	112 456	84 083	62 276	12 390	5 797
交通运输、仓储及邮电通信业	208 119	50 360	115 177	40 360	12 551	3 548
批发和零售贸易、餐饮业	492 308	125 588	188 409	58 557	29 467	6 058
金融、保险业	10 463	5 562	10 463	5 562	1 254	412
房地产业	162 448	158 048	147 000	145 800	15 540	15 390
社会服务业	150 996	42 299	36 179	28 020	3 114	2 180
卫生、体育和社会福利业	131 793	19 746	33 490	12 046	4 073	748
教育、文化艺术及广播电影电视业	1 843 639	965 574	821 426	464 903	100 277	51 791
科学研究和综合技术服务业	288 719	181 872	135 081	97 413	15 971	10 206
国家机关、政党机关和社会团体	1 801 449	970 911	280 760	198 639	25 462	16 792
其他行业	630 035	291 146	193 193	125 437	22 107	13 770

4－20　按行业分更新房屋建筑面积

（2000年）　　单位：平方米

行　　业	本年施工		本年竣工		竣工房屋	
	房屋面积	住　宅	房屋面积	住　宅	价　值	住　宅
合　　计	**772 176**	**418 015**	**354 239**	**246 589**	**34 264**	**16 932**
农、林、牧、渔业						
采掘业						
制造业	273 792	30 560	55 175	21 540	9 364	1 764
电力、煤气及水的水生产和供应业	15 000	3 700				
建筑业						
地质勘查业、水利管理业						
交通运输、仓储及邮电通信业	403 764	379 205	234 414	225 049	16 138	15 168
批发和零售贸易、餐饮业	51 950	4 550	38 650		4 122	
金融、保险业						
房地产业						
社会服务业	22 970		21 300		4 300	
卫生、体育和社会福利业						
教育、文化艺术及广播电影电视业						
科学研究和综合技术服务业						
国家机关、政党机关和社会团体	4 700		4 700		340	
其他行业						

4－21　按行业分其他投资房屋建筑面积

（2000年）　　单位：平方米

行　　业	本年施工		本年竣工		竣工房屋	
	房屋面积	住　宅	房屋面积	住　宅	价　值	住　宅
合　　计	**669 109**	**189 162**	**391 164**	**89 214**	**51 778**	**6 132**
农、林、牧、渔业	15 000		15 000		4 000	
采掘业						
制造业	195 443	7 749	139 225	7 749	25 605	717
电力、煤气及水的水生产和供应业						
建筑业	14 600	14 600				
地质勘查业、水利管理业						
交通运输、仓储及邮电通信业	1 800		1 800		230	
批发和零售贸易、餐饮业	197 328	30 513	129 633	30 027	13 091	2 149
金融、保险业	117 698	106 100	24 366	21 238	1 785	1 436
房地产业	28 800	25 800	28 800	25 800	2 030	1 430
社会服务业	36 500		30 900		3 247	
卫生、体育和社会福利业						
教育、文化艺术及广播电影电视业	55 000		14 500		1 150	
科学研究和综合技术服务业						
国家机关、政党机关和社会团体	6 540	4 000	6 540	4 000	540	300
其他行业	400	400	400	400	100	100

4－22 市属按行业分房屋建筑面积

(2000年) 单位：平方米

行业	本年施工		本年竣工		竣工房屋	
	房屋面积	住宅	房屋面积	住宅	价值	住宅
合计	**11 100 512**	**7 385 350**	**5 094 751**	**3 735 111**	**487 106**	**294 219**
农、林、牧、渔业	38 218	4 914	34 358	4 914	5 566	282
采掘业	3 500	3 500	3 500	3 500	248	248
制造业	744 258	123 011	406 296	81 037	56 755	6 161
电力、煤气及水的水生产和供应业	110 943	75 651	59 388	54 767	5 965	4 333
建筑业	14 600	14 600				
地质勘查业、水利管理业	2 700	220	2 700	220	675	13
交通运输、仓储及邮电通信业	152 820	36 242	101 049	36 242	9 690	3 098
批发和零售贸易、餐饮业	668 389	132 854	344 801	77 193	44 385	5 952
金融、保险业	120 858	109 260	27 526	24 398	2 013	1 664
房地产业	7 369 555	6 118 563	3 279 464	3 033 551	275 557	236 639
社会服务业	203 045	34 878	80 958	20 599	9 836	1 355
卫生、体育和社会福利业	71 225	12 236	26 280	8 036	3 420	483
教育、文化艺术及广播电影电视业	424 046	144 692	280 280	94 714	29 161	7 212
科学研究和综合技术服务业	20 088	3 000	6 100	3 000	659	250
国家机关、政党机关和社会团体	532 332	280 183	254 958	167 103	21 429	12 659
其他行业	623 935	291 546	187 093	125 837	21 747	13 870

4－23　主要年份全市新增固定资产及房屋竣工面积

年　　份	新增固定资产投资（万元）	房屋竣工面积（平方米）	住　　宅
1978	49 582	990 996	407 554
1980	46 377	1 648 691	1 001 544
1985	86 174	2 224 195	1 290 728
1986	134 037	2 729 528	1 559 067
1987	167 160	2 414 751	1 192 115
1988	168 152	2 118 312	1 024 255
1989	165 811	1 784 546	877 691
1990	203 000	2 118 777	1 110 535
1991	178 572	1 853 384	958 364
1992	223 270	2 047 478	1 126 628
1993	416 963	2 578 987	1 448 829
1994	553 714	2 829 057	1 844 859
1995	625 803	3 576 699	2 528 435
1996	600 353	3 321 838	2 495 208
1997	628 819	3 744 631	2 865 398
1998	802 337	3 828 026	2 756 265
1999	1 189 176	6 810 370	5 508 336
2000	1 501 585	7 148 313	5 449 502

4－24 主要年份市属新增固定资产及房屋竣工面积

年　份	新增固定资产投资（万元）	房屋竣工面积（平方米）	住　宅
1978	7 529	249 793	103 060
1980	10 664	497 472	284 022
1985	27 872	986 197	451 128
1986	47 827	1 077 660	690 965
1987	56 953	937 402	417 050
1988	50 175	717 169	351 330
1989	69 817	713 432	315 937
1990	69 434	950 215	501 234
1991	67 392	788 184	377 550
1992	108 469	981 637	417 800
1993	181 449	1 384 411	689 602
1994	314 996	1 351 075	894 704
1995	273 324	2 025 223	1 433 005
1996	296 898	1 984 330	1 487 837
1997	374 318	2 264 862	1 666 509
1998	521 350	2 383 041	1 691 699
1999	859 070	5 012 547	4 074 889
2000	953 173	5 094 751	3 735 111

4－25　全市按行业分施工项目

（2000 年）

行　　业	本年新增固定资产（万元）	施工项目 个　数	本年新开工	投产项目 个　数
合　　计	**1 501 585**	**901**	**401**	**398**
农、林、牧、渔业	9 565	15	7	11
采掘业	12 330	5	3	3
制造业	227 180	182	101	84
电力、煤气及水的水生产和供应业	15 186	28	10	6
建筑业	31 713	16	3	4
地质勘查业、水利管理业	22 497	18	3	6
交通运输、仓储及邮电通信业	376 038	120	97	72
批发和零售贸易、餐饮业	48 290	61	33	36
金融、保险业	3 316	9	2	7
房地产业	406 631	121	4	6
社会服务业	110 716	62	36	40
卫生、体育和社会福利业	7 114	18	8	11
教育、文化艺术及广播电影电视业	137 536	107	36	46
科学研究和综合技术服务业	22 636	31	9	10
国家机关、政党机关和社会团体	38 257	99	44	53
其他行业	32 580	9	5	3

4－26　按行业分基本建设施工项目

(2000 年)

行　业	本年新增固定资产(万元)	施工项目个数	本年新开工	投产项目个数
合　计	**676 130**	**502**	**208**	**230**
农、林、牧、渔业	4 609	12	6	8
采掘业	6 026	3	1	1
制造业	88 741	84	41	36
电力、煤气及水的水生产和供应业	13 851	18	8	4
建筑业	20 665	13	1	4
地质勘查业、水利管理业	22 294	18	3	6
交通运输、仓储及邮电通信业	169 545	28	15	13
批发和零售贸易、餐饮业	29 995	41	20	21
金融、保险业	1 254	4	2	4
房地产业	20 590	6	3	4
社会服务业	64 819	20	10	13
卫生、体育和社会福利业	7 114	18	8	11
教育、文化艺术及广播电影电视业	135 212	104	35	44
科学研究和综合技术服务业	21 878	29	8	9
国家机关、政党机关和社会团体	37 317	96	42	50
其他行业	32 220	8	5	2

4－27 按行业分更新改造施工项目

（2000 年）

行业	本年新增固定资产（万元）	施工项目 个数	本年新开工	投产项目 个数
合计	**371 472**	**224**	**155**	**123**
农、林、牧、渔业	456	2	1	2
采掘业	6 304	2	2	2
制造业	107 241	76	44	32
电力、煤气及水的水生产和供应业	1 335	10	2	2
建筑业	11 048			
地质勘查业、水利管理业	203			
交通运输、仓储及邮电通信业	196 792	88	78	56
批发和零售贸易、餐饮业	4 285	5	3	3
金融、保险业				
房地产业				
社会服务业	42 650	38	24	24
卫生、体育和社会福利业				
教育、文化艺术及广播电影电视业				
科学研究和综合技术服务业	758	2	1	1
国家机关、政党机关和社会团体	400	1		1
其他行业				

4－28 按行业分其他投资施工项目

（2000 年）

行业	本年新增固定资产（万元）	施工项目 个数	施工项目 本年新开工	投产项目 个数
合计	**70 172**	**62**	**38**	**45**
农、林、牧、渔业	4 500	1		1
采掘业				
制造业	31 198	22	16	16
电力、煤气及水的水生产和供应业				
建筑业		3	2	
地质勘查业、水利管理业				
交通运输、仓储及邮电通信业	9 701	4	4	3
批发和零售贸易、餐饮业	14 010	15	10	12
金融、保险业	2 062	5		3
房地产业	2 230	2	1	2
社会服务业	3 247	4	2	3
卫生、体育和社会福利业				
教育、文化艺术及广播电影电视业	2 324	3	1	2
科学研究和综合技术服务业				
国家机关、政党机关和社会团体	540	2	2	2
其他行业	360	1		1

4-29　市属按行业分施工项目

（2000年）

行　　业	本年新增固定资产（万元）	施工项目 个　数	本年新开工	投产项目 个　数
合　　计	**953 173**	**580**	**284**	**298**
农、林、牧、渔业	9 565	15	7	11
采掘业	248	1	1	1
制造业	139 457	101	64	57
电力、煤气及水的水生产和供应业	10 378	16	5	4
建筑业		3	2	
地质勘查业、水利管理业	10 501	7	2	5
交通运输、仓储及邮电通信业	131 657	47	43	34
批发和零售贸易、餐饮业	45 995	57	32	35
金融、保险业	2 290	6	1	4
房地产业	390 294	94	4	6
社会服务业	109 586	61	36	39
卫生、体育和社会福利业	6 397	13	7	9
教育、文化艺术及广播电影电视业	32 732	70	32	39
科学研究和综合技术服务业	859	4	1	3
国家机关、政党机关和社会团体	31 834	77	43	49
其他行业	31 380	8	4	2

4－30　城镇和工矿区私人建房

年　　份	城镇工矿区个数（个）	建房户数（户）	竣工房屋面积（平方米）	住宅	竣工房屋价值（万元）	住宅（万元）
1985	10	13 441	486 000	464 000	4 112	3 879
1986	17	5 595	420 639	365 840	3 647	3 200
1987	12	7 481	583 509	507 240	6 014	5 407
1988	12	5 561	423 903	398 549	6 290	6 064
1989	11	3 171	241 964	205 640	3 939	3 298
1990	18	5 217	382 754	335 624	7 435	6 278
1991	14	3 220	293 044	254 921	6 134	5 336
1992	12	4 084	463 409	401 304	10 278	9 131
1993	18	9 734	775 128	743 816	18 445	17 143
1994	32	6 210	655 474	602 437	22 411	18 636
1995	21	6 742	835 881	695 441	33 737	28 948
1996	21	4 997	849 734	701 774	44 864	36 753
1997	26	5 706	986 114	902 893	47 596	42 534
1998	18	6 603	781 293	699 092	40 620	30 520
其中：扣除农业户后的	18	1 773	171 095	131 423	7 770	5 438
1999	19	4 945	552 338	481 438	28 354	24 258
其中：扣除农业户后的	19	1 612	162 801	120 170	8 886	6 418
2000	22	4 966	868 976	725 171	38 248	35 339
其中：扣除农业户后的	7	3 488	708 844	610 020	31 964	29 796

4－31　农　村　私　人　建　房

年　　份	竣工房屋投资（万元）	房屋竣工面积（万平方米）	竣工房屋造价（元/平方米）
1985	27 174	505.66	53.74
1986	27 751	421.75	65.80
1987	27 591	382.52	72.13
1988	29 361	360.90	81.35
1989	32 257	313.34	102.95
1990	19 924	243.96	81.67
1991	34 607	278.38	124.32
1992	39 689	283.79	139.85
1993	47 104	297.96	158.09
1994	78 451	332.76	235.76
1995	77 561	315.03	246.23
1996	80 176	303.97	264.00
1997	103 468	356.88	289.92
1998	98 114	316.03	310.46
1999	131 450	457.06	287.60
2000	165 680	517.14	320.38

4－32　商品房销售情况

（2000年）

指　　　　标	全市合计	国　有	市　属
商品房实际销售面积(平方米)	2 129 156	1 628 370	2 060 233
其中：销售给个人	1 861 534	1 527 885	1 810 604
住宅	2 007 741	1 593 906	1 944 957
其中:别墅、高档公寓	67 377		64 817
安居工程	1 421 575	1 351 717	1 421 575
其中：销售给个人	1 858 401	1 527 885	1 807 471
办公楼	69 309		63 170
商业营业用房	26 941	9 299	26 941
其他	25 165	25 165	25 165
商品房实际销售额(万元)	325 193	228 959	310 558
其中：销售给个人	270 541	207 548	260 302
住宅	294 562	217 815	281 768
其中:别墅、高档公寓	17 477		16 543
安居工程	151 374	142 312	151 374
办公楼	12 688		10 847
商业营业用房	10 705	3 906	10 705
其他	7 238	7 238	7 238
商品房预售面积(平方米)	2 530 349	2 295 440	2 397 954
其中：个人	64 584	3 650	30 434
住宅	2 530 349	2 295 440	2 397 954
其中:别墅、高档公寓	47 171		46 716
安居工程	2 290 660	2 290 000	2 290 205
办公楼			
商业营业用房			
其他			
商品房空置面积(平方米)	364 097	95 324	330 229
住宅	240 212	90 544	214 004
其中:别墅、高档公寓	28 488		28 488
安居工程	3 285		3 285
办公楼	74 466		70 686
商业营业用房	46 792	4 500	43 192
其他	2 627	280	2 347
商品房出租面积(平方米)	11 673	1 000	11 673
其中：个人			
住宅	200		200
办公楼	5 823		5 823
商业营业用房	5 650	1 000	5 650
其他			

4－33　房地产开发投资主要指标

（2000年）　　　　单位：万元

指　　标	全　市			
	合　计	国　有	市　区	市　属
企业（单位）个数（个）	113	29	112	86
本年完成投资	518 460	333 363	518 254	473 787
其中：商品房建设投资额	238 644	102 720	238 474	207 461
土地开发投资额	22 731	6 926	22 695	19 231
按工程用途分：				
住宅	379 529	293 485	379 359	364 459
其中：别墅、高档公寓	20 768		20 768	20 156
安居工程	252 210	235 625	252 210	252 210
办公楼	39 444	14 543	39 444	31 975
商业营业用房	47 272	5 294	47 272	34 953
其他	52 215	20 041	52 179	42 400
本年新增固定资产	383 811	269 916	381 612	367 474
房屋建筑面积及竣工价值				
施工房屋面积（平方米）	7 631 791	5 517 409	7 628 752	7 178 307
竣工房屋面积（平方米）	3 210 975	2 501 092	3 207 936	3 103 664
住宅	2 955 463	2 408 612	2 952 424	2 861 951
竣工房屋价值（万元）	269 408	173 518	268 908	257 987
住宅	229 708	160 924	229 208	219 819
商品房实际销售面积（平方米）	2 129 156	1 628 370	2 126 117	2 060 233
商品房实际销售额（万元）	325 193	228 959	325 113	310 558
年平均从业人员数（人）	4 534	1 999	4 481	3 824
全年从业人员劳动报酬（万元）	4 780	2 449	4 740	4 033

4－34 房地产开发投资资金来源

（2000年） 单位：万元

指 标	全市合计	国有	市属
一、本年资金来源合计	609 633	331 566	542 234
1、上年末结余资金	68 070	21 642	60 750
2、本年资金来源小计	541 563	309 924	481 484
(1)国家预算内资金	1 100		1 100
(2)国内贷款	111 467	20 750	79 746
(3)债券	785		
(4)利用外资	5 882		5 882
其中：外商直接投资	1 052		1 052
对外借款	4 830		4 830
其中：统借统还			
(5)自筹资金	92 477	34 537	78 566
其中：自有资金	35 199	14 360	31 930
(6)其他资金来源	329 852	254 637	316 190
其中：集资	191 539	187 501	190 339
定金及预收款	104 954	41 939	95 024
二、本年各项应付款合计	115 284	43 387	102 189
其中：工程款	81 099	35 892	73 395
设备、器材款	11 188	2 187	7 255

4－35　房地产开发经营情况

（2000 年）　　　　单位：万元

指　　标	全市		
	合　计	国　有	市　属
一、实收资本合计	333 530	67 160	287 120
二、年末资产负债情况			
资产总计	1 322 945	607 665	1 078 201
固定资产累计折旧	12 250	3 505	10 369
负债总计	1 014 763	511 133	827 410
所有者权益合计	308 182	96 532	250 791
三、损益情况			
1、经营收入总计	181 946	79 907	171 400
(1)土地转让收入	10 762	10 235	10 762
(2)商品房屋销售收入	166 985	67 558	156 656
其中：销售给个人	99 233	26 962	91 843
商品住宅销售收入	150 140	64 990	139 811
其中：销售给个人	96 682	26 962	89 292
(3)房屋出租收入	583	219	583
(4)其他收入	3 616	1 895	3 399
2、(1)经营成本	138 721	56 814	131 048
(2)销售费用	6 337	3 533	5 982
(3)经营税金及附加	7 372	3 932	6 897
(4)其他业务利润	1 115	872	1 008
(5)管理费用及财务费用	26 830	9 390	22 359
(6)投资收益及营业外收入	934	873	933
(7)营业外支出	324	98	232
3、利润总额	4 411	7 885	6 823

主要统计指标解释

全社会固定资产投资:固定资产投资额是以货币表现的建造和购置固定资产活动的工作量,是反映固定资产投资规模、速度、比例关系和使用方向的综合性指标。全社会固定资产投资包括国有经济单位投资、城乡集体经济单位投资、其他各种经济类型的单位投资和城乡居民个人投资。按照我国现行计划管理体制,全社会固定资产投资总额为分基本建设、更新改造、房地产开发投资、其他固定资产投资、农村集体固定资产投资,城乡私人建房投资及私营个体投资等六个部分。

基本建设投资:基本建设是企业、事业单位以扩大生产能力或工程效益为主要目的的新建、扩建工程及有关工作。包括工厂、矿山、铁路、桥梁、港口、农田水利、商店、住宅、学校、医院等工程的建造和机器设备、车辆、船舶、飞机等的购置。基本建设投资额是以货币表现的基本建设完成的工作量,是反映一定时期内基本建设规模和建设进度的综合性指标。这是根据工程的实际进度按预算价格(即编制施工图预算时所有的价格)计算的工作量。没有形成工程实体的建筑材料和没有开始安装的设备,都不计算投资完成额。

更新改造投资:更新改造是指企业、事业单位对原有设施进行固定资产更新和技术改造,以及相应配套的工程和有关工作(不包括大修理和维护工程)。更新改造投资是以货币表现的更新改造完成的工作量。属于对企业、事业单位原有设施进行技术改造或更新项目和增建主要生产车间,分厂等其新增生产能力或效益尚未达到大中型标准的项目,以及由于城市环境保护和安全生产的需要而进行的迁建工程作为更新改造投资。

房地产开发投资:包括各种经济类型的房地产开发公司、商品房建设公司及其他房地产开发单位统一开发的包括统代建、拆迁还建的住宅、厂房、仓库、饭店、宾馆、度假村、写字楼、办公四化建设等房屋建筑物和配套的服务设施、土地开发工程,如道路、给水、排水、供电、供热、通讯、场地等基础设施工程的投资。也包括非房地产企业实际从事的房地产开发或经营活动,不包括单纯的土地交易活动。

新增固定资产:指通过固定资产投资活动所形成的新的固定资产价值。包括已经建成或投入生产或交付使用的工程价值和达到固定资产标准的设备、工具、器具的价值及有关应摊入的费用。它是以价值形式表示的固定资产投资成果的综合性指标。

新增生产能力:指通过固定资产投资活动而增加的设计能力或工程效益,它是用实物形态表示的固定资产投资的成果。新增生产能力的计算,是以能独立发挥生产能力或效益的单项工程(或项目)为对象。当单项工程(或项目)建成,经有关部门鉴定合格,正式移交投入生产,即可计算新增生产能力。新增生产能力的数量一般按设计能力(指设计文件中规定的在正常情况下能够达到的生产能力)计算。

施工面积:指在报告期内施工的全部房屋建筑面积。包括报告期内新开工的面积和跨入本报告期继续施工的房屋面积以及已停建在本期复工的建筑面积。

竣工面积:指在报告期内房屋建筑按照设计要求已全部完工,达到住人和使用条件,经验收鉴定合格,正式移交使用单位的建筑面积。

房屋建筑面积竣工率:指一定时期内房屋竣工面积占同期房屋施工面积的比率。它是从房屋建筑施工速度的角度反映投资效果和建筑业经济效益的指标。

建设项目投产率:指一定时期内全部建成投入生产项目个数的比率。它是从项目建设速度的角度反映投资效果的指标。

固定资产交付使用率:指一定时期新增固定资产与同期完成投资额的比率。它是反映各个时期固定资产动用速度,衡量建设过程中投资效果的一个综合性指标。

XI'AN

統計年鑒

2001

工业企业能源购进、消费及库存

GONGYEQIYENENGYUANGOUJINXIAOFEIJIKUCUN

5－1　工业企业能源购进、消费及库存

(2000年)

能源名称	计量单位	年初库存	购进量		消费量			年末库存
			实物量	金额(万元)	合计	工业生产消费	非工业生产消费	
原煤	吨	334 858	2 917 839	44 044.5	2 980 642	2 816 579	164 063	262 680
洗精煤	吨	23 728	210 914	4 651.0	225 359	223 990	1 369	9 283
其他洗煤	吨	267	5 349	63.1	5 520	4 310	1 210	96
型煤	吨		4	0.1	4		4	
焦炭	吨	7 706	57 216	2 192.3	57 872	57 200	672	7 041
其他焦化产品	吨							
焦炉煤气	万立方米		38	13.0	38	38		
高炉煤气	万立方米							
其他煤气	万立方米		237	76.0	1 851	1 081	770	
天然气	万立方米		1 846	2 251.8	1 846	1 843	3	
原油	吨	5 153	387 337	50 893.3	371 444	371 444		21 046

5-1　续表　　(2000年)

能源名称	计量单位	年初库存	购进量		消费量			年末库存
			实物量	金额(万元)	合计	工业生产消费	非工业生产消费	
汽油	吨	720	17 392	5 083.1	17 405	12 304	5 101	546
煤油	吨	656	9 805	2 727.3	10 088	10 067	21	281
柴油	吨	1 916	17 021	4 993.9	16 672	15 164	1 508	1 574
燃料油	吨	4 148	17 426	1 833.0	18 297	18 297		3 257
液化石油气	吨	148	827	313.0	873	783	90	102
炼厂干气	吨							
其他石油制品	吨	15	450	191.2	444	406	38	21
热力	百万千焦		6 500 696	11 597.6	7 505 176	6 753 313	751 863	
电力	万千瓦时		271 571	120 975.4	289 281	266 557	22 724	31
其他燃料	吨标准煤		705	20.5	705	644	61	
能源合计	吨标准煤	251 662	3 899 173	222 454.6	4 343 434	4 096 800	246 634	198 545

5-2　主要能源按工业行业分组消费量

(2000 年)

	原煤（吨）	洗精煤（吨）	其他洗煤（吨）	型煤（吨）	焦炭（吨）	其他焦化产品（吨）
总计	**2 980 642**	**225 359**	**5 520**	**4**	**57 872**	
按工业行业大类分列						
煤炭采选业						
石油和天然气开采业						
黑色金属矿采选业						
有色金属矿采选业	1 398					
非金属矿采选业						
其他矿采选业						
木材及竹材采运业						
食品加工业	40 499		4 780			
食品制造业	36 869					
饮料制造业	31 298					
烟草加工业						
纺织业	47 530				52	
服装及其他纤维制品制造业	9 396					
皮革、毛皮、羽绒及其制品业	17 325				75	
木材加工及竹、藤、棕、草制品业						
家具制造业	165					
造纸及纸制品业	110 370				26	
印刷业	17 660					
文教体育用品制造业						

5-2 续表1 (2000年)

	原煤（吨）	洗精煤（吨）	其他洗煤（吨）	型煤（吨）	焦炭（吨）	其他焦化产品（吨）
石油加工及炼焦业	18 610	221 223				
化学原料及化学制品制造业	125 273		740		24 213	
医药制造业	83 675					
化学纤维制造业						
橡胶制品业	4 409					
塑料制品业	3 170					
非金属矿物制品业	256 473				3 556	
黑色金属冶炼及压延加工业	8 385				4 241	
有色金属冶炼及压延加工业	834				4 863	
金属制品业	17 654				2 252	
普通机械制造业	58 463				3 755	
专用设备制造业	67 812	1 636			5 406	
交通运输设备制造业	293 093			4	2 021	
电气机械及器材制造业	113 257				681	
电子及通信设备制造业	12 248					
仪器仪表及文化、办公用机械制造业	39 827				19	
其他制造业	3 343				1 499	
电力、蒸汽、热水的生产和供应业	1 525 074				5 203	
煤气生产和供应业	1 132					
自来水的生产和供应业	5 675					

5-2 续表2 (2000年)

	焦炉煤气（万立方米）	高炉煤气（万立方米）	其他煤气（万立方米）	天然气（万立方米）	原油（吨）
总计	**38**		**1 851**	**1 846**	**371 444**
按工业行业大类分列					
煤炭采选业					
石油和天然气开采业					
黑色金属矿采选业					
有色金属矿采选业					
非金属矿采选业					
其他矿采选业					
木材及竹材采运业					
食品加工业				14	
食品制造业					1 481
饮料制造业				57	
烟草加工业					
纺织业					1 135
服装及其他纤维制品制造业					
皮革、毛皮、羽绒及其制品业					
木材加工及竹、藤、棕、草制品业					
家具制造业					
造纸及纸制品业					
印刷业				38	
文教体育用品制造业					

5-2　续表3　　(2000年)

	焦炉煤气(万立方米)	高炉煤气(万立方米)	其他煤气(万立方米)	天然气(万立方米)	原油(吨)
石油加工及炼焦业					368 713
化学原料及化学制品制造业					
医药制造业					
化学纤维制造业					
橡胶制品业					
塑料制品业					
非金属矿物制品业				854	
黑色金属冶炼及压延加工业					
有色金属冶炼及压延加工业					
金属制品业					
普通机械制造业					
专用设备制造业				13	
交通运输设备制造业			1 614	135	
电气机械及器材制造业	38		237		
电子及通信设备制造业				714	
仪器仪表及文化、办公用机械制造业					2
其他制造业					
电力、蒸汽、热水的生产和供应业					
煤气生产和供应业					
自来水的生产和供应业					

5-2　续表 4　　(2000 年)

	汽油（吨）	煤油（吨）	柴油（吨）	燃料油（吨）	液化石油气（吨）	炼厂干气（吨）
总　　计	**17 405**	**10 088**	**16 672**	**18 297**	**873**	
按工业行业大类分列						
煤炭采选业						
石油和天然气开采业						
黑色金属矿采选业	6		44			
有色金属矿采选业	52		22		20	
非金属矿采选业	10					
其他矿采选业						
木材及竹材采运业	6		14			
食品加工业	153		117			
食品制造业	339		169	5 340		
饮料制造业	14					
烟草加工业	3					
纺织业	512	20	585			
服装及其他纤维制品制造业	151		4			
皮革、毛皮、羽绒及其制品业	40		36			
木材加工及竹、藤、棕、草制品业	41			175		
家具制造业	62		13			
造纸及纸制品业	1 033		50			
印刷业	2 432	2	186			
文教体育用品制造业	3					

5－2 续表5 （2000年）

	汽油（吨）	煤油（吨）	柴油（吨）	燃料油（吨）	液化石油气（吨）	炼厂干气（吨）
石油加工及炼焦业	42		7	1 583		
化学原料及化学制品制造业	2 729		680	5 313		
医药制造业	511	1 057	127	4 643		
化学纤维制造业						
橡胶制品业	107		11			
塑料制品业	32		8			
非金属矿物制品业	698	69	4 361	532	150	
黑色金属冶炼及压延加工业	57					
有色金属冶炼及压延加工业	498		650			
金属制品业	209	12	695	3	389	
普通机械制造业	911	96	955	1		
专用设备制造业	1 152	42	1 032		232	
交通运输设备制造业	2 992	8 555	4 654	554	82	
电气机械及器材制造业	780	26	278			
电子及通信设备制造业	364	84	95	11		
仪器仪表及文化、办公用机械制造业	290	8	151			
其他制造业	160		21			
电力、蒸汽、热水的生产和供应业	569		1 241			
煤气生产和供应业	49		351			
自来水的生产和供应业	200		56			

5-2　续表6　　(2000年)

	其他油制品(吨)	热力(百万千焦)	电力(万千瓦时)	其他燃料(吨标准煤)
总计	**444**	**7 505 176**	**289 281**	**705**
按工业行业大类分列				
煤炭采选业				
石油和天然气开采业				
黑色金属矿采选业			55	
有色金属矿采选业			1 177	
非金属矿采选业			15	
其他矿采选业				
木材及竹材采运业			54	
食品加工业			6 679	
食品制造业			2 466	
饮料制造业	2		4 019	
烟草加工业			25	
纺织业		624 697	36 410	114
服装及其他纤维制品制造业			733	
皮革、毛皮、羽绒及其制品业			545	28
木材加工及竹、藤、棕、草制品业			467	
家具制造业	3		399	
造纸及纸制品业			9 017	
印刷业	27	9 001	3 546	279
文教体育用品制造业			34	

5-2 续表7 (2000年)

	其他油制品（吨）	热力（百万千焦）	电力（万千瓦时）	其他燃料（吨标准煤）
石油加工及炼焦业		2 571	3 020	
化学原料及化学制品制造业		2 060 027	48 244	
医药制造业	50	219 417	10 985	
化学纤维制造业		278 963	1 313	
橡胶制品业			600	
塑料制品业			858	
非金属矿物制品业		101 716	20 231	
黑色金属冶炼及压延加工业			1 825	
有色金属冶炼及压延加工业			2 844	
金属制品业			3 839	
普通机械制造业	2		9 086	
专用设备制造业	5	30 442	12 487	
交通运输设备制造业	1	1 348 248	39 071	
电气机械及器材制造业	354	1 166 697	9 925	284
电子及通信设备制造业		281 467	12 410	
仪器仪表及文化、办公用机械制造业		394 387	4 112	
其他制造业			520	
电力、蒸汽、热水的生产和供应业		200 392	25 356	
煤气生产和供应业			175	
自来水的生产和供应业			9 412	

XI'AN

統計年鑒

2001

农、林、牧、渔业及农村经济

NONGLINMUYUYEJINONGCUNJINGJI

6－1　主要年份乡村户数、人口和劳动力

单位：万人

指　　标	1994 年	1995 年	1996 年	1997 年	1998 年	1999 年	2000 年
一、乡村户数（万户）	94.10	95.45	96.34	96.84	97.47	98.14	98.77
二、乡村人口	395.23	395.66	397.36	397.89	398.03	398.91	401.64
三、家庭从业人员数	209.68	212.37	213.92	215.62	216.75	219.86	212.65
＃女从业人员数	100.21	102.05	100.52	102.17	101.71	103.64	99.07
农林牧渔业从业人员数	152.51	152.35	152.48	152.23	151.94	153.30	146.07
＃农　业	137.65	134.32	136.98	134.93	126.41	131.74	126.48
工　业从业人员数	16.74	17.88	17.13	16.93	15.83	15.72	15.43
建筑业从业人员数	13.68	14.49	14.98	16.16	16.69	16.87	16.45
交通运输仓储、邮电业	6.16	6.67	6.79	7.30	7.13	7.38	7.64
批零贸易餐饮业	5.46	5.59	6.01	6.52	6.83	7.45	8.14
金融、保险业	0.21	0.31	0.30	0.32	0.40	0.43	0.45
其它从业人员数	14.93	15.08	16.23	16.16	17.93	18.71	18.47
＃外出临时工、合同工	5.95	6.84	7.19	7.17	7.70	9.34	9.37

6－2　农村基层组织、乡村户数、人口及劳动力情况

指　　标	单　位	1999年	2000年
一、农村基层组织情况	个		
1.区公所个数	个	7	7
2.乡镇个数	个	170	168
#镇个数	个	50	52
3.村民委员会个数	个	3 154	3 165
4.村民小组个数	个	16 283	16 294
5.区乡(镇)村干部总数	人	24 538	24 142
二、农村人口和从业人员情况			
1.乡村户数	万户	98.14	98.77
2.乡村人口数	万人	398.91	401.64
3.劳动年龄内人口	万人	223.28	232.43
#上学的学生数	万人	14.83	15.85
丧失劳动能力的人数	万人	6.04	5.94
4.超过劳动年龄而参加劳动的人数	万人	11.85	14.27
5.家庭从业人员数	万人	219.86	212.65
#女从业人员数	万人	103.64	99.07
(1)农林牧渔业从业人员数	万人	153.30	146.07
#农业从业人员数	万人	131.74	126.48
(2)工业从业人员数	万人	15.72	15.43
(3)建筑业从业人员数	万人	16.87	16.45
(4)交通仓储邮电业从业人员数	万人	7.38	7.64
(5)批零贸易餐饮业从业人员数	万人	7.45	8.14
(6)金融、保险业从业人员数	万人	0.43	0.45
(7)其它非农行业从业人员数	万人	18.71	18.47
#外出临时合同工	万人	9.34	9.37
三、国有农林牧渔场从业人员数	万人	0.24	0.29
四、自来水受益村数	个	1 506	1 527
通汽车村数	个	2 713	2 785
通电话村数	个	2 997	2 885

6－3　各区县农村基层组织、乡村户数及人口

(2000年)

区　县	区公所（个）	乡镇个数	镇个数	村民委员会个数	村民小组个数	乡村户数（万户）	乡村人口（万人）
合　计	**7**	**168**	**52**	**3 165**	**16 294**	**98.77**	**401.64**
新城区	－	－	－	13	20	0.32	1.14
碑林区	－	－	－	15	12	0.36	1.09
莲湖区	－	－	－	35	82	1.02	3.30
灞桥区	－	6	3	229	849	6.64	27.09
未央区	－	5	2	212	642	5.20	20.31
雁塔区	－	2	－	120	509	4.01	14.56
阎良区	－	6	3	80	593	4.01	16.08
临潼区	－	22	8	285	2 089	13.43	55.67
长安县	7	43	13	672	3 244	19.62	78.72
蓝田县	－	28	7	519	2 480	13.84	56.80
周至县	－	28	7	380	2 554	13.41	57.71
户　县	－	19	7	518	2 480	11.74	48.35
高陵县	－	9	2	87	740	5.16	20.82

6－4　各区县家庭从业人员数

(2000年)　　单位:万人

区　县	家庭从业人员数合计	女从业人员数	农林牧渔业从业人员数	农业从业人员数	工业从业人员数	建筑业从业人员数
合　计	**212.65**	**99.07**	**146.07**	**126.48**	**15.43**	**16.45**
新城区	0.61	0.38	0.19	0.07	0.09	0.01
碑林区	0.66	0.38	–	–	–	–
莲湖区	1.78	0.69	0.39	0.36	0.35	0.03
灞桥区	15.32	7.58	10.04	9.56	1.56	0.86
未央区	10.99	5.02	5.91	5.13	1.81	0.51
雁塔区	7.09	3.08	3.87	2.20	0.73	0.23
阎良区	8.90	4.41	6.05	4.93	0.50	0.92
临潼区	28.60	14.18	20.90	18.27	1.34	2.63
长安县	39.48	17.57	25.73	22.54	3.53	4.60
蓝田县	29.45	13.32	21.96	17.37	0.89	1.55
周至县	30.62	13.64	23.91	22.36	0.97	1.47
户　县	27.24	13.05	19.01	16.79	3.06	2.17
高陵县	11.91	5.77	8.11	6.90	0.60	1.47

6-4 续表 (2000 年) 单位:万人

区 县	交通仓储邮电业从业人员数	批零贸易餐饮业从业人员数	金融、保险业从业人员数	其它从业人员数	外出临时合同工
合 计	**7.64**	**8.14**	**0.45**	**18.47**	**9.37**
新城区	0.05	0.07	-	0.20	0.10
碑林区	0.04	0.09	-	0.53	0.03
莲湖区	0.08	0.45	-	0.48	-
灞桥区	0.67	0.44	0.01	1.74	-
未央区	0.79	0.55	0.03	1.39	0.69
雁塔区	0.59	0.60	0.04	1.03	0.27
阎良区	0.42	0.37	0.01	0.63	0.31
临潼区	0.93	1.02	0.04	1.74	0.57
长安县	1.56	1.41	0.11	2.54	2.00
蓝田县	0.61	1.20	0.07	3.17	2.23
周至县	0.52	0.84	0.07	2.84	2.03
户 县	0.90	0.73	0.05	1.32	0.69
高陵县	0.48	0.37	0.02	0.86	0.45

6－5　主要年份耕地面积

单位：千公顷

年　份	年末实有耕地面积	水　田	水浇地	人均占有耕地面积（公顷）
1965	375.02	11.56	155.90	0.14
1970	369.39	12.13	198.03	0.13
1975	358.90	13.56	232.75	0.11
1978	353.97	11.13	246.97	0.11
1980	350.86	11.63	248.64	0.10
1985	339.25	11.75	218.73	0.09
1990	330.21	11.98	207.94	0.08
1991	328.06	11.35	206.11	0.08
1992	323.53	10.96	198.79	0.08
1993	319.36	9.57	202.99	0.08
1994	314.29	9.32	199.72	0.08
1995	309.31	11.36	185.34	0.08
1996	301.00	9.47	189.17	0.08
1997	304.41	7.93	193.66	0.08
1998	303.43	7.45	188.15	0.08
1999	300.49	7.54	187.97	0.08
2000	295.58	6.84	186.36	0.07

6－6　各区县耕地面积

（2000 年）　　单位：公顷

区　县	年末实有耕地面积	水　田	旱　地	水浇地	当年增加的耕地面积	面　积
全市合计	**295 577**	**6 838**	**288 739**	**189 361**	**1 207**	**148**
新城区	127	–	127	84	–	–
碑林区	44	–	44	44	–	–
莲湖区	459	–	459	450	10	–
灞桥区	15 519	73	15 446	9 554	14	–
未央区	10 156	301	9 855	9 855	48	–
雁塔区	6 296	–	6 296	4 005	7	–
阎良区	17 093	–	17 093	16 101	8	–
临潼区	52 598	9	52 589	38 427	21	5
长安县	53 114	2 988	50 126	26 507	42	4
蓝田县	45 523	1 373	44 150	5 800	204	68
周至县	40 536	1 066	39 470	28 342	183	31
户　县	36 680	746	35 934	32 952	286	40
高陵县	16 431	–	16 431	16 431	384	–
农工商	1 001	282	719	719	–	–

6-6 续表　　(2000年)　　单位:公顷

区　县	当年减少的耕地面积	国家基建占地	乡村集体基建占地	农民个人建房占地	退耕改果、茶、桑面积	退耕造林面积
全市合计	**6 121**	**1 455**	**165**	**252**	**1 222**	**2 529**
新城区	34	34	–	–	–	–
碑林区	1	1	–	–	–	–
莲湖区	13	10	–	3	–	–
灞桥区	207	84	3	6	16	11
未央区	294	163	77	3	13	–
雁塔区	342	296	13	6	–	–
阎良区	66	32	16	13	–	–
临潼区	199	58	6	51	5	64
长安县	1 161	596	21	70	183	207
蓝田县	1 789	40	4	26	371	1 279
周至县	1 094	13	4	47	167	829
户　县	318	25	19	21	94	130
高陵县	427	103	2	6	300	9
农工商	176	–	–	–	73	–

6－7　农村非农行业总产值

单位:亿元

年份	农村工业总产值	农村建筑业产值	农村运输业产值	农村批发、零售、贸易餐饮业产值
1990	34.39	4.93	5.54	4.49
1991	39.04	5.28	6.14	5.26
1992	49.68	6.69	7.26	6.57
1993	80.28	10.80	9.65	10.44
1994	118.06	17.12	13.82	14.62
1995	197.41	25.74	23.43	21.18
1996	277.04	39.50	36.96	35.26
1997	351.12	59.02	50.88	49.56
1998	437.83	79.32	64.59	77.97
1999	524.85	98.26	87.80	109.08
2000	507.45	114.56	99.06	126.38

6－8　各区县农村非农行业总产值

(2000年)　　单位:万元

区　县	农村工业总产值	农村建筑业产值	农村运输业产值	农村批发、零售、贸易餐饮业产值
全　市	**5 074 538**	**1 145 560**	**990 589**	**1 263 762**
新城区	112 000	－	26 883	25 779
碑林区	608	2 287	408	10 617
莲湖区	86 100	10 714	13 673	37 265
灞桥区	872 290	226 508	223 729	184 762
未央区	1 272 733	81 290	96 124	274 837
雁塔区	1 210 147	198 468	155 162	223 607
阎良区	161 834	78 138	40 792	41 126
临潼区	380 087	207 308	148 038	159 119
长安县	402 128	262 695	143 548	143 121
蓝田县	134 283	26 709	30 083	59 925
周至县	122 368	27 980	27 519	43 489
户　县	270 000	14 752	45 890	57 249
高陵县	49 960	8 711	38 740	12 766

6－9　主要年份农林牧渔业总产值及指数

单位：万元

年份	农、林、牧渔业总产值	农业	林业	牧业	渔业	农、林、牧渔业总产值指数(%)
1965	33 224	29 982	564	2 606	72	133.0
1970	40 617	35 965	713	3 896	43	111.2
1975	55 322	47 378	1 509	6 403	32	93.9
1978	65 423	56 519	1 444	7 427	33	104.7
1980	65 322	54 004	1 177	10 106	35	85.0
1985	134 933	105 888	2 559	26 186	300	106.4
1990	262 073	191 088	3 134	65 840	2 011	102.5
1991	295 620	208 324	3 362	81 070	2 864	108.6
1992	321 155	219 160	4 225	94 045	3 725	108.6
1993	387 068	261 959	5 031	115 810	4 268	112.8
1994	565 056	359 609	7 819	192 140	5 488	102.4
1995	754 597	513 348	7 185	228 598	5 466	106.8
1996	786 003	552 726	7 573	219 214	6 490	102.1
1997	836 201	585 973	9 226	233 623	7 379	110.3
1998	853 279	625 465	8 146	212 045	7 623	107.5
1999	739 905	530 029	8 883	194 552	6 441	100.7
2000	743 712	514 845	8 482	212 612	7 773	104.3

6－10　各区县现价农林牧渔业总产值和构成

（2000年）

	农、林、牧渔业总产值	农业产值	林业产值	牧业产值	渔业产值
全市(万元)	**743 712**	**514 845**	**8 482**	**212 612**	**7 773**
新城区	388	240	－	148	－
碑林区	29	26	－	3	－
莲湖区	2 534	2 393	－	141	－
灞桥区	44 607	37 652	105	5 383	1 467
未央区	31 403	24 600	80	4 440	2 283
雁塔区	25 916	23 559	16	2 313	28
阎良区	53 373	38 777	599	13 752	245
临潼区	130 362	73 173	1 585	54 462	1 142
农工商	5 763	1 528	－	3 910	325
长安县	119 642	82 126	1 403	35 466	647
蓝田县	88 560	60 552	1 452	26 161	395
周至县	91 468	71 330	2 233	17 401	504
户县	85 502	60 927	823	23 329	423
高陵县	64 165	37 962	186	25 703	314
全市(%)	**100**	**69.2**	**1.1**	**28.6**	**1.1**
新城区	100	61.9	－	38.1	－
碑林区	100	89.7	－	10.3	－
莲湖区	100	94.4	－	5.6	－
灞桥区	100	84.4	0.2	12.1	3.3
未央区	100	78.3	0.3	14.1	7.3
雁塔区	100	90.9	0.1	8.9	0.1
阎良区	100	72.7	1.1	25.8	0.4
临潼区	100	56.1	1.2	41.8	0.9
农工商	100	26.5	－	67.8	5.7
长安县	100	68.6	1.2	29.6	0.6
蓝田县	100	68.4	1.6	29.5	0.5
周至县	100	78.0	2.4	19.0	0.6
户县	100	71.3	1.0	27.3	0.4
高陵县	100	59.2	0.3	40.1	0.4

6-11　各区县不变价农林牧渔业总产值

（2000 年）　　单位：万元

区　县	农、林、牧渔业总产值	农业产值	林业产值	牧业产值	渔业产值
全　市	**471 559**	**312 741**	**4 096**	**149 620**	**5 102**
新城区	156	86	–	70	–
碑林区	14	13	–	1	–
莲湖区	1 033	915	–	118	–
灞桥区	26 508	21 962	48	3 560	938
未央区	17 395	12 791	32	3 012	1 506
雁塔区	11 157	9 567	6	1 565	19
阎良区	30 896	22 131	312	8 313	140
临潼区	76 687	37 131	781	37 999	776
农工商	2 405	509	–	1 678	218
长安县	72 446	44 484	640	26 912	410
蓝田县	52 324	33 839	711	17 513	261
周至县	84 356	70 936	1 083	12 008	329
户　县	53 011	35 112	412	17 239	248
高陵县	43 171	23 265	71	19 632	203

6－12　农业物耗占总产值的比重

(2000年)　单位：%

区　县	农、林、牧、渔业总产值	农业总产值	林业总产值	牧业总产值	渔业总产值
全　市	**40**	**35**	**49**	**52**	**50**
新城区	46	35	–	64	–
碑林区	21	19	–	33	–
莲湖区	29	28	–	49	–
灞桥区	40	34	53	71	61
未央区	30	25	61	47	58
雁塔区	33	30	69	62	46
阎良区	26	25	47	30	18
临潼区	43	39	46	48	40
农工商	68	61	–	71	63
长安县	40	30	43	62	23
蓝田县	44	42	48	47	50
周至县	41	36	55	64	47
户　县	38	35	44	46	40
高陵县	46	39	61	55	69

6－13 农林牧渔业增加值

单位：万元

指　　标	1995 年	1996 年	1997 年	1998 年	1999 年	2000 年
农林牧渔业增加值	413 981	450 194	480 211	507 852	445 264	446 481
1. 农业增加值	329 662	355 690	376 549	406 951	346 626	336 777
＃种　植　业		326 591	338 256	364 210	311 029	293 437
2. 林业增加值	4 413	4 473	5 614	3 908	4 847	4 323
3. 牧业增加值	76 746	86 255	93 924	93 050	90 815	101 353
4. 渔业增加值	3 160	3 776	4 124	3 943	2 976	4 028

6－14　各区县农林牧渔业增加值

(2000 年)　　单位：万元

	农、林、牧渔业增加值	农业	林业	牧业	渔业
合　计	**446 481**	**336 777**	**4 323**	**101 353**	**4 028**
新城区	249	182	－	67	－
碑林区	25	23	－	2	－
莲湖区	1 871	1 789	－	82	－
灞桥区	27 268	25 107	49	1 560	552
未央区	21 723	18 122	27	2 457	1 117
雁塔区	17 560	16 687	4	853	16
阎良区	38 276	28 097	304	9 684	191
临潼区	74 567	44 739	747	28 359	722
农工商	1 627	457	－	1 079	91
长安县	72 928	58 439	842	13 123	524
蓝田县	50 374	35 389	813	13 984	188
周至县	53 950	46 577	1 008	6 067	298
户　县	52 536	39 137	456	12 688	255
高陵县	33 527	22 032	73	11 348	74

6－15 农业机械拥有量

指 标	单 位	1999年	2000年
农业机械总动力	千瓦	1 945 548	2 004 300
大中型拖拉机	台	7 194	7 620
	千瓦	237 163	252 099
小型拖拉机	台	32 163	30 307
	千瓦	360 794	330 687
大中型拖拉机配套农具	部	12 072	13 035
小型拖拉机配套农具	部	48 946	53 363
农用排灌动力机械	台	111 505	101 676
	千瓦	383 710	383 838
#柴 油 机	台	2 747	1 708
	千瓦	24 908	15 800
电 动 机	台	88 653	80 499
	千瓦	358 802	368 038
农用水泵	台	88 011	82 539
联合收割机	台	3 397	3 456
	千瓦	96 960	109 937
机动脱粒机	台	27 195	17 814
机动喷雾(粉)机	部	7 932	5 911
	千瓦	15 812	8 067
饲料粉碎机	台	5 236	4 485
农产品加工动力机械	千瓦	179 832	163 211

6－16　农业机械、化肥、水利、水电情况

指　　标	单　位	1999年	2000年
一、农业机械化情况			
当年实际机耕地面积	千公顷	253.74	244.54
当年实际机播面积	千公顷	334.30	321.83
当年实际机械收获面积	千公顷	161.40	181.89
二、农用化肥施用量			
1.按实物量计算	吨	684 124	697 243
＃氮　肥	吨	398 818	392 366
磷　肥	吨	157 918	155 480
钾　肥	吨	26 662	31 841
复合肥	吨	74 663	78 620
2.按折纯量计算	吨	192 222	196 343
＃氮　肥	吨	112 028	102 982
磷　肥	吨	18 949	18 658
钾　肥	吨	13 333	15 921
复合肥	吨	37 333	39 313
三、农用塑料薄膜使用量	公斤	1 527 130	1 622 198
四、农用柴油	吨	49 892	52 706
五、农药使用量	公斤	1 638 856	1 559 333
六、农村办沼气池	个	15 744	10 199
七、农村水利化情况			
有效灌溉面积	千公顷	225.86	223.98
旱涝保收面积	千公顷	196.09	196.04
机电排灌面积	千公顷	162.73	166.07
机电井数	眼	50 148	50 289
八、农村电气化情况			
农村用电量	万千瓦小时	125 803	117 974
乡村及村以下办水电站	个	67	67
装机容量	千瓦	7 236	7 236
发电量	万千瓦小时	959.75	1 137.95

6－17 主要年份农作物播种面积

单位:千公顷

年份	总播种面积	粮食	小麦	玉米	棉花	油料	蔬菜
1978	577.62	495.58	212.11	199.43	54.03	3.34	15.34
1980	556.95	470.90	216.11	182.09	54.15	6.67	16.01
1985	530.27	469.57	252.13	180.76	14.01	5.34	30.02
1990	544.27	487.61	258.13	188.09	10.01	8.00	34.02
1991	546.94	487.58	259.46	188.76	12.67	8.67	31.35
1992	547.10	477.00	256.40	182.40	17.80	10.80	36.40
1993	547.75	475.66	253.60	182.46	11.77	9.89	42.60
1994	527.66	479.37	250.62	181.65	13.14	9.17	39.91
1995	523.16	460.42	246.94	173.03	7.38	12.38	38.39
1996	520.55	472.56	244.18	191.17	5.06	12.48	36.96
1997	503.85	447.22	245.14	165.86	3.00	10.35	39.57
1998	526.66	470.02	246.78	190.30	2.37	9.79	40.63
1999	528.72	473.30	247.96	196.00	1.90	8.49	40.45
2000	523.29	465.03	246.59	189.13	1.65	8.97	42.90

6－18　主要农作物播种面积

（2000年）　　单位：公顷

区　县	总播种面积	粮食	夏粮	小麦	秋粮	稻谷	玉米
合　计	**523 285**	**465 032**	**249 556**	**246 592**	**215 476**	**5 074**	**189 132**
新城区	212	100	55	55	45	－	21
碑林区	6	5	5	5	－	－	－
莲湖区	857	71	40	40	31	－	31
灞桥区	25 775	19 482	12 312	12 261	7 170	46	6 735
未央区	15 372	10 630	5 441	5 440	5 189	60	4 939
雁塔区	11 394	7 821	4 889	4 889	2 932	－	2 885
阎良区	28 038	23 010	12 678	12 560	10 332	－	9 686
临潼区	93 718	81 950	44 146	43 644	37 804	－	34 808
农工商	899	352	290	276	62	－	－
长安县	96 112	87 984	47 933	47 072	40 051	2 874	35 570
蓝田县	77 607	72 971	40 473	39 673	32 498	639	18 655
周至县	69 763	66 435	33 744	33 383	32 691	898	30 475
户　县	70 575	63 938	32 334	32 094	31 604	557	30 762
高陵县	32 957	30 283	15 216	15 200	15 067	－	14 565

6－19　主要年份农作物产品产量

单位：万吨

年　份	粮食总产量	夏粮	小麦	秋粮	稻谷	玉米
1978	132.81	64.15	58.21	68.66	5.10	55.78
1980	114.41	56.62	52.25	57.79	4.73	47.74
1985	150.09	76.13	74.78	73.96	5.10	65.07
1990	172.43	91.65	89.67	80.78	5.46	70.35
1991	178.83	91.10	89.16	87.73	5.03	77.46
1992	183.41	101.68	99.55	81.73	4.74	72.26
1993	190.01	101.09	98.99	88.92	4.86	78.60
1994	157.37	86.90	84.85	70.47	4.54	61.42
1995	175.25	99.81	97.38	75.45	3.44	67.76
1996	187.51	80.13	78.40	107.38	3.37	95.60
1997	190.51	114.25	112.34	76.26	3.47	69.38
1998	212.70	104.40	103.95	108.30	3.23	99.08
1999	204.44	95.50	94.39	108.94	2.88	99.65
2000	201.92	92.58	91.63	109.34	3.05	100.52

6-19　续表　　单位:万吨

年份	棉花	油料	油菜籽	蔬菜
1978	2.85	0.09	0.07	45.66
1980	1.97	0.54	0.50	40.13
1985	0.49	0.75	0.39	86.44
1990	0.70	1.26	0.94	119.32
1991	0.97	1.20	0.74	117.40
1992	0.74	1.49	0.87	128.12
1993	0.75	1.40	1.00	145.80
1994	0.65	1.08	0.78	135.26
1995	0.29	2.17	1.90	133.60
1996	0.24	1.83	1.55	138.01
1997	0.17	1.86	1.65	142.11
1998	0.14	1.67	1.36	148.87
1999	0.15	1.30	1.00	153.24
2000	0.14	1.34	0.95	162.14

6－20　各区县主要农作物产品产量

（2000 年）　　单位：吨

区　县	粮　食 总产量	夏　粮	小　麦	秋　粮	稻　谷	玉　米
合　计	**2 019 218**	**925 773**	**916 282**	**1 093 445**	**30 482**	**1 005 232**
新城区	247	145	145	102	–	59
碑林区	14	14	14	–	–	–
莲湖区	251	152	152	99	–	99
灞桥区	75 001	42 883	42 814	32 118	195	30 489
未央区	55 826	26 948	26 946	28 878	374	27 692
雁塔区	29 301	15 152	15 152	14 149	–	14 077
阎良区	116 359	67 301	66 664	49 058	–	47 236
临潼区	353 592	166 879	165 073	186 713	–	178 118
农工商	1 182	924	862	258	–	–
长安县	361 843	147 250	144 586	214 593	18 236	190 584
蓝田县	250 618	129 432	127 251	121 186	3 795	87 082
周至县	262 898	112 993	111 768	149 905	4 661	139 758
户　县	300 973	125 000	124 211	175 973	3 221	171 196
高陵县	211 113	90 700	90 644	120 413	–	118 842

6－20　续表　　(2000年)　　单位:吨

	棉花	油料	油菜籽	蔬菜
全　市	**1 367**	**13 692**	**9 528**	**1 621 418**
新城区	–	–	–	2 180
碑林区	–	–	–	54
莲湖区	–	–	–	23 100
灞桥区	54	321	191	244 516
未央区	1	299	172	165 182
雁塔区	–	97	93	163 445
阎良区	380	338	134	163 632
临潼区	613	4 519	2 311	241 526
农工商	–	60	–	7 130
长安县	12	2 442	2 286	205 804
蓝田县	235	2 094	1 564	58 046
周至县	19	1 992	1 806	54 471
户　县	48	939	674	202 233
高陵县	5	591	297	90 099

6－21　农作物单位面积产量

单位：公斤/公顷

年　份	粮　食总产量	夏　粮	小　麦	秋　粮	稻　谷	玉　米
1990	3 540	3 480	3 480	3 615	5 250	3 735
1991	3 675	3 435	3 435	3 960	4 815	4 110
1992	3 840	3 885	3 885	3 795	4 725	3 960
1993	3 995	3 900	3 903	4 108	4 991	4 308
1994	3 283	3 387	3 385	3 163	4 849	3 381
1995	3 806	3 945	3 943	3 638	4 353	3 916
1996	3 968	3 214	3 211	4 810	5 491	5 001
1997	4 260	4 575	4 583	3 861	5 575	4 183
1998	4 525	4 172	4 178	4 927	5 659	5 207
1999	4 319	3 800	3 807	4 907	5 480	5 084
2000	4 342	3 710	3 716	5 075	6 008	5 315

6-21　续表　　单位:公斤/公顷

年　份	棉　花	油　料	油菜籽	蔬　菜
1990	690	1 545	1 515	35 235
1991	765	1 410	1 335	34 980
1992	420	1 380	1 515	35 160
1993	634	1 416	1 610	34 226
1994	494	1 181	1 258	33 893
1995	398	1 753	1 921	34 800
1996	473	1 295	1 497	37 342
1997	572	1 138	1 931	35 918
1998	593	1 704	1 820	36 644
1999	787	1 533	1 583	37 884
2000	831	1 526	1 676	37 797

6－22　各区县主要农作物单位面积产量

（2000 年）　　单位：公斤/公顷

区　县	粮食总产量	夏粮	小麦	秋粮	稻谷	玉米
全　市	**4 342**	**3 710**	**3 716**	**5 075**	**6 008**	**5 315**
新城区	2 470	2 636	2 636	2 267	－	2 810
碑林区	2 800	2 800	2 800	－	－	－
莲湖区	3 535	3 800	3 800	3 194	－	3 194
灞桥区	3 850	3 483	3 492	4 480	4 239	4 527
未央区	5 252	4 953	4 953	5 565	6 233	5 607
雁塔区	3 746	3 099	3 099	4 826	－	4 879
阎良区	5 057	5 309	5 308	4 748	－	4 877
临潼区	4 315	3 780	3 782	4 939	－	5 117
农工商	3 358	3 186	3 123	4 161	－	－
长安县	4 113	3 072	3 072	5 358	6 354	5 358
蓝田县	3 434	3 198	3 208	3 729	5 939	4 668
周至县	3 957	3 349	3 348	4 586	5 190	4 586
户　县	4 707	3 866	3 870	5 568	5 783	5 565
高陵县	6 971	5 961	5 963	7 992	－	8 159

6－22　续表　　(2000年)　　单位:公斤/公顷

区　　县	棉　　花	油　　料		蔬　　菜
			油菜籽	
全　　市	**831**	**1 526**	**1 676**	**37 797**
新城区	－	－	－	19 464
碑林区	－	－	－	54 000
莲湖区	－	－	－	29 389
灞桥区	720	791	749	42 673
未央区	1 000	1 929	1 737	38 894
雁塔区	－	1 213	1 208	50 399
阎良区	974	1 470	1 615	38 821
临潼区	787	1 269	1 453	37 342
农工商	－	1 364	－	23 486
长安县	857	2 082	2 175	35 162
蓝田县	783	1 363	1 390	23 917
周至县	613	1 906	1 875	28 121
户　　县	1 091	2 184	2 348	36 958
高陵县	455	1 900	1 941	42 741

6-23　林业生产情况

指　　　标	单　　位	1999年	2000年
一、营林情况			
当年造林面积合计	千公顷	12.15	18.31
1.人工造林	千公顷	6.48	9.11
2.飞播造林	千公顷	5.67	9.20
零星四旁植树	万株	767.31	731.38
育苗面积	公顷	488	1 365
#本年新育	公顷	284	1 125
二、主要林产品产量			
生　漆	吨	7	11
核　桃	吨	721	997
板　栗	吨	629	744
花　椒	吨	242	140
木　耳	吨	42	72
三、村及村以下采伐木材	万立方	4.67	1.62

6－24　各区县林业生产情况

（2000年）

区　县	当年造林面积（千公顷）	零星植树（万株）	育苗面积（公顷）	核桃产量（吨）	板栗产量（吨）	村及村以下木材采伐量（万立方）
全　市	**18.31**	**731.38**	**1 365**	**997**	**744**	**1.62**
新城区	–	–	–	–	–	–
碑林区	–	–	–	–	–	–
莲湖区	–	–	–	–	–	–
灞桥区	0.25	8.16	4	28	5	0.01
未央区	0.19	11.78	10	–	–	–
雁塔区	–	5.11	2	–	–	0.01
阎良区	0.45	45.00	48	–	–	0.48
临潼区	1.91	142.71	96	89	27	0.74
农工商	–	–	–	–	–	–
长安县	3.73	131.62	62	172	159	0.01
蓝田县	5.57	117.00	80	330	380	–
周至县	3.51	150.00	851	310	103	0.10
户　县	2.70	70.00	177	68	70	0.20
高陵县	–	50.00	35	–	–	0.07

6－25　桑、茶、果生产情况

指　　标	单　位	1998年	1999年	2000年
果园面积	公　顷	36 756	35 245	31 907
#苹果园	公　顷	12 825	10 029	8 098
梨　园	公　顷	5 051	4 303	3 861
葡萄园	公　顷	1 140	1 114	1 260
桃　园	公　顷	1 766	2 002	2 313
猕猴桃园	公　顷	9 683	11 111	11 223
杏　园	公　顷	543	528	416
柿子园	公　顷	1 014	1 078	1 305
水果产量	吨	333 987	355 184	343 551
苹　果	吨	122 644	108 386	89 416
梨	吨	54 467	62 331	65 459
葡　萄	吨	17 483	14 932	16 647
桃	吨	26 992	30 832	27 010
猕猴桃	吨	67 883	86 552	96 640

6－26　各区县果园面积及产量

（2000年）

	果　园 （公顷）	水果产量 （吨）		果　园 （公顷）	水果产量 （吨）
全　市	**31 907**	**343 551**			
新城区	－	－	临潼区	2 456	26 085
碑林区	－	－	农工商	153	1 070
莲湖区	－	－	长安县	1 703	16 200
灞桥区	2 260	20 528	蓝田县	6 770	62 850
未央区	1 320	24 548	周至县	9 879	77 230
雁塔区	397	6 102	户　县	3 078	54 334
阎良区	1 582	30 201	高陵县	2 309	24 403

6－27　畜牧业生产情况

指　　标	单　位	1999年	2000年
一、大牲畜年末总头数	头	249 672	260 742
＃能繁殖母畜	头	114 559	137 087
役　畜	头	88 582	98 130
牛	头	244 440	256 073
＃能繁殖母畜	头	114 082	136 626
当年生仔畜	头	66 192	69 015
1.黄牛	头	204 532	207 909
2.良种及改良奶牛	头	39 908	48 164
3.水牛	头		
马	匹	862	736
驴	头	555	476
骡	头	3 815	3 457
二、猪年末头数	头	1 135 577	1 284 592
＃能繁殖母猪	头	82 274	93 775
三、羊年末只数	只	404 789	421 103
1.山羊	只	388 162	397 121
＃奶山羊	只	245 186	266 525
2.绵羊	只	16 627	23 982
四、家禽年末存栏数	万只	1 598.64	1 623.81
五、年末养蜂箱数	箱	15 485	20 408

6－28　各区县畜牧业生产情况

(2000 年)

	大牲畜年末头数（头）	能繁殖母畜	役畜	牛（头）	奶牛	马（匹）	驴（头）	骡（头）
全　市	**260 742**	**137 087**	**98 130**	**256 073**	**48 164**	**736**	**476**	**3 457**
新城区	258	210	－	258	258	－	－	－
碑林区	3	3	－	3	3	－	－	－
莲湖区	30	26	3	27	27	－	－	3
灞桥区	4 008	2 643	768	3 877	2 536	40	13	78
未央区	2 068	1 403	190	1 835	1 750	23	－	210
雁塔区	809	485	209	611	554	5	7	186
阎良区	12 065	8 301	3 243	12 038	7 620	5	3	19
临潼区	45 449	25 954	18 080	45 032	19 432	58	137	222
农工商	4 663	3 147	－	4 663	4 663	－	－	－
长安县	46 828	25 082	7 494	45 436	3 436	249	115	1 028
蓝田县	95 190	46 930	45 989	95 100	1 400	20	40	30
周至县	23 280	9 380	13 351	22 948	119	118	23	191
户　县	17 095	8 009	6 812	15 703	1 281	145	40	1 207
高陵县	8 996	5 514	1 991	8 542	5 085	73	98	283

6-28　续表　　(2000年)

	猪 (头)	能繁殖母猪	羊 (只)	山羊	奶山羊	家禽 (万只)	蜂 (箱)
全　市	**1 284 592**	**93 775**	**421 103**	**397 121**	**266 525**	**1 623.81**	**20 408**
新城区	166	8	25	25	25	0.06	–
碑林区	–	–	10	10	10	–	–
莲湖区	642	27	32	32	32	1.80	–
灞桥区	33 136	1 831	9 286	9 185	4 573	46.75	607
未央区	38 276	2 867	1 976	1 862	993	29.93	119
雁塔区	22 342	673	1 232	1 232	924	12.72	134
阎良区	48 367	3 877	31 972	31 905	31 905	90.82	462
临潼区	265 469	19 016	112 382	112 093	87 097	366.00	3 908
农工商	–	–	–	–	–	–	–
长安县	244 763	23 796	50 864	50 664	15 685	340.00	1 971
蓝田县	98 000	9 600	118 000	118 000	78 260	231.20	5 143
周至县	209 231	13 604	12 848	12 658	1 557	90.15	3 751
户　县	225 206	10 298	24 323	23 996	15 453	189.25	3 795
高陵县	98 994	8 178	58 153	35 459	30 011	225.13	518

6－29　畜产品和水产品产量

单位：吨

年　份	肉类					奶类	
	总产量	猪肉	牛肉	羊肉	禽肉	总产量	牛奶
1990	63 273	50 646	4 667	1 931	5 885	82 017	50 528
1991	72 268	55 086	5 623	2 162	9 062	91 006	57 700
1992	88 994	68 134	6 468	2 460	11 290	100 080	63 586
1993	93 420	71 274	7 249	2 220	12 174	111 070	73 897
1994	106 691	79 433	8 298	2 350	15 681	145 412	99 025
1995	127 815	86 513	11 251	3 731	23 948	132 909	85 753
1996	91 468	63 750	5 402	2 578	19 324	133 372	86 103
1997	106 597	75 381	6 672	3 468	20 596	150 964	98 078
1998	134 152	98 974	8 788	4 710	21 424	174 099	119 719
1999	130 124	93 859	9 827	4 147	21 963	209 144	145 191
2000	147 571	106 137	12 066	4 766	23 760	245 913	176 155

6-29　续表

年　　份	羊　毛（吨）	禽　蛋（吨）	蜂　蜜（公斤）	水产品（吨）	养殖面积（公　顷）
1990	3	55 938	1 035 392	4 259	1 698
1991	11	90 558	1 022 797	4 949	1 754
1992	12	104 970	739 275	6 015	1 864
1993	11	125 244	662 049	7 132	1 980
1994	82	146 503	547 808	7 900	2 067
1995	8	141 227	535 891	8 517	2 140
1996	3	138 044	613 290	8 910	2 342
1997	1	156 066	713 918	10 054	2 308
1998	5	142 519	537 304	10 480	2 266
1999	26	135 981	541 613	11 061	2 256
2000	24	138 305	460 598	11 384	2 235

6－30　各区县主要畜产品和水产品产量

（2000年）　　单位：吨

	肉类总产量	猪肉	牛肉	羊肉	禽肉	奶类总产量	牛奶
全　　市	**147 571**	**106 137**	**12 066**	**4 766**	**23 760**	**245 913**	**176 155**
新城区	6	6	－	－	－	738	735
碑林区	－	－	－	－	－	18	15
莲湖区	95	50	－	－	45	108	100
灞桥区	2 991	2 286	108	89	501	10 595	9 383
未央区	3 662	3 157	12	31	459	5 653	5 390
雁塔区	2 109	1 917	13	19	145	2 175	1 896
阎良区	6 355	4 357	844	429	640	36 808	28 194
临潼区	30 312	20 262	1 807	1 147	6 930	92 600	69 955
农工商	143	－	143	－	－	20 112	20 112
长安县	28 217	20 995	1 178	575	5 040	16 920	12 713
蓝田县	18 343	8 301	6 243	1 151	2 620	25 919	5 180
周至县	18 798	16 497	834	202	1 241	1 045	440
户　县	21 074	18 055	461	182	2 355	6 455	3 228
高陵县	15 466	10 254	423	941	3 784	26 767	18 814

6－30　续表

	禽蛋（吨）	蜂蜜（公斤）	水产品（吨）	养殖面积（公顷）
全　　市	**138 305**	**460 598**	**11 384**	**2 235**
新城区	5	－	－	－
碑林区	－	－	－	－
莲湖区	144	－	－	－
灞桥区	2 759	23 000	2 220	287
未央区	2 011	1 530	3 268	467
雁塔区	1 018	7 251	40	18
阎良区	6 357	14 102	234	33
临潼区	35 529	245 457	1 755	396
农工商	－	－	468	94
长安县	27 200	35 452	823	253
蓝田县	18 498	7 100	624	240
周至县	7 161	33 765	820	267
户　县	14 936	85 000	620	97
高陵县	22 687	7 941	530	83

6－31　农村经济效益主要指标

年　份	每一农业劳动力创造的			
	农林牧渔业总产值（元）	粮　食（公斤）	棉　花（公斤）	油　料（公斤）
1990	1 944.4	1 279.3	5.2	9.4
1991	2 169.5	1 312.4	7.1	8.8
1992	2 343.8	1 338.6	5.4	10.9
1993	2 528.9	1 381.8	5.4	10.2
1994	2 277.0	1 142.0	4.7	7.9
1995	2 433.7	1 304.7	2.2	16.2
1996	2 468.0	1 368.9	1.7	13.3
1997	2 726.0	1 411.9	1.3	13.8
1998	2 955.2	1 399.9	0.9	11.0
1999	3 433.1	1 551.8	1.1	9.9
2000	3 728.3	1 596.5	1.1	10.8

6-31 续表

年份	每亩耕地种植业产值(元)	每亩粮耕地平均产量(公斤)	每百元物耗生产的总产值(元)
1990	343.3	417.4	233.3
1991	380.4	431.2	238.4
1992	404.9	442.0	241.8
1993	493.4	396.6	240.1
1994	376.0	333.5	227.6
1995	412.8	353.8	225.9
1996	452.0	415.3	234.5
1997	479.0	417.2	239.2
1998	548.0	467.3	247.0
1999	514.4	517.6	251.7
2000	580.2	539.4	250.2

主要统计指标解释

乡村人口：指乡村户数内的常住人口。包括常住人口中外出的民工、合同工、临时工、户口在家的在外学生等，但不包括户口在家领取工资的国家职工和户口迁入农村领取国家津贴的离退休职工。

家庭从业人员数：指乡村人口中实际参加各种行业劳动并取得实物或货币收入的人员。包括劳动年龄内实际参加劳动的人数和不足或超过劳动年龄实际参加劳动的人员。

农林牧渔业总产值：是以货币表现的农、林、牧、渔业全部产品的总量，它反映一定时期内农业生产的总规模和总成果。农业总产值的计算方法通常是按农林牧渔产品及其副产品的产量分别乘以各自单位产品价格求得，少数生产周期较长，当年没有产品或产品产量不易统计的，则采用间接方法匡算其产量。

农林牧渔业增加值：指报告期内各种经济类型的农业生产单位和农户从事农业、林业、牧业、渔业生产活动所提供的最终成果的货币表现。增加值的计算方法有两种：一是生产法，二是分配法：

生产法计算公式：

$$\text{农林牧渔业增加值} = \text{农林牧渔业总产出} - \text{农林牧渔业中间消耗}$$

分配法计算公式：

$$\text{农林牧渔业增加值} = \text{固定资产折旧} + \text{劳动者报酬} + \text{生产税净额}(\text{生产税} - \text{生产补贴}) + \text{营业盈余}$$

耕地面积：指种植农作物，经常进行耕锄的土地，包括熟地、当年新开荒地、连续撂荒未满三年的耕地和当年的休闲地(轮歇地)。以种植农作物为主并附带种植桑树、茶树、果树和其林木的土地，但不包括属于专业性的桑园、茶园、果园、果木苗圃、林地、芦苇地、天然或人工草地面积。

粮食产量：背景全社会的产量。粮食除包括稻谷小麦、玉米、高粱、谷子及其他杂粮外，还包括薯类和大豆。其产量计算方法，豆类按去豆荚后的干豆计算；薯类按5斤折一斤粮食计算。城市郊区作为蔬菜的薯类不做为粮食统计。

农用化肥施用量：指本年内实际用于农业生产的化肥数量。包括氮肥、磷肥、钾肥和复合肥。化肥施用量按折纯量计算，是把氮肥、磷肥和钾肥分别按含氮、含五氧化二磷、含氧化钾的百分之一百成份折算。复合肥按其所含主要成份折算。

农业机械总动力：指主要用于农、林、牧、渔业的各种动力机械的动力总和。包括耕作机械、排灌机械、收获机械、农产品加工机械、运输机械、植保机械、牧业机械、林业机械、渔业机械和其他动力机械。

猪、牛、羊肉产量：指当年出栏并已屠宰后去头蹄下水后带骨肉(即胴体重)的重量。

造林面积：是指报告期内在荒山、荒地、沙丘等一切可以造林的土地上，采用人工播种、植苗、飞机播种等方法新植的成片乔木林和灌木林，经过检查验收符合造林技术规程要求的株数，成活率达85％以上的面积。四旁植树如一侧在四行以上，连续面积0.066公顷以上，应统计在造林面积内。

XI'AN

統計年鑒

2001

工　业

GONGYE

7－1　全市工业企业单位数

(2000 年按隶属关系分)

分　组	合计	规模以上					
		小计	内资				
			国有	集体	股份合作	联营经济	有限公司
总　计	**46 243**	**816**	**312**	**204**	**38**	**11**	**60**
中央企业	99	79	66				4
省属企业	94	77	55	1		1	9
市属企业	46 050	660	191	203	38	10	47
市直属企业	－	321	118	45	24	2	35
区属	－	206	21	129	6	6	6
新城区	－	26	4	17			1
碑林区	－	9	2	6			
莲湖区	－	11	3	7		1	
灞桥区	－	29		18	4		1
未央区	－	81	2	58	1	3	4
雁塔区	－	30		16		1	
阎良区	－	11	6	5			
临潼区	－	9	4	2	1	1	
县属	－	133	52	29	8	2	6
长安县	－	32	14	12	1		
蓝田县	－	25	14	9	1		
周至县	－	18	5	3	1	1	
户县	－	36	13	4	3		2
高陵县	－	22	6	1	2	1	4

7-1　续表　　(2000年按隶属关系分)

分　组	规模以上				规模以下	长庆油田
	内资		港澳台商投资	外商投资	小计	
	股份有限	私营				
总　计	**52**	**47**	**43**	**49**	**45 426**	**1**
中央企业			2	7	19	1
省属企业	4		1	6	17	–
市属企业	48	47	40	36	45 390	–
市直属企业	26	12	26	33	–	–
区属	16	11	10	3	–	–
新城区	1		3		–	–
碑林区		1			–	–
莲湖区					–	–
灞桥区	4	2			–	–
未央区	4	8	1		–	–
雁塔区	7		5	1	–	–
阎良区					–	–
临潼区			1		–	–
县属	6	24	4	2	–	–
长安县	1	4			–	–
蓝田县	1				–	–
周至县		7	1		–	–
户县	2	10	2		–	–
高陵县	2	3	1	2	–	–

7－2　规模以上工业企业单位数

（2000 年）　　单位：个

分　组	合　计	分　组	合　计
总　计	**816**	皮革、毛皮及其他制品业	5
在总计中：轻工业	371	木材加工及竹、藤、棕、草制品业	3
以农产品为原料	246	家具制造业	14
以非农产品为原料	125	造纸及纸制品业	40
重工业	445	印刷业、记录媒介的复制	32
采掘工业	7	文教体育用品制造业	2
原料工业	77	石油加工及炼焦业	5
加工工业	361	化学原料及化学制品制造业	43
在总计中：大型工业	80	医药制造业	48
中型工业	70	化学纤维制造业	2
小型工业	666	橡胶制品业	7
按管理形式分		塑料制品业	14
独立核算企业	816	非金属矿物制品业	63
按工业行业大类分		黑色金属冶炼及压延加工业	14
煤炭采选业		有色金属冶炼及压延加工业	8
石油和天然气开采业		金属制品业	50
黑色金属矿采选业	1	普通机械制造业	55
有色金属矿采选业	3	专用设备制造业	64
非金属矿采选业	2	交通运输设备制造业	50
其他矿采选业		电气机械及器材制造业	67
木材及竹材采运业	1	电子及通信设备制造业	37
食品加工业	42	仪器仪表及文化办公用机械制造业	27
食品制造业	30	其他制造业	9
饮料制造业	13	电力、蒸汽、热水的生产和供应业	7
烟草加工业	1	煤气生产和供应业	1
纺织业	36	自来水的生产和供应业	7
服装及其他纤维制品制造业	8		

7－3　规模以上工业企业单位数

(2000 年市区)　　单位:个

分组	地区	区属	分组	地区	区属
总计	**660**	**206**	食品加工业	26	14
按行政区划分			食品制造业	26	9
新城区	94	26	饮料制造业	11	1
碑林区	62	9	烟草加工业	1	
莲湖区	115	11	纺织业	28	5
灞桥区	67	29	服装及其他纤维制品制造业	8	3
未央区	141	81	皮革、毛皮、羽绒及其制品业	4	2
雁塔区	148	30	木材加工及竹、藤、棕、草制品业	3	
阎良区	14	11	家具制造业	12	8
临潼区	19	9	造纸及纸制品业	28	22
按轻重工业分			印刷业、记录媒介的复制	27	1
轻工业	300	98	文教体育用品制造业	2	1
以农产品为原料	193	72	石油加工及炼焦业	5	1
以非农产品为原料	107	26	化学原料及化学制品制造业	31	12
重工业	360	108	医药制造业	43	10
采掘工业	1	1	化学纤维制造业	1	1
原料工业	54	26	橡胶制品业	6	2
加工工业	305	81	塑料制品业	14	3
按企业规模分			非金属矿物制品业	41	21
大型工业	73	1	黑色金属冶炼及压延加工业	14	8
中型工业	62	3	有色金属冶炼及压延加工业	8	4
小型工业	525	202	金属制品业	48	22
按管理形式分			普通机械制造业	48	20
独立核算企业	660	206	专用设备制造业	54	4
按工业行业大类分			交通运输设备制造业	41	4
煤炭采选业			电气机械及器材制造业	52	16
石油和天然气开采业			电子及通信设备制造业	37	5
黑色金属矿采选业			仪器仪表及文化、办公用机械制造	2	3
有色金属矿采选业			其他制造业	6	1
非金属矿采选业	1	1	电力、蒸汽、热水的生产和供应业	4	1
其他矿采选业			煤气生产和供应业	1	
木材及竹材采选业			自来水的生产和供应业	2	1

7－4　全部规模以上独立核算工业企业职工人数

(2000 年)　　　　单位:人

分　　组	2000 年	分　　组	2000 年
总　　计	**432 517**	食品加工业	8 330
按隶属关系分		食品制造业	5 591
中央企业	183 800	饮料制造业	3 579
省属企业	67 915	烟草加工业	121
市属企业	180 802	纺织业	40 132
按登记注册类型分组		服装及其他纤维制品制造业	6 272
内资企业			
国有经济	275 866	皮革、毛皮、羽绒及其他制品业	2 656
集体经济	31 417	木材加工及竹、藤、棕、草制品业	632
股份合作企业	9 292	家具制造业	1 997
联营企业	2 516	造纸及纸制品业	8 131
有限责任公司	67 445	印刷业、记录媒介的复制	9 987
股份有限公司	21 848	文教体育用品制造业	55
私营企业	6 524	石油加工及炼焦业	2 522
港、澳、台商投资企业	6 878	化学原料及化学制品制造业	29 272
其中：港、澳、台商独资经营	2 136	医药制造业	16 049
外商投资企业	10 731	化学纤维制造业	257
其中：中外合作经营	240	橡胶制品业	1 873
外资企业	121	塑料制品业	1 280
按轻重工业分		非金属矿物制品业	18 013
轻工业	132 295	黑色金属冶炼及压延加工业	4 457
重工业	300 222	有色金属冶炼及压延加工业	1 741
按企业规模分		金属制品业	8 415
大型工业	260 323	普通机械制造业	24 061
中型工业	42 588	专用设备制造业	30 992
小型工业	129 606	交通运输设备制造业	81 966
按工业行业大类分		电气机械及器材制造业	30 504
煤炭采选业		电子及通信设备制造业	26 731
石油和天然气开采业		仪器仪表及文化办公用机械制造业	22 778
黑色金属矿采选业	108	其他制造业	2 142
有色金属矿采选业	1 154	电力、蒸汽、热水的生产和供应业	7 561
非金属矿采选业	51	煤气生产和供应业	1 207
其他矿采选业		自来水的生产和供应业	3 236
木材及竹材采选业	1 044		

7－5　各区、县规模以上独立核算工业企业职工年末人数

（2000年）　　单位：人

分　　组	全辖区	区县属
按行政区划分		
总　　计	**432 517**	**56 268**
新城区	75 394	3 575
碑林区	20 308	1 289
莲湖区	89 965	1 506
灞桥区	46 406	4 106
未央区	59 075	10 945
雁塔区	59 619	5 088
阎良区	20 658	1 460
临潼区	11 965	4 137
长安县	11 849	5 554
蓝田县	6 059	2 782
周至县	3 439	3 267
户　县	25 725	10 504
高陵县	2 055	2 055

7－6 各区县规模以上工业企业职工年末人数

（2000年按经济类型分） 单位：人

区县名称	国有经济		集体经济	
	全辖区	区县属	全辖区	区县属
总计	**275 866**	**13 666**	**31 417**	**22 105**
新城区	54 448	493	2 567	2 058
碑林区	12 267	364	1 201	814
莲湖区	62 926	426	4 758	953
灞桥区	34 149		2 240	2 130
未央区	39 847	192	9 207	7 724
雁塔区	30 521		3 143	1 973
阎良区	940	940	699	520
临潼区	7 310	1 148	2 261	1 905
长安县	8 918	2 743	1 388	1 388
蓝田县	4 470	1 193	1 519	1 519
周至县	977	805	93	93
户县	18 710	4 979	2 220	907
高陵县	383	383	121	121

7-6　续表1　　　　(2000年按经济类型分)　　　　单位:人

区县名称	股份合作		联营企业	
	全辖区	区县属	全辖区	区县属
总计	**9 292**	**3 144**	**2 516**	**1 668**
新城区	1 012		100	
碑林区	1 152			
莲湖区	1 962		127	127
灞桥区	1 537	1 191	748	
未央区	867	369	615	615
雁塔区	1 178		177	177
阎良区				
临潼区	219	219	185	185
长安县	420	420		
蓝田县	68	68		
周至县	248	248	489	489
户县	464	464		
高陵县	165	165	75	75

7-6　续表2　　　　(2000年按经济类型分)　　　　单位:人

区县名称	有限责任公司		股份有限公司	
	全辖区	区县属	全辖区	区县属
总　　计	**67 445**	**1 905**	**21 848**	**4 547**
新　城　区	10 700	120	3 454	100
碑　林　区	3 128		1 695	
莲　湖　区	18 047		730	
灞　桥　区	6 762	42	469	469
未　央　区	2 114	310	796	796
雁　塔　区	4 812		13 717	2 195
阎　良　区	19 019			
临　潼　区	1 310			
长　安　县	120		9	9
蓝　田　县		2	2	
周　至　县				
户　　县	923	923	608	608
高　陵　县	510	510	368	368

7－6　续表3　　(2000年按经济类型分)　　单位:人

区县名称	私营企业		其他企业	
	全辖区	区县属	全辖区	区县属
总计	**6 524**	**5 431**		
新城区				
碑林区	147	111		
莲湖区				
灞桥区	274	274		
未央区	767	767		
雁塔区	1 057			
阎良区				
临潼区				
长安县	994	994		
蓝田县				
周至县	992	992		
户县	2 060	2 060		
高陵县	233	233		

7-6　续表 4　　(2000 年按经济类型分)　　单位:人

区县名称	港澳台商投资		外商投资企业	
	全辖区	区县属	全辖区	区县属
总　计	**6 878**	**3 574**	**10 731**	**228**
新城区	1 476	804	1 637	
碑林区	501		217	
莲湖区	264		1 151	
灞桥区	84		143	
未央区	1 428	172	3 434	
雁塔区	1 182	655	3 832	88
阎良区				
临潼区	680	680		
长安县				
蓝田县				
周至县	640	640		
户　县	563	563	177	
高陵县	60	60	140	140

7－7 主要年份全部工业总产值

单位：万元

年份	全部工业总产值	工业总产值指数（上年为100）	国有经济	集体经济	其他经济类型
1952	23 512	139.58	9 917	464	13 131
1957	71 513	103.33	61 624	7 572	1 217
1962	120 833	86.79	102 103	17 599	1 131
1965	200 416	132.12	183 164	17 252	0
1970	333 386	143.45	305 303	28 083	0
1975	385 509	106.13	332 982	52 527	0
1978	483 262	116.86	405 376	77 886	0
1979	517 483	106.59	438 850	78 633	0
1980	531 755	101.78	440 139	91 577	39
1981	524 587	98.58	433 740	90 675	172
1982	549 200	107.14	450 308	98 516	456
1983	603 507	112.15	493 773	108 923	811
1984	674 963	112.82	520 593	153 056	1 314
1985	853 196	120.42	632 702	218 893	1 601
1986	976 326	112.07	706 380	267 282	2 664
1987	1 142 220	114.19	809 186	328 701	4 341
1988	1 429 811	115.99	1 012 268	416 217	1 326
1989	1 653 472	106.05	1 160 877	486 754	5 814
1990	1 771 310	107.37	1 196 777	548 605	25 928
1991	2 002 727	110.00	1 325 242	604 495	72 990
1992	2 300 472	112.53	1 488 541	561 369	250 562
1993	3 045 988	121.68	1 748 145	1 071 122	226 721
1994	3 891 584	120.63	1 960 533	1 581 321	349 730
1995	4 058 952	108.70	2 071 755	1 663 536	323 661
1996	5 473 938	133.36	3 132 140	2 836 176	505 622
1997	6 668 065	121.81	2 057 847	2 154 613	2 455 605
1998	7 943 366	117.31	2 592 588	2 076 618	3 274 160
1999	9 064 279	117.10	2 560 408	2 189 379	4 314 492
2000	9 864 207	115.30	4 219 331	2 298 848	3 346 028

7-7　续表　　　　　单位:万元

年　份	轻工业	重工业	大型工业	中型工业	小型工业
1952	20 800	2 712	0	0	0
1957	53 280	18 233	0	0	0
1962	68 221	52 618	0	0	0
1965	98 631	101 785	0	0	0
1970	124 467	208 919	0	0	0
1975	167 285	218 224	145 262	130 592	109 655
1978	220 480	262 782	168 397	121 813	193 052
1979	243 043	274 440	189 877	133 759	193 847
1980	283 475	248 280	193 092	130 053	208 610
1981	309 199	215 388	178 130	140 810	205 639
1982	303 249	246 031	213 015	128 597	207 668
1983	315 785	287 722	245 053	127 164	231 290
1984	321 678	353 285	241 842	143 165	289 956
1985	401 748	451 448	333 820	147 488	371 888
1986	458 270	518 056	401 037	150 644	424 609
1987	516 776	625 452	472 958	171 698	497 572
1988	699 593	730 210	615 946	210 089	603 776
1989	712 743	940 729	696 368	258 414	698 690
1990	787 857	983 453	716 421	279 098	775 791
1991	897 676	1 105 051	888 052	303 151	844 524
1992	967 104	1 333 368	0	0	0
1993	1 121 957	1 924 031	1 258 137	384 255	1 403 596
1994	1 578 875	2 312 709	1 479 613	390 233	2 021 738
1995	1 636 219	2 432 733	1 575 030	371 156	2 112 766
1996	2 435 387	3 038 551	1 693 985	358 913	3 421 040
1997	3 186 930	3 481 135	1 800 000	295 310	4 572 747
1998	4 011 677	3 931 689	1 820 982	308 327	5 814 057
1999	4 446 847	4 617 432	2 174 128	340 150	6 550 001
2000	4 488 214	5 375 993	3 748 731	360 512	5 754 965

注:国有经济为国有及国有控股企业,并含非独立核算国有控股工业。

7-8 全市工业总产值

(2000年)　　单位:万元

分组	企业单位数(个)	工业总产值	
		按1990年不变价计算	现行价格计算
总计	**46 243**	**8 877 786.4**	**9 864 207.1**
在总计中:中央企业	99	1 403 523.9	2 446 340.8
省属企业	94	637 431.8	710 025.0
市属企业	46 050	6 836 830.7	6 707 841.3
在总计中:规模以上企业	817	4 493 353.0	5 381 269.3
规模以下企业	45 426	4 384 433.4	4 482 937.8
在总计中:轻工业	25 433	4 235 668.5	4 488 214.2
重工业	208 105	4 642 117.9	5 375 992.9
在总计中:大型企业	81	2 956 177.5	3 748 730.9
中型企业	70	289 010.2	360 511.5
小型企业	46 092	5 632 598.7	5 754 964.7

注:本表规模以上企业包括长庆油田公司数据。

7－9　全市规模以上工业总产值

(2000 年)　　单位：万元

分　组	企业单位数(个)	工业总产值 按1990年不变价计算	工业总产值 按现价计算
总　计	**816**	**4 259 788.0**	**4 179 736.3**
按隶属关系分			
中央企业	79	1 151 796.9	1 226 312.8
省属企业	77	631 248.8	702 612.0
市属企业	660	2 476 742.3	2 250 811.5
市直属企业	321	1 892 701.9	1 627 255.5
区直属企业	49	138 679.4	142 085.1
县直属企业	74	73 470.9	72 602.6
街道企业	37	77 909.2	80 739.4
镇办企业	22	27 589.3	41 902.3
乡办企业	80	151 623.2	166 544.4
居委会	1	1 234.0	1 234.0
村委会	41	64 040.9	67 381.8
其他	35	49 493.5	51 066.4
按登记注册类型分组			
内资企业	724	3 486 564.6	3 358 033.3
国有经济	312	1 498 304.2	1 621 597.0
集体经济	204	314 075.9	329 320.3
股份合作	38	46 128.0	51 661.3
联营企业	11	35 633.0	39 775.7
国有联营	6	16 332.8	19 790.4
集体联营	3	17 562.9	18 248.0
国有与集体联营	2	1 737.3	1 737.3
其他联营			
有限责任公司	60	825 187	793 578.1
国有独资企业	11	496 700.9	440 254.4
其他有限责任公司	49	328 486.1	353 323.7
股份有限公司	52	698 441.7	452 797.1
私营企业	47	68 794.8	69 303.8
私营独资企业	15	25 512.6	25 247.8
私营合伙企业	4	982.3	1 008.0
私营有限责任公司	21	33 698.3	34 677.0
私营股份有限公司	7	8 601.6	8 371.0
其他内资企业			

注：该表及以后各表数据不包括长庆油田公司

7－9　续表1　(2000年)　单位:万元

分　组	企业单位数(个)	工业总产值	
		按1990年不变价计算	按现价计算
港、澳、台商投资企业	43	221 136.6	220 465.4
与港、澳、台商合资经营	34	170 955.9	173 292.4
与港、澳、台商合作经营	1		
港、澳、台商独资	7	48 103.3	45 095.6
港、澳、台商投资股份有限公司	1	2 077.4	2 077.4
外商投资企业	49	552 086.8	601 237.6
中外合资经营	45	546 353.0	595 464.1
中外合作经营	3	5 139.4	5 233.6
外资企业	1	594.4	539.9
外商投资股份有限公司			
按轻重工业分			
轻工业	371	1 428 201.4	1 591 857.7
以农产品为原料	246	790 936.7	904 200.4
以非农产品为原料	125	637 264.7	687 657.3
重工业	445	2 831 586.6	2 587 878.6
采掘工业	7	8 348.0	10 554.7
原料工业	77	202 209.7	297 449.4
加工工业	361	2 621 028.9	2 279 874.5
按企业规模分			
大型工业	80	2 722 612.5	2 547 197.9
中型工业	70	289 010.2	360 511.5
小型工业	666	1 248 165.3	1 272 026.9
按管理形式分			
独立核算企业	816	4 259 788.0	4 179 736.3
附营工业单位			
按工业行业大类分			
煤炭采选业			
石油和天然气开采业			
黑色金属矿采选业	1	339.7	516.6
有色金属矿采选业	3	5 619.5	7 586.3
非金属矿采选业	2	2 316.0	2 379.0
其他矿采选业			
木材及竹材采选业	1	72.8	72.8
食品加工业	42	83 847.8	111 445.5

7-9　续表 2　　　　(2000 年)　　　　单位:万元

分　　组	企业单位数(个)	工业总产值	
		按 1990 年不变价计算	按现价计算
食品制造业	30	67 798.7	85 697.2
饮料制造业	13	82 682.1	107 818.0
烟草加工业	1	1 013.4	857.9
纺织业	36	170 187.0	175 390.9
服装及其他纤维制品制造业	8	18 165.8	25 298.1
皮革、毛皮、羽绒及其他制品业	5	19 513.5	24 308.2
木材及竹、藤、棕、草制品业	3	1 620.7	1 339.9
家具制造业	14	24 353.8	25 986.0
造纸及纸制品业	40	65 866.3	70 403.5
印刷业、记录媒介的复制	32	124 131.5	136 768.8
文教体育用品制造业	2	862.0	880.0
石油加工及炼焦业	5	28 570.2	79 708.2
化学原料及化学制品制造业	43	154 878.8	171 722.8
医药制造业	48	349 215.1	412 823.3
化学纤维制造业	2	27 217.9	27 257.9
橡胶制品业	7	5 680.7	5 980.4
塑料制品业	14	14 125.1	14 041.4
非金属矿物制品业	63	73 037.6	92 191.6
黑色金属冶炼及压延加工业	14	17 066.7	19 043.7
有色金属冶炼及压延加工业	8	36 431.4	29 853.7
金属制品业	50	79 968.6	70 763.8
普通机械制造业	55	166 392.8	160 904.3
专用设备制造业	64	271 879.0	245 903.7
交通运输设备制造业	50	766 545.0	743 572.8
电气机械及器材制造业	67	426 856.5	360 492.9
电子及通信设备制造业	37	847 126.2	585 752.1
仪器仪表及文化办公用机械制造业	27	115 390.7	114 341.9
其他制造业	9	80 302.1	80 291.1
电力、蒸汽、热水的生产和供应业	7	41 336.5	70 615.1
煤气生产和供应业	1	1 792.1	8 090.0
自来水的生产和供应业	7	7 035.3	20 389.2

7－10　市区规模以上工业总产值

（2000年）　单位：万元

分　组	企业单位数（个）	工业总产值	
		按1990年不变价计算	按现价计算
总　计	**660**	**3 974 421.2**	**3 877 670.7**
按隶属关系分			
中央企业	68	1 027 587.9	1 091 993.0
省属企业	72	625 250.8	695 802.4
市属企业	520	2 321 582.5	2 089 875.3
市直属企业	314	1 880 828.0	1 616 046.8
区直属企业	49	138 679.4	142 085.1
街道企业	37	77 909.2	80 739.4
镇办企业	18	23 227.8	36 503.1
乡办企业	58	122 464.5	132 682.0
居委会	1	1 234.0	1 234.0
村委会	34	59 385.3	62 035.2
其他	9	17 854.3	18 549.7
按登记注册类型分组			
内资企业	575	3 233 616.0	3 089 482.0
国有经济	241	1 350 975.5	1 464 666.3
集体经济	173	285 141.7	294 518.7
股份合作	30	30 840.5	37 800.4
联营企业	9	27 018.7	29 597.3
国有联营	4	7 718.5	9 612.0
集体联营	3	17 562.9	18 248.0
国有与集体联营	2	1 737.3	1 737.3
其他联营			
有限责任公司	53	809 880.6	779 446.7
国有独资企业	11	496 700.9	440 254.4
其他有限责任公司	42	313 179.7	339 192.3
股份有限公司	46	688 120.0	441 043.4
私营企业	23	41 639.0	42 409.2
私营独资企业	5	15 871.0	16 490.5
私营合伙企业	2	849.3	870.0
私营有限责任公司	14	22 333.0	22 463.0
私营股份有限公司	2	2 585.7	2 585.7
其他内资企业			
港、澳、台商投资企业	39	216 313.8	214 620.0

7-10 续表1 (2000年) 单位:万元

分组	企业单位数(个)	工业总产值	
		按1990年不变价计算	按现价计算
与港、澳、台商合资经营	32	170 557.4	171 943.3
与港、澳、台商合作经营	1		
港、澳、台商独资	6	45 756.4	42 676.7
港、澳、台商投资股份有限公司			
外商投资企业	46	524 491.4	573 568.7
中外合资经营	42	518 757.6	567 795.2
中外合作经营	3	5 139.4	5 233.6
外资企业	1	594.4	539.9
外商投资股份有限公司			
按轻重工业分			
轻工业	300	1 311 324.9	1 481 432.3
以农产品为原料	193	713 809.7	824 228.1
以非农产品为原料	107	597 515.2	657 204.2
重工业	360	2 663 096.3	2 396 238.4
采掘工业	1	2 316.0	2 379.0
原料工业	54	176 523.4	261 555.4
加工工业	305	2 484 256.9	2 132 304
按企业规模分			
大型工业	73	2 635 591.7	2 451 454.7
中型工业	62	219 801.0	295 176.6
小型工业	525	1 119 028.5	1 131 039.4
按管理形式分			
独立核算企业	660	3 974 421.2	3 877 670.7
附营工业单位			
按工业行业大类分			
煤炭采选业			
石油和天然气开采业			
黑色金属矿采选业			
有色金属矿采选业			
非金属矿采选业	1	2 316.0	2 379.0
其他矿采选业			
木材及竹材采选业			
食品加工业	26	62 002.1	89 872.1
食品制造业	26	64 520.0	82 109.0

7-10　续表2　　(2000年)　　单位:万元

分　组	企业单位数(个)	工业总产值	
		按1990年不变价计算	按现价计算
饮料制造业	11	80 824.3	105 950.3
烟草加工业	1	1 013.4	857.9
纺织业	28	166 091.7	170 241.5
服装及其他纤维制品制造业	8	18 165.8	25 298.1
皮革、毛皮、羽绒及其他制品业	4	17 913.5	22 708.2
木材加工及竹、藤、棕、草制品业	3	1 620.7	1 339.9
家具制造业	12	24 258.3	25 882.1
造纸及纸制品业	28	51 320.2	53 699.5
印刷业、记录媒介的复制	27	122 994.1	135 680.1
文教体育用品制造业	2	862.0	880.0
石油加工及炼焦业	5	28 570.2	79 708.2
化学原料及化学制品制造业	31	122 622.4	132 152.2
医药制造业	43	321 815.7	397 397.2
化学纤维制造业	1	530.0	570.0
橡胶制品业	6	5 630.9	5 940.6
塑料制品业	14	14 125.1	14 041.4
非金属矿物制品业	41	53 375.0	63 852.5
黑色金属冶炼及压延加工业	14	17 066.7	19 043.7
有色金属冶炼及压延加工业	8	36 431.4	29 853.7
金属制品业	48	74 701.9	64 996.7
普通机械制造业	48	156 438.4	150 126.8
专用设备制造业	54	265 668.6	239 629.5
交通运输设备制造业	41	702 801.5	679 449.4
电气机械及器材制造业	52	404 648.3	336 104.7
电子及通信设备制造业	37	847 126.2	585 752.1
仪器仪表及文化办公用机械制造业	22	112 512.2	111 748.8
其他制造业	6	76 762.6	76 786.6
电力、蒸汽、热水的生产和供应业	4	30 543.6	56 843.9
煤气生产和供应业	1	1 792.1	8 090.0
自来水的生产和供应业	2	6 807.2	19 437.3

7－11　市属规模以上工业总产值

(2000年)　　单位:万元

分　组	企业单位数(个)	工业总产值 按1990年不变价计算	工业总产值 按现价计算
总　计	**660**	**2 476 742.3**	**2 250 811.5**
按隶属关系分			
市属企业	660	2 476 742.3	2 250 811.5
市直属企业	321	1 892 701.9	1 627 255.5
区直属企业	49	138 679.4	214 687.7
县直属企业	74	73 470.9	
街道企业	37	77 909.2	80 739.4
镇办企业	22	27 589.3	41 902.3
乡办企业	80	151 623.2	166 544.4
居委会	1	1 234.0	1 234.0
村委会	41	64 040.9	67 381.8
其他	35	49 493.5	51 066.4
按登记注册类型分组			
内资企业	584	1 964 773.3	1 740 498.7
国有经济	191	619 060.4	589 637.1
集体经济	203	312 767.3	327 503.6
股份合作	38	46 128.0	51 661.3
联营企业	10	35 292.8	39 425.2
国有联营	5	15 992.6	19 439.9
集体联营	3	17 562.9	18 248.0
国有与集体联营	2	1 737.3	1 737.3
其他联营			
有限责任公司	47	215 829.6	235 125.7
国有独资企业	7	28 757.5	54 880.0
其他有限责任公司	40	187 072.1	180 245.7
股份有限公司	48	666 900.4	427 842.0
私营企业	47	68 794.8	69 303.8
私营独资企业	15	25 512.6	25 247.8
私营合伙企业	4	982.3	1 008.0
私营有限责任公司	21	33 698.3	34 677.0
私营股份有限公司	7	8 601.6	8 371.0
其他内资企业			
港、澳、台商投资企业	40	190 023.9	201 934.0
与港、澳、台商合资经营	31	139 843.2	154 761.0

7－11 续表1 (2000年) 单位:万元

分组	企业单位数（个）	工业总产值 按1990年不变价计算	工业总产值 按现价计算
与港、澳、台商合作经营	1		
港、澳、台商独资	7	48 103.3	45 095.6
港、澳、台商投资股份有限公司	1	2 077.4	2 077.4
外商投资企业	36	321 945.1	308 378.8
中外合资经营	34	316 254.6	302 648.6
中外合作经营	1	5 096.1	5 190.3
外资企业	1	594.4	539.9
外商投资股份有限公司			
按轻重工业分			
轻工业	313	869 961.2	927 938.7
以农产品为原料	209	490 073.5	562 208.8
以非农产品为原料	104	379 887.7	365 729.9
重工业	347	1 606 781.1	1 322 872.8
采掘工业	4	6 325.7	7 978.8
原料工业	65	135 263.5	157 668.9
加工工业	278	1 465 191.9	1 157 225.1
按企业规模分			
大型工业	20	1 197 324.2	944 289.2
中型工业	39	154 333.5	173 012.9
小型工业	601	1 125 084.6	1 133 509.4
按管理形式分			
独立核算企业	660	2 476 742.3	2 250 811.5
附营工业单位			
按工业行业大类分			
煤炭采选业			
石油和天然气开采业			
黑色金属矿采选业			
有色金属矿采选业	2	4 009.7	5 599.8
非金属矿采选业	2	2 316.0	2 379.0
其他矿采选业			
木材及竹材采选业			
食品加工业	40	57 564.2	70 815.8
食品制造业	28	64 715.6	81 824.8
饮料制造业	13	82 682.1	107 818.0

7-11　续表2　　(2000年)　　单位:万元

分组	企业单位数(个)	工业总产值	
		按1990年不变价计算	按现价计算
烟草加工业			
纺织业	23	22 071.0	25 335.5
服装及其他纤维制品制造业	6	8 182.1	13 469.0
皮革、毛皮、羽绒及其他制品业	4	16 394.9	17 311.2
木材加工及竹、藤、棕、草制品业	2	375.9	374.0
家具制造业	14	24 353.8	25 986.0
造纸及纸制品业	39	64 942.9	69 108.1
印刷业、记录媒介的复制	22	46 334.4	43 958.5
文教体育用品制造业	1	862.0	880.0
石油加工及炼焦业	4	12 178.1	13 832.6
化学原料及化学制品制造业	37	119 758.1	126 374.5
医药制造业	35	123 702.1	108 421.2
化学纤维制造业	1	530.0	570.0
橡胶制品业	6	4 570.2	4 433.0
塑料制品业	13	13 818.1	13 750.8
非金属矿物制品业	58	66 244.3	79 190.3
黑色金属冶炼及压延加工业	10	7 343.9	8 518.8
有色金属冶炼及压延加工业	8	36 431.4	29 853.7
金属制品业	47	46 672.6	49 175.6
普通机械制造业	50	132 918.4	133 261.8
专用设备制造业	42	141 508.2	136 329.1
交通运输设备制造业	24	43 668.8	42 653.6
电气机械及器材制造业	65	425 246.5	358 867.4
电子及通信设备制造业	30	766 894.9	512 612.1
仪器仪表及文化办公用机械制造	16	49 854.8	51 892.0
其他制造业	7	76 859.7	76 848.7
电力、蒸汽、热水的生产和供应业	3	4 910.2	10 887.4
煤气生产和供应业	1	1 792.1	8 090.0
自来水的生产和供应业	7	7 035.3	20 389.2

7－12　分区县规模以上工业总产值

（2000年）　　单位：万元

区县名称	企业单位数（个）	工业总产值 按1990年不变价计算 全辖区	区县属	按现价计算 全辖区	区县属
总　计	**816**	**4 259 788.0**	**584 040.4**	**4 179 736.3**	**623 556.0**
新城区	94	731 275.4	115 514.4	782 471.8	116 314.2
碑林区	62	207 037.9	12 655.7	215 035.6	13 349.8
莲湖区	115	795 223.7	15 021.1	756 828.2	13 845.3
灞桥区	67	195 010.6	43 515.7	213 465.9	46 145.5
未央区	141	504 606.1	162 940.2	614 076.1	168 997.3
雁塔区	148	1 190 227.5	58 922.7	943 841.4	67 835.8
阎良区	14	286 429.3	9 873.8	275 566.7	12 325.4
临潼区	19	64 610.7	22 310.9	76 385.0	35 015.2
长安县	39	83 742.1	31 619.1	86 977.4	35 104.4
蓝田县	30	34 058.2	10 530.8	38 106.4	14 311.9
周至县	20	18 844.8	16 405.4	20 487.8	18 108.8
户县	45	124 164.4	60 173.3	130 691.6	56 400.0
高陵县	22	24 557.3	24 557.3	25 802.4	25 802.4

7－13　规模以上主要工业产品产量

产　品　名　称	单　位	1999年	2000年	2000年生产量比1999年增长（%）
自来水生产量	万吨	27 405.16	26 947.27	－1.67
小麦粉	万吨	12.47	13.48	8.10
食用植物油	吨	5 517.00	3 091.00	－43.97
精炼食用植物油	吨	50 603.00	61 347.00	21.23
鲜、冻畜肉	吨	9 258.00	8 119.00	－12.30
饲料添加剂	吨	441.00	406.00	－7.94
配混合饲料	吨	93 175.00	107 463.00	15.33
糕点	吨	1 353.00	1 397.00	3.25
饼干	吨	551.00	752.00	36.48
方便主食品	吨	26 512.00	27 157.00	2.43
方便面	吨	19 261.00	19 353.00	0.48
乳制品	吨	18 548.00	22 487.00	21.24
罐头	吨	2 063.00	1 881.00	－8.82
味精	吨	449.00	574.00	27.84
酱油	吨	3 490.00	2 790.00	－20.06
食品添加剂	吨	29.20	31.70	8.56
饮料酒	吨	120 797.40	184 920.70	53.08
白酒	吨	722.40	812.70	12.50
啤酒	吨	116 666.00	182 800.00	56.69
软饮料	吨	65 704.00	76 494.00	16.42
碳酸饮料	吨	55 658.00	59 782.00	7.41
果汁及果汁饮料	吨	9 996.00	16 712.00	67.19
液体乳	吨	2 111.00	2 270.00	7.53
冷冻饮品	吨	9 426.00	10 297.00	9.24
化学纤维	吨	5 967.00	3 604.00	－39.60
合成纤维	吨	5 967.00	3 604.00	－39.60
涤纶纤维	吨	5 967.00	3 604.00	－39.60
纱	吨	61 161.00	65 593.00	7.25
布	万米	27 506.86	27 819.32	1.14
棉布	万米	9 579.49	11 645.68	21.57
混纺交织布	万米	16 952.24	15 909.30	－6.15
纯化纤布	万米	975.13	264.34	－72.89
印染布	万米	5 474.61	4 211.75	－23.07
绒线(毛线)	吨	208.84	187.42	－10.26
呢绒	万米	1.01	0.32	－68.32

7－13　续表1

产品名称	单位	1999年	2000年	2000年生产量比1999年增长（%）
丝织品	万米	54.70	142.15	159.87
针棉织品折用纱线量	吨	2 392.00	2 791.00	16.68
服装	万件	503.55	710.79	41.16
梭织服装	万件	448.74	475.44	5.95
针织服装	万件	54.81	235.35	329.39
布鞋	万双	38.55	55.31	43.48
轻革	平方米	875 500.00	684 986.00	－21.76
皮鞋	万双	84.08	50.59	－39.83
人造板	立方米	7 027.00	7 293.00	3.79
纤维板	立方米	7 027.00	7 293.00	3.79
生产用木制品	千元	2 906.00	2 410.00	－17.07
家具	件	150 454.00	139 295.00	－7.42
木制家具	件	75 009.00	75 932.00	1.23
软体家具(包括床垫、沙发)	件	73 972.00	62 245.00	－15.85
金属家具	件	1 473.00	1 118.00	－24.10
纸浆	吨	7 314.00	5 571.00	－23.83
机制纸	吨	46 947.00	54 711.00	16.54
新闻纸	吨	2 799.00	9 830.00	251.20
凸版纸	吨	20 298.00	25 265.00	24.47
纸制品	吨	2 267.00	2 172.89	－4.15
纸箱	吨	1 000.00	913.89	－8.61
单色印刷品	万令	75.75	108.49	43.22
多色印刷品	万对开色令	358.14	337.14	－5.86
工艺美术制品	千元	536 991.00	637 308.00	18.68
原油加工量	吨	186 856.00	339 100.00	81.48
汽油	吨	62 399.00	72 490.00	16.17
溶剂油	吨	7 156.00	13 481.00	88.39
煤油	吨	2 564.00	7 692.00	200.00
柴油	吨	74 506.00	111 098.00	49.11
润滑油	吨	5 717.00	3 884.00	－32.06
液化石油气	吨	30 714.14	38 350.40	24.86
焦炭	吨	140 541.00	158 934.00	13.09
煤气	万立方米	6 272.85	5 643.76	－10.03
硫酸(折100%)	吨	46 139.00	32 159.00	－30.30
盐酸(含量31%以上)	吨	57 889.00	54 736.00	－5.45
氢氧化钠(烧碱)(折100%)	吨	54 073.00	64 391.00	19.08

7-13 续表 2

产品名称	单位	1999年	2000年	2000年生产量比1999年增长（%）
碳化钙(电石)(折300升/千克)	吨	26 526.00	41 739.00	57.35
商品液氯	吨	16 777.00	16 870.00	0.55
合成氨	吨	37 669.04	35 197.04	-6.56
农用氮、磷、钾化学肥料总计	吨	27 111.00	22 494.00	-17.03
氮肥(折含N 100%)	吨	12 581.00	12 267.00	-2.50
磷肥(折含P2O5 100%)	吨	14 530.00	10 227.00	-29.61
丙烯	吨	2 433.00	4 360.00	79.20
油漆	吨	9 386.37	9 485.41	1.06
建筑涂料	吨	113.00	176.80	56.46
塑料树脂及共聚物	吨	15 839.00	27 469.00	73.43
聚氯乙烯树脂	吨	15 839.00	27 469.00	73.43
化学试剂	吨	1 247.00	1 267.00	1.60
表面活性剂	吨	12 141.00	10 501.00	-13.51
粘合剂	吨	3 212.00	4 412.00	37.36
磁带（折6.30毫米）	万米	1 257.00	1 292.00	2.78
肥皂	吨	13 684.00	12 695.00	-7.23
合成洗涤剂	吨	62 110.00	66 229.00	6.63
合成洗衣粉	吨	57 535.00	58 987.00	2.52
牙膏(自然支)	万支	1 142.77	1 779.16	55.69
化学原料药	吨	1 254.00	1 276.00	1.75
中成药	吨	1 042.64	1 236.15	18.56
三角带	万A米	121.54	19.90	-83.63
胶鞋	万双	148.14	133.03	-10.20
塑料制品	吨	9 867.00	9 848.10	-0.19
塑料薄膜	吨	3 148.00	2 009.10	-36.18
农用薄膜	吨	-	-	-
塑料棒管材	吨	1 525.00	2 228.00	46.10
塑料包装箱及容器	吨	694.00	668.00	-3.75
其它塑料制品	吨	4 500.00	4 943.00	9.84
水泥	万吨	107.65	107.21	-0.41
水泥排水管	吨	86 652.00	100 141.00	15.57
水泥压力管	吨	38 916.00	10 023.00	-74.24
水泥电杆	吨	36 689.00	47 154.00	28.52
水泥预制构件	立方米	7 519.00	8 597.00	14.34
石棉水泥瓦	平方米	751 800.00	841 100.00	11.88
砖(折标准砖)	万块	3 472.80	532.00	-84.68

7－13　续表 3

产　品　名　称	单　位	1999 年	2000 年	2000年生产量比1999年增长（%）
加气混凝土	立方米	148 120.00	193 487.00	30.63
油毡油纸	卷	54 500.00	12 300.00	－77.43
平板玻璃	重量箱	194 782.00	187 604.00	－3.69
日用玻璃制品	吨	27 519.58	18 137.70	－34.09
釉面砖	万平方米	309.26	295.00	－4.61
墙地砖	万平方米	320.82	372.96	16.25
耐火材料制品	吨	1 658.00	2 059.00	24.19
石棉制品	吨	492.00	596.00	21.14
磨具	吨	120.72	798.58	561.51
生铁	吨	16 707.00	11 546.00	－30.89
钢	吨	18 881.00	30 585.00	61.99
普通碳素钢	吨	10 824.00	18 324.00	69.29
普通低合金钢	吨	17.00	21.00	23.53
合金钢	吨	2 107.00	3 337.00	58.38
其它优质钢	吨	5 933.00	8 903.00	50.06
成品钢材	吨	283 286.28	100 445.05	－64.54
普通小型钢材	吨	179 364.00	22 227.00	－87.61
优质型钢材	吨	706.00	869.00	23.09
线材	吨	101 990.28	73 996.05	－27.45
钢带	吨	302.00	2 713.00	798.34
无缝钢管	吨	41.00	28.00	－31.71
焊接钢管	吨	883.00	612.00	－30.69
十种有色金属	吨	949.76	723.21	－23.85
铜	吨	377.76	238.21	－36.94
铝	吨	572.00	485.00	－15.21
黄金	千克	500.00	719.00	43.80
铜加工材	吨	742.85	167.80	－77.41
金属结构制品	吨	4 073.00	6 486.00	59.24
铸铁管	吨	7 026.00	3 644.00	－48.14
建筑用金属品	吨	334.00	151.00	－54.79
焊条	吨	19.00	146.00	668.42
工业锅炉	蒸发量吨	780.94	755.85	－3.21
内燃机	万千瓦	2.71	4.24	56.46
金属切削机床	台	121.00	122.00	0.83
数控机床	台	6.00	15.00	150.00
锻压设备	吨	715.03	882.55	23.43

7-13 续表 4

产品名称	单位	1999年	2000年	2000年生产量比1999年增长(%)
起重设备	吨	227.00	475.00	109.25
泵	台	3 068.00	2 284.00	-25.55
风机	台	3 542.00	2 993.00	-15.50
气体压缩机	台	156.00	111.00	-28.85
减速机	台	2 685.00	2 450.00	-8.75
轴承	万套	215.43	165.53	-23.16
阀门	吨	359.76	451.49	25.50
液压元件	件	20 729.00	21 402.00	3.25
密封件	万件	903.00	1 317.00	45.85
标准紧固件	吨	804.95	1 113.00	38.27
齿轮	吨	1 820.00	3 059.32	68.09
铸件	吨	16 960.37	20 250.45	19.40
锻件	吨	4 522.00	6 341.00	40.23
矿山设备	吨	932.00	865.00	-7.19
工矿配件	吨	2 306.07	2 425.43	5.18
粮食加工机械	台	222.00	379.00	70.72
烟草加工机械	台(条、组)	14.00	10.00	-28.57
缝纫机	架	188 999.00	413 853.00	118.97
造纸机械	台	5.00	5.00	-
石油钻采设备	吨	130.00	156.00	20.00
炼油设备	吨	-	109.00	-
化工设备	吨	965.00	507.50	-47.41
水泥设备	吨	4 753.00	4 662.00	-1.91
金属轧制设备	吨	737.15	510.27	-30.78
小型拖拉机	台	2 298.00	585.00	-74.54
铲土运输机械	台	1 461.00	1 454.00	-0.48
压实机械	台	195.00	70.00	-64.10
货车	辆	2 600.00	3 033.00	16.65
汽车	辆	7 375.00	8 832.00	19.76
载货汽车	辆	1 943.00	3 177.00	63.51
公路客车	辆	132.00	275.00	108.33
轿车	辆	5 300.00	5 380.00	1.51
改装汽车	辆	948.00	808.00	-14.77
自行车	辆	2 559.00	29 406.00	1 049.12
交流电动机	千瓦	986 917.40	1 026 221.70	3.98
变压器	千伏安	14 381 319.00	14 888 171.00	3.52

7－13　续表5

产　品　名　称	单　位	1999年	2000年	2000年生产量比1999年增长（%）
互感器	台	42 861.00	32 103.00	－25.10
高压断路器	台	2 589.00	2 775.00	7.18
高压开关板	面	1 708.00	2 419.00	41.63
低压开关板	面	10 031.00	7 602.00	－24.21
电力电缆	公里	390.89	32.09	－91.79
通讯电缆	公里	14 863.18	22 022.53	48.17
电线	公里	32 127.00	35 001.71	8.95
钢芯铝绞线	吨	1 143.10	1 024.48	－10.38
裸铜线及铜电车线	吨	991.26	786.05	－20.70
绝缘制品	吨	3 112.00	4 920.00	58.10
家用电冰箱	台	14 638.00	33 012.00	125.52
电焊机	台	2 719.00	4 136.00	52.11
程控交换机	线	1 271 600.00	2 452 000.00	92.83
数字程控交换机	线	1 271 600.00	2 452 000.00	92.83
微型电子计算机	部	44 397.00	54 762.00	23.35
彩色显象管	只	1 231 577.00	3 454 961.00	180.53
半导体分立器件	万只	7.10	7.30	2.82
电子元件	万只	6 669.55	10 507.87	57.55
彩色电视机	部	122 350.00	8 400.00	－93.13
黑白电视机	部	14 830.00	－	－100.00
自动化仪表及系统	台(套)	719 989.00	582 350.00	－19.12
电工仪器仪表	台	13 388.00	16 335.00	22.01
光学仪器	台	10 985.00	9 012.00	－17.96
地质勘探、钻采、地震专用仪器	台	252.00	113.00	－55.16
台秤	台	13.00	6.00	－53.85
地上衡	台	175.00	259.00	48.00
表	只	35 193.00	17 342.00	－50.72
发电量	万千瓦小时	196 928.00	192 376.00	－2.31
火电	万千瓦小时	196 928.00	192 376.00	－2.31
供电量	万千瓦小时	655 652.00	732 373.00	11.70
供热量	万百万千焦	576.03	661.17	14.78

7－14 全部规模以上独立核算工业企业经济指标

（2000年） 单位：万元

分组	企业单位数(个)	亏损企业	工业总产值(当年价)	工业总产值(不变价)	工业增加值(生产法)	工业销售产值(当年价)
总计	**816**	**273**	**4 179 736.3**	**4 259 788.0**	**1 301 794.7**	**4 056 286.4**
#市区	660	210	3 877 670.7	3 974 421.2	1 221 479.9	3 758 934.9
按隶属关系分						
中央企业	79	27	1 226 312.8	1 151 796.9	360 495.7	1 226 678.0
省属企业	77	38	702 612.0	631 248.8	230 007.1	698 963.2
市属企业	660	208	2 250 811.5	2 476 742.3	711 291.9	2 130 645.2
市直属企业	321	128	1 627 255.5	1 892 701.9	546 125.2	1 549 262.3
区直属企业	49	14	142 085.1	138 679.4	42 404.5	133 962.7
县直属企业	74	39	72 602.6	73 470.9	19 307.9	71 912.4
街道企业	37	2	80 739.4	77 909.2	16 234.8	70 893.9
镇办企业	22	1	41 902.3	27 589.3	12 624.1	37 994.5
乡办企业	80	12	166 544.4	151 623.2	42 699.1	156 595.8
居委会	1		1 234.0	1 234.0	317.9	1 169.0
村委会	41	2	67 381.8	64 040.9	17 808.2	63 162.1
其他	35	10	51 066.4	49 493.5	13 770.2	45 692.5
市属中其中：						
区属：	206	25	473 828.5	440 754.5	125 327.9	444 003.3
县属：	133	55	149 727.5	143 285.9	39 838.8	137 379.6
按登记注册类型分组						
内资企业	724	236	3 358 033.3	3 486 564.6	976 643.3	3 235 433.1
国有经济	312	150	1 621 597.0	1 498 304.2	445 400.8	1 594 673.7
集体经济	204	35	329 320.3	314 075.9	86 492.1	311 917.0
股份合作	38	17	51 661.3	46 128.0	13 306.4	52 536.3
联营企业	11	2	39 775.7	35 633.0	10 689.3	38 747.9
国有联营	6	2	19 790.4	16 332.8	5 814.2	19 416.3
集体联营	3		18 248.0	17 562.9	4 313.0	17 675.0
国有与集体联营	2		1 737.3	1 737.3	562.1	1 656.6
其他联营						
有限责任公司	60	16	793 578.1	825 187.0	250 517.7	757 374.4
国有独资企业	11	3	440 254.4	496 700.9	113 037.5	434 260.3
其他有限责任公司	49	13	353 323.7	328 486.1	137 480.2	323 114.1
股份有限公司	52	9	452 797.1	698 441.7	144 439.3	414 214.0
私营企业	47	7	69 303.8	68 794.8	25 797.7	65 969.8
私营独资企业	15	5	25 247.8	25 512.6	5 802.7	23 186.2
私营合伙企业	4		1 008.0	982.3	221.4	1 030.3
私营有限责任公司	21		34 677.0	33 698.3	16 889.5	35 042.6

7－14 续表 1 (2000年) 单位:万元

分组	企业单位数(个)	亏损企业	工业总产值(当年价)	工业总产值(不变价)	工业增加值(生产法)	工业销售产值(当年价)
私营股份有限公司	7	2	8 371.0	8 601.6	2 884.1	6 710.7
其他内资企业						
港、澳、台商投资企业	43	18	220 465.4	221 136.6	74 596.1	212 921.4
与港、澳、台商合资经营	34	15	173 292.4	170 955.9	58 724.5	166 105.6
与港、澳、台商合作经营	1					
港、澳、台商独资	7	3	45 095.6	48 103.3	15 270.6	44 738.4
港、澳、台商投资股份有限公司	1		2 077.4	2 077.4	601.0	2 077.4
外商投资企业	49	19	601 237.6	552 086.8	250 555.3	607 931.9
中外合资经营	45	17	595 464.1	546 353.0	249 255.7	601 919.1
中外合作经营	3	2	5 233.6	5 139.4	1 080.2	5 472.9
外资企业	1		539.9	594.4	219.4	539.9
外商投资股份有限公司						
在总计中:亏损企业	273	273	536 599.5	490 076.0	115 667.2	532 436.7
在总计中:国有控股企业	416	183	2 992 273.7	3 156 374.4	885 157.7	2 904 292.7
在总计中:农村工业						
按轻重工业分						
轻工业	371	130	1 591 857.7	1 428 201.4	570 087.1	1 538 902.6
以农产品为原料	246	84	904 200.4	790 936.7	287 967.8	873 264.4
以非农产品为原料	125	46	687 657.3	637 264.7	282 119.3	665 638.2
重工业	445	143	2 587 878.6	2 831 586.6	731 707.6	2 517 383.8
采掘工业	7	3	10 554.7	8 348.0	3 496.9	10 739.9
原料工业	77	28	297 449.4	202 209.7	100 758.1	296 595.4
加工工业	361	112	2 279 874.5	2 621 028.9	627 452.6	2 210 048.5
按企业规模分						
大型工业	80	24	2 547 197.9	2 722 612.5	792 852.7	2 486 777.1
中型工业	70	28	360 511.5	289 010.2	92 482.4	371 103.6
小型工业	666	221	1 272 026.9	1 248 165.3	416 459.6	1 198 405.7
按工业行业大类分						
煤炭采选业						
石油和天然气开采业						
黑色金属矿采选业	1	1	516.6	339.7	167.4	472.5
有色金属矿采选业	3	1	7 586.3	5 619.5	2 816.1	7 476.6
非金属矿采选业	2		2 379.0	2 316.0	485.1	2 331.0
其他矿采选业						
木材及竹材采选业	1	1	72.8	72.8	28.3	459.8
食品加工业	42	19	111 445.5	83 847.8	15 781.9	112 467.9

7-14 续表 2 (2000年) 单位:万元

分 组	企业单位数(个)	亏损企业	工业总产值(当年价)	工业总产值(不变价)	工业增加值(生产法)	工业销售产值(当年价)
食品制造业	30	10	85 697.2	67 798.7	27 721.3	81 992.2
饮料制造业	13	6	107 818.0	82 682.1	37 252.9	102 451.8
烟草加工业	1		857.9	1 013.4	288.9	1 023.4
纺织业	36	14	175 390.9	170 187.0	54 716.8	168 432.6
服装及其他纤维制品制造业	8	2	25 298.1	18 165.8	13 092.3	25 876.2
皮革、毛皮、羽绒及其他制品业	5	1	24 308.2	19 513.5	6 378.8	25 260.3
木材加工及竹、藤、棕、草制品业	3	2	1 339.9	1 620.7	324.7	1 182.2
家具制造业	14	5	25 986.0	24 353.8	6 656.4	25 023.0
造纸及纸制品业	40	7	70 403.5	65 866.3	18 595.1	67 461.8
印刷业、记录媒介的复制	32	13	136 768.8	124 131.5	53 837.3	132 076.0
文教体育用品制造业	2		880.0	862.0	257.1	792.0
石油加工及炼焦业	5	2	79 708.2	28 570.2	12 595.5	76 073.1
化学原料及化学制品制造业	43	16	171 722.8	154 878.8	40 454.6	160 768.2
医药制造业	48	12	412 823.3	349 215.1	188 576.0	415 356.0
化学纤维制造业	2	1	27 257.9	27 217.9	9 887.4	26 851.8
橡胶制品业	7	3	5 980.4	5 680.7	1 358.9	6 613.5
塑料制品业	14	8	14 041.4	14 125.1	4 198.4	14 776.8
非金属矿物制品业	63	19	92 191.6	73 037.6	25 721.8	86 708.2
黑色金属冶炼及压延加工业	14	2	19 043.7	17 066.7	5 505.0	18 318.5
有色金属冶炼及压延加工业	8	2	29 853.7	36 431.4	15 022.9	26 322.3
金属制品业	50	16	70 763.8	79 968.6	19 083.2	68 553.3
普通机械制造业	55	21	160 904.3	166 392.8	43 628.2	155 186.1
专用设备制造业	64	22	245 903.7	271 879.0	87 389.2	235 635.3
交通运输设备制造业	50	15	743 572.8	766 545.0	187 148.9	742 242.0
电气机械及器材制造业	67	16	360 492.9	426 856.5	91 813.5	354 507.6
电子及通信设备制造业	37	10	585 752.1	847 126.2	206 670.1	540 199.5
仪器仪表及文化办公用机械制造业	27	9	114 341.9	115 390.7	31 060.8	100 141.9
其他制造业	9	5	80 291.1	80 302.1	23 252.6	75 930.1
电力、蒸汽、热水的生产和供应业	7	2	70 615.1	41 336.5	40 693.0	80 051.5
煤气生产和供应业	1	1	8 090.0	1 792.1	396.2	8 090.0
自来水的生产和供应业	7	7	20 389.2	7 035.3	12 831.5	20 346.7

7-14 续表3　　(2000年)　　单位:万元

分组	全部职工年平均人数(人)	资产合计	流动资产小计	流动资产平均余额	固定资产小计
总计	**432 517**	**9 580 464.4**	**4 838 689.2**	**4 308 860.2**	**3 836 585.2**
#市区	383 390	8 982 351.4	4 567 626.1	4 060 689.8	3 552 029.7
按隶属关系分					
中央企业	183 800	3 646 397.4	1 794 423.2	1 579 678.6	1 653 894.4
省属企业	67 915	1 733 880.6	897 664.5	844 337.8	651 105.2
市属企业	180 802	4 200 186.4	2 146 601.5	1 884 843.8	1 531 585.6
市直属企业	124 534	3 474 240.5	1 818 736.5	1 598 065.2	1 244 327.4
区直属企业	8 849	283 708.0	135 821.5	112 474.5	84 571.3
县直属企业	15 086	148 745.4	59 500.7	55 837.9	79 728.5
街道企业	4 852	33 863.8	20 719.2	19 178.9	9 747.3
镇办企业	3 533	33 462.3	14 492.3	13 596.7	16 076.8
乡办企业	11 770	126 052.6	50 983.5	46 545.7	54 678.1
居委会	750	364.5	294.0	294.0	70.5
村委会	6 836	43 340.7	16 844.4	13 137.2	21 393.5
其他	4 592	56 408.6	29 209.4	25 713.7	20 992.2
市属中其中:					
区属:	32 106	489 074.0	223 256.4	191 169.7	171 182.7
县属:	24 162	236 871.9	104 608.6	95 608.9	116 075.5
按登记注册类型分组					
内资企业	414 908	8 500 788.4	4 163 108.2	3 683 201.0	3 530 678.6
国有经济	275 866	5 008 465.8	2 182 101.9	2 020 341.9	2 476 470.8
集体经济	31 417	274 534.1	156 220.4	144 871.9	90 636.7
股份合作	9 292	135 386.7	44 863.7	44 126.8	54 881.8
联营企业	2 516	44 958.8	17 613.6	14 210.1	20 225.1
国有联营	1 589	28 507.5	13 155.0	11 432.2	13 178.8
集体联营	615	13 788.9	3 197.5	1 530.0	6 207.4
国有与集体联营	312	2 662.4	1 261.1	1 247.9	838.9
其他联营					
有限责任公司	67 445	1 809 775.1	1 045 243.3	865 965.7	612 693.9
国有独资企业	39 818	1 198 154.9	751 171.1	602 152.7	391 815.6
其他有限责任公司	27 627	611 620.2	294 072.2	263 813.0	220 878.3
股份有限公司	21 848	1 137 156.5	668 238.6	555 565.6	246 788.2
私营企业	6 524	90 511.4	48 826.7	38 119.0	28 982.1
私营独资企业	2 506	16 958.7	5 691.2	5 232.1	10 094.3
私营合伙企业	210	1 807.8	912.3	856.9	740.5
私营有限责任公司	3 201	55 184.5	33 292.1	24 682.3	13 576.7

7-14 续表 4　　(2000年)　　单位:万元

分组	全部职工年平均人数(人)	资产合计	流动资产小计	流动资产年平均余额	固定资产小计
私营股份有限公司	607	16 560.4	8 931.1	7 347.7	4 570.6
其他内资企业					
港、澳、台商投资企业	6 878	320 522.3	160 442.0	128 331.9	114 948.8
与港、澳、台商合资经营	4 297	250 917.8	134 409.7	117 474.1	77 024.1
与港、澳、台商合作经营	2				
港、澳、台商独资	2 136	66 594.5	23 663.5	8 537.2	37 430
港澳台商投资股份有限公司	443	3 010.0	2 368.8	2 320.6	494.7
外商投资企业	10 731	759 153.7	515 139.0	497 327.3	190 957.8
中外合资经营	10 370	753 886.0	512 374.6	494 567.7	188 945.8
中外合作经营	240	4 433.5	2 423.9	2 419.1	1 716.8
外资企业	121	834.2	340.5	340.5	295.2
外商投资股份有限公司					
在总计中:亏损企业	133 775	2 206 503.9	848 035.4	824 059.0	1 113 076.5
在总计中:国有控股企业	362 415	8 143 524.3	4 038 743.5	3 598 199.3	3 406 033.1
在总计中:农村工业					
按轻重工业分					
轻工业	132 295	2 727 416.8	1 288 008.6	1 146 749.7	1 043 419.0
以农产品为原料	92 774	1 566 026.8	676 639.5	608 949.7	685 816.1
以非农产品为原料	39 521	1 161 390.0	611 369.1	537 800.0	357 602.9
重工业	300 222	6 853 047.6	3 550 680.6	3 162 110.5	2 793 166.2
采掘工业	2 357	27 854.8	6 155.9	5 414.8	18 771.1
原料工业	31 221	993 190.2	345 940.7	325 820.5	609 569.2
加工工业	266 644	5 832 002.6	3 198 584.0	2 830 875.2	2 164 825.9
按企业规模分					
大型工业	260 323	6 322 520.8	3 343 223.0	2 966 945.0	2 521 356.2
中型工业	42 588	884 158.2	412 935.4	392 955.8	379 026.7
小型工业	129 606	2 373 785.4	1 082 530.8	948 959.4	936 202.3
按工业行业大类分					
煤炭采选业					
石油和天然气开采业					
黑色金属矿采选业	108	2 044.0	774.8	774.8	1 208.2
有色金属矿采选业	1 154	14 481.2	2 912.7	2 653.3	9 194.6
非金属矿采选业	51	46.8	27.0	15.6	19.2
其他矿采选业					
木材及竹材采选业	1 044	11 282.8	2 441.4	1 971.1	8 349.1
食品加工业	8 330	127 154.1	55 357.9	51 942.4	50 928.3

7-14 续表 5 (2000年) 单位:万元

分组	全部职工年平均人数(人)	资产合计	流动资产小计	流动资产年平均余额	固定资产小计
食品制造业	5 591	117 674.2	46 376.5	30 014.6	60 214.6
饮料制造业	3 579	187 263.1	67 656.3	64 099.2	98 386.2
烟草加工业	121	2 851.5	654.3	697.9	1 675.2
纺织业	40 132	372 426.6	135 642.8	128 205.2	199 850.9
服装及其他纤维制品制造业	6 272	44 336.6	28 889.8	27 745.8	13 238.0
皮革、毛皮、羽绒及其他制品业	2 656	51 027.9	35 834.2	36 738.3	13 954.2
木材加工及竹、藤、棕、草制品业	632	17 826.7	4 676.0	4 491.1	12 962.2
家具制造业	1 997	18 588.1	9 076.8	8 494.8	8 067.0
造纸及纸制品业	8 131	77 952.0	30 946.1	27 455.1	40 973.1
印刷业、记录媒介的复制	9 987	302 862.3	134 808.3	119 206.3	125 750.0
文教体育用品制造业	55	183.6	86.7	85.3	96.9
石油加工及炼焦业	2 522	79 598.3	38 243.3	33 042.6	40 623.2
化学原料及化学制品制造业	29 272	422 288.6	149 986.3	151 049.2	244 598.3
医药制造业	16 049	592 717.1	364 544.7	329 254.1	126 690.9
化学纤维制造业	257	24 605.3	9 091.2	10 064.7	15 112.8
橡胶制品业	1 873	22 849.5	10 915.5	10 464.6	11 428.7
塑料制品业	1 280	23 745.4	9 435.7	7 197.3	12 410.0
非金属矿物制品业	18 013	226 239.9	74 831.3	71 132.3	115 516.7
黑色金属冶炼及压延加工业	4 457	174 719.4	87 918.3	82 425.2	69 986.8
有色金属冶炼及压延加工业	1 741	42 382.4	17 097.1	15 301.7	17 429.5
金属制品业	8 415	101 538.4	47 535.1	45 713.2	43 997.3
普通机械制造业	24 061	405 884.3	224 786.8	209 588.4	142 577.5
专用设备制造业	30 992	598 510.5	360 555.8	297 308.5	208 273.4
交通运输设备制造业	81 966	1 928 234.5	1 119 010.6	932 795.2	683 564.9
电气机械及器材制造业	30 504	843 389.6	475 619.3	416 853.0	304 193.2
电子及通信设备制造业	26 731	1 047 811.8	648 286.2	585 803.5	225 024.5
仪器仪表及文化办公用机械制造业	22 778	495 861.0	281 353.6	269 816.6	167 069.5
其他制造业	2 142	130 634.5	65 504.8	51 449.6	35 348.3
电力、蒸汽、热水的生产和供应业	7 561	473 467.4	122 567.2	119 979.8	349 314.6
煤气生产和供应业	1 207	13 383.1	6 235.2	6 334.1	7 078.8
自来水的生产和供应业	3 236	114 839.4	19 180.3	20 301.1	86 792.5

7-14 续表 6 (2000年) 单位:万元

分组	固定资产原价合计	累计折旧	本年折旧	固定资产净值年平均余额	负债合计
总计	**4 742 075.8**	**1 572 377.6**	**212 671.6**	**2 981 896.3**	**6 224 609.4**
#市区	4 359 398.0	1 433 092.1	194 677.7	2 740 827.9	5 810 932.9
按隶属关系分					
中央企业	2 101 917.1	719 445.8	90 092.6	1 298 977.5	2 225 044.3
省属企业	731 073.6	247 653.7	27 915.5	454 215.3	1 331 723.4
市属企业	1 909 085.1	605 278.1	94 663.5	1 228 703.5	2 667 841.7
市直属企业	1 595 488.0	530 640.7	76 661.5	995 379.6	2 225 938.9
区直属企业	70 053.2	14 695.6	3 537.4	55 337.2	141 668.8
县直属企业	95 988.2	23 089.5	5 766.9	70 219.9	125 545.4
街道企业	12 346.9	4 054.7	1 122.6	7 855.9	19 098.9
镇办企业	19 441.1	4 131.9	1 379.4	15 537.2	21 783.4
乡办企业	65 110.6	18 218.3	3 420.7	43 768.4	78 681.8
居委会	75.0	4.5	4.5	70.5	264.5
村委会	25 398.2	5 371.9	961.9	20 130.5	23 942.8
其他	25 183.9	5 071.0	1 808.6	20 404.3	30 917.2
市属中其中:					
区属:	171 286.3	40 618.1	9 746.6	128 000.8	261 724.6
县属:	142 310.8	34 019.3	8 255.4	105 323.1	180 178.2
按登记注册类型分组					
内资企业	4 365 981.3	1 457 240.3	189 472.2	2 731 454.6	5 645 046.3
国有经济	3 073 231.0	1 017 224.8	129 630.0	1 918 144.0	3 658 192.5
集体经济	117 521.5	35 446.7	6 108.7	79 880.0	179 180.4
股份合作	73 517.9	24 308.4	1 790.7	48 028.7	89 932.3
联营企业	27 797.4	8 718.5	2 583.8	16 865.7	23 754.6
国有联营	17 312.8	4 505.0	1 478.6	13 313.5	16 653.7
集体联营	8 930.0	3 471.0	659.0	2 715.5	5 212.4
国有与集体联营	1 554.6	742.5	446.2	836.7	1 888.5
其他联营					
有限责任公司	694 298.1	235 916.4	22 439.8	453 045.6	1 096 146.4
国有独资企业	481 719.8	168 122.2	15 545.2	309 263.7	750 134.1
其他有限责任公司	212 578.3	67 794.2	6 894.6	143 781.9	346 012.3
股份有限公司	347 259.6	129 817.7	25 259.6	192 510.2	553 980.4
私营企业	32 355.8	5 807.8	1 659.6	22 980.4	43 859.7
私营独资企业	12 032.7	2 579.9	647.7	9 337.6	10 649.8
私营合伙企业	904.6	228.7	49.0	648.8	1 172.6
私营有限责任	13 976.1	2 020.7	590.9	8 748.3	23 007.7

7－14 续表 7　　　　(2000年)　　　　单位:万元

分组	固定资产原价合计	累计折旧	本年折旧	固定资产净值年平均余额	负债合计
私营股份有限公司	5 442.4	978.5	372.0	4 245.7	9 029.6
其他内资企业					
港、澳、台商投资企业	120 492.6	33 169.0	6 737.8	87 740.7	160 293.3
与港、澳、台商合资经营	71 834.9	21 812.4	3 843.9	50 603.4	123 768.1
与港、澳、台商合作经营					
港、澳、台商独资	47 972.5	11 166.1	2 845.8	36 655.0	34 536.8
港、澳、台商投资股份有限公	685.2	190.5	48.1	482.3	1 988.4
外商投资企业	255 601.9	81 968.3	16 461.6	162 701.0	419 269.8
中外合资经营	252 081.8	80 458.6	16 142.7	160 691.1	418 044.2
中外合作经营	3 122.6	1 407.4	298.3	1 714.7	912.2
外资企业	397.5	102.3	20.6	295.2	313.4
外商投资股份有限公司					
在总计中:亏损企业	1 420 705.0	466 119.2	47 770.0	945 535.0	1 796 975.7
在总计中:国有控股企业	4 234 161.5	1 421 536.4	185 330.1	2 641 709.4	5 468 089.9
在总计中:农村工业					
按轻重工业分					
轻工业	1 351 141.9	446 255.4	59 779.6	858 853.7	1 568 783.4
以农产品为原料	893 368.4	285 328.0	37 118.2	584 711.1	1 011 963.3
以非农产品为原料	457 773.5	160 927.4	22 661.4	274 142.6	556 820.1
重工业	3 390 933.9	1 126 122.2	152 892.0	2 123 042.6	4 655 826.0
采掘工业	22 359.9	6 459.8	988.7	17 211.4	15 215.4
原料工业	730 460.4	212 200.6	48 527.1	478 430.6	594 936.3
加工工业	2 638 113.6	907 461.8	103 376.2	1 627 400.6	4 045 674.3
按企业规模分					
大型工业	3 223 000.8	1 140 928.8	145 147.3	1 942 166.8	4 119 826.0
中型工业	494 505.2	166 018.2	18 079.7	323 091.1	637 161.5
小型工业	1 024 569.8	265 430.6	49 444.6	716 638.4	1 467 621.9
按工业行业大类分					
煤炭采选业					
石油和天然气开采业					
黑色金属矿采选业	1 280.2	107.7		1 168.2	2 315.2
有色金属矿采选业	11 654.6	4 029.3	859.2	7 906.5	9 137.9
非金属矿采选业	19.8	0.6	0.1	19.2	27.6
其他矿采选业					
木材及竹材采选业	9 405.3	2 322.2	129.4	8 117.5	3 734.7
食品加工业	69 133.7	22 115.4	3 123.4	46 973.0	107 352.5

7-14 续表 8 (2000年) 单位:万元

分组	固定资产原价合计	累计折旧	本年折旧	固定资产净值年平均余额	负债合计
食品制造业	72 636.7	17 275.3	4 944.7	55 206.7	79 927.7
饮料制造业	118 269.4	26 569.1	5 616.5	79 725.2	109 909.2
烟草加工业	1 657.1	199.8	86.7	568.5	1 749.7
纺织业	284 547.2	104 429.0	5 877.9	179 463.5	266 923.9
服装及其他纤维制品制造业	16 767.3	6 216.5	708.8	10 921.5	32 387.4
皮革、毛皮、羽绒及其他制品业	23 026.5	9 699.6	491.1	13 827.9	36 951.1
木材加工及竹、藤、棕、草制品业	14 823.1	2 612.9	110.0	12 624.8	9 823.5
家具制造业	8 617.9	2 440.3	553.6	6 553.9	10 365.7
造纸及纸制品业	47 416.8	9 209.3	1 184.2	37 063.1	59 248.1
印刷业、记录媒介的复制	167 134.7	58 655.0	9 535.2	100 884.7	141 414.2
文教体育用品制造业	125.6	28.7	8.9	96.9	63.6
石油加工及炼焦业	50 310.1	14 006.8	1 533.8	32 813.8	68 451.1
化学原料及化学制品制造业	279 526.0	87 155.7	9 892.3	194 114.6	263 297.4
医药制造业	165 846.8	50 549.8	7 172.7	104 836.7	313 114.1
化学纤维制造业	27 046.4	11 948.1	2 409.7	15 052.3	4 179.7
橡胶制品业	13 003.2	2 882.8	468.9	9 810.3	15 888.0
塑料制品业	16 284.4	4 905.6	794.8	12 776.8	18 568.1
非金属矿物制品业	141 611.4	37 163.9	5 950.3	103 516.7	161 612.3
黑色金属冶炼及压延加工业	65 923.8	20 090.0	1 823.1	49 974.9	134 231.7
有色金属冶炼及压延加工业	18 684.8	4 152.2	885.7	12 840.9	31 613.5
金属制品业	53 612.7	15 555.8	2 740.2	38 273.2	66 027.6
普通机械制造业	195 731.0	69 817.1	5 948.3	114 861.7	310 200.4
专用设备制造业	293 084.4	118 101.6	11 678.3	177 646.6	415 483.7
交通运输设备制造业	753 938.7	276 213.6	28 796.5	407 726.4	1 299 739.2
电气机械及器材制造业	362 941.2	117 108.4	19 006.6	205 040.0	551 995.6
电子及通信设备制造业	313 874.8	126 867.4	16 872.1	179 698.7	757 658.3
仪器仪表及文化办公用机械制造业	231 782.4	85 286.7	10 419.2	148 358.3	327 251.2
其他制造业	13 634.5	3 408.8	682.3	9 953.8	46 645.2
电力、蒸汽、热水的生产和供应业	440 348.6	127 160.3	37 217.2	274 969.8	205 156.3
煤气生产和供应业	10 192.8	3 156.6	334.1	6 984.3	6 235.3
自来水的生产和供应业	123 032.3	47 674.5	8 806.2	77 975.2	57 130.9

7-14 续表 9 (2000年) 单位:万元

分组	负债 流动负债小计	负债 长期负债小计	所有者权益合计	实收资本
总计	**4 761 215.5**	**1 324 710.1**	**3 237 220.5**	**2 219 356.7**
#市区	4 445 095.1	1 232 050.1	3 052 784.0	2 082 250.7
按隶属关系分				
中央企业	1 750 411.3	473 729.6	1 315 107.2	577 568.0
省属企业	975 766.3	352 472.3	402 157.2	372 184.7
市属企业	2 035 037.9	498 508.2	1 519 956.1	1 269 604.0
市直属企业	1 707 957.8	402 971.6	1 235 913.0	1 092 229.1
区直属企业	115 401.1	25 378.9	142 039.2	54 785.0
县直属企业	87 574.0	34 565.4	23 200.0	32 412.5
街道企业	17 475.9	1 243.5	14 764.9	8 844.1
镇办企业	17 733.7	2 269.5	11 678.9	10 655.4
乡办企业	44 500.2	26 713.4	47 370.8	38 977.0
居委会	264.5		100.0	100.0
村委会	18 820.9	1 428.8	19 397.9	11 857.7
其他	25 309.8	3 937.1	25 491.4	19 743.2
市属中其中:				
区属:	202 765.9	44 568.7	227 349.4	117 708.4
县属:	124 314.2	50 967.9	56 693.7	59 666.5
按登记注册类型分组				
内资企业	4 265 927.0	1 271 128.4	2 737 107.6	1 931 951.3
国有经济	2 778 752.6	869 482.6	1 337 331.2	1 068 018.6
集体经济	140 040.4	31 404.4	95 353.7	66 205.9
股份合作	72 164.1	17 652.1	45 454.4	16 482.7
联营企业	18 281.1	4 130.0	21 204.2	18 544.9
国有联营	13 211.7	2 845.0	11 853.8	9 867.2
集体联营	3 180.9	1 285.0	8 576.5	8 224.9
国有与集体联营	1 888.5		773.9	452.8
其他联营				
有限责任公司	836 104.1	255 111.3	607 936.3	460 438.5
国有独资企业	590 031.4	160 102.7	342 328.4	241 102.0
其他有限责任公司	246 072.7	95 008.6	265 607.9	219 336.5
股份有限公司	391 849.4	81 647.8	583 176.1	271 239.4
私营企业	28 735.3	11 700.2	46 651.7	31 021.3
私营独资企业	5 864.0	1 753.6	6 308.9	5 353.2
私营合伙企业	1 021.3	106.0	635.2	574.2
私营有限责任公司	13 735.0	8 926.0	32 176.8	18 438.5

7-14 续表 10 (2000年) 单位:万元

分组	负债 流动负债小计	负债 长期负债小计	所有者权益合计	实收资本
私营股份有限公司	8 115.0	914.6	7 530.8	6 655.4
其他内资企业				
港、澳、台商投资企业	140 830.5	19 414.3	160 229.0	95 565.9
港、澳、台商合资经营	107 825.2	15 915.9	127 149.7	67 590.6
与港、澳、台商合作经营				
港、澳、台商独资	31 646.3	2 869.0	32 057.7	27 577.3
港、澳台商投资股份有限公司	1 359.0	629.4	1 021.6	398.0
外商投资企业	354 458.0	34 167.4	339 883.9	191 839.5
中外合资经营	353 280.9	34 118.9	335 841.8	188 386.7
中外合作经营	863.7	48.5	3 521.3	3 104.7
外资企业	313.4		520.8	348.1
外商投资股份有限公司				
在总计中:亏损企业	1 421 679.6	361 245.7	408 974.7	554 450.3
在总计中:国有控股企业	4 197 311.3	1 208 292.8	2 556 799.9	1 813 162.3
在总计中:农村工业				
按轻重工业分				
轻工业	1 206 227.1	290 253.2	1 158 654.8	769 625.0
以农产品为原料	768 384.8	177 067.2	554 084.9	462 321.7
以非农产品为原料	437 842.3	113 186.0	604 569.9	307 303.3
重工业	3 554 988.4	1 034 456.9	2 078 565.7	1 449 731.7
采掘工业	9 763.7	5 451.7	12 639.4	10 465.3
原料工业	417 875.9	175 201.5	398 253.9	133 892.3
加工工业	3 127 348.8	853 803.7	1 667 672.4	1 305 374.1
按企业规模分				
大型工业	3 129 782.8	938 385.5	2 084 038.9	1 156 810.4
中型工业	521 537.9	114 623.3	246 996.7	208 136.3
小型工业	1 109 894.8	271 701.3	906 184.9	854 410.0
按工业行业大类分				
煤炭采选业				
石油和天然气开采业				
黑色金属矿采选业	1 535.2	780.0	-271.2	151.6
有色金属矿采选业	5 193.7	3 944.2	5 343.3	4 951.0
非金属矿采选业	13.3	14.3	19.2	18.0
其他矿采选业				
木材及竹材采选业	3 021.5	713.2	7 548.1	5 344.7
食品加工业	89 146.7	16 355.3	19 801.6	45 094.9

7-14 续表 11 (2000年) 单位:万元

分组	负债 流动负债小计	负债 长期负债小计	所有者权益合计	实收资本
食品制造业	75 609.3	4 090.9	37 746.5	43 816.0
饮料制造业	87 947.1	21 962.1	77 353.9	71 495.3
烟草加工业	1 748.5	1.2	1 101.8	389.7
纺织业	221 391.7	43 287.5	105 502.7	68 832.6
服装及其他纤维制品制造业	29 885.8	2 501.6	11 949.2	14 543.7
皮革、毛皮、羽绒及其他制品业	22 128.7	14 822.4	14 076.8	12 576.1
木材加工及竹、藤、棕、草制品业	9 361.2	462.3	8 003.2	7 393.5
家具制造业	8 617.1	1 748.6	8 222.4	8 032.1
造纸及纸制品业	36 260.8	18 514.1	18 703.9	18 762.8
印刷业、记录媒介的复制	114 618.1	26 773.9	161 469.5	95 047.9
文教体育用品制造业	63.6		120.0	120.0
石油加工及炼焦业	53 382.6	15 068.5	11 147.2	17 785.8
化学原料及化学制品制造业	170 915.6	92 266.8	158 991.2	101 740.9
医药制造业	219 149.9	36 121.6	279 603.0	162 599.7
化学纤维制造业	3 868.1	311.6	20 425.6	9 031.2
橡胶制品业	10 678.0	5 210.0	6 961.5	9 869.9
塑料制品业	15 386.2	3 181.9	5 177.3	10 742.2
非金属矿物制品业	116 443.5	41 661.4	64 627.6	41 744.5
黑色金属冶炼及压延加工业	89 334.3	44 553.8	40 487.7	41 494.8
有色金属冶炼及压延加工业	30 427.4	1 186.1	10 768.9	16 438.6
金属制品业	55 168.9	8 588.6	35 510.8	40 082.1
普通机械制造业	230 102.7	55 444.3	95 683.9	94 031.6
专用设备制造业	335 649.3	75 852.3	183 026.8	142 508.8
交通运输设备制造业	1 014 503.2	285 117.5	522 249.4	280 007.2
电气机械及器材制造业	485 769.8	65 112.3	278 984.0	354 521.2
电子及通信设备制造业	506 495.5	216 213.4	290 153.5	187 287.3
仪器仪表及文化办公用机械制造业	275 979.2	50 302.1	168 609.8	148 855
其他制造业	45 931.2	713.9	83 989.3	23 846.4
电力、蒸汽、热水的生产和供应业	154 373.8	50 782.5	268 311.1	4 916.8
煤气生产和供应业	5 876.2	359.1	7 147.8	7 436.2
自来水的生产和供应业	18 848.6	38 282.3	57 708.5	45 076

7-14 续表 12 (2000年) 单位:万元

分 组	产品销售收入	产品销售成本	产品销售费用	产品销售税金及附加	产品销售利润
总 计	**4 204 238.9**	**3 054 718.6**	**251 698.1**	**31 233.7**	**866 651.5**
#市 区	3 933 407.3	2 832 231.5	241 065.2	29 581.0	830 592.7
按隶属关系分					
中央企业	1 407 410.0	963 914.0	27 339.0	7 395.5	408 748.7
省属企业	713 786.4	486 041.7	95 797.4	4 017.3	127 930.0
市属企业	2 083 042.5	1 604 762.9	128 561.7	19 820.9	329 972.8
市直属企业	1 560 543.5	1 190 771.3	97 803.9	14 952.0	257 002.1
区直属企业	107 612.9	74 133.8	5 407.7	959.6	27 111.8
县直属企业	64 275.8	53 486.2	4 687.9	344.9	5 756.8
街道企业	62 429.9	54 096.0	2 000.9	541.6	5 791.4
镇办企业	37 119.7	28 602.7	2 645.5	237.1	5 724.4
乡办企业	146 832.3	121 158.3	8 928.0	1 459.9	15 286.1
居委会	1 169.0	907.1	53.8	2.0	206.1
村委会	60 457.1	49 526.0	4 373.5	1 129.9	5 427.7
其他	42 602.3	32 081.5	2 660.5	193.9	7 666.4
市属中其中:					
区属:	394 355.4	307 264.9	23 481.6	4 004.5	59 694.4
县属:	128 143.6	106 726.7	7 276.2	864.4	13 276.3
按登记注册类型分组					
内资企业	3 422 210.1	2 548 146.8	147 789.9	28 219.0	698 039.5
国有经济	1 777 954.4	1 266 872.3	53 138.2	12 982.9	444 946.1
集体经济	287 278.4	235 359.3	17 163.2	3 186.4	31 569.5
股份合作	50 462.5	41 151.1	2 209.6	325.3	6 776.5
联营企业	38 645.5	30 364.9	1 554.7	370.4	6 355.5
国有联营	19 230.2	15 464.2	278.6	60.4	3 427.0
集体联营	18 024.0	13 612.4	1 269.3	304.5	2 837.8
国有与集体联营	1 391.3	1 288.3	6.8	5.5	90.7
其他联营					
有限责任公司	740 192.4	564 347.9	40 880.4	7 845.1	127 119.0
国有独资企业	427 152.1	331 481.4	17 967.0	4 916.6	72 787.1
其他有限责任公司	313 040.3	232 866.5	22 913.4	2 928.5	54 331.9
股份有限公司	458 981.4	359 716.7	28 024.9	3 070.0	68 169.8
私营企业	68 695.5	50 334.6	4 818.9	438.9	13 103.1
私营独资企业	20 315.5	15 016.4	877.8	87.4	4 333.9
私营合伙企业	1 105.7	919.0	54.4	3.1	129.2
私营有限责任公司	40 566.3	29 470.0	3 321.5	289.6	7 485.2

7-14 续表13　　(2000年)　　单位:万元

分组	产品销售收入	产品销售成本	产品销售费用	产品销售税金及附加	产品销售利润
私营股份有限公司	6 708.0	4 929.2	565.2	58.8	1 154.8
其他内资企业					
港、澳、台商投资企业	180 523.3	129 962.9	16 646.0	711.8	33 292.6
与港、澳、台商合资经营	132 070.1	94 334.8	9 991.1	692.1	27 142.1
与港、澳、台商合作经营					
港、澳、台商独资	46 172.1	33 695.5	6 040.4	18.3	6 417.9
港、澳、台商投资股份有限公	2 281.1	1 932.6	614.5	1.4	-267.4
外商投资企业	601 505.5	376 608.9	87 262.2	2 302.9	135 319.4
中外合资经营	595 492.5	371 906.0	87 129.2	2 302.9	134 142.3
中外合作经营	5 470.9	4 299.4	134.3		1 037.2
外资企业	542.1	403.5	-1.3		139.9
外商投资股份有限公司					
在总计中:亏损企业	504 025.4	462 148.4	27 167.4	1 706.0	12 989.2
在总计中:国有控股企业	3 090 560.2	2 273 281.9	127 444.6	23 877.2	665 941.6
在总计中:农村工业					
按轻重工业分					
轻工业	1 496 423.3	1 061 254.2	156 921.8	12 066.1	266 257.0
以农产品为原料	860 635.4	664 302.6	62 465.7	9 311.3	124 631.6
以非农产品为原料	635 787.9	396 951.6	94 456.1	2 754.8	141 625.4
重工业	2 707 815.6	1 993 464.4	94 776.3	19 167.6	600 394.5
采掘工业	10 430.9	8 115.3	60.4	168.9	2 086.3
原料工业	522 234.5	288 282.9	5 563	6 917.3	221 471.3
加工工业	2 175 150.2	1 697 066.2	89 152.9	12 081.4	376 836.9
按企业规模分					
大型工业	2 674 736.6	1 848 035.3	147 604.4	14 396.5	664 777.6
中型工业	369 845.2	310 925.2	25 571.6	4 698.0	28 650.4
小型工业	1 159 657.1	895 758.1	78 522.1	12 139.2	173 223.5
按工业行业大类分					
煤炭采选业					
石油和天然气开采业					
黑色金属矿采选业	488.4	357.8	12.5	8.6	109.5
有色金属矿采选业	7 239.8	5 475.3	33.5	0.5	1 730.5
非金属矿采选业	2 316.0	1 988.0		115.0	213.0
其他矿采选业					
木材及竹材采运业	386.7	294.2	14.4	44.8	33.3
食品加工工业	108 146.0	98 992.2	6 507.9	588.6	2 055.2

7－14 续表 14 (2000 年) 单位:万元

分 组	产品销售收入	产品销售成本	产品销售费用	产品销售税金及附加	产品销售利润
食品制造业	82 550.8	58 440.6	10 850.5	259.8	13 089.9
饮料制造业	106 245.9	78 022.2	12 860.3	4 560.3	10 791.0
烟草加工业	1 110.0	573.5	5.4	12.0	519.1
纺织业	159 856.3	133 630.6	3 096.3	872.9	22 256.5
服装及其他纤维制品制造业	34 990.7	25 826.6	4 295.3	159.6	4 709.2
皮革、毛皮、羽绒及其他制品业	20 518.0	16 855.8	542.8	25.5	3 093.9
木材加工及竹、藤、棕、草制品业	1 196.3	990.3	98.0	4.4	103.6
家具制造业	21 651.9	16 863.9	1 068.7	49.4	3 669.9
造纸及纸制品业	65 822.3	54 383.0	5 297.7	736.4	5 405.2
印刷业、记录媒介的复制	141 144.9	104 120.0	4 440.0	1 335.9	31 249.0
文教体育用品制造业	674.0	513.4	3.1	47.1	110.4
石油加工及炼焦业	72 864.5	64 118.5	527.4	3 305.9	4 912.7
化学原料及化学制品制造业	157 077.8	127 274.4	5 622.9	770.6	23 397.4
医药制造业	406 694.4	201 110.5	94 162.1	1 589.7	109 832.1
化学纤维制造业	26 910.1	20 637.3	128.4	0.7	6 143.7
橡胶制品业	6 258.1	5 846.2	278.2	12.5	121.2
塑料制品业	14 691.8	12 996.3	528.6	32.5	1 134.4
非金属矿物制品业	77 718.9	62 721.7	4 328.8	1 014.1	9 654.3
黑色金属冶炼及压延加工业	24 958.4	21 502.7	544.1	308.0	2 603.6
有色金属冶炼及压延加工业	29 924.7	24 524.8	1 051.8	570.3	3 777.8
金属制品业	64 306.9	53 309.7	3 378.8	422.8	7 195.6
普通机械制造业	169 907.7	131 447.8	7 842.1	2 132.3	28 485.5
专用设备制造业	240 929.9	174 896.2	15 028.3	1 186.9	49 818.5
交通运输设备制造业	710 832.6	567 065.0	17 142.4	2 495.1	124 130.0
电气机械及器材制造业	378 446.0	295 510.2	17 958.0	1 844.3	63 133.5
电子及通信设备制造业	488 761.3	382 789.1	21 867.6	2 613.4	81 491.2
仪器仪表及文化办公用机械制造业	109 511.4	77 580.9	8 931.8	885.8	22 112.9
其他制造业	54 414.6	35 148.0	1 359.3	577.8	17 329.5
电力、蒸汽、热水的生产和供应业	299 151.9	100 861.2	82.1	2 127.6	196 081.0
煤气生产和供应业	8 090.0	8 082.5	444.6	13.1	－450.2
自来水的生产和供应业	20 632.4	20 586.4	361.7	174.3	－490.0

7-14 续表 15 (2000年) 单位:万元

分组	管理费用	利润总额	亏损企业亏损总额	利税总额	本年应交增值税
总计	**410 757.3**	**161 133.6**	**123 182.0**	**362 935.0**	**170 567.7**
#市区	377 751.1	158 567.7	113 557.3	348 877.0	160 728.3
按隶属关系分					
中央企业	164 922.1	19 609.0	30 144.6	67 744.6	40 740.1
省属企业	77 592.3	25 147.4	39 379.8	74 064.2	44 899.5
市属企业	168 242.9	116 377.2	53 657.6	221 126.2	84 928.1
市直属企业	140 061.1	79 637.1	48 581.7	161 136.7	66 547.6
区直属企业	6 828.6	21 573.5	1 178.2	29 247.2	6 714.1
县直属企业	5 553.0	−895.4	2 761.0	2 512.5	3 063.0
街道企业	2 442.0	2 605.1	5.9	4 613.7	1 467.0
镇办企业	1 258.6	1 181.3	25.4	3 007.7	1 589.3
乡办企业	6 571.3	6 231.2	390.7	10 497.7	2 806.6
居委会	163.7	37.4		48.8	9.4
村委会	1 980.6	3 402.6	174.1	5 653.5	1 121.0
其他	3 384.0	2 604.4	540.6	4 408.4	1 610.1
市属中其中:					
区属:	18 511.6	35 047.1	1 453.8	52 169.4	13 117.8
县属:	9 670.2	1 693.0	3 622.1	7 820.1	5 262.7
按登记注册类型分组					
内资企业	365 292.2	61 295.5	115 295.5	216 241.0	126 726.5
国有经济	236 483.0	−45 790.6	99 709.7	36 617.0	69 424.7
集体经济	16 548.4	12 506.2	1 927.1	25 252.1	9 559.5
股份合作	6 757.7	70.6	2 074.7	2 048.5	1 652.6
联营企业	2 641.2	2 920.1	145.3	4 531.4	1 240.9
国有联营	1 968.4	1 415.9	145.3	2 182.6	706.3
集体联营	607.5	1 478.6		2 264.0	480.9
国有与集体联营	65.3	25.6		84.8	53.7
其他联营					
有限责任公司	71 702.8	37 721.5	5 915.8	69 904.1	24 337.5
国有独资企业	45 261.6	13 421.6	1 669.7	27 042.3	8 704.1
其他有限责任公司	6 441.2	24 299.9	4 246.1	42 861.8	15 633.4
股份有限公司	25 844.2	47 849.8	5 202.8	69 126.0	18 206.2
私营企业	5 314.9	6 017.9	320.1	8 761.9	2 305.1
私营独资企业	1 981.8	1 060.8	228.5	1 682.4	534.2
私营合伙企业	79.3	58.6		78.3	16.6
私营有限责任公司	2 554.0	4 634.0		6 512.6	1 589.0

7－14　续表16　　(2000年)　　单位：万元

分组	管理费用	利润总额	亏损企业亏损总额	利税总额	本年应交增值税
私营股份有限公司	699.8	264.5	91.6	488.6	165.3
其他内资企业					
港、澳、台商投资企业	6 902.4	20 572.7	2 418.2	29 883.4	8 598.9
与港、澳、台商合资经营	5 345.2	17 502.4	1 690.5	24 073.1	5 878.6
与港、澳、台商合作经营					
港、澳、台商独资	1 422.0	2 696.5	727.7	5 261.5	2 546.7
港、澳、台商投资股份有限公司	135.2	373.8		548.8	173.6
外商投资企业	38 562.7	79 265.4	5 468.3	116 810.6	35 242.3
中外合资经营	38 053.8	78 242.9	5 352.3	115 570.6	35 024.8
中外合作经营	454.0	933.9	116.0	1 092.4	158.5
外资企业	54.9	88.6		147.6	59.0
外商投资股份有限公司					
在总计中：亏损企业	100 271.4	－123 182.0	123 182.0	－103 450.8	18 025.2
在总计中：国有控股企业	345 236.8	42 550.4	115 508.1	181 528.1	115 100.5
在总计中：农村工业					
按轻重工业分					
轻工业	118 589.8	132 210.4	42 901.6	228 693.3	84 416.8
以农产品为原料	66 381.2	45 135.7	26 865.7	92 505.1	38 058.1
以非农产品为原料	52 208.6	87 074.7	16 035.9	136 188.2	46 358.7
重工业	292 167.5	28 923.2	80 280.4	134 241.7	86 150.9
采掘工业	1 808.6	－75.2	275.2	162.5	68.8
原料工业	24 756.6	－46.3	19 012.8	20 765.0	13 894.0
加工工业	265 602.3	29 044.7	60 992.4	113 314.2	72 188.1
按企业规模分					
大型工业	276 960.9	103 145.0	55 847.7	230 268.6	112 727.1
中型工业	39 199.6	－2 680.5	19 927.8	19 212.8	17 195.3
小型工业	94 596.8	60 669.1	47 406.5	113 453.6	40 645.3
按工业行业大类分					
煤炭采选业					
石油和天然气开采业					
黑色金属矿采选业	51.5	－49.4	49.4	7.8	48.6
有色金属矿采选业	1 542.7	95.8	14.2	95.2	－1.1
非金属矿采选业	34.0	90.0		214.3	9.3
其他矿采选业					
木材及竹材采选业	180.4	－211.6	211.6	－154.8	12.0
食品加工业	4 828.5	－3 088.5	4 605.9	－1 710.6	789.3

7-14 续表 17　　(2000年)　　单位:万元

分组	管理费用	利润总额	亏损企业亏损总额	利税总额	本年应交增值税
食品制造业	5 267.6	2 895.1	1 815.9	8 324.1	5 169.2
饮料制造业	4 819.5	5 797.5	2 687.8	14 942.3	4 584.5
烟草加工业	230.8	351.8		476.9	113.1
纺织业	17 019.0	233.3	6 187.7	9 203.8	8 097.6
服装及其他纤维制品制造业	3 522.8	78.9	972.4	1 488.0	1 249.5
皮革、毛皮、羽绒及其他制品业	2 311.8	-452.1	692.9	-121.9	304.7
木材加工及竹、藤、棕、草制品业	936.5	-275.4	290.8	-241.3	29.7
家具制造业	1 890.4	866.7	95.1	1 473.6	557.5
造纸及纸制品业	2 540.1	3 110.3	599.2	5 918.7	2 072.0
印刷业、记录媒介的复制	16 277.7	16 229.1	8 867.3	25 130.3	7 565.3
文教体育用品制造业	26.3	78.6		162.8	37.1
石油加工及炼焦业	2 987.4	217.8	1 807.3	5 832.6	2 308.9
化学原料及化学制品制造业	18 091.1	2 749.3	3 503.9	10 132.3	6 612.4
医药制造业	34 427.3	70 772.4	1 337.2	110 327.9	37 965.8
化学纤维制造业	909.1	5 287.6	5.7	6 992.6	1 704.3
橡胶制品业	1 477.2	-1 457.7	1 551.9	-1 289.4	155.8
塑料制品业	1 221.0	-1 249.9	1 474.5	-823.0	394.4
非金属矿物制品业	8 359.9	-298.9	2 647.6	4 439.8	3 724.6
黑色金属冶炼及压延加工业	4 649.3	-5 027.2	8 627.4	-2 964.6	1 754.6
有色金属冶炼及压延加工业	1 236.1	2 006.5	179.0	3 592.0	1 015.2
金属制品业	5 531.3	-732.8	1 885.8	1 918.6	2 228.6
普通机械制造业	18 467.0	1 939.6	6 228.5	12 282.7	8 210.8
专用设备制造业	31 569.7	12 099.0	13 945.2	24 693.8	11 407.9
交通运输设备制造业	90 679.5	6 663.4	8 727.1	23 229.8	14 071.3
电气机械及器材制造业	47 202.0	3 880.4	5 704.3	23 853.3	18 128.6
电子及通信设备制造业	29 880.5	36 281.8	11 751.4	52 169.5	13 274.3
仪器仪表及文化办公用机械制造业	20 546.5	-4 459.7	8 741.3	1 236.9	4 810.8
其他制造业	2 083.0	16 809.1	541.3	20 053.3	2 666.4
电力、蒸汽、热水的生产和供应业	6 181.7	624.2	6 320.9	6 337.8	3 586.0
煤气生产和供应业	1 051.6	-592.6	592.6	-465.8	113.7
自来水的生产和供应业	3 117.7	-3 181.8	3 181.8	-453.6	2 553.9

7－15　全部规模以上独立核算国有工业企业经济指标

（2000年）　　单位：万元

分组	企业单位数(个)	亏损企业	工业总产值(当年价)	工业总产值(不变价)	工业增加值(生产法)	工业销售产值(当年价)
总计	**312**	**150**	**1 621 597.0**	**1 498 304.2**	**445 400.8**	**1 594 673.7**
#市区	241	113	1 464 666.3	1 350 975.5	405 003.5	1 430 505.9
按隶属关系分						
中央企业	66	22	793 281.2	641 039.8	247 837.6	793 549.7
省属企业	55	31	238 678.7	238 204.0	49 313.5	226 802.1
市属企业	191	97	589 637.1	619 060.4	148 249.7	574 321.9
市直属企业	118	58	534 928.3	562 455.7	133 587.8	521 336.8
区、县属企业	73	39	54 708.8	56 604.7	14 661.9	52 985.1
区属企业	21	9	15 403.6	15 550.1	4 162.2	14 481.7
县属企业	52	30	39 305.2	41 054.6	10 499.7	38 503.4
其中：区县直属	73	39	54 708.8	56 604.7	14 661.9	52 985.1
其他						
在总计中：亏损企业	150	150	299 462.0	254 607.0	57 993.3	304 126.2
按轻重工业分						
轻工业	135	68	347 806.6	309 240.9	116 405.7	334 617.1
以农产品为原料	87	46	287 085.2	250 789.9	94 520.4	275 872.4
以非农产品为原料	48	22	60 721.4	58 451.0	21 885.3	58 744.7
重工业	177	82	1 273 790.4	1 189 063.3	328 995.1	1 260 056.6
采掘工业	5	3	2 800.9	2 221.3	1 614.0	3 034.1
原料工业	23	13	193 368.7	102 938.9	61 348.8	199 949.6
加工工业	149	66	1 077 620.8	1 083 903.1	266 032.3	1 057 072.9
按企业规模分						
大型工业	57	20	1 239 180.2	1 195 853.8	354 944.3	1 211 926.7
中型工业	41	20	216 611.8	145 883.5	42 784.2	225 222.7
小型工业	214	110	165 805.0	156 566.9	47 672.3	157 524.3
按工业行业大类分						
煤炭采选业						
石油和天然气开采业						
黑色金属矿采选业	1	1	516.6	339.7	167.4	472.5
有色金属矿采选业	2	1	2 211.5	1 808.8	1 418.3	2 101.8
非金属矿采选业	1					
其他矿采选业						
木材及竹材采选业	1	1	72.8	72.8	28.3	459.8
食品加工业	16	11	21 267.2	13 785.6	1 648.2	22 483.4
食品制造业	15	8	16 859.9	11 639.1	4 730.9	15 283.1
饮料制造业	4	2	3 697.9	2 451.3	1 044.7	3 244.2

7－15　续表1　　(2000年)　　单位:万元

分组	企业单位数(个)	亏损企业	工业总产值(当年价)	工业总产值(不变价)	工业增加值(生产法)	工业销售产值(当年价)
烟草加工业	1		857.9	1 013.4	288.9	1 023.4
纺织业	15	7	114 800.6	115 536.2	34 294.2	109 036.8
服装及其他纤维制品制造业	3	1	11 829.1	9 983.7	5 359.4	11 711.1
皮革、毛皮、羽绒及其他制品业	1	1	6 997.0	3 118.6	1 733.9	7 581.2
木材加工及竹、藤、棕、草制品业	2	1	977.5	1 258.3	234.1	819.8
家具制造业	1	1	13.4	13.4	7.0	9.8
造纸及纸制品业	8	2	8 362.9	5 952.1	2 930.4	9 029.8
印刷业、记录媒介的复制	18	9	99 784.9	84 920.1	41 510.4	94 557.4
文教体育用品制造业	1					
石油加工及炼焦业	2	1	71 709.4	20 513.2	11 302.8	67 964.9
化学原料及化学制品制造业	15	8	88 629.3	76 587.3	17 807.7	86 137.2
医药制造业	16	7	28 475.4	38 451.0	8 138.0	25 572.0
化学纤维制造业						
橡胶制品业	3	2	1 587.2	1 160.3	－98.5	2 448.8
塑料制品业	3	2	1 969.4	1 822.3	－265.2	2 139.2
非金属矿物制品业	24	9	31 542.7	20 658.0	7 851.9	29 015.7
黑色金属冶炼及压延加工业	3	2	5 350.0	5 210.6	935.8	5 983.4
有色金属冶炼及压延加工业	1	1	447.2	539.0	100.5	446.9
金属制品业	12	5	9 301.8	8 258.6	3 323.8	9 152.2
普通机械制造业	18	7	75 365.9	82 070.2	21 377.5	74 817.1
专用设备制造业	33	18	56 394.1	53 952.9	15 331.7	53 643.0
交通运输设备制造业	31	11	359 352.9	314 575.6	96 395.1	361 085.2
电气机械及器材制造业	12	4	254 324.2	314 018.1	60 843.1	256 620.1
电子及通信设备制造业	11	7	101 824.8	112 864.6	24 591.1	99 894.2
仪器仪表及文化办公用机械制造业	18	6	98 343.5	99 793.5	22 561.6	84 723.4
其他制造业	4	3	325.2	348.3	93.7	264.7
电力、蒸汽、热水的生产和供应业	4	2	65 125.9	37 269.1	39 092.1	74 589.2
煤气生产和供应业	1	1	8 090.0	1 792.1	396.2	8 090.0
自来水的生产和供应业	7	7	20 389.2	7 035.3	12 831.5	20 346.7

7-15 续表2 (2000年) 单位:万元

分组	全部职工年平均人数(人)	资产			
		合计	流动资产小计	流动资产年平均余额	固定资产小计
总计	**275 866**	**5 008 465.8**	**2 182 101.9**	**2 020 341.9**	**2 476 470.8**
#市区	242 408	4 579 509.8	1 991 240.7	1 846 557.8	2 267 096.4
按隶属关系分					
中央企业	145 714	2 437 304.2	1 008 180.5	954 621.6	1 284 299.5
省属企业	43 533	893 988.2	412 463.2	380 915.6	387 464.8
市属企业	86 619	1 677 173.4	761 458.2	684 804.7	804 706.5
市直属企业	72 953	1 547 138.3	709 554.6	638 126.5	734 449.7
区、县属企业	13 666	130 035.1	51 903.6	46 678.2	70 256.8
区属企业	3 563	30 366.4	15 106.6	12 504.0	11 827.2
县属企业	10 103	99 668.7	36 797.0	34 174.2	58 429.6
其中:区县直属	13 666	130 035.1	51 903.6	46 678.2	70 256.8
其他					
在总计中:亏损企业	101 368	1 500 185.4	551 758.6	542 568.4	797 648.1
按轻重工业分					
轻工业	67 253	910 275.2	332 437.3	316 368.5	495 317.8
以农产品为原料	52 023	679 314.6	257 572.8	242 795.9	360 439.8
以非农产品为原料	15 230	230 960.6	74 864.5	73 572.6	134 878.0
重工业	208 613	4 098 190.6	1 849 664.6	1 703 973.4	1 981 153.0
采掘工业	1 853	21 896.0	5 106.5	4 558.3	15 217.1
原料工业	19 695	775 811.9	227 978.6	219 256.8	533 539.4
加工工业	187 065	3 300 482.7	1 616 579.5	1 480 158.3	1 432 396.5
按企业规模分					
大型工业	191 427	3 852 029.4	1 717 994.0	1 584 972.1	1 875 904.1
中型工业	33 876	505 114.8	227 959.0	217 701.5	260 187.7
小型工业	50 563	651 321.6	236 148.9	217 668.3	340 379.0
按工业行业大类分					
煤炭采选业					
石油和天然气开采业					
黑色金属矿采选业	108	2 044.0	774.8	774.8	1 208.2
有色金属矿采选业	665	8 569.2	1 890.3	1 812.4	5 659.8
非金属矿采选业	36				19.2
其他矿采选业					
木材及竹材采选业	1 044	11 282.8	2 441.4	1 971.1	8 349.1
食品加工业	3 809	61 977.8	26 699.2	26 831.2	25 390.6
食品制造业	2 899	46 993.0	16 738.7	16 384.3	26 291.0
饮料制造业	1 045	14 382.7	4 478.3	5 100.8	6 918.3

7－15　续表3　　　　(2000年)　　　　单位:万元

分　组	全部职工年平均人数(人)	资产合计	流动资产小计	流动资产年平均余额	固定资产小计
烟草加工业	121	2 851.5	654.3	697.9	1 675.2
纺织业	28 634	275 143.9	87 041.2	82 073.6	160 387.3
服装及其他纤维制品制造业	3 321	22 763.1	13 749.6	12 622.8	8 279.3
皮革、毛皮、羽绒及其他制品业	2 079	25 551.9	18 596.3	19 097.0	5 816.1
木材加工及竹、藤、棕、草制品业	612	17 669.7	4 605.2	4 420.1	12 880.8
家具制造业	20	141.3	34.8	31.5	106.4
造纸及纸制品业	1 780	28 819.4	9 618.8	8 676.0	18 571.2
印刷业、记录媒介的复制	7 668	186 990.7	76 142.5	67 510.2	99 373.1
文教体育用品制造业	1				
石油加工及炼焦业	2 361	76 312.4	36 211.4	31 025.4	39 687.2
化学原料及化学制品制造业	22 862	311 277.8	99 007.0	102 188.2	196 941.9
医药制造业	4 556	51 412.8	29 804.4	28 322.9	18 181.7
化学纤维制造业					
橡胶制品业	1 395	13 076.6	7 147.2	6 871.5	5 857.0
塑料制品业	660	7 609.3	3 864.7	3 649.6	3 706.7
非金属矿物制品业	10 211	113 305.6	38 011.6	36 890.8	58 491.1
黑色金属冶炼及压延加工业	3 155	76 849.6	21 191.9	21 150.9	45 658.5
有色金属冶炼及压延加工业	53	2 836.1	399.0	191.2	866.3
金属制品业	3 812	32 914.8	14 976.3	14 053.8	17 391.7
普通机械制造业	16 271	247 435.2	140 028.6	137 379.1	94 779.5
专用设备制造业	18 464	266 737.8	123 837.4	121 109.4	128 920.8
交通运输设备制造业	50 187	815 030.1	386 948.3	355 410.8	361 976.3
电气机械及器材制造业	21 849	629 589.5	356 253.5	303 484.2	255 357.4
电子及通信设备制造业	15 848	351 557.8	193 139.9	164 739.6	105 833.2
仪器仪表及文化办公用机械制造业	17 355	374 965.6	199 862.2	190 503.3	137 886.4
其他制造业	478	4 928.8	417.3	626.2	4 004.4
电力、蒸汽、热水的生产和供应业	6 677	465 552.7	120 492.0	118 162.5	344 357.3
煤气生产和供应业	1 207	13 383.1	6 235.2	6 334.1	7 078.8
自来水的生产和供应业	3 236	114 839.4	19 180.3	20 301.1	86 792.5

7-15 续表4 (2000年) 单位:万元

分组	固定资产原价合计	累计折旧	本年折旧	固定资产净值年平均余额	负债合计
总计	**3 073 231.0**	**1 017 224.8**	**129 630.0**	**1 918 144.0**	**3 658 192.5**
#市区	2 796 130.3	911 834.4	118 426.2	1 748 821.8	3 344 268.7
按隶属关系分					
中央企业	1 628 334.6	543 053.4	72 633.1	1 004 260.6	1 478 973.9
省属企业	446 117.7	147 731.4	11 674.3	268 719.8	910 683.8
市属企业	998 778.7	326 440.0	45 322.6	645 163.6	1 268 534.8
市直属企业	916 737.1	308 675.6	40 030.8	584 053.9	1 157 584.1
区、县属企业	82 041.6	17 764.4	5 291.8	61 109.7	110 950.7
区属企业	14 912.1	4 237.0	1 235.8	10 475.4	23 242.6
县属企业	67 129.5	13 527.4	4 056.0	50 634.3	87 708.1
其中:区县直属	82 041.6	17 764.4	5 291.8	61 109.7	110 950.7
其他					
在总计中:亏损企业	1 019 630.3	361 466.1	29 269.7	670 509.5	1 408 101.0
按轻重工业分					
轻工业	678 897.9	233 712.6	26 327.4	429 610.0	659 561.1
以农产品为原料	485 989.9	160 995.8	15 420.3	306 218.2	502 542.9
以非农产品为原料	192 908.0	72 716.8	10 907.1	123 391.8	157 018.2
重工业	2 394 333.1	783 512.2	103 302.6	1 488 534.0	2 998 631.4
采掘工业	16 574.9	3 947.6	142.4	13 657.4	10 458.0
原料工业	637 413.5	188 956.7	43 720.5	411 637.8	488 894.7
加工工业	1 740 344.7	590 607.9	59 439.7	1 063 238.8	2 499 278.7
按企业规模分					
大型工业	2 328 109.7	791 197.5	106 500.9	1 402 458.8	2 716 613.7
中型工业	325 890.0	108 863.4	8 231.0	215 736.9	417 439.4
小型工业	419 231.3	117 163.9	14 898.1	299 948.3	524 139.4
按工业行业大类分					
煤炭采选业					
石油和天然气开采业					
黑色金属矿采选业	1 280.2	107.7		1 168.2	2 315.2
有色金属矿采选业	5 889.4	1 517.7	13.0	4 371.7	4 408.1
非金属矿采选业					
其他矿采选业					
木材及竹材采选业	9 405.3	2 322.2	129.4	8 117.5	3 734.7
食品加工业	33 810.9	10 139.9	1 436.1	24 021.6	60 011.8
食品制造业	27 918.1	6 150.7	880.0	21 968.8	40 611.9
饮料制造业	9 196.5	2 278.2	194.9	3 644.2	20 533.0

7-15　续表5　　(2000年)　　单位:万元

分组	固定资产原价合计	累计折旧	本年折旧	固定资产净值年平均余额	负债合计
烟草加工业	1 657.1	199.8	86.7	568.5	1 749.7
纺织业	229 412.4	82 190.8	4 430	140 497.3	212 340.4
服装及其他纤维制品制造业	13 013.0	5 029.6	334.5	8 279.0	21 867.5
皮革、毛皮、羽绒及其他制品业	10 778.3	5 070.0	420.2	5 318.7	17 974.6
木材加工及竹、藤、棕、草制品业	14 734.4	2 605.6	103.8	12 562.8	9 758.1
家具制造业	106.9	1.5	.5	106.4	129.9
造纸及纸制品业	20 804.0	2 436.3	80.7	17 262.0	27 219.6
印刷业、记录媒介的复制	130 921.7	46 229.6	7 374.5	77 409.3	88 059.9
文教体育用品制造业					
石油加工及炼焦业	49 208.3	13 655.3	1 439.6	32 061.3	66 423.6
化学原料及化学制品制造业	232 061.1	70 902.1	7 806.1	164 541.9	197 555.1
医药制造业	22 695.0	5 917.9	937.3	17 211.8	37 374.5
化学纤维制造业					
橡胶制品业	6 965.3	2 410.9	278.1	4 783.4	14 604.5
塑料制品业	4 197.5	1 479.5	121.3	4 032.0	10 209.7
非金属矿物制品业	73 104.4	22 206.5	2 845.4	50 180.7	74 428.9
黑色金属冶炼及压延加工业	34 665.8	13 050.6	375.3	25 798.2	106 779.8
有色金属冶炼及压延加工业	940.1	278.0	32.2	799.3	2 791.1
金属制品业	21 602.2	7 735.1	763.6	13 884.7	28 589.4
普通机械制造业	133 839.3	51 278.7	3 529.2	74 191.6	212 566.3
专用设备制造业	182 751.6	71 228.8	4 240.9	116 232.9	253 381.8
交通运输设备制造业	417 621.2	137 038.8	15 482.1	214 764.7	590 435.1
电气机械及器材制造业	303 986.9	105 693.4	16 135.9	171 394.5	449 971.8
电子及通信设备制造业	118 280.6	44 160.3	4 800	76 269.7	338 923.3
仪器仪表及文化办公用机械制造业	185 154.9	64 082.2	4 803.8	122 516.1	250 269.3
其他制造业	4 760.1	784.9	71.1	3 800.8	2 933.8
电力、蒸汽、热水的生产和供应业	433 615.2	125 116.9	36 848.9	270 672.4	201 128.5
煤气生产和供应业	10 192.8	3 156.6	334.1	6 984.3	6 235.3
自来水的生产和供应业	123 032.3	47 674.5	8 806.2	77 975.2	57 130.9

7-15　续表6　　(2000年)　　单位:万元

分组	负债		所有者权益合计	
	流动负债小计	长期负债小计		实收资本
总计	**2 778 752.6**	**869 482.6**	**1 337 331.2**	**1 068 018.6**
#市区	2 533 140.1	801 659.8	1 222 299.0	980 907.7
按隶属关系分				
中央企业	1 151 527.0	326 543.6	957 776.8	466 258.1
省属企业	641 965.3	267 353.5	-16 695.6	139 014.5
市属企业	985 260.3	275 585.5	1 519 956.1	462 746.0
市直属企业	904 627.1	246 515.3	377 165.6	430 410.1
区、县属企业	80 633.2	29 070.2	19 084.4	32 335.9
区属企业	19 814.4	2 669.4	7 123.8	10 063.3
县属企业	60 818.8	26 400.8	11 960.6	22 272.6
其中:区县直属	80 633.2	29 070.2	19 084.4	32 335.9
其他				
在总计中:亏损企业	1 098 037.9	303 111.5	91 530.9	356 100.2
按轻重工业分				
轻工业	509 128.5	143 127.3	250 735.5	249 670.9
以农产品为原料	407 404.7	93 349.0	176 793.1	170 747.6
以非农产品为原料	101 723.8	49 778.3	73 942.4	78 923.3
重工业	2 269 624.1	726 355.3	1 086 595.7	818 347.7
采掘工业	7 665.6	2 792.4	11 438.0	9 553.0
原料工业	336 535.9	152 358.7	286 917.2	68 175.1
加工工业	1 925 422.6	571 204.2	788 240.5	740 619.6
按企业规模分				
大型工业	2 026 358.4	689 021.3	1 122 452.2	794 387.1
中型工业	336 628.6	79 810.7	87 675.4	109 948.7
小型工业	415 765.6	100 650.6	127 203.6	163 682.8
按工业行业大类分				
煤炭采选业				
石油和天然气开采业				
黑色金属矿采选业	1 535.2	780.0	-271.2	151.6
有色金属矿采选业	3 108.9	1 299.2	4 161.1	4 056.7
非金属矿采选业				
其他矿采选业				
木材及竹材采选业	3 021.5	713.2	7 548.1	5 344.7
食品加工业	51 966.4	7 037.4	1 966.0	26 345.2
食品制造业	37 790.4	2 821.5	6 381.1	17 711.0
饮料制造业	16 253.5	4 279.5	-6 150.3	2 950.2

7-15 续表7 (2000年) 单位:万元

分组	负债 流动负债小计	负债 长期负债小计	所有者权益合计	实收资本
烟草加工业	1 748.5	1.2	1 101.8	389.7
纺织业	169 586.5	42 753.9	62 803.5	39 669.7
服装及其他纤维制品制造业	20 913.9	953.6	895.6	5 396.7
皮革、毛皮、羽绒及其他制品业	15 833.8	2 140.8	7 577.3	5 873.5
木材加工及竹、藤、棕、草制品业	9 295.8	462.3	7 911.6	7 288.5
家具制造业	56.3	73.6	11.4	14.8
造纸及纸制品业	14 655.0	12 564.6	1 599.8	5 946.7
印刷业、记录媒介的复制	69 950.8	18 086.9	98 952.2	63 001.9
文教体育用品制造业				
石油加工及炼焦业	51 755.1	14 668.5	9 888.8	15 718.8
化学原料及化学制品制造业	125 358.2	72 196.9	113 722.7	66 456.6
医药制造业	33 431.4	3 184.1	14 038.3	11 607.1
化学纤维制造业				
橡胶制品业	9 403.0	5 201.5	-1 527.9	2 615.5
塑料制品业	10 186.4	23.3	-2 600.4	1 294.6
非金属矿物制品业	60 897.2	13 051.3	38 876.7	21 935.8
黑色金属冶炼及压延加工业	73 780.0	32 999.8	-29 930.2	13 552.4
有色金属冶炼及压延加工业	2 022.3	768.8	45.0	45.0
金属制品业	22 132.3	6 006.8	4 325.4	10 420.3
普通机械制造业	167 455.3	45 110.9	34 868.9	52 086.4
专用设备制造业	210 518.8	42 553.5	13 356.0	66 876.4
交通运输设备制造业	463 289.8	127 090.6	224 041.5	156 600.8
电气机械及器材制造业	392 060.3	57 008.3	167 207.7	158 571.4
电子及通信设备制造业	181 850.2	152 073.1	12 634.5	73 952.8
仪器仪表及文化办公用机械制造业	204 582.8	44 716.7	124 696.3	108 043.9
其他制造业	2 419.9	513.9	1 995.0	3 414.2
电力、蒸汽、热水的生产和供应业	150 665.9	50 462.6	264 424.2	1 819.0
煤气生产和供应业	5 876.2	359.1	7 147.8	7 436.2
自来水的生产和供应业	18 848.6	38 282.3	57 708.5	45 076.0

7-15　续表8　　(2000年)　　单位:万元

分　组	产品销售收入	产品销售成本	产品销售费用	产品销售税金及附加	产品销售利润
总　计	**1 777 954.4**	**1 266 872.3**	**53 138.2**	**12 982.9**	**444 946.1**
#市　区	1 637 619.0	1 151 527.0	48 309.9	12 474.2	425 293.1
按隶属关系分					
中央企业	980 358.7	625 818.7	13 355.8	6 940.0	334 231.4
省属企业	219 414.9	182 652.3	10 356.2	4 017.3	24 946.1
市属企业	578 180.8	458 401.3	29 426.2	4 582.6	85 768.6
市直属企业	532 174.2	419 023.8	27 205.4	4 282.7	81 660.2
区、县属企业	46 006.6	39 377.5	2 220.8	299.9	4 108.4
区属企业	13 073.4	11 438.5	480.5	99.2	1 055.2
县属企业	32 933.2	27 939.0	1 740.3	200.7	3 053.2
其中:区县直属	46 006.6	39 377.5	2 220.8	299.9	4 108.4
其他					
在总计中:亏损企业	281 864.3	268 339.9	12 904.9	1 184.7	-567.5
按轻重工业分					
轻工业	323 835.9	260 063.0	14 238.5	2 469.0	47 063.3
以农产品为原料	271 169.9	213 993.7	10 891.1	2 106.7	44 176.3
以非农产品为原料	52 666.0	46 069.3	3 347.4	362.3	2 887.0
重工业	1 454 118.5	1 006 809.3	38 899.7	10 513.9	397 882.8
采掘工业	3 019.9	2 019.6	60.4	53.9	886.0
原料工业	418 230.0	206 306.4	1 468.2	5 640.7	204 814.7
加工工业	1 032 868.6	798 483.3	37 371.1	4 819.3	192 182.1
按企业规模分					
大型工业	1 425 103.7	956 230.0	37 226.5	6 282.5	425 351.9
中型工业	206 050.4	185 827.6	8 353.3	4 076.3	7 793.2
小型工业	146 800.3	124 814.7	7 558.4	2 624.1	11 801.0
按工业行业大类分					
煤炭采选业					
石油和天然气开采业					
黑色金属矿采选业	488.4	357.8	12.5	8.6	109.5
有色金属矿采选业	2 144.8	1 367.6	33.5	0.5	743.2
非金属矿采选业					
其他矿采选业					
木材及竹材采选业	386.7	294.2	14.4	44.8	33.3
食品加工业	18 035.6	17 811.1	1 097.9	91.1	-966.6
食品制造业	14 629.0	10 349.3	2 406.6	98.8	1 774.3
饮料制造业	2 361.5	1 691.9	230.3	115.2	324.1

7-15　续表9　　(2000年)　　单位:万元

分组	产品销售收入	产品销售成本	产品销售费用	产品销售税金及附加	产品销售利润
烟草加工业	1 110.0	573.5	5.4	12.0	519.1
纺织业	103 232.2	86 381.9	1 838.1	556.6	14 455.6
服装及其他纤维制品制造业	12 578.8	10 406.3	752.9	7.4	1 412.2
皮革、毛皮、羽绒及其他制品业	7 551.8	5 685.1	340.9	13.0	1 512.8
木材加工及竹、藤、棕、草制品业	833.9	716.0	24.5	4.4	89.0
家具制造业	9.7	6.3		0.1	3.3
造纸及纸制品业	8 741.8	7 232.9	298.8	91.1	1 119.0
印刷业、记录媒介的复制	100 992.8	72 821.8	3 446.3	1 103.6	23 621.1
文教体育用品制造业					
石油加工及炼焦业	68 461.6	59 974.2	339.1	3 294.7	4 853.6
化学原料及化学制品制造业	87 910.6	72 001.3	2 411.5	366.0	13 119.3
医药制造业	19 586.6	13 373.6	3 145.8	102.4	2 964.8
化学纤维制造业					
橡胶制品业	2 255.4	2 604.9	114.2	0.7	-464.4
塑料制品业	2 140.4	1 858.4	3.1	9.7	269.2
非金属矿物制品业	25 425.8	20 673.0	1 093.5	315.4	3 343.9
黑色金属冶炼及压延加工业	4 606.0	7 235.1	99.5	13.3	-2 741.9
有色金属冶炼及压延加工业	436.9	392.2	2.2	2.6	39.9
金属制品业	10 026.8	6 640.1	681.3	63.2	2 642.2
普通机械制造业	71 868.2	52 286.0	3 479.2	437.1	15 665.9
专用设备制造业	51 966.4	42 688.3	2 873.0	361.3	6 043.8
交通运输设备制造业	329 655.1	262 992.4	4 313.0	1 049.6	61 300.0
电气机械及器材制造业	281 672.0	216 856.5	13 812.7	1 362.5	49 640.3
电子及通信设备制造业	82 075.7	62 345.6	2 693.3	312.1	16 724.7
仪器仪表及文化办公用机械制造业	89 274.5	61 822.8	6 135.2	640.1	20 676.4
其他制造业	272.4	221.4	11.9	5.0	34.1
电力、蒸汽、热水的生产和供应业	293 033.4	95 335.1	52.4	2 036.3	195 609.6
煤气生产和供应业	8 090.0	8 082.5	444.6	13.1	-450.2
自来水的生产和供应业	20 632.4	20 586.4	361.7	174.3	-490.0

7-15　续表10　　(2000年)　　单位:万元

分组	管理费用	利润总额	亏损企业亏损总额	利税总年应交增值税	本年应交增值税
总计	**236 483.0**	**-45 790.6**	**99 709.7**	**36 617.0**	**69 424.7**
#市区	211 601.0	-40 116.7	91 579.3	37 130.2	64 772.7
按隶属关系分					
中央企业	117 900.9	6 423.0	28 593.1	45 245.9	31 882.9
省属企业	34 198.9	-31 029.8	34 148.8	-22 282.4	7 287.1
市属企业	84 383.2	-21 183.8	36 967.8	13 653.5	30 254.7
市直属企业	79 911.9	-19 533.7	33 996.4	12 506.5	27 757.5
区、县属企业	4 471.3	-1 650.1	2 971.4	1 147.0	2 497.2
区属企业	1 422.5	-564.3	697.2	21.8	486.9
县属企业	3 048.8	-1 085.8	2 274.2	1 125.2	2 010.3
其中:区县直属	4 471.3	-1 650.1	2 971.4	1 147.0	2 497.2
其他					
在总计中:亏损企业	-99 709.7	-99 709.7	99 709.7	-86 267.4	12 257.6
按轻重工业分					
轻工业	46 375.5	-6 859.8	31 336.3	13 259.6	17 650.4
以农产品为原料	35 626.4	2 352.7	21 261.6	17 727.1	13 267.7
以非农产品为原料	10 749.1	-9 212.5	10 074.7	-4 467.5	4 382.7
重工业	190 107.5	-38 930.8	68 373.4	23 357.4	51 774.3
采掘工业	918.6	-273.2	275.2	-159.8	59.5
原料工业	18 587.5	-8 310.5	18 113.6	5 934.8	8 604.6
加工工业	170 601.4	-30 347.1	49 984.6	17 582.4	43 110.2
按企业规模分					
大型工业	181 612.8	-8 594.7	50 360.4	53 454.1	55 766.3
中型工业	26 657.7	-14 814.7	18 339.7	-1 557.9	9 180.5
小型工业	28 212.5	-22 381.2	31 009.6	-15 279.2	4 477.9
按工业行业大类分					
煤炭采选业					
石油和天然气开采业					
黑色金属矿采选业	51.5	-49.4	49.4	7.8	48.6
有色金属矿采选业	686.7	-12.2	14.2	-12.8	-1.1
非金属矿采选业					
其他矿采选业					
木材及竹材采选业	180.4	-211.6	211.6	-154.8	12.0
食品加工业	2 390.9	-3 154.1	3 215.6	-2 891.8	171.2
食品制造业	2 876.8	-1 381.5	1 509.2	-150.0	1 132.7
饮料制造业	548.6	-1 105.8	1 106.4	-787.3	203.3

7-15　续表11　　(2000年)　　单位:万元

分　组	管理费用	利润总额	亏损企业亏损总额	利税总额	本年应交增值税
烟草加工业	230.8	351.8		476.9	113.1
纺织业	11 657.3	-656.1	4 826.1	5 423.2	5 522.7
服装及其他纤维制品制造业	1 521.4	-895.1	895.1	-757.8	129.9
皮革、毛皮、羽绒及其他制品业	1 650.7	-692.9	692.9	-507.5	172.4
木材加工及竹、藤、棕、草制品业	912.8	-265.5	280.9	-231.4	29.7
家具制造业	14.0	-10.1	10.1	-9.5	0.5
造纸及纸制品业	576.3	436.4	192.4	1 108.5	581.0
印刷业、记录媒介的复制	13 715.0	9 653.1	8 603.0	15 787.3	5 030.6
文教体育用品制造业					
石油加工及炼焦业	2 801.1	408.1	1 594.6	5 858.6	2 155.8
化学原料及化学制品制造业	14 208.8	-2 134.5	3 185.4	1 947.5	3 716.0
医药制造业	2 397.1	7.0	804.1	1 555.4	1 446.0
化学纤维制造业					
橡胶制品业	868.3	-1 425.5	1 425.5	-1 413.2	11.6
塑料制品业	236.6	-904.7	907.2	-894.0	1.0
非金属矿物制品业	4 568.8	-1 630.7	1 773.5	295.5	1 610.8
黑色金属冶炼及压延加工业	3 392.7	-8 627.4	8 627.4	-8 467.8	146.3
有色金属冶炼及压延加工业	88.9	-103.1	103.1	-94.0	6.5
金属制品业	2 296.4	-1 192.7	1 406.9	-411.4	718.1
普通机械制造业	12 636.5	-2 212.1	4 309.7	3 013.5	4 788.5
专用设备制造业	12 930.1	-12 616.3	13 332.7	-9 106.0	3 149.0
交通运输设备制造业	49 570.4	-2 417.3	7 086.9	7 914.5	9 282.2
电气机械及器材制造业	38 203.1	666.5	644.7	16 519.7	14 490.7
电子及通信设备制造业	15 096.8	-5 419.6	11 466.0	-3 021.8	2 085.7
仪器仪表及文化办公用机械制造业	16 189.5	-474.1	4 590.7	4 282.9	4 116.9
其他制造业	236.5	-294.0	297.7	-279.6	9.4
电力、蒸汽、热水的生产和供应业	5 598.8	408.5	6 320.9	5 668.4	3 223.6
煤气生产和供应业	1 051.6	-592.6	592.6	-465.8	113.7
自来水的生产和供应业	3 117.7	-3 181.8	3 181.8	-453.6	2 553.9

7－16　全部规模以上独立核算集体工业企业经济指标

(2000年)　　单位:万元

分　　组	企业单位数(个)	亏损企业	工业总产值(当年价)	工业总产值(不变价)	工业增加值(生产法)	工业销售产值(当年价)
总　　计	**204**	**35**	**329 320.3**	**314 075.9**	**86 492.1**	**311 917.0**
＃市　　区	173	27	294 518.7	285 141.7	77 569.4	281 393.8
按隶属关系分						
省属企业	1		1 816.7	1 308.6	279.4	1 789.8
市属企业	203	35	327 503.6	312 767.3	86 212.7	310 127.2
市直属企业	45	18	65 588.0	68 657.2	21 935.5	63 823.5
县、区属企业	158	17	261 915.6	244 110.1	64 277.2	246 303.7
区属企业	129	10	229 473.4	216 897.8	55 806.2	218 028.9
县属企业	29	7	32 442.2	27 212.3	8 471.0	28 274.8
县区属中:区县直属	4	1	4 569.5	4 206.5	1 173.9	4 749.4
街道企业						
镇办企业	2	1	1 692.9	1 437.1	432.5	1 547.4
乡办企业	17	4	20 905.2	16 983.1	5 253.4	17 210.4
居委会						
村委会	6	1	5 274.6	4 585.6	1 611.2	4 767.6
其他						
在总计中:亏损企业	35	35	28 537.6	29 408.4	6 345.7	27 330.8
在总计中:农村工业						
在总计中:轻工业	96	15	166 824.8	158 337.9	42 240.4	156 283.2
以农产品为原料	71	10	134 098.7	128 275.9	34 919.0	127 101.8
以非农产品为原料	25	5	32 726.1	30 062.0	7 321.4	29 181.4
重工业	108	20	162 495.5	155 738.0	44 251.7	155 633.8
采掘工业	1		2 379.0	2 316.0	485.1	2 331.0
原料工业	28	8	32 820.2	29 012.7	8 210.8	31 063.3
加工工业	79	12	127 296.3	124 409.3	35 555.8	122 239.5
在总计中:大型工业						
中型工业	4	2	2 289.2	4 640.1	234.8	2 245.8
小型工业	200	33	327 031.1	309 435.8	86 257.3	309 671.2
按工业行业大类分						
煤炭采选业						
石油和天然气开采业						
黑色金属矿采选业						
有色金属矿采选业						
非金属矿采选业	1		2 379.0	2 316.0	485.1	2 331.0
其他矿采选业						
木材及竹材采选业						

7-16　续表1　(2000年)　单位:万元

分组	企业单位数(个)	亏损企业	工业总产值(当年价)	工业总产值(不变价)	工业增加值(生产法)	工业销售产值(当年价)
食品加工业	16	4	25 393.3	23 192.2	7 097.1	24 012.4
食品制造业	6		9 546.3	8 076.0	2 382.3	9 107.8
饮料制造业	1		1 825.0	1 756.5	392.2	1 733.7
烟草加工业						
纺织业	8	1	8 507.5	7 809.2	1 583.8	8 595.9
服装及其他纤维制品制造业	3	1	4 946.7	4 469.4	1 202.8	5 036.2
皮革、毛皮、羽绒及其他制品业	1		1 600.0	1 600.0	369.3	1 485.0
木材加工及竹、藤、棕、草制品业						
家具制造业	4	1	3 014.1	2 841.6	756.2	2 826.6
造纸及纸制品业	23	1	46 567.2	44 751.9	10 575.1	43 819.4
印刷业、记录媒介的复制	3	2	13 281.1	15 632.0	4 540.1	13 237.7
文教体育用品制造业	1		880.0	862.0	257.1	792.0
石油加工及炼焦业	1		7 170.0	7 170.0	950.5	7 053.0
化学原料及化学制品制造业	10	3	8 789.2	8 416.1	3 076.9	8 149.2
医药制造业	9	1	23 038.3	21 365.0	7 462.3	21 139.4
化学纤维制造业	1	1	570.0	530.0	192.9	541.2
橡胶制品业	2		1 968.4	2 095.6	560.1	1 856.6
塑料制品业	5	2	4 614.8	4 653.8	655.8	4 387.8
非金属矿物制品业	22	5	30 566.2	26 551.7	8 764.4	29 158.0
黑色金属冶炼及压延加工业	7		6 597.0	5 850.5	1 743.8	6 308.3
有色金属冶炼及压延加工业	3	1	2 757.7	2 666.2	339.6	2 661.1
金属制品业	21	4	24 922.0	23 405.3	5 603.2	22 929.2
普通机械制造业	14	2	18 485.8	17 552.2	4 871.6	17 321.2
专用设备制造业	5		3 028.6	2 968.7	748.4	2 683.9
交通运输设备制造业	4	1	13 116.2	13 159.3	3 091.3	12 790.1
电气机械及器材制造业	25	4	53 686.1	52 795.5	15 964.3	50 302.2
电子及通信设备制造业	5		6 701.2	6 416.5	2 146.1	6 407.7
仪器仪表及文化办公用机械制造业	1		796.8	766.1	184.4	763.4
其他制造业	1	1	2 755.1	3 098.0	216.0	2 697.2
电力、蒸汽、热水的生产和供应业	1		1 816.7	1 308.6	279.4	1 789.8
煤气生产和供应业						
自来水的生产和供应业						

7－16　续表2　　(2000年)　　单位:万元

分　组	全部职工年平均人数(人)	资产合计	流动资产小计	流动资产年平均余额	固定资产小计
总　计	**31 417**	**274 534.0**	**156 220.4**	**144 871.9**	**90 636.7**
＃市　区	26 076	233 607.0	135 460.8	126 317.4	72 822.2
按隶属关系分					
省属企业	624	3 150.0	940.1	835.0	1 328.6
市属企业	30 793	271 383.0	155 280.3	144 036.9	89 308.1
市直属企业	8 688	99 947.0	69 567.7	66 994.2	21 941.1
县、区属企业	22 105	171 435.0	85 712.6	77 042.7	67 367.0
区属企业	18 077	136 530.0	68 132.3	61 359.8	51 505.5
县属企业	4 028	34 905.0	17 580.3	15 682.9	15 861.5
县区属中:区县直属	536	4 492.0	1 849.3	1 829.3	2 057.0
街道企业					
镇办企业	100	2 646.0	1 457.0	1 405.4	1 169.9
乡办企业	2 251	20 672.0	9 964.0	9 260.2	10 180.8
居委会					
村委会	1 141	7 093.0	4 310.0	3 188.0	2 453.8
其他					
在总计中:亏损企业	5 416	48 647.0	26 222.3	25 650.3	19 055.2
在总计中:农村工业					
在总计中:轻工业	14 994	130 826.0	69 902.9	63 971.3	49 887.4
以农产品为原料	11 929	105 863.0	55 891.6	51 178.9	41 642.3
以非农产品为原料	3 065	24 962.0	14 011.3	12 792.4	8 245.1
重工业	16 423	143 708.0	86 317.5	80 900.6	40 749.3
采掘工业	15	46.0	27.0	15.6	19.2
原料工业	4 999	26 193.0	13 267.5	12 359.7	11 468.9
加工工业	11 409	117 468.0	73 023.0	68 525.3	29 261.2
在总计中:大型工业					
中型工业	239	8 881.0	3 797.7	3 356.8	5 049.7
小型工业	31 178	265 652.0	152 422.7	141 515.1	85 587.0
按工业行业大类分					
煤炭采选业					
石油和天然气开采业					
黑色金属矿采选业					
有色金属矿采选业					
非金属矿采选业	15	46.0	27.0	15.6	19.2
其他矿采选业					
木材及竹材采选业					

7－16　续表 3　　(2000 年)　　单位:万元

分　组	全部职工年平均人数(人)	资产合计	流动资产小计	流动资产年平均余额	固定资产小计
食品加工业	3 041	19 896.0	7 532.6	6 845.9	10 496.2
食品制造业	613	5 814.0	3 193.1	2 848.7	1 963.0
饮料制造业	56	662.0	274.0	233.0	376.0
烟草加工业					
纺织业	1 003	4 268.0	2 718.5	2 527.6	1 268.2
服装及其他纤维制品制造业	764	3 872.0	2 994.5	2 990.3	849.0
皮革、毛皮、羽绒及其他制品业	68	1 040.0	500.0	500.0	540.0
木材加工及竹、藤、棕、草制品业					
家具制造业	249	2 601.0	1 336.1	1 164.4	371.9
造纸及纸制品业	4 179	29 599.0	12 881.3	10 686.9	14 458.5
印刷业、记录媒介的复制	802	19 744.0	11 444.9	10 784.9	8 128.1
文教体育用品制造业	54	183.0	86.7	85.3	96.9
石油加工及炼焦业	76	386.0	339.5	325.2	46.5
化学原料及化学制品制造业	758	5 230.0	2 856.7	2 792.1	2 077.8
医药制造业	1 648	20 128.0	14 455.8	13 976.6	3 249.9
化学纤维制造业	80	1 129.0	759.0	734.5	270.7
橡胶制品业	190	1 198.0	936.9	902.9	261.0
塑料制品业	336	1 791.0	836.2	844.3	691.8
非金属矿物制品业	3 843	28 507.0	11 612.9	10 197.5	10 941.5
黑色金属冶炼及压延加工业	758	4 372.0	2 332.8	2 179.2	2 039.9
有色金属冶炼及压延加工业	438	1 226.0	668.6	661.8	517.4
金属制品业	2 417	20 238.0	11 087.5	9 672.6	6 468.9
普通机械制造业	1 981	20 750.0	13 455.6	12 598.5	4 631.6
专用设备制造业	656	3 746.0	2 759.4	2 755.2	823.9
交通运输设备制造业	1 475	5 748.0	2 603.1	2 616.1	2 721.8
电气机械及器材制造业	4 610	59 190.0	41 194.6	38 854.9	13 754.1
电子及通信设备制造业	514	6 511.0	4 966.7	4 692.0	817.3
仪器仪表及文化办公用机械制造业	18	358.0	134.0	133.9	224.0
其他制造业	151	3 138.0	1 292.3	1 417.0	1 203.0
电力、蒸汽、热水的生产和供应业	624	3 150.0	940.1	835.0	1 328.6
煤气生产和供应业					
自来水的生产和供应业					

7-16　续表 4　　(2000 年)　　单位:万元

分　组	固定资产原价合计	累计折旧	本年折旧	固定资产净值年平均余额	负债合计
总　计	**117 521.5**	**35 446.7**	**6 108.7**	**79 880.0**	**179 180.4**
#市　区	93 710.5	28 076.4	4 993.8	63 403.2	150 592.4
按隶属关系分					
省属企业	2 420.0	1 262.7	155.5	1 229.7	1 310.1
市属企业	115 101.5	34 184.0	5 953.2	78 650.3	177 870.3
市直属企业	29 911.3	10 124.3	1 749.2	17 617.1	64 055.5
县、区属企业	85 190.2	24 059.7	4 204.0	61 033.2	113 814.8
区属企业	64 199.5	18 098.5	3 244.6	46 013.3	88 740.8
县属企业	20 990.7	5 961.2	959.4	15 019.9	25 074.0
县区属中:区县直属	2 259.0	649.1	64.9	1 709.5	2 547.1
街道企业					
镇办企业	1 346.9	253.0	27.5	1 090.3	2 228.6
乡办企业	13 475.2	3 576.0	585.2	9 770.9	15 091.6
居委会					
村委会	3 909.6	1 483.1	281.8	2 449.2	5 206.7
其他					
在总计中:亏损企业	24 128.1	7 581.6	917.9	15 082.4	39 552.5
在总计中:农村工业					
在总计中:轻工业	63 656.5	18 180.5	3 311.4	43 309.1	81 258.8
以农产品为原料	52 703.5	15 296.5	2 613.9	35 686.5	66 135.2
以非农产品为原料	10 953.0	2 884.0	697.5	7 622.6	15 123.6
重工业	53 865.0	17 266.2	2 797.3	36 570.9	97 921.6
采掘工业	19.8	0.6	0.1	19.2	27.6
原料工业	15 791.3	5 640.4	939.4	10 212.6	19 655.3
加工工业	38 053.9	11 625.2	1 857.8	26 339.1	78 238.7
在总计中:大型工业					
中型工业	5 561.4	1 367.0	82.3	2 978.7	9 045.8
小型工业	111 960.1	34 079.7	6 026.4	76 901.3	170 134.6
按工业行业大类分					
煤炭采选业					
石油和天然气开采业					
黑色金属矿采选业					
有色金属矿采选业					
非金属矿采选业	19.8	0.6	0.1	19.2	27.6
其他矿采选业					
木材及竹材采选业					

7-16 续表5 (2000年) 单位:万元

分组	固定资产原价合计	累计折旧	本年折旧	固定资产净值年平均余额	负债合计
食品加工业	12 413.6	2 589.7	434.4	9 377.9	12 230.1
食品制造业	2 761.9	1 069.2	148.3	1 865.6	4 953.0
饮料制造业	420.0	44.0	7.0	180.0	380.0
烟草加工业					
纺织业	1 792.1	717.3	83.5	1 145.7	3 114.0
服装及其他纤维制品制造业	1 260.2	419.9	194.6	833.6	1 518.5
皮革、毛皮、羽绒及其他制品业	551.0	11.0		540.0	2 000.0
木材加工及竹、藤、棕、草制品业					
家具制造业	559.5	209.6	13.8	270.7	1 711.8
造纸及纸制品业	17 452.2	4 627.0	632.1	12 639.7	20 246.5
印刷业、记录媒介的复制	10 614.3	3 547.8	632.4	6 388.6	9 696.7
文教体育用品制造业	125.6	28.7	8.9	96.9	63.6
石油加工及炼焦业	101.9	57.7	2.5	46.5	314.2
化学原料及化学制品制造业	2 399.4	456.7	111.1	1 945.4	3 916.2
医药制造业	5 089.8	2 249.5	533.2	2 490.0	11 534.9
化学纤维制造业	398.1	141.1	47.6	210.6	721.7
橡胶制品业	364.9	109.6	24.4	221.7	769.2
塑料制品业	1 454.1	804.7	127.3	702.8	1 726.8
非金属矿物制品业	14 556.6	4 834.1	1 042.4	9 571.3	20 789.8
黑色金属冶炼及压延加工业	2 398.2	467.5	57.4	1 933.6	2 626.7
有色金属冶炼及压延加工业	833.7	316.5	65.2	519.3	895.7
金属制品业	8 579.7	2 516.3	526.6	5 976.4	14 534.6
普通机械制造业	7 081.9	2 698.9	273.0	4 326.8	13 846.2
专用设备制造业	1 352.5	632.2	136.0	813.5	2 826.7
交通运输设备制造业	2 749.9	785.0	140.6	2 069.2	1 890.0
电气机械及器材制造业	17 104.7	4 377.1	618.1	12 732.9	38 451.1
电子及通信设备制造业	1 101.1	314.9	70.3	609.8	4 965.1
仪器仪表及文化办公用机械制造业	224.4	20.0	6.0	224.0	169.8
其他制造业	1 340.4	137.4	16.4	898.6	1 949.8
电力、蒸汽、热水的生产和供应业	2 420.0	1 262.7	155.5	1 229.7	1 310.1
煤气生产和供应业					
自来水的生产和供应业					

7－16　续表 6　　(2000 年)　　单位:万元

分　　组	负债 流动负债小计	负债 长期负债小计	所有者权益 合计	所有者权益 实收资本
总　　计	**140 040.4**	**31 404.4**	**95 353.7**	**66 205.9**
＃市　区	121 465.4	21 391.5	83 014.7	56 017.0
按隶属关系分				
省属企业	1 310.1		1 840.8	1 067.8
市属企业	138 730.3	31 404.4	1 519 956.1	65 138.1
市直属企业	55 313.2	8 742.3	35 892.1	24 294.6
县、区属企业	83 417.1	22 662.1	57 620.8	40 843.5
区属企业	68 086.0	12 919.3	47 789.4	32 389.2
县属企业	15 331.1	9 742.8	9 831.4	8 454.3
县区属中:区县直属	2 166.8	380.3	1 945.6	1 649.7
街道企业				
镇办企业	973.4	1 255.2	418.3	271.0
乡办企业	7 302.0	7 789.6	5 580.4	5 363.3
居委会				
村委会	4 888.9	317.7	1 887.1	1 170.3
其他				
在总计中:亏损企业	28 738.0	10 331.6	9 094.5	10 986.1
在总计中:农村工业				
在总计中:轻工业	58 727.4	16 826.9	49 567.2	37 528.5
以农产品为原料	46 316.0	14 240.9	39 728.7	29 590.4
以非农产品为原料	12 411.4	2 586.0	9 838.5	7 938.1
重工业	81 313.0	14 577.5	45 786.5	28 677.4
采掘工业	13.3	14.3	19.2	18.0
原料工业	14 576.9	4 734.8	6 537.9	4 438.5
加工工业	66 722.8	9 828.4	39 229.4	24 220.9
在总计中:大型工业				
中型工业	3 918.7	5 127.1	－163.9	1 379.4
小型工业	136 121.7	26 277.3	95 517.6	64 826.5
按工业行业大类分				
煤炭采选业				
石油和天然气开采业				
黑色金属矿采选业				
有色金属矿采选业				
非金属矿采选业	13.3	14.3	19.2	18.0
其他矿采选业				
木材及竹材采选业				

7-16 续表7 (2000年) 单位:万元

分 组	负债 流动负债小计	负债 长期负债小计	所有者权益合计	实收资本
食品加工业	8 702.7	2 775.0	7 666.1	4 302.9
食品制造业	3 656.1	1 069.4	861.2	974.4
饮料制造业	380.0		282.0	169.6
烟草加工业				
纺织业	2 901.0	87.8	1 154.8	1 205.1
服装及其他纤维制品制造业	1 170.5	348.0	2 353.9	1 597.0
皮革、毛皮、羽绒及其他制品业		2 000.0	-960.0	400.0
木材加工及竹、藤、棕、草制品业				
家具制造业	1 210.2	501.6	889.3	790.7
造纸及纸制品业	12 534.8	3 238.5	9 353.1	5 083.1
印刷业、记录媒介的复制	5 949.2	3 747.5	10 047.9	9 926.0
文教体育用品制造业	63.6		120.0	120.0
石油加工及炼焦业	314.2		71.8	71.8
化学原料及化学制品制造业	3 178.1	738.1	1 314.3	1 022.2
医药制造业	11 371.8	163.1	8 593.9	5 238.5
化学纤维制造业	410.1	311.6	408.0	231.2
橡胶制品业	760.7	8.5	428.8	254.4
塑料制品业	1 143.4	583.4	65.0	416.1
非金属矿物制品业	15 040.9	5 538.9	7 717.8	6 586.5
黑色金属冶炼及压延加工业	2 243.7	39.5	1 746.1	1 236.4
有色金属冶炼及压延加工业	885.4	10.3	330.8	159.1
金属制品业	11 359.1	1 997.7	5 704.2	4 770.8
普通机械制造业	12 111.6	1 467.4	6 904.5	4 871.9
专用设备制造业	2 336.7	490.0	919.3	821.8
交通运输设备制造业	1 509.7	380.3	3 858.6	3 344.4
电气机械及器材制造业	34 195.3	4 097.0	20 739.0	9 804.1
电子及通信设备制造业	3 228.6	1 736.5	1 546.0	285.1
仪器仪表及文化办公用机械制造业	109.8	60.0	188.2	112.0
其他制造业	1 949.8		1 189.1	1 325.0
电力、蒸汽、热水的生产和供应业	1 310.1		1 840.8	1 067.8
煤气生产和供应业				
自来水的生产和供应业				

7-16 续表8 (2000年) 单位:万元

分组	产品销售收入	产品销售成本	产品销售费用	产品销售税金及附加	产品销售利润
总计	**287 278.4**	**235 359.3**	**17 163.2**	**3 186.4**	**31 569.5**
#市区	258 593.1	210 268.6	16 228.1	2 771.8	29 324.6
按隶属关系分					
省属企业	2 866.9	2 723.2		68.3	75.4
市属企业	284 411.5	232 636.1	17 163.2	3 118.1	31 494.1
市直属企业	62 831.6	50 580.2	2 442.6	371.7	9 437.1
县、区属企业	221 579.9	182 055.9	14 720.6	2 746.4	22 057.0
区属企业	196 089.2	160 036.6	13 789.9	2 401.6	19 861.1
县属企业	25 490.7	22 019.3	930.7	344.8	2 195.9
县区属中:区县直属	2 121.2	1 782.0	36.4	72.8	230.0
街道企业					
镇办企业	1 287.1	1 171.7	53.1	3.8	58.5
乡办企业	17 369.8	14 970.1	703.7	245.2	1 450.8
居委会					
村委会	4 712.6	4 095.5	137.5	23.0	456.6
其他					
在总计中:亏损企业	27 668.5	24 775.0	971.2	118.5	1 803.8
在总计中:农村工业					
在总计中:轻工业	140 898.3	113 615.5	11 331.4	1 349.9	14 601.5
以农产品为	114 439.9	90 775.3	10 182.8	1 131.7	12 350.1
以非农产品为原料	26 458.4	22 840.2	1 148.6	218.2	2 251.4
重工业	146 380.1	121 743.8	5 831.8	1 836.5	16 968.0
采掘工业	2 316.0	1 988.0		115.0	213.0
原料工业	27 287.6	23 765.7	932.0	318.4	2 271.5
加工工业	116 776.5	95 990.1	4 899.8	1 403.1	14 483.5
在总计中:大型工业					
中型工业	2 274.0	1 937.7	18.6	8.5	309.2
小型工业	285 004.4	233 421.6	17 144.6	3 177.9	31 260.3
按工业行业大类分					
煤炭采选业					
石油和天然气开采业					
黑色金属矿采选业					
有色金属矿采选业					
非金属矿采选业	2 316.0	1 988.0		115.0	213.0
其他矿采选业					
木材及竹材采选业					

7-16 续表9 (2000年) 单位:万元

分 组	产品销售收入	产品销售成本	产品销售费用	产品销售税金及附加	产品销售利润
食品加工业	20 559.6	17 848.0	819.7	81.6	1 810.3
食品制造业	8 703.2	6 961.1	683.3	64.3	994.5
饮料制造业	1 741.5	1 559.6	86.6	9.0	86.3
烟草加工业					
纺织业	6 096.3	5 250.4	152.4	80.2	613.3
服装及其他纤维制品制造业	3 631.5	3 051.1	345.7	23.9	210.8
皮革、毛皮、羽绒及其他制品业	1 483.0	1 450.9	23.0	0.1	9.0
木材加工及竹、藤、棕、草制品业					
家具制造业	2 731.6	2 318.8	94.9	14.7	303.2
造纸及纸制品业	43 041.6	35 153.4	3 862.2	581.9	3 444.1
印刷业、记录媒介的复制	13 185.3	10 519.9	311.9	78.6	2 274.9
文教体育用品制造业	674.0	513.4	3.1	47.1	110.4
石油加工及炼焦业	3 235.9	3 127.3	26.5	9.1	73.0
化学原料及化学制品制造业	6 775.1	5 812.3	377.0	30.5	555.3
医药制造业	16 310.9	8 959.0	4 041.4	211.3	3 099.2
化学纤维制造业	596.0	551.6	33.7	0.7	10.0
橡胶制品业	1 709.5	1 169.3	3.1	11.3	525.8
塑料制品业	4 084.7	3 580.1	183.6	22.8	298.2
非金属矿物制品业	24 766.1	19 775.6	1 796.6	518.5	2 675.4
黑色金属冶炼及压延加工业	6 214.5	5 098.1	285.0	119.0	712.4
有色金属冶炼及压延加工业	2 374.9	2 109.1	133.7	26.0	106.1
金属制品业	20 867.1	17 925.4	883.2	287.9	1 770.6
普通机械制造业	18 559.0	15 212.0	886.8	125.2	2 335.0
专用设备制造业	2 418.6	1 747.2	129.1	9.5	532.8
交通运输设备制造业	13 198.3	11 601.8	287.5	253.5	1 055.5
电气机械及器材制造业	50 175.6	41 670.4	1 311.4	330.5	6 863.3
电子及通信设备制造业	5 477.3	4 513.0	234.4	37.3	692.6
仪器仪表及文化办公用机械制造业	787.2	585.0	117.0	17.2	68.0
其他制造业	2 697.2	2 584.3	50.4	11.4	51.1
电力、蒸汽、热水的生产和供应业	2 866.9	2 723.2		68.3	75.4
煤气生产和供应业					
自来水的生产和供应业					

7－16 续表10 (2000年) 单位:万元

分组	管理费用	利润总额	亏损企业亏损总额	利税总额	本年应交增值税
总计	**16 548.4**	**12 506.2**	**1 927.1**	**25 252.1**	**9 559.5**
#市区	14 940.3	12 319.5	1 464.7	23 572.6	8 481.3
按隶属关系分					
省属企业	493.6	62.4		368.2	237.5
市属企业	16 054.8	12 443.8	1 927.1	24 883.9	9 322.0
市直属企业	6 071.7	3 908.3	1 386.7	7 846.6	3 566.6
县、区属企业	9 983.1	8 535.5	540.4	17 037.3	5 755.4
区属企业	8 975.9	8 264.8	224.4	15 590.5	4 924.1
县属企业	1 007.2	270.7	316.0	1 446.8	831.3
县区属中:区县直属	204.7	24.2	42.9	178.7	81.7
街道企业					
镇办企业	66.2	－24.5	25.4	30.5	51.2
乡办企业	512.3	315.5	82.8	1 021.6	460.9
居委会					
村委会	224.0	－44.5	164.9	216.0	237.5
其他					
在总计中:亏损企业	－1 927.1	－1 927.1	1 927.1	－1 032.1	776.5
在总计中:农村工业					
在总计中:轻工业	8 168.8	5 843.7	1 255.2	12 146.5	4 952.9
以农产品为原料	6 189.7	5 765.4	548.2	11 161.0	4 263.9
以非农产品为原料	1 979.1	78.3	707.0	985.5	689.0
重工业	8 379.6	6 662.5	671.9	13 105.6	4 606.6
采掘工业	34.0	90.0		214.3	9.3
原料工业	1 541.4	334.2	343.6	1 594.5	941.9
加工工业	6 804.2	6 238.3	328.3	11 296.8	3 655.4
在总计中:大型工业					
中型工业	321.0	－178.2	178.2	－84.4	85.3
小型工业	16 227.4	12 684.4	1 748.9	25 336.5	9 474.2
按工业行业大类分					
煤炭采选业					
石油和天然气开采业					
黑色金属矿采选业					
有色金属矿采选业					
非金属矿采选业	34.0	90.0		214.3	9.3
其他矿采选业					
木材及竹材采选业					

7-16 续表11　　(2000年)　　单位:万元

分组	管理费用	利润总额	亏损企业亏损总额	利税总额	本年应交增值税
食品加工业	655.1	660.7	256.3	1 224.8	482.5
食品制造业	241.1	541.0		846.9	241.6
饮料制造业	54.2	8.6		26.5	8.9
烟草加工业					
纺织业	527.7	117.6	9.2	335.4	137.6
服装及其他纤维制品制造业	229.9	-39.5	77.3	115.3	130.9
皮革、毛皮、羽绒及其他制品业	1.0			1.4	1.3
木材加工及竹、藤、棕、草制品业					
家具制造业	171.7	84.1	20.6	157.7	58.9
造纸及纸制品业	1 236.1	2 085.5	159.0	3 552.2	884.8
印刷业、记录媒介的复制	1 131.8	1 373.0	40.7	2 234.9	783.3
文教体育用品制造业	26.3	78.6		162.8	37.1
石油加工及炼焦业	57.1	10.6		111.2	91.5
化学原料及化学制品制造业	307.7	135.3	63.0	309.8	144.0
医药制造业	2 742.9	657.3	374.1	2 535.3	1 666.7
化学纤维制造业	7.2	-5.7	5.7	11.2	16.2
橡胶制品业	451.1	69.2		208.0	127.5
塑料制品业	261.7	-36.0	111.0	82.9	96.1
非金属矿物制品业	1 484.6	740.9	241.8	1 947.2	687.8
黑色金属冶炼及压延加工业	261.0	285.7		531.0	126.3
有色金属冶炼及压延加工业	55.5	-15.1	75.9	20.0	9.1
金属制品业	1 134.9	389.5	141.4	1 169.1	491.7
普通机械制造业	904.5	351.2	29.5	925.3	448.9
专用设备制造业	267.5	168.7		258.7	80.5
交通运输设备制造业	507.5	526.8	3.3	1 259.1	478.8
电气机械及器材制造业	2 666.7	4 100.2	116.1	6 369.3	1 938.6
电子及通信设备制造业	384.0	242.4		399.5	119.8
仪器仪表及文化办公用机械制造业	38.1	25.4		59.6	17.0
其他制造业	213.9	-202.2	202.2	-185.5	5.3
电力、蒸汽、热水的生产和供应业	493.6	62.4		368.2	237.5
煤气生产和供应业					
自来水的生产和供应业					

7－17　全部规模以上独立核算三资工业企业经济指标

(2000年)　　单位:万元

分　组	企业单位数(个)	亏损企业	工业总产值(当年价)	工业总产值(不变价)	工业增加值(生产法)	工业销售产值(当年价)
总　计	**92**	**37**	**821 703.0**	**773 223.4**	**325 151.4**	**820 853.3**
#市　区	85	34	788 188.7	740 805.2	313 089.3	787 819.5
按隶属关系分						
市属企业	76	30	510 312.8	511 969.0	195 791.4	493 265.0
按登记注册类型分组						
港、澳、台商投资企业	43	18	220 465.4	221 136.6	74 596.1	212 921.4
与港、澳、台商合资经营	34	15	173 292.4	170 955.9	58 724.5	166 105.6
与港、澳、台商合作经营	1					
港、澳、台商独资	7	3	45 095.6	48 103.3	15 270.6	44 738.4
港、澳、台商投资股份有限公司	1		2 077.4	2 077.4	601.0	2 077.4
外商投资企业	49	19	601 237.6	552 086.8	250 555.3	607 931.9
中外合资经营	45	17	595 464.1	546 353.0	249 255.7	601 919.1
中外合作经营	3	2	5 233.6	5 139.4	1 080.2	5 472.9
外资企业	1		539.9	594.4	219.4	539.9
外商投资股份有限公司						
在总计中:亏损企业	37	37	116 656.7	106 551.9	25 728.1	111 358.6
在总计中:农村工业						
按轻重工业分						
轻工业	55	24	578 344.3	520 231.1	215 505.5	579 677.9
以农产品为原料	34	16	218 557.7	191 582.4	65 714.1	212 453.3
以非农产品为原料	21	8	359 786.6	328 648.7	149 791.4	367 224.6
重工业	37	13	243 358.7	252 992.3	109 645.9	241 175.4
采掘工业						
原料工业	6	1	10 982.8	16 109.0	4 527.3	13 261.7
加工工业	31	12	232 375.9	236 883.3	105 118.6	227 913.7
按企业规模分						
大型工业	6	1	377 914.7	333 016.6	178 265.3	391 773.8
中型工业	11	3	80 419.2	75 539.5	30 530.1	79 856.8
小型工业	75	33	363 369.1	364 667.3	116 356.0	349 222.7
按工业行业大类分						
煤炭采选业						
石油和天然气开采业						
黑色金属矿采选业						
有色金属矿采选业						
非金属矿采选业						
其他矿采选业						

7-17　续表1　　(2000年)　　单位:万元

分　组	企业单位数(个)	亏损企业	工业总产值(当年价)	工业总产值(不变价)	工业增加值(生产法)	工业销售产值(当年价)
木材及竹材采选业						
食品加工业	1	1	39 262.5	25 213.5	3 419.5	39 262.5
食品制造业	6	1	56 832.2	46 270.2	19 900.9	55 157.4
饮料制造业	6	4	53 156.5	54 735.6	20 474.2	48 984.2
烟草加工业						
纺织业	3	2	5 560.9	5 157.0	744.3	5 655.1
服装及其他纤维制品制造业						
皮革、毛皮、羽绒及其他制品业	2		13 684.6	13 098.2	3 618.4	14 148.6
木材加工及竹、藤、棕、草制品业	1	1	362.4	362.4	90.6	362.4
家具制造业	5	2	6 744.7	6 081.2	1 885.2	6 665.1
造纸及纸制品业	2	1	2 213.0	2 176.1	635.2	2 216.1
印刷业、记录媒介的复制	4	2	5 915.3	6 278.8	1 469.8	5 870.9
文教体育用品制造业						
石油加工及炼焦业	2	1	828.8	887.0	342.2	1 055.2
化学原料及化学制品制造业	5	2	8 015.8	7 196.4	2 015.2	7 422.0
医药制造业	6	1	215 006.3	165 854.1	106 273.2	229 661.4
化学纤维制造业	1		26 687.9	26 687.9	9 694.5	26 310.6
橡胶制品业						
塑料制品业	5	3	7 447.2	7 640.0	3 805.3	8 239.8
非金属矿物制品业	3	1	4 390.5	4 934.7	1 236.9	4 138.3
黑色金属冶炼及压延加工业						
有色金属冶炼及压延加工业	1		2 442.0	9 019.4	1 834.4	5 089.0
金属制品业	5	2	21 265.6	33 716.2	6 688.8	21 308.8
普通机械制造业	4	2	30 148.7	30 191.5	6 167.6	29 195.0
专用设备制造业	7	2	65 454.5	71 034.4	21 157.7	62 337.4
交通运输设备制造业	4	2	15 346.9	16 504.9	5 012.1	15 112.2
电气机械及器材制造业	7	4	8 678.0	9 193.9	3 088.7	8 203.0
电子及通信设备制造业	5	1	153 479.0	153 479.0	81 407.2	149 063.8
仪器仪表及文化办公用机械制造业	3	1	3 608.8	3 608.8	1 488.0	4 321.4
其他制造业	3	1	73 957.4	73 602.4	21 974.0	69 859.6
电力、蒸汽、热水的生产和供应业	1		1 213.5	299.8	727.[illegible]	1 213.5
煤气生产和供应业						
自来水的生产和供应业						

7－17　续表2　　(2000年)　　单位:万元

分　组	全部职工年平均人数(人)	资产合计	流动资产小计	流动资产年平均余额	固定资产小计
总　计	**17 609**	**1 079 676.0**	**675 581.0**	**625 659.2**	**305 906.6**
＃市　区	16 029	1 039 571.0	658 288.5	607 608.5	284 967.8
按隶属关系分					
市属企业	12 730	799 378.1	463 490.5	417 079.5	249 554.7
按登记注册类型分组					
港、澳、台商投资企业	6 878	320 522.3	160 442.0	128 331.9	114 948.8
与港、澳、台商合资经营	4 297	250 917.8	134 409.7	117 474.1	77 024.1
与港、澳、台商合作经营	2				
港、澳、台商独资	2 136	66 594.5	23 663.5	8 537.2	37 430.0
港、澳、台商投资股份有限公司	443	3 010.0	2 368.8	2 320.6	494.7
外商投资企业	10 731	759 153.7	515 139.0	497 327.3	190 957.8
中外合资经营	10 370	753 886.0	512 374.6	494 567.7	188 945.8
中外合作经营	240	4 433.5	2 423.9	2 419.1	1 716.8
外资企业	121	834.2	340.5	340.5	295.2
外商投资股份有限公司					
在总计中:亏损企业	4 616	198 607.9	89 619.2	78 397.5	92 635.8
在总计中:农村工业					
按轻重工业分					
轻工业	10 539	670 660.9	391 723.1	351 150.1	215 215.6
以农产品为原料	6 596	292 595.1	135 985.7	114 513.0	137 321.0
以非农产品为原料	3 943	378 065.8	255 737.4	236 637.1	77 894.6
重工业	7 070	409 015.1	283 857.9	274 509.1	90 691.0
采掘工业					
原料工业	780	21 463.2	7 083.3	6 973.7	9 055.2
加工工业	6 290	387 551.9	276 774.6	267 535.4	81 635.8
按企业规模分					
大型工业	5 044	425 311.6	340 729.2	338 436.3	59 220.2
中型工业	2 671	103 629.3	57 165.3	56 014.7	42 350.5
小型工业	9 894	550 735.1	277 686.5	231 208.2	204 335.9
按工业行业大类分					
煤炭采选业					
石油和天然气开采业					
黑色金属矿采选业					
有色金属矿采选业					
非金属矿采选业					
其他矿采选业					

7－17　续表3　(2000年)　单位:万元

分　组	全部职工年平均人数(人)	资产合计	流动资产小计	流动资产年平均余额	固定资产小计
木材及竹材采选业					
食品加工业	178	15 721.4	9 308.1	7 775.2	5 286.5
食品制造业	1 905	62 580.0	25 619.2	10 111.4	31 092.8
饮料制造业	1 598	122 100.5	46 724.5	42 612.7	65 035.3
烟草加工业					
纺织业	322	6 249.8	3 679.7	3 904.2	2 336.2
服装及其他纤维制品制造业					
皮革、毛皮、羽绒及其他制品业	447	23 326.7	15 980.0	16 405.3	7 246.7
木材加工及竹、藤、棕、草制品业	20	157.0	70.8	71.0	81.4
家具制造业	479	8 244.2	5 817.6	5 447.6	2 285.8
造纸及纸制品业	503	3 237.8	2 535.0	2 486.6	556.3
印刷业、记录媒介的复制	303	9 279.7	6 438.9	5 518.5	2 653.2
文教体育用品制造业					
石油加工及炼焦业	85	2 899.9	1 692.4	1 692.0	889.5
化学原料及化学制品制造业	510	10 620.2	4 783.9	4 772.1	3 054.5
医药制造业	1 952	184 188.7	158 567.1	157 834.2	20 327.9
化学纤维制造业	177	23 475.6	8 332.2	9 330.2	14 842.1
橡胶制品业					
塑料制品业	281	14 332.5	4 725.8	2 693.8	8 008.7
非金属矿物制品业	342	17 633.0	6 378.6	5 913.6	8 172.7
黑色金属冶炼及压延加工业					
有色金属冶炼及压延加工业	290	13 516.3	3 348.0	3 348.0	5 191.4
金属制品业	540	28 672.6	13 652.5	14 367.9	10 264.5
普通机械制造业	567	33 761.2	21 982.3	21 901.1	10 073.6
专用设备制造业	2 190	68 137.1	44 347.8	36 670.2	21 708.5
交通运输设备制造业	423	37 615.5	16 345.8	15 245.0	17 547.1
电气机械及器材制造业	1 022	19 565.5	12 157.4	11 922.5	5 431.0
电子及通信设备制造业	1 782	226 807.3	181 154.5	178 334.9	27 642.7
仪器仪表及文化办公用机械制造业	780	24 665.3	18 931.1	18 584.5	4 926.5
其他制造业	793	120 742.4	62 515.7	48 310.9	29 598.0
电力、蒸汽、热水的生产和供应业	120	2 145.8	492.1	405.8	1 653.7
煤气生产和供应业					
自来水的生产和供应业					

7-17　续表 4　(2000 年)　单位:万元

分组	固定资产累计 原价合计	折旧	本年折旧	固定资产净值年平均余额	负债合计
总计	**376 094.5**	**115 137.3**	**23 199.4**	**250 441.7**	**579 563.1**
#市区	341 559.1	101 391.1	20 437.7	229 628.0	565 918.8
按隶属关系分					
市属企业	274 237.5	67 053.8	15 900.3	197 514.7	473 991.3
按登记注册类型分组					
港、澳、台商投资企业	120 492.6	33 169.0	6 737.8	87 740.7	160 293.3
与港、澳、台商合资经营	71 834.9	21 812.4	3 843.9	50 603.4	123 768.1
与港、澳、台商合作经营					
港、澳、台商独资	47 972.5	11 166.1	2 845.8	36 655.0	34 536.8
港、澳、台商投资股份有限公司	685.2	190.5	48.1	482.3	1 988.4
外商投资企业	255 601.9	81 968.3	16 461.6	162 701.0	419 269.8
中外合资经营	252 081.8	80 458.6	16 142.7	160 691.1	418 044.2
中外合作经营	3 122.6	1 407.4	298.3	1 714.7	912.2
外资企业	397.5	102.3	20.6	295.2	313.4
外商投资股份有限公司					
在总计中:亏损企业	124 420.2	35 461.8	7 817.6	81 002.1	120 241.8
在总计中:农村工业					
按轻重工业分					
轻工业	260 099.3	85 464.8	17 327.4	168 492.5	289 692.0
以农产品为原料	180 311.8	50 755.5	12 013.9	123 495.2	165 135.5
以非农产品为原料	79 787.5	34 709.3	5 313.5	44 997.3	124 556.5
重工业	115 995.2	29 672.5	5 872.0	81 949.2	289 871.1
采掘工业					
原料工业	11 563.8	2 973.6	689.0	8 556.0	21 312.4
加工工业	104 431.4	26 698.9	5 183.0	73 393.2	268 558.7
按企业规模分					
大型工业	91 456.5	33 845.9	3 549.9	57 181.8	253 518.6
中型工业	68 849.1	26 672.5	5 363.6	42 096.3	46 031.9
小型工业	215 788.9	54 618.9	14 285.9	151 163.6	280 012.6
按工业行业大类分					
煤炭采选业					
石油和天然气开采业					
黑色金属矿采选业					
有色金属矿采选业					
非金属矿采选业					
其他矿采选业					

7-17 续表5 (2000年) 单位:万元

分 组	固定资产原价合计	累计折旧	本年折旧	固定资产净值年平均余额	负债合计
木材及竹材采选业					
食品加工业	9 334.8	4 236.1	690.8	5 286.5	11 379.3
食品制造业	40 659.5	9 597.7	3 875.3	30 533.2	32 526.0
饮料制造业	71 560.2	12 493.2	3 615.9	52 975.7	71 455.0
烟草加工业					
纺织业	4 289.6	1 953.4	362.8	2 457.1	6 527.3
服装及其他纤维制品制造业					
皮革、毛皮、羽绒及其他制品业	11 283.5	4 545.9	50.9	7 697.4	16 556.5
木材加工及竹、藤、棕、草制品业	88.7	7.3	6.2	62.0	65.4
家具制造业	3 689.3	1 601.0	218.8	2 288.2	4 585.2
造纸及纸制品业	769.4	218.9	52.1	543.9	2 208.1
印刷业、记录媒介的复制	4 581.4	2 611.0	411.1	2 109.2	5 824.9
文教体育用品制造业					
石油加工及炼焦业	999.9	293.8	91.7	706.0	1 713.3
化学原料及化学制品制造业	4 206.9	1 435.4	290.6	2 666.6	8 058.9
医药制造业	38 791.4	19 784.8	2 350.8	17 267.1	64 844.2
化学纤维制造业	26 648.3	11 807.0	2 362.1	14 841.7	3 458.0
橡胶制品业					
塑料制品业	10 628.7	2 620.1	545.7	8 039.2	6 613.8
非金属矿物制品业	11 378.0	3 411.6	582.7	7 567.1	14 203.3
黑色金属冶炼及压延加工业					
有色金属冶炼及压延加工业	7 039.7	1 848.3	365.1	5 191.4	16 600.9
金属制品业	13 368.8	3 570.3	778.1	9 859.0	13 563.4
普通机械制造业	11 022.2	1 890.1	702.1	8 416.9	14 883.6
专用设备制造业	28 887.5	14 010.1	2 452.4	14 848.3	18 183.0
交通运输设备制造业	17 774.0	2 154.4	984.2	12 833.1	21 362.6
电气机械及器材制造业	7 955.6	2 527.2	381.2	5 461.0	12 559.9
电子及通信设备制造业	34 150.2	6 507.5	776.5	27 600.1	177 915.8
仪器仪表及文化办公用机械制造业	8 192.7	3 376.3	582.9	4 825.8	12 385.9
其他制造业	6 755.8	2 251.2	526.6	4 711.5	41 223.1
电力、蒸汽、热水的生产和供应业	2 038.4	384.7	142.8	1 653.7	865.7
煤气生产和供应业					
自来水的生产和供应业					

7-17 续表6 (2000年) 单位:万元

分组	负债 流动负债小计	负债 长期负债小计	所有者权益合计	实收资本
总计	**495 288.5**	**53 581.7**	**500 112.9**	**287 405.4**
#市区	484 400.0	50 847.4	473 652.2	273 177.4
按隶属关系分				
市属企业	393 150.9	50 147.7	325 386.8	212 380.8
按登记注册类型分组				
港、澳、台商投资企业	140 830.5	19 414.3	160 229.0	95 565.9
与港、澳、台商合资经营	107 825.2	15 915.9	127 149.7	67 590.6
与港、澳、台商合作经营				
港、澳、台商独资	31 646.3	2 869.0	32 057.7	27 577.3
港、澳、台商投资股份有限公司	1 359.0	629.4	1 021.6	398.0
外商投资企业	354 458.0	34 167.4	339 883.9	191 839.5
中外合资经营	353 280.9	34 118.9	335 841.8	188 386.7
中外合作经营	863.7	48.5	3 521.3	3 104.7
外资企业	313.4		520.8	348.1
外商投资股份有限公司				
在总计中:亏损企业	98 834.3	20 389.8	78 366.1	92 167.3
在总计中:农村工业				
按轻重工业分				
轻工业	259 916.6	29 775.2	380 968.9	191 545.1
以农产品为原料	139 825.0	25 310.4	127 459.6	112 912.5
以非农产品为原料	120 091.6	4 464.8	253 509.3	78 632.6
重工业	235 371.9	23 806.5	119 144.0	95 860.3
采掘工业				
原料工业	20 065.5	1 219.9	150.8	8 774.1
加工工业	215 306.4	22 586.6	118 993.2	87 086.2
按企业规模分				
大型工业	205 444.3	19 399.2	171 793.0	60 110.4
中型工业	42 831.3	3 200.5	57 597.4	48 248.2
小型工业	247 012.9	30 982.0	270 722.5	179 046.8
按工业行业大类分				
煤炭采选业				
石油和天然气开采业				
黑色金属矿采选业				
有色金属矿采选业				
非金属矿采选业				
其他矿采选业				

7-17　续表7　　(2000年)　　单位:万元

分　组	负债		所有者权益合计	实收资本
	流动负债小计	长期负债小计		
木材及竹材采选业				
食品加工业	11 379.2		4 342.1	9 135.0
食品制造业	32 326.0	200.0	30 054.0	24 168.4
饮料制造业	60 091.4	11 363.6	50 645.5	48 888.6
烟草加工业				
纺织业	6 527.3		-277.5	2 981.6
服装及其他纤维制品制造业				
皮革、毛皮、羽绒及其他制品业	6 084.9	10 471.6	6 770.2	5 854.6
木材加工及竹、藤、棕、草制品业	65.4		91.6	105.0
家具制造业	3 544.9	1 040.3	3 659.0	3 406.1
造纸及纸制品业	1 578.7	629.4	1 029.7	448.0
印刷业、记录媒介的复制	5 019.9	805.0	3 454.8	3 452.2
文教体育用品制造业				
石油加工及炼焦业	1 313.3	400.0	1 186.6	1 995.2
化学原料及化学制品制造业	5 258.8	2 773.1	2 561.3	1 552.6
医药制造业	62 352.0	2 492.2	119 344.5	29 141.7
化学纤维制造业	3 458.0		20 017.6	8 800.0
橡胶制品业				
塑料制品业	4 038.6	2 575.2	7 718.7	9 029.8
非金属矿物制品业	10 523.8	2 728.0	3 429.7	5 571.1
黑色金属冶炼及压延加工业				
有色金属冶炼及压延加工业	16 600.9		-3 084.6	5 146.9
金属制品业	13 563.4		15 109.2	14 345.5
普通机械制造业	14 793.6	90.0	18 877.6	17 298.9
专用设备制造业	18 134.5	48.5	49 954.1	23 535.8
交通运输设备制造业	17 347.1	4 015.5	16 252.9	10 943.3
电气机械及器材制造业	10 703.4	1 835.0	7 005.6	6 016.9
电子及通信设备制造业	138 628.7	9 594.4	48 891.5	24 591.8
仪器仪表及文化办公用机械制造业	10 385.9	2 000.0	12 279.4	11 807.2
其他制造业	41 023.0	200.0	79 519.3	17 889.2
电力、蒸汽、热水的生产和供应业	545.8	319.9	1 280.1	1 300.0
煤气生产和供应业				
自来水的生产和供应业				

7-17 续表8 (2000年) 单位:万元

分组	产品销售收入	产品销售成本	产品销售费用	产品销售税金及附加	产品销售利润
总计	**782 028.8**	**506 571.8**	**103 908.2**	**3 014.7**	**168 612.0**
#市区	749 139.0	481 446.5	102 907.7	2 995.8	161 866.9
按隶属关系分					
市属企业	454 454.4	318 294.6	37 531.0	2 904.6	95 802.1
按登记注册类型分组					
港、澳、台商投资企业	180 523.3	129 962.9	16 646.0	711.8	33 292.6
与港、澳、台商合资经	132 070.1	94 334.8	9 991.1	692.1	27 142.1
与港、澳、台商合作经营					
港、澳、台商独资	46 172.1	33 695.5	6 040.4	18.3	6 417.9
港、澳、台商投资股份有限公司	2 281.1	1 932.6	614.5	1.4	-267.4
外商投资企业	601 505.5	376 608.9	87 262.2	2 302.9	135 319.4
中外合资经营	595 492.5	371 906.0	87 129.2	2 302.9	134 142.3
中外合作经营	5 470.9	4 299.4	134.3		1 037.2
外资企业	542.1	403.5	-1.3		139.9
外商投资股份有限公司					
在总计中:亏损企业	112 059.8	98 180.9	9 158.1	46.4	4 662.3
在总计中:农村工业					
按轻重工业分					
轻工业	552 187.6	349 954.7	85 936.8	691.0	115 683.0
以农产品为原料	210 045.2	163 986.1	22 127.6	92.7	23 916.7
以非农产品为原料	342 142.4	185 968.6	63 809.2	598.3	91 766.3
重工业	229 841.2	156 617.1	17 971.4	2 323.7	52 929.0
采掘工业					
原料工业	12 188.4	10 171.6	1 039.8	15.3	961.7
加工工业	217 652.8	146 445.5	16 931.6	2 308.4	51 967.3
按企业规模分					
大型工业	360 001.4	191 539.4	70 271.7	944.5	97 335.8
中型工业	84 487.7	63 638.8	10 444.7	109.9	10 294.3
小型工业	337 539.7	251 393.6	23 191.8	1 960.3	60 981.9
按工业行业大类分					
煤炭采选业					
石油和天然气开采业					
黑色金属矿采选业					
有色金属矿采选业					
非金属矿采选业					
其他矿采选业					

7-17　续表9　(2000年)　单位:万元

分　组	产品销售收入	产品销售成本	产品销售费用	产品销售税金及附加	产品销售利润
木材及竹材采选业					
食品加工业	39 322.3	36 739.9	2 069.1		513.3
食品制造业	56 795.4	39 103.3	7 744.8	90.0	9 947.3
饮料制造业	54 097.4	43 728.8	7 710.1		2 646.4
烟草加工业					
纺织业	2 278.8	2 026.1	124.4		128.3
服装及其他纤维制品制造业					
皮革、毛皮、羽绒及其他制品业	10 193.1	8 584.0	142.9		1 466.2
木材加工及竹、藤、棕、草制品业	362.4	274.3	73.5		14.6
家具制造业	5 768.0	4 636.7	574.7		556.6
造纸及纸制品业	2 293.3	1 942.7	614.8	2.7	-266.9
印刷业、记录媒介的复制	5 688.2	5 215.6	144.3		328.3
文教体育用品制造业					
石油加工及炼焦业	1 167.0	1 017.0	161.8	2.1	-13.9
化学原料及化学制品制造业	7 642.6	5 778.2	743.0	24.1	1 097.3
医药制造业	224 737.1	97 978.5	62 602.1		64 156.5
化学纤维制造业	26 314.1	20 085.7	94.7		6 133.7
橡胶制品业					
塑料制品业	8 465.3	7 556.5	341.8		567.0
非金属矿物制品业	4 168.4	3 113.1	190.8		864.5
黑色金属冶炼及压延加工业					
有色金属冶炼及压延加工业	5 089.8	4 843.7	263.7		-17.6
金属制品业	19 780.6	17 251.0	1 286.3	0.2	1 243.1
普通机械制造业	34 677.5	26 455.7	1 344.1	1 217.5	5 660.2
专用设备制造业	63 436.1	45 645.4	2 563.2	0.2	15 227.3
交通运输设备制造业	13 930.2	9 900.7	391.6	45.9	3 592.0
电气机械及器材制造业	8 166.5	6 083.0	684.4	18.2	1 380.9
电子及通信设备制造业	127 329.0	80 446.1	10 790.7	964.4	35 127.8
仪器仪表及文化办公用机械制造业	11 216.7	7 792.0	2 329.8	109.9	985.0
其他制造业	48 316.4	29 728.7	916.7	539.5	17 131.5
电力、蒸汽、热水的生产和供应业	792.6	645.1	4.9		142.6
煤气生产和供应业					
自来水的生产和供应业					

7－17　续表10　　(2000年)　　单位:万元

分组	管理费用	利润总额	亏损企业亏损总额	利税总额	本年应交增值税
总计	**45 465.1**	**99 838.1**	**7 886.5**	**146 694.0**	**43 841.2**
＃市区	43 843.0	94 211.1	7 691.3	138 846.7	41 639.8
按隶属关系分					
市属企业	24 555.5	50 943.8	6 214.3	70 654.6	16 806.2
按登记注册类型分组					
港、澳、台商投资企业	6 902.4	20 572.7	2 418.2	29 883.4	8 598.9
与港、澳、台商合资经营	5 345.2	17 502.4	1 690.5	24 073.1	5 878.6
与港、澳、台商合作经营					
港、澳、台商独资	1 422.0	2 696.5	727.7	5 261.5	2 546.7
港、澳、台商投资股份有限公司	135.2	373.8		548.8	173.6
外商投资企业	38 562.7	79 265.4	5 468.3	116 810.6	35 242.3
中外合资经营	38 053.8	78 242.9	5 352.3	115 570.6	35 024.8
中外合作经营	454.0	933.9	116.0	1 092.4	158.5
外资企业	54.9	88.6		147.6	59.0
外商投资股份有限公司					
在总计中:亏损企业	11 265.9	－7 886.5	7 886.5	－5 478.2	2 361.9
在总计中:农村工业					
按轻重工业分					
轻工业	28 491.0	79 731.2	4 199.1	115 592.1	35 169.9
以农产品为原料	10 080.0	8 252.1	3 660.4	17 275.5	8 930.7
以非农产品为原料	18 411.0	71 479.1	538.7	98 316.6	26 239.2
重工业	16 974.1	20 106.9	3 687.4	31 101.9	8 671.3
采掘工业					
原料工业	738.5	132.5	212.7	515.8	368.0
加工工业	16 235.6	19 974.4	3 474.7	30 586.1	8 303.3
按企业规模分					
大型工业	21 082.9	55 636.6	500.4	84 602.0	28 020.9
中型工业	5 134.6	5 905.9	852.2	10 450.2	4 434.4
小型工业	19 247.6	38 295.6	6 533.9	51 641.8	11 385.9
按工业行业大类分					
煤炭采选业					
石油和天然气开采业					
黑色金属矿采选业					
有色金属矿采选业					
非金属矿采选业					
其他矿采选业					

7－17 续表11 (2000年) 单位:万元

分组	管理费用	利润总额	亏损企业亏损总额	利税总额	本年应交增值税
木材及竹材采选业					
食品加工业	937.6	－880.2	880.2	－587.3	292.9
食品制造业	1 849.0	3 692.5	291.8	7 488.4	3 705.9
饮料制造业	3 409.9	－975.5	1 581.4	327.2	1 302.7
烟草加工业					
纺织业	325.1	－356.4	445.0	－161.5	194.9
服装及其他纤维制品制造业					
皮革、毛皮、羽绒及其他制品业	610.8	195.7		236.9	41.2
木材加工及竹、藤、棕、草制品业	23.7	－9.9	9.9	－9.9	
家具制造业	397.1	116.6	56.7	396.9	280.3
造纸及纸制品业	139.5	337.7	36.1	515.6	175.2
印刷业、记录媒介的复制	205.1	90.2	223.6	354.9	264.7
文教体育用品制造业					
石油加工及炼焦业	129.2	－200.9	212.7	－137.2	61.6
化学原料及化学制品制造业	512.0	141.7	99.8	247.1	81.3
医药制造业	14 979.7	44 420.1	109.7	68 201.4	23 781.3
化学纤维制造业	901.9	5 293.3		6 981.4	1 688.1
橡胶制品业					
塑料制品业	718.5	－294.3	441.4	3.6	297.9
非金属矿物制品业	496.6	358.8	433.8	495.9	137.1
黑色金属冶炼及压延加工业					
有色金属冶炼及压延加工业	265.3	55.7		229.5	173.8
金属制品业	816.1	－27.5	218.8	594.2	621.5
普通机械制造业	899.6	3 674.3	150.2	6 669.6	1 777.8
专用设备制造业	4 409.0	12 004.2	588.5	13 044.5	1 040.1
交通运输设备制造业	3 035.6	122.5	1 636.5	634.2	465.8
电气机械及器材制造业	1 047.7	66.7	321.2	583.9	499.0
电子及通信设备制造业	6 668.5	14 662.3	58.4	19 590.7	3 964.0
仪器仪表及文化办公用机械制造业	1 086.9	27.3	49.4	502.2	365.0
其他制造业	1 537.4	17 267.9	41.4	20 328.4	2 521.0
电力、蒸汽、热水的生产和供应业	63.3	55.3		163.4	108.1
煤气生产和供应业					
自来水的生产和供应业					

7-18 分区县全部规模以上独立核算工业企业经济指标

(2000年) 单位:万元

分组	企业单位数(个)	亏损企业	工业总产值(当年价)	工业总产值(不变价)	工业增加值(生产法)	工业销售产值(当年价)
新城区	94	31	782 471.8	731 275.4	265 491.6	792 763.3
区属	26	3	116 314.2	115 514.4	28 332.6	111 070.4
碑林区	62	22	215 035.6	207 037.9	103 098.1	194 387.1
区属	9		13 349.8	12 655.7	4 111.3	12 607.4
莲湖区	115	49	756 828.2	795 223.7	213 357.1	749 264.9
区属	11	2	13 845.3	15 021.1	3 918.0	13 122.4
灞桥区	67	27	213 465.9	195 010.6	67 536.1	202 137.7
区属	29	3	46 145.5	43 515.7	11 757.8	38 356.5
未央区	141	36	614 076.1	504 606.1	158 812.7	592 765.2
区属	81	7	168 997.3	162 940.2	41 318.2	160 624.5
雁塔区	148	39	943 841.4	1 190 227.5	321 111.4	878 401.0
区属	30	5	67 835.8	58 922.7	20 738.4	64 793.3
阎良区	14	3	275 566.7	286 429.3	66 851.0	276 955.0
区属	11	3	12 325.4	9 873.8	3 337.0	10 892.6
临潼区	19	3	76 385.0	64 610.7	25 221.9	72 260.7
区属	9	2	35 015.2	22 310.9	11 814.6	32 536.2
长安县	39	16	86 977.4	83 742.1	22 248.9	82 345.7
县属	32	15	35 104.4	31 619.1	8 263.9	29 133.0
蓝田县	30	10	38 106.4	34 058.2	11 739.6	36 234.3
县属	25	9	14 311.9	10 530.8	3 978.6	12 749.8
周至县	20	8	20 487.8	18 844.8	5 889.7	19 595.1
县属	18	7	18 108.8	16 405.4	4 944.1	17 604.5
户县	45	17	130 691.6	124 164.4	33 143.7	136 610.1
县属	36	12	56 400.0	60 173.3	15 359.3	55 326.0
高陵县	22	12	25 802.4	24 557.3	7 292.9	22 566.3
县属	22	12	25 802.4	24 557.3	7 292.9	22 566.3

7-18 续表1　　(2000 年)　　单位:万元

分组	全部职工年平均人数(人)	资产合计	流动资产小计	流动资产年平均余额	固定资产小计
新城区	75 394	2 109 257.3	932 383.3	844 802.6	1 023 683.4
区属	3 575	144 107.6	76 126.0	60 782.3	37 326.6
碑林区	20 308	545 534.0	270 737.4	244 270.1	145 597.9
区属	1 289	14 480.5	10 826.6	8 846.7	2 628.0
莲湖区	89 965	1 973 051.9	948 772.7	885 319.1	874 320.6
区属	1 506	12 022.3	7 523.5	7 297.5	3 800.0
灞桥区	46 406	528 295.9	208 897.5	204 055.3	290 994.7
区属	4 106	24 228.7	14 316.0	13 741.6	9 107.4
未央区	59 075	1 110 895.7	463 438.0	409 007.5	507 829.5
区属	10 945	169 094.3	68 252.8	57 296.7	59 519.8
雁塔区	59 619	1 786 264.4	1 065 462.5	942 949.7	501 013.0
区属	5 088	85 363.6	27 127.1	25 404.7	40 513.4
阎良区	20 658	785 482.1	592 234.4	448 730.1	160 054.8
区属	1 460	6 381.2	3 566.0	3 388.0	2 787.0
临潼区	11 965	143 570.1	85 700.3	81 555.4	48 535.8
区属	4 137	33 395.8	15 518.4	14 412.2	15 500.5
长安县	11 849	191 009.2	99 133.0	85 334.0	79 514.2
县属	5 554	44 729.2	18 735.3	16 233.2	23 279.2
蓝田县	6 059	67 052.9	28 807.6	25 598.8	33 495.8
县属	2 782	31 827.3	11 078.8	10 536.5	17 579.8
周至县	3 439	37 643.3	14 242.6	12 641.2	17 062.9
县属	3 267	30 864.0	11 505.6	10 047.1	14 298.5
户县	25 725	271 540.0	113 253.6	110 599.5	142 572.0
县属	10 504	98 583.8	47 662.6	44 795.2	49 007.4
高陵县	2 055	30 867.6	15 626.3	13 996.9	11 910.6
县属	2 055	30 867.6	15 626.3	13 996.9	11 910.6

7-18　续表2　　　　(2000年)　　　　单位:万元

分组	固定资产原价合计	累计折旧	本年折旧	固定资产净值年平均余额	负债合计
新城区	1 147 144.1	326 737.7	60 120.3	735 621.6	1 226 638.6
区属	16 374.6	5 081.8	883.1	11 525.5	55 636.7
碑林区	170 827.1	47 689.1	8 009.6	113 982.2	379 511.4
区属	3 095.7	799.7	194.1	1 854.0	11 142.8
莲湖区	1 083 389.6	386 767.9	48 509.2	680 312.3	1 352 055.9
区属	5 742.1	2 097.7	497.6	3 664.3	8 870.4
灞桥区	384 281.5	131 284.1	7 585.7	263 031.0	326 045.7
区属	11 290.1	2 719.4	545.2	8 031.8	15 155.2
未央区	641 918.1	188 339.6	25 440.4	378 004.6	779 047.3
区属	69 751.8	19 035.1	4 064.0	49 252.8	82 510.7
雁塔区	641 694.7	231 128.8	29 471.6	404 385.0	1 118 777.6
区属	42 574.1	5 825.1	1 703.2	36 497.6	60 484.7
阎良区	215 805.6	92 534.1	12 054.3	120 132.4	522 921.1
区属	3 321.8	1 104.9	252.4	2 411.7	5 923.3
临潼区	74 337.3	28 610.8	3 486.6	45 358.8	105 935.3
区属	19 136.1	3 954.4	1 607.0	14 763.1	22 000.8
长安县	96 155.7	36 895.2	5 573.8	57 413.9	155 454.1
县属	29 745.4	6 788.7	2 472.8	22 723.4	34 809.6
蓝田县	47 764.5	17 667.6	3 092.4	29 553.9	43 853.2
县属	21 014.3	4 429.1	1 215.2	16 777.8	28 044.0
周至县	22 465.0	6 572.8	1 387.5	16 195.4	26 907.9
县属	19 276.5	5 651.6	1 299.7	13 471.1	21 052.9
户县	202 496.1	75 083.1	7 238.8	126 966.2	167 858.3
县属	58 478.1	14 083.1	2 566.3	41 411.8	76 668.7
高陵县	13 796.5	3 066.8	701.4	10 939.0	19 603.0
县属	13 796.5	3 066.8	701.4	10 939.0	19 603.0

7-18 续表3 (2000年) 单位:万元

分组	负债		所有者权益合计	
	流动负债小计	长期负债小计		实收资本
新城区	921 868.0	304 363.9	882 640.1	371 263.9
区属	54 380.5	1 254.2	88 470.9	25 168.0
碑林区	228 599.3	88 923.3	166 022.6	288 594.0
区属	9 748.1	1 394.7	3 337.7	2 473.2
莲湖区	1 048 940.7	302 978.2	608 032.5	539 616.2
区属	8 145.3	656.5	3 151.9	3 213.2
灞桥区	262 409.8	60 522.0	202 250.2	98 304.1
区属	13 945.4	1 033.9	9 073.5	7 022.4
未央区	603 743.1	160 514.3	331 848.4	308 463.5
区属	62 999.0	5 673.3	86 583.6	51 680.4
雁塔区	852 487.5	215 048.6	667 486.8	408 458.8
区属	27 272.4	33 113.9	24 878.9	16 783.7
阎良区	436 154.4	86 766.7	156 868.6	38 980.0
区属	5 724.1	199.2	457.9	1 620.8
临潼区	90 892.3	12 933.1	37 634.8	28 570.2
区属	20 551.1	1 243.0	11 395.0	9 746.7
长安县	116 005.9	36 187.9	35 555.1	36 551.9
县属	20 710.1	10 839.2	9 919.6	14 511.8
蓝田县	29 848.7	14 004.5	23 199.7	16 768.5
县属	14 972.5	13 071.5	3 783.3	4 209.8
周至县	19 329.2	7 549.2	10 735.4	10 178.9
县属	14 502.1	6 521.3	9 811.1	9 582.5
户县	135 537.4	32 204.6	103 681.7	63 189.3
县属	58 730.3	17 822.1	21 915.1	20 945.0
高陵县	15 399.2	2 713.8	11 264.6	10 417.4
县属	15 399.2	2 713.8	11 264.6	10 417.4

7-18 续表4 (2000年) 单位:万元

分组	产品销售收入	产品销售成本	产品销售费用	产品销售税金及附加	产品销售利润
新城区	977 081.2	549 793.0	75 700.6	3 558.8	348 028.6
区属	81 229.5	58 043.4	2 003.3	735.7	20 447.1
碑林区	189 999.1	134 096.9	14 249.3	1 623.6	40 029.3
区属	12 371.6	6 914.6	2 687.7	112.4	2 656.9
莲湖区	771 676.9	594 434.6	42 893.1	4 213.1	130 136.1
区属	10 704.8	9 287.3	193.4	42.3	1 181.8
灞桥区	188 892.5	162 873.7	5 072.2	1 443.8	19 488.2
区属	36 694.6	31 554.8	674.7	621.4	3 843.7
未央区	572 122.1	447 905.8	33 733.1	11 835.7	78 635.4
区属	155 826.2	118 744.5	13 493.9	2 052.8	21 535.0
雁塔区	887 639.5	670 961.2	55 112.4	6 249.2	155 316.7
区属	53 896.6	47 855.6	1 898.7	235.6	3 906.7
阎良区	273 491.4	218 446.7	9 871.4	221.5	44 951.8
区属	10 752.4	10 010.3	225.2	14.6	502.3
临潼区	72 504.6	53 719.6	4 433.1	435.3	14 006.6
区属	32 879.7	24 854.4	2 304.7	189.7	5 620.9
长安县	72 043.6	57 346.8	1 653.5	772.2	12 271.1
县属	28 580.2	25 676.7	683.2	274.5	1 945.8
蓝田县	30 464.6	22 596.9	795.5	136.1	6 936.0
县属	12 410.7	10 482.7	564.7	132.3	1 231.0
周至县	16 502.3	12 712.0	1 057.8	132.8	2 599.7
县属	14 521.0	11 665.8	443.9	109.5	2 301.8
户县	128 538.2	111 663.7	4 899.0	572.3	11 403.2
县属	49 348.8	40 733.8	3 357.3	308.8	4 948.9
高陵县	23 282.9	18 167.7	2 227.1	39.3	2 848.8
县属	23 282.9	18 167.7	2 227.1	39.3	2 848.8

7－18　续表5　　　　(2000年)　　　　单位:万元

分　　组	管理费用	利润总额	亏损企业亏损总额	利税总额	本年应交增值税
新城区	74 316.9	58 760.7	18 387.9	106 166.4	43 846.9
区属	2 440.3	18 251.0	227.9	22 592.7	3 606.0
碑林区	21 136.6	19 948.2	5 949.3	29 265.2	7 693.4
区属	1 751.0	866.1		2 048.3	1 069.8
莲湖区	108 765.4	－3 917.7	42 733.5	40 485.8	40 190.4
区属	1 120.7	7.0	125.1	774.4	725.1
灞桥区	24 215.9	－6 145.4	13 862.4	3 788.1	8 489.7
区属	1 601.1	1 556.5	31.8	2 786.7	608.8
未央区	49 086.2	14 206.4	16 386.2	47 331.6	21 289.5
区属	6 817.8	11 516.3	310.5	17 522.2	3 953.1
雁塔区	63 189.7	67 347.0	15 476.6	106 115.7	32 519.5
区属	3 060.4	1 871.7	358.5	3 654.2	1 546.9
阎良区	29 195.8	6 130.5	71.6	9 356.0	3 004.0
区属	222.0	108.0	71.6	304.8	182.2
临潼区	7 844.6	2 238.0	689.8	6 368.2	3 694.9
区属	1 498.3	870.5	328.4	2 486.1	1 425.9
长安县	10 452.6	－924.5	3 442.5	1 403.5	1 555.8
县属	2 193.5	－510.9	1 815.7	403.3	639.7
蓝田县	6 291.5	34.4	375.0	797.1	626.6
县属	907.4	－221.1	360.8	578.8	667.6
周至县	2 134.4	－11.2	295.6	735.4	613.8
县属	1 699.1	22.1	246.2	533.2	401.6
户县	12 979.5	2 385.2	4 856.0	9 354.6	6 397.1
县属	3 722.0	1 320.9	543.8	4 537.4	2 907.7
高陵县	1 148.2	1 082.0	655.6	1 767.4	646.1
县属	1 148.2	1 082.0	655.6	1 767.4	646.1

7－19　全部规模以上独立核算工业企业全员劳动生产率

单位：元/人

分　组	2000年	分　组	2000年
总　计	**29 496**	其他矿采选业	
#市　区	31 223	木材及竹材采运业	266
按隶属关系分		食品加工业	18 567
中央企业	19 221	食品制造业	48 590
省属企业	33 190	饮料制造业	102 006
市属企业	38 554	烟草加工业	23 399
按登记注册类型分组		纺织业	13 362
内资企业	23 068	服装及其他纤维制品制造业	20 457
国有经济	15 823	皮革毛皮羽绒及其制品业	23 536
集体经济	26 980	木材加工及竹藤棕草制品业	5 035
股份合作企业	14 034	家具制造业	32 665
联营企业	41 636	造纸及纸制品业	22 412
有限责任公司	36 401	印刷业，记录媒介的复制	52 829
股份有限公司	64 789	文教体育用品制造业	45 811
私营企业	38 752	石油加工及炼焦业	48 944
港、澳、台商投资企业	106 287	化学原料及化学制品制造业	13 544
外商投资企业	228 818	医药制造业	115 150
按轻重工业分		化学纤维制造业	377 029
轻工业	42 230	橡胶制品业	7 110
以农产品为原料	30 419	塑料制品业	32 144
以非农产品为原料	69 957	非金属矿物制品业	13 994
重工业	23 885	黑色金属冶炼及压延加工业	12 104
采掘工业	14 540	有色金属冶炼及压延加工业	84 563
原料工业	31 627	金属制品业	22 224
加工工业	23 051	普通机械制造业	17 770
按企业规模分		专用设备制造业	27 633
大型工业	29 847	交通运输设备制造业	22 376
中型工业	21 281	电气机械及器材制造业	29 497
小型工业	31 490	电子及通信设备制造业	75 768
按工业行业大类分		仪器仪表及文化办公用机械制造业	13 364
煤炭采选业		其他制造业	106 384
石油和天然气开采业		电力蒸汽热水的生产和供应业	52 743
黑色金属矿采选业	15 190	煤气生产和供应业	3 217
有色金属矿采选业	23 915	自来水的生产和供应业	38 859
非金属矿采选业	93 215		

7－20 全部规模以上国有独立核算工业企业全员劳动生产率

单位:元/人

分 组	2000年	分 组	2000年
总 计	**15 823**	烟草加工业	23 399
#市 区	16 373	纺织业	11 737
按隶属关系分		服装及其他纤维制品制造业	15 815
中央企业	16 668	皮革毛皮羽绒及其他制造业	8 173
省属企业	11 101	木材加工及竹藤棕草制品业	3 749
市属企业	16 773	家具制造业	3 430
市直属企业	17 945	造纸及纸制品业	16 134
区县属企业	10 514	印刷业,记录媒介的复制	53 052
区属企业	11 448	文教体育用品制造业	
县属企业	10 185	石油加工及炼焦业	46 915
按轻重工业分		化学原料及化学制品制造业	7 633
轻工业	16 962	医药制造业	17 505
以农产品为原料	17 806	化学纤维制造业	
以非农产品为原料	14 082	橡胶制品业	－692
重工业	15 455	塑料制品业	－3 938
采掘工业	8 536	非金属矿物制品业	7 536
原料工业	30 526	黑色金属冶炼及压延加工业	2 907
加工工业	13 937	有色金属冶炼及压延加工业	18 583
按工业行业大类分		金属制品业	8 545
煤炭采选业		普通机械制造业	12 876
石油和天然气开采业		专用设备制造业	8 137
黑色金属矿采选业	15 190	交通运输设备制造业	18 823
有色金属矿采选业	20 901	电气机械及器材制造业	27 290
非金属矿采选业		电子及通信设备制造业	15 207
其他矿采选业		仪器仪表及文化办公用机械制造业	12 740
木材及竹材采选业	266	其他制造业	1 921
食品加工业	4 241	电力蒸汽热水的生产和供应业	57 376
食品制造业	15 993	煤气生产和供应业	3 217
饮料制造业	9 797	自来水的生产和供应业	38 859

7－21　市属全部规模以上独立核算工业企业全员劳动生产率

单位:元/人

分　组	2000 年	分　组	2000 年
总　计	**38 554**	食品加工业	15 435
#市　区	42 715	食品制造业	47 322
按登记注册类型分组		饮料制造业	102 006
内资企业	30 058	烟草加工业	
国有经济	16 773	纺织业	7 694
集体经济	27 438	服装及其他纤维制品制造业	25 447
股份合作企业	14 034	皮革、毛皮、羽绒及其他制品业	78 891
联营企业	50 268	木材加工及竹、藤、棕、草制品业	3 765
有限责任公司	75 602	家具制造业	32 665
股份有限公司	65 232	造纸及纸制品业	22 124
私营企业	38 752	印刷业、记录媒介的复制	36 351
港、澳、台商投资企业	103 680	文教体育用品制造业	46 659
外商投资企业	199 368	石油加工及炼焦业	16 249
按轻重工业分		化学原料及化学用品制造业	25 950
轻工业	41 662	医药制造业	61 553
以农产品为原料	38 830	化学纤维制造业	23 630
以非农产品为原料	45 679	橡胶制品业	15 198
重工业	36 433	塑料制品业	35 552
采掘工业	28 866	非金属矿物制品业	15 218
原料工业	25 359	黑色金属冶炼及压延加工业	19 194
加工工业	38 905	有色金属冶炼及压延加工业	84 563
按企业规模分		金属制品业	15 066
大型工业	57 475	普通机械制造业	19 082
中型工业	19 034	专用设备制造业	39 758
小型工业	31 490	交通运输设备制造业	28 731
按工业行业大类分		电气机械及器材制造业	30 200
煤炭采选业		电子及通信设备制造业	128 217
石油和天然气开采业		仪器仪表及文化办公用机械制造业	25 293
黑色金属矿采选业		其他制造业	112 010
有色金属矿采选业	23 450	电力、蒸汽、热水的生产和供应业	29 359
非金属矿采选业	93 215	煤气生产和供应业	3 217
其他矿采选业		自来水的生产和供应业	38 859
木材及竹材采选业			

7－22　市属规模以上工业企业全员劳动生产率

(2000年按主管系统分)

分　类	企业单位数(个)	工业增加值(万元)	全员职工平均人数(个)	全员劳动生产率(元/人)
总　计	**660**	**711 291.9**	**180 802**	**38 554**
新城区	26	28 332.6	3 575	77 667
碑林区	9	4 111.3	1 289	31 257
莲湖区	11	3 918.0	1 506	25 496
灞桥区	29	11 757.8	4 106	28 063
未央区	81	41 318.2	10 945	36 996
雁塔区	30	20 738.4	5 088	39 944
阎良区	11	3 337.0	1 460	22 399
临潼区	9	11 814.6	4 137	27 987
长安县	32	8 263.9	5 554	14 582
蓝田县	25	3 978.6	2 782	14 015
周至县	18	4 944.1	3 267	14 831
户县	36	15 359.3	10 504	14 330
高陵县	22	7 292.9	2 055	34 779
劳司企业	24	10 529.0	6 710	15 378
轻工局	54	62 593.7	16 605	36 942
手工联社	12	2 098.0	910	22 594
纺织局	9	956.8	2 152	4 357
机械局	32	24 156.3	19 724	12 002
化工局	17	11 915.8	9 769	11 954
建材局	10	2 337.2	4 646	4 930
商贸委	13	3 437.9	3 325	10 133
粮食局	6	－1 418.0	1 817	－7 648
农垦局	5	623.1	754	8 099
物资局	3	18.4	1 136	159
民政局	7	6 512.2	542	117 748
冶金公司	4	919.6	881	10 229
文通局	1	62.8	203	3 032
公用局	2	12 788.3	3 757	33 358
建工局	2	368.1	462	7 808
其他各局	13	926.0	1 026	8 845
经济开发区	14	24 150.6	2 602	90 959
高新开发区	91	323 835.5	27 702	114 562
西安电力机械制造公司	1	56 070.0	16 901	32 512
黄河机电股份有限公司	1	3 243.9	2 910	10 924

7－23　独立核算工业企业主要经济效益指标

(2000年)　　单位:%

分　组	工业增加值率	资产负债率	资金利税率	产值利税率
总计	**27.33**	**64.97**	**3.79**	**9.29**
#市区	27.50	64.69	3.88	9.00
按隶属关系分				
中央企业	26.22	61.02	1.86	5.52
省属企业	28.00	76.81	4.27	10.54
市属企业	27.72	63.52	5.26	9.82
市直属企业	29.13	64.07	4.64	9.90
区县属企业	23.88	60.87	8.26	9.62
区属企业	23.77	53.51	10.67	11.01
县属企业	24.24	76.07	3.30	5.22
区县直属	25.87	61.79	7.34	14.79
街道企业	18.10	56.40	13.62	5.71
镇办企业	25.85	65.10	8.99	7.18
乡办企业	23.48	62.42	8.33	6.30
居委会	22.19	72.57	13.39	3.95
村委会	23.84	55.24	13.04	8.39
其他	24.33	54.81	7.82	8.63
按登记注册类型分组				
内资企业	25.45	66.41	2.54	6.44
国有经济	24.15	73.04	0.73	2.26
集体经济	23.43	65.27	9.20	7.67
股份合作	22.58	66.43	1.51	3.97
联营企业	24.48	52.84	10.08	11.39
国有联营	26.17	58.42	7.66	11.03
集体联营	22.10	37.80	16.42	12.41
国有与集体联营	29.11	70.93	3.19	4.88
其他联营				
有限责任公司	28.29	60.57	3.86	8.81
国有独资企业	23.25	62.61	2.26	6.14
其他有限责任公司	34.43	56.57	7.01	12.13
股份有限公司	25.84	48.72	6.08	15.27
私营企业	33.59	48.46	9.68	12.64
私营独资企业	21.24	62.80	9.92	6.66
私营合伙企业	19.19	64.86	4.33	7.77
私营有限责任公司	43.33	41.69	11.80	18.78
私营股份有限公司	30.83	54.53	2.95	5.84

7-23　续表1　(2000年)　单位:%

分组	工业增加值率	资产负债率	资金利税率	产值利税率
港、澳、台商投资企业	30.26	50.01	9.32	13.55
与港、澳、台商合资经营	30.46	49.33	9.59	13.89
与港、澳、台商合作经营				
港、澳、台商独资	30.18	51.86	7.90	11.67
港、澳、台商投资股份有限公司	19.37	66.06	18.23	26.42
外商投资企业	36.90	55.23	15.39	19.43
中外合资经营	37.07	55.45	15.33	19.41
中外合作经营	18.25	20.58	24.64	20.87
外资企业	34.72	37.57	17.69	27.34
外商投资股份有限公司				
在总计中:亏损企业	19.27	81.44	-4.69	-19.28
在总计中:国有控股企业	25.90	67.15	2.23	6.07
在总计中:农村工业				
按轻重工业分				
轻工业	31.44	57.52	8.38	14.37
以农产品为原料	27.96	64.62	5.91	10.23
以非农产品为原料	36.02	47.94	11.73	19.80
重工业	24.81	67.94	1.96	5.19
采掘工业	31.72	54.62	0.58	1.54
原料工业	29.10	59.90	2.09	6.98
加工工业	24.21	69.37	1.94	4.97
按企业规模分				
大型工业	27.13	65.16	3.64	9.04
中型工业	22.09	72.06	2.17	5.33
小型工业	29.30	61.83	4.78	8.92
按工业行业大类分				
煤炭采选业				
石油和天然气开采业				
黑色金属矿采选业	28.78	113.27	0.38	1.51
有色金属矿采选业	37.12	63.10	0.66	1.25
非金属矿采选业	17.50	58.97	457.91	9.01
其他矿采选业				
木材及竹材采选业	33.37	33.10	-1.37	-212.64
食品加工业	13.04	84.43	-1.35	-1.53
食品制造业	29.05	67.92	7.07	9.71
饮料制造业	29.96	58.69	7.98	13.86

7－23 续表2 (2000年) 单位:%

分组	工业增加值率	资产负债率	资金利税率	产值利税率
烟草加工业	26.57	61.36	16.72	55.59
纺织业	26.74	71.67	2.47	5.25
服装及其他纤维制品制造业	43.57	73.05	3.36	5.88
皮革、毛皮、羽绒及其他制品业	23.87	72.41	－0.24	－0.50
木材加工及竹、藤、棕、草制品业	23.94	55.11	－1.35	－18.01
家具制造业	23.62	55.77	7.93	5.67
造纸及纸制品业	22.67	76.01	7.59	8.41
印刷业、记录媒介的复制	33.94	46.69	8.30	18.37
文教体育用品制造业	27.84	34.64	88.67	18.50
石油加工及炼焦业	13.59	86.00	7.33	7.32
化学原料及化学制品制造业	20.84	62.35	2.40	5.90
医药制造业	39.47	52.83	18.61	26.73
化学纤维制造业	31.08	16.99	28.42	25.65
橡胶制品业	19.90	69.53	－5.64	－21.56
塑料制品业	26.33	78.20	－3.47	－5.86
非金属矿物制品业	25.62	71.43	1.96	4.82
黑色金属冶炼及压延加工业	23.00	76.83	－1.70	－15.57
有色金属冶炼及压延加工业	45.54	74.59	8.48	12.03
金属制品业	23.20	65.03	1.89	2.71
普通机械制造业	23.24	76.43	3.03	7.63
专用设备制造业	30.95	69.42	4.13	10.04
交通运输设备制造业	22.56	67.41	1.20	3.12
电气机械及器材制造业	21.87	65.45	2.83	6.62
电子及通信设备制造业	30.79	72.31	4.98	8.91
仪器仪表及文化办公用机械制造业	24.27	66.00	. 0.25	1.08
其他制造业	26.33	35.71	15.35	24.98
电力、蒸汽、热水的生产和供应业	47.62	43.33	1.34	8.98
煤气生产和供应业	4.28	46.59	－3.48	－5.76
自来水的生产和供应业	55.88	49.75	－0.39	－2.22

7－23　续表 3　　(2000 年)　　单位：%

分　组	工业成本费用利润率	流动资产周转次数(次)	百元固定资产原值实现利润(元)	百元销售收入实现利润(元)	百元销售收入实现利税(元)
总　计	**4.15**	**0.98**	**7.65**	**3.83**	**8.63**
#市　区	4.40	0.97	8.00	4.03	8.87
按隶属关系分					
中央企业	1.61	0.89	3.22	1.39	4.81
省属企业	3.61	0.85	10.13	3.52	10.38
市属企业	5.91	1.11	11.58	5.59	10.62
市直属企业	5.37	0.98	10.10	5.10	10.33
区县属企业	7.56	1.82	19.13	7.03	11.48
区属企业	9.81	2.06	30.46	8.89	13.23
县属企业	1.32	1.34	5.50	1.32	6.10
区县直属	13.4	1.02	19.13	12.03	18.48
街道企业	4.41	3.26	37.37	4.17	7.39
镇办企业	3.54	2.73	15.47	3.18	8.10
乡办企业	4.42	3.15	16.12	4.24	7.15
居委会	3.31	3.98	65.07	3.20	4.17
村委会	5.95	4.60	22.26	5.63	9.35
其他	6.58	1.66	17.50	6.11	10.35
按登记注册类型分组					
内资企业	1.91	0.93	4.95	1.79	6.32
国有经济	－2.77	0.88	1.19	－2.58	2.06
集体经济	4.54	1.98	21.49	4.35	8.79
股份合作	0.14	1.14	2.79	0.14	4.06
联营企业	8.14	2.72	16.30	7.56	11.73
国有联营	7.79	1.68	12.61	7.36	11.35
集体联营	9.04	11.78	25.35	8.20	12.56
国有与集体联营	1.88	1.11	5.45	1.84	6.10
其他联营					
有限责任公司	5.33	0.85	10.07	5.10	9.44
国有独资企业	3.23	0.71	5.61	3.14	6.33
其他有限责任公司	8.34	1.19	20.16	7.76	13.69
股份有限公司	11.31	0.83	19.91	10.43	15.06
私营企业	9.61	1.80	27.08	8.76	12.75
私营独资企业	5.55	3.88	13.98	5.22	8.28
私营合伙企业	5.33	1.29	8.66	5.30	7.08
私营有限责任公司	12.91	1.64	46.60	11.42	16.05
私营股份有限公司	4.07	0.91	8.98	3.94	7.28

7-23 续表4 (2000年) 单位:%

分组	工业成本费用利润率	流动资产周转次数(次)	百元固定资产原值实现利润(元)	百元销售收入实现利润(元)	百元销售收入实现利税(元)
港、澳、台商投资企业	13.00	1.41	24.80	11.40	16.55
与港、澳、台商合资经营	15.47	1.12	33.51	13.25	18.23
与港、澳、台商合作经营					
港、澳、台商独资	6.35	5.41	10.97	5.84	11.40
港、澳、台商投资股份有限公司	13.94	0.98	80.09	16.39	24.06
外商投资企业	15.31	1.21	45.70	13.18	19.42
中外合资经营	15.27	1.20	45.85	13.14	19.41
中外合作经营	19.05	2.26	34.98	17.07	19.97
外资企业	19.34	1.59	37.13	16.34	27.23
外商投资股份有限公司					
在总计中:亏损企业	-19.19	0.61	-7.28	-24.44	-20.52
在总计中:国有控股企业	1.47	0.86	4.29	1.38	5.87
在总计中:农村工业					
按轻重工业分					
轻工业	9.61	1.30	16.93	8.84	15.28
以农产品为原料	5.54	1.41	10.35	5.24	10.75
以非农产品为原料	15.51	1.18	29.75	13.7	21.42
重工业	1.15	0.86	3.96	1.07	4.96
采掘工业	-0.71	1.93	0.73	-0.72	1.56
原料工业	-0.01	1.60	2.84	-0.01	3.98
加工工业	1.34	0.77	4.30	1.34	5.21
按企业规模分					
大型工业	4.31	0.90	7.14	3.86	8.61
中型工业	-0.69	0.94	3.89	-0.72	5.19
小型工业	5.50	1.22	11.07	5.23	9.78
按工业行业大类分					
煤炭采选业					
石油和天然气开采业					
黑色金属矿采选业	-9.35	0.63	0.61	-10.11	1.60
有色金属矿采选业	1.28	2.73	0.82	1.32	1.31
非金属矿采选业	4.26	148.46	1 082.32	3.89	9.25
其他矿采选业					
木材及竹材采选业	-39.40	0.20	-1.65	-54.72	-40.03
食品加工业	-2.73	2.08	-2.47	-20.86	-1.58
食品制造业	3.76	2.75	11.46	3.51	10.08
饮料制造业	5.97	1.66	12.63	5.46	14.06

7-23 续表5 (2000年) 单位:%

分 组	工业成本费用利润率	流动资产周转次数(次)	百元固定资产原值实现利润(元)	百元销售收入实现利润(元)	百元销售收入实现利税(元)
烟草加工业	43.6	1.59	28.78	31.69	42.96
纺织业	0.15	1.25	3.23	0.15	5.76
服装及其他纤维制品制造业	0.23	1.26	8.87	0.23	4.25
皮革、毛皮、羽绒及其他制品业	-2.12	0.56	-0.53	-2.20	-0.59
木材加工及竹、藤、棕、草制品业	-12.49	0.27	-1.63	-23.02	-20.17
家具制造业	4.16	2.55	17.1	4.00	6.81
造纸及纸制品业	4.87	2.40	12.48	4.73	8.99
印刷业、记录媒介的复制	12.7	1.18	15.04	11.5	17.8
文教体育用品制造业	14.34	7.90	129.62	11.66	24.15
石油加工及炼焦业	0.32	2.21	11.59	0.30	8.00
化学原料及化学制品制造业	1.73	1.04	3.62	1.75	6.45
医药制造业	20.79	1.24	66.52	17.40	27.13
化学纤维制造业	24.44	2.67	25.85	19.65	25.99
橡胶制品业	-18.73	0.60	-9.92	-23.29	-20.60
塑料制品业	-8.17	2.04	-5.05	-8.51	-5.60
非金属矿物制品业	-0.38	1.09	3.14	-0.38	5.71
黑色金属冶炼及压延加工业	-16.91	0.30	-4.50	-20.14	-11.88
有色金属冶炼及压延加工业	7.21	1.96	19.22	6.71	12.00
金属制品业	-1.13	1.41	3.58	-1.14	2.98
普通机械制造业	1.15	0.81	6.28	1.14	7.23
专用设备制造业	5.17	0.81	8.43	5.02	10.25
交通运输设备制造业	0.94	0.76	3.08	0.94	3.27
电气机械及器材制造业	1.03	0.91	6.57	1.03	6.30
电子及通信设备制造业	8.01	0.83	16.62	7.42	10.67
仪器仪表及文化办公用机械制造业	-3.83	0.41	0.53	-4.07	1.13
其他制造业	42.80	1.06	147.08	30.89	36.85
电力、蒸汽、热水的生产和供应业	0.58	2.49	1.44	0.21	2.12
煤气生产和供应业	-6.20	1.28	-4.57	-7.33	-5.76
自来水的生产和供应业	-13.22	1.02	-0.37	-15.42	-2.20

7－24　全部大中型工业企业基本情况

（2000 年）　　单位：千元

分　组	工业总产值（现价）	工业总产值（不变价）	职工人数（人）	流动资产小计
国营陕西第十一棉纺织厂	143 546	123 332	38 450	66 207
陕西省骊山床单厂	6 930	6 783	8 390	6 727
西安筑路机械有限公司	192 747	216 469	13 930	512 911
利君集团有限责任公司	782 855	477 716	39 730	413 355
西安新华印刷厂	85 393	76 793	9 810	31 977
西仪集团有限责任公司（西安仪表厂）	29 097	28 125	41 000	265 220
陕西省黄河制药厂	18 624	20 997	640	19 622
陕西省红旗电机厂	10 969	11 242	7 400	51 152
中国人民解放军第 3 513 工厂	69 970	31 186	20 790	185 963
西安制鞋厂（中国人民解放军第 3 538 工厂）	15 474	11 105	9 210	69 444
西安冶金机械厂	154 454	136 654	31 250	213 956
陕西省建筑构件公司	38 467	17 856	4 450	73 486
陕西省印刷厂	122 646	100 246	12 710	81 238
陕西省公路机械厂	31 500	31 500	3 720	37 908
西安海红轴承总厂	36 310	29 010	16 250	166 907
陕西建设机械（集团）有限责任公司	306 756	500 832	18 470	312 346
陕西省水利机械厂	17 185	13 470	3 680	13 880
陕西汽车制造总厂	861 764	873 807	55 830	863 000
陕西省延河水泥机械厂	13 542	11 224	5 050	95 972
中国人民解放军第三五一一工厂（西安毛巾）	65 106	41 239	17 800	46 692
陕西省建筑木材厂	9 659	12 448	3 720	33 221
国营陕西第三印染厂	42 629	65 926	25 240	120 131
国营西北第三棉纺织厂	245 907	221 520	55 190	96 207
西安康贝制衣实业公司（解放军第 3 507 工厂）	118 191	99 737	32 740	137 496
陕西省红旗水泥制品总厂	42 256	26 672	15 310	84 041
陕西省唐都机械厂	4 020	3 470	4 920	13 139
国营西北第四棉纺织厂	332 710	349 342	71 330	262 455
西安石油勘探仪器总厂	184 105	231 481	37 710	836 800

7－24 续表1 (2000年) 单位:千元

分 组	工业总产值(现价)	工业总产值(不变价)	职工人数(人)	流动资产小计
灞桥热电厂	68 460	43 282	14 370	78 723
国营西北第一印染厂	28 607	30 841	7 030	28 123
西安钢铁厂	5 509	5 509	11 280	80 880
户县热电厂(户县电热公司)	107 410	91 845	18 440	123 787
国营西北第六棉纺织厂	76 734	68 376	19 480	85 329
陕西冷冻厂	13 672	10 701	5 200	38 966
秦川电站仪表厂	20 146	22 296	4 390	47 965
陕西省骊山棉织厂	7 540	6 724	4 000	5 247
陕西重型机器厂	30 134	27 318	17 290	199 880
西安铁路信号工厂	134 566	74 271	29 030	164 610
彩虹显示器件股份有限公司	2 139 499	4 534 814	28 360	1 480 834
陕西精密合金股份有限责任公司	51 749	45 122	4 130	624 759
长安信息产业(集团)股份有限公司	131 686	193 407	2 450	414 346
陕西省汽车齿轮总厂	197 444	250 142	37 280	273 813
西仪股份有限公司	29 060	26 772	2 520	302 554
陕西省金叶印务股份有限公司	94 072	94 241	3 280	309 271
金牛股份有限公司	37 056	50 112	5 970	102 149
陕西精密金属(集团)有限责任公司	47 991	46 597	17 190	131 039
西安电力树脂厂	16 313	21 213	5 310	84 569
中国人民解放军第三四零二工厂	67 387	40 796	15 350	50 550
西安邮电通信设备厂	42 680	41 183	16 160	70 108
西安市煤气公司	80 900	17 921	12 070	62 352
黄河机电股份有限公司	28 683	33 330	29 100	283 803
西安焦化厂	58 338	41 211	10 040	159 436
西安塑料制品厂	16 736	15 101	4 770	29 199
西安硫酸厂	20 789	16 204	6 980	31 337
西安车辆厂	777 038	555 712	78 760	354 838
西安市人民面粉厂	68 271	26 182	5 490	87 418
西安矿山机械厂	24 680	24 961	4 950	36 202
西安内燃机配件厂	2 523	1 920	2 240	21 899
西安电机总厂	155 895	151 178	26 160	248 502
西安市第二印刷厂	8 734	6 304	3 690	11 114

7-24　续表2　(2000年)　单位:千元

分　组	工业总产值(现价)	工业总产值(不变价)	职工人数(人)	流动资产小计
西安泵阀总厂	46 099	53 194	10 300	77 756
西安市水泥制管厂	42 050	30 081	8 520	47 113
西安化学试剂厂	14 484	13 590	5 490	8 159
中国人民解放军第7 226工厂(西安印刷厂)	37 469	30 744	5 970	25 779
西安第一印刷厂	15 220	11 733	2 890	34 666
西安石油化工厂	658 756	163 921	13 570	202 678
国营西安帆布厂	58 215	48 783	5 980	45 111
西安化工厂	296 430	275 494	24 500	211 978
西安锅炉总厂	67 155	66 301	20 600	53 744
陕西省西安农业机械厂	7 342	5 680	10 010	47 452
西安煤矿机械厂	36 502	39 091	18 810	134 536
西安市群众面粉厂	72 995	27 098	7 240	81 888
西安市自来水公司	190 878	66 076	25 500	187 627
西安太阳食品集团公司	63 005	34 173	7 520	62 174
西安赛迪生物药业有限公司	62 345	77 038	4 320	30 413
西安市肉类联合加工总厂	69 749	48 994	14 370	55 509
西安市硅酸盐制品厂	10 127	6 909	5 880	7 697
西安电力机械制造公司	2 314 190	2 919 180	169 010	3 165 410
西安电力机械厂	27 169	18 101	9 450	81 772
西安高科(集团)公司	417 789	396 303	25 890	379 553
邮电第二实验工厂(邮电部第十研究所)	58 514	58 596	12 330	125 574
西安市塑料彩印厂	22 892	46 401	1 820	27 468
西安交大开元(集团)有限责任公司	616 770	616 770	9 100	156 735
西安无线电二厂	158 229	254 634	14 280	161 013
西安市永固纸袋厂			150	10 509
西安电梯厂	22 391	24 642	8 230	51 226
西安造纸网总厂	44 859	34 657	11 060	77 984
西安骊山乳业集团	27 389	22 641	4 500	11 272
陕西省户县造纸厂	45 731	30 417	7 020	58 032
西安京西制药厂	121 344	206 750	13 150	77 339
陕西省户县水泥厂	44 215	25 603	9 760	43 691
陕西秦宝(集团)有限公司	29 000	27 305	8 670	68 943
西安博爱制药有限公司	25 618	25 618	3 160	38 459
五环(集团)实业有限责任公司	383 930	347 851	67 200	295 868

7-24 续表3 (2000年) 单位:千元

分组	工业总产值(现价)	工业总产值(不变价)	职工人数(人)	流动资产小计
西安油漆厂	86 000	95 300	9 730	39 235
西安天马机械厂	11 533	11 533	3 070	9 029
西安供电局	403 240	216 050	23 330	925 625
西安雁塔水泥厂	46 128	26 342	4 790	19 112
青岛啤酒西安有限责任公司	473 697	219 698	7 230	127 021
西安南风日化有限责任工司	368 798	340 140	14 360	196 453
陕西鼓风机集团公司	325 344	340 597	37 550	567 429
西安标准工业股份有限公司	337 845	358 624	16 510	684 443
北方苏拿光学有限公司	17 535	17 535	1 430	19 149
维美德西安造纸机械有限公司	90 917	106 024	13 710	116 262
西安扬森制药有限公司	2 030 372	1 568 260	11 080	1 426 051
横河西仪有限公司	14 589	14 589	3 870	128 694
西安正大制药有限公司	49 808	20 398	5 160	51 958
西安昆仑富特玻尔容器有限公司	174 911	291 989	2 530	103 273
西安中萃汉斯食品有限公司	174 404	167 669	3 930	60 522
西安裕民毛纺有限公司	39 940	26 417	1 420	28 735
西安西域彩色印刷有限公司	21 270	17 422	1 020	15 144
西安银桥企业集团	188 000	70 400	6 800	61 310
福乐家具有限公司	30 540	30 540	1 760	37 449
西安华联制皮工业有限公司	105 649	104 195	1 470	150 851
西安大唐电信有限公司	1 189 298	1 189 298	14 850	1 549 545
西安惠大化学有限公司	266 879	266 879	1 770	83 322
西安利达光电仪器有限公司	15 067	15 067	2 730	49 325
健力宝(西安)饮料有限公司	174 160	178 879	3 600	97 355
西安陕鼓工程成套技术有限公司	12 556	12 556	3 200	201 372
陕西欧舒特汽车有限股份公司	70 191	70 191	1 460	104 057

7－24　续表 4　　(2000 年)　　单位:千元

分　组	固定资产原值	产品销售收入	工业增加值	利税总额
国营陕西第十一棉纺织厂	313 119	144 181	47 370	12 910
陕西省骊山床单厂	32 636	4 884	1 766	－3 097
西安筑路机械有限公司	114 069	225 468	65 602	39 503
利君集团有限责任公司	601 919	789 125	258 893	171 004
西安新华印刷厂	85 685	59 066	28 540	2 034
西仪集团有限责任公司(西安仪表厂)	266 985	9 332	16 658	－36 608
陕西省黄河制药厂	19 083	14 929	7 782	1 944
陕西省红旗电机厂	23 118	3 655	4 304	－1 916
中国人民解放军第三五一三工厂	107 783	75 518	17 339	－5 075
西安制鞋厂(中国人民解放军第三五三八工厂)	62 266	21 846	－1 175	－13 852
西安冶金机械厂	244 039	141 019	45 718	11 551
陕西省建筑构件公司	98 257	36 590	7 167	3 979
陕西省印刷厂	150 557	106 207	29 837	3 854
陕西省公路机械厂	21 281	25 326	12 816	804
西安海红轴承总厂	59 006	31 001	2 902	－18 753
陕西建设机械(集团)有限责任公司	256 770	267 634	109 525	24 179
陕西省水利机械厂	24 670	22 860	6 976	2 477
陕西汽车制造总厂	764 000	873 000	145 870	40 170
陕西省延河水泥机械厂	143 048	7 494	2 242	－22 605
中国人民解放军第三五一一工厂(西安毛巾厂)	43 018	65 478	18 857	2 784
陕西省建筑木材厂	80 754	7 301	2 248	425
国营陕西第三印染厂	212 883	37 532	1 795	－18 507
国营西北第三棉纺织厂	309 412	208 651	100 797	23 783
西安康贝制衣实业公司(解放军第 3 507 工厂)	130 130	125 788	53 554	－7 578
陕西省红旗水泥制品总厂	141 163	19 707	2 497	－10 125
陕西省唐都机械厂	25 714	3 210	644	－1 426
国营西北第四棉纺织厂	463 083	336 112	118 441	49 201
西安石油勘探仪器总厂	539 380	173 580	24 775	9 580

7-24　续表5　　(2000年)　　单位:千元

分　组	固定资产原值	产品销售收入	工业增加值	利税总额
灞桥热电厂	268 454	35 685	7 500	-35 774
国营西北第一印染厂	285 241	28 802	-5 694	-12 308
西安钢铁厂	288 704	6 290	3 440	-15 244
户县热电厂(户县电热公司)	231 834	160 335	19 990	-18 313
国营西北第六棉纺织厂	187 404	68 611	24 723	5 454
陕西冷冻厂	33 816	24 815	3 418	1 147
秦川电站仪表厂	20 491	21 402	8 390	1 393
陕西省骊山棉织厂	15 302	1 072	2 213	23
陕西重型机器厂	293 451	24 348	3 794	-34 278
西安铁路信号工厂	160 080	130 180	57 416	15 290
彩虹显示器件股份有限公司	982 886	1 868 711	340 028	174 779
陕西精密合金股份有限责任公司	283 510	119 832	22 444	47 447
长安信息产业(集团)股份有限公司	233 836	232 980	40 895	12 964
陕西省汽车齿轮总厂	476 592	204 579	70 500	24 565
西仪股份有限公司	111 099	26 166	15 534	-1 493
陕西省金叶印务股份有限公司	114 724	125 770	36 875	51 342
金牛股份有限公司	83 706	33 500	11 549	2 803
陕西精密金属(集团)有限责任公司	57 954	39 770	5 918	-69 434
西安电力树脂厂	76 035	22 249	981	-2 148
中国人民解放军第三四零二工厂	124 551	59 903	9 957	-8 748
西安邮电通信设备厂	84 430	60 146	12 335	1 598
西安市煤气公司	101 928	80 900	3 962	-4 658
黄河机电股份有限公司	188 224	28 291	32 439	30 790
西安焦化厂	195 114	58 407	6 389	-11 857
西安塑料制品厂	39 573	18 376	-3 050	-8 644
西安硫酸厂	50 754	22 277	4 055	-828
西安车辆厂	445 899	777 379	201 908	53 122
西安市人民面粉厂	68 531	67 709	-1 811	-3 828
西安矿山机械厂	45 811	40 050	6 902	2 189
西安内燃机配件厂	58 095	1 645	524	-4 137
西安电机总厂	204 697	132 086	19 012	8 183
西安市第二印刷厂	55 217	8 734	-5 235	-10 589

7-24　续表6　　(2000年)　　单位:千元

分　组	固定资产原值	产品销售收入	工业增加值	利税总额
西安泵阀总厂	47 894	46 002	16 033	4 454
西安市水泥制管厂	76 655	37 761	12 038	3 615
西安化学试剂厂	47 751	15 262	4 047	193
中国人民解放军第7 226工厂(西安印刷厂)	70 099	39 613	17 368	4 360
西安第一印刷厂	58 343	15 710	5 867	3 287
西安石油化工厂	296 969	626 209	106 639	70 443
国营西安帆布厂	58 437	53 557	7 731	124
西安化工厂	633 592	307 781	62 000	34 751
西安锅炉总厂	85 298	40 465	12 928	-7 080
陕西省西安农业机械厂	89 807	8 140	-207	-9 328
西安煤矿机械厂	203 726	35 338	3 835	-20 415
西安市群众面粉厂	101 014	96 111	-2 086	538
西安市自来水公司	1 176 190	190 878	123 921	-3 216
西安太阳食品集团公司	73 668	62 311	17 343	-2 770
西安赛迪生物药业有限公司	16 266	53 017	37 883	16 524
西安市肉类联合加工总厂	73 593	21 223	14 472	1 867
西安市硅酸盐制品厂	56 766	8 904	1 361	-1 978
西安电力机械制造公司	2 755 000	2 611 900	560 700	158 950
西安电力机械厂	115 899	21 865	6 069	2 452
西安高科(集团)公司	156 900	371 416	111 634	64 192
邮电第二实验工厂(邮电部第十研究所)	55 158	37 570	12 718	-3 194
西安市塑料彩印厂	26 009	22 605	5 445	746
西安交大开元(集团)有限责任公司	74 523	320 010	384 170	53 713
西安无线电二厂	150 518	87 025	45 538	6 025
西安市永固纸袋厂	29 605	135	-3 097	-1 590
西安电梯厂	46 721	17 040	2 934	1 170
西安造纸网总厂	97 901	56 677	18 050	8 077
西安骊山乳业集团	12 525	20 907	9 291	1 576
陕西省户县造纸厂	179 098	55 865	18 472	11 339
西安京西制药厂	28 902	78 137	26 983	10 886
陕西省户县水泥厂	79 041	48 765	13 976	3 353
陕西秦宝(集团)有限公司	59 002	24 875	9 630	2 455
西安博爱制药有限公司	25 501	16 728	8 934	-1 696
五环(集团)实业有限责任公司	301 732	411 567	166 499	43 615

7-24 续表7 (2000年) 单位:千元

分 组	固定资产原 值	产 品销售收入	工 业增 加 值	利 税总 额
西安油漆厂	70 598	76 788	14 103	4 160
西安天马机械厂	76 182	10 815	2 647	734
西安供电局	3 478 607	2 670 915	337 012	90 581
西安雁塔水泥厂	22 274	44 232	14 008	6 450
青岛啤酒西安有限责任公司	339 315	473 728	149 017	153 485
西安南风日化有限责任工司	205 135	348 511	56 475	26 477
陕西鼓风机集团公司	418 413	322 451	100 804	35 126
西安标准工业股份有限公司	212 713	421 559	120 341	98 859
北方苏拿光学有限公司	11 754	16 268	5 611	2 207
维美德西安造纸机械有限公司	71 827	93 838	31 379	1 849
西安杨森制药有限公司	296 545	2 136 293	1 002 741	659 747
横河西仪有限公司	29 905	91 881	7 519	4 702
西安正大制药有限公司	26 871	47 926	26 597	13 844
西安昆仑富特玻尔容器有限公司	111 427	165 476	57 799	6 631
西安中萃汉斯食品有限公司	185 697	214 667	26 324	3 442
西安裕民毛纺有限公司	29 191	9 091	3 841	-1 040
西安西域彩色印刷有限公司	20 685	20 543	2 709	-748
西安银桥企业集团	57 060	179 253	67 061	15 561
福乐家具有限公司	20 026	29 435	8 592	3 790
西安华联制皮工业有限公司	100 527	77 206	26 825	2 239
西安大唐电信有限公司	277 179	947 948	596 848	159 993
西安惠大化学有限公司	266 483	263 141	96 945	69 814
西安利达光电仪器有限公司	26 507	13 698	5 286	994
健力宝(西安)饮料有限公司	71 372	138 227	121 877	7 497
西安陕鼓工程成套技术有限公司	5 894	118 749	8 539	149
陕西欧舒特汽车有限股份公司	25 043	76 364	20 592	8 707

7－25　全部规模以上国有控股工业企业主要经济指标

（2000年）　　单位：万元

分　组	企业单位数(个)	亏损企业	工业总产值(当年价)	工业总产值(不变价)	工业增加值(生产法)	工业销售产值(当年价)
总　计	**416**	**183**	**2 992 273.7**	**3 156 374.4**	**885 157.7**	**2 904 292.7**
#市　区	340	144	2 794 939.1	2 970 476.1	830 931.4	2 700 265.3
按隶属关系分						
中央企业	77	26	1 208 817.6	1 122 593.9	354 770.7	1 208 668.3
省属企业	71	36	448 925.1	441 271.2	121 678.7	429 891.8
市属企业	268	121	1 334 531.0	1 592 509.3	408 708.3	1 265 732.6
市直属企业	183	77	1 244 524.0	1 502 422.4	382 378.8	1 179 017.7
区、县属企业	85	44	90 007.0	90 086.9	26 329.5	86 714.9
区属企业	29	12	36 985.8	37 150.6	11 695.3	34 662.5
县属企业	56	32	53 021.2	52 936.3	14 634.2	52 052.4
其中：区县直属	83	44	84 151.4	84 231.3	24 275.5	81 176.2
在总计中：亏损企业	183	183	397 040.2	361 114.5	88 357.5	397 384.3
按轻重工业分						
轻工业	182	87	780 758.9	687 217.0	287 054.0	740 813.1
以农产品为原料	110	55	494 466.0	419 965.4	163 594.9	479 680.0
以非农产品为原料	72	32	286 292.9	267 251.6	123 459.1	261 133.1
重工业	234	96	2 211 514.8	2 469 157.4	598 103.7	2 163 479.6
采掘工业	6	3	8 175.7	6 032.0	3 011.8	8 408.9
原料工业	27	14	204 278.7	118 376.7	66 602.4	212 904.6
加工工业	201	79	1 999 060.4	2 344 748.7	528 489.5	1 942 166.1
按企业规模分						
大型工业	76	24	2 297 304.7	2 519 128.1	677 410.1	2 222 052.0
中型工业	53	22	317 704.4	250 300.4	81 674.0	326 298.8
小型工业	287	137	377 264.6	386 945.9	126 073.6	355 941.9
按工业行业大类分						
煤炭采选业						
石油和天然气开采业						
黑色金属矿采选业	1	1	516.6	339.7	167.4	472.5
有色金属矿采选业	3	1	7 586.3	5 619.5	2 816.1	7 476.6
非金属矿采选业	1					
其他矿采选业						
木材及竹材采选业	1	1	72.8	72.8	28.3	459.8
食品加工业	18	12	30 016.7	17 685.4	1 845.6	32 151.7
食品制造业	19	9	22 722.6	15 025.1	6 991.4	21 093.6
饮料制造业	7	2	74 066.8	48 457.4	30 013.3	72 280.1
烟草加工业	1		857.9	1 013.4	288.9	1 023.4

7-25 续表1 (2000年) 单位:万元

分组	企业单位数(个)	亏损企业	工业总产值(当年价)	工业总产值(不变价)	工业增加值(生产法)	工业销售产值(当年价)
纺织业	22	12	161 297.3	157 592.9	51 763.7	154 762.2
服装及其他纤维制品制造业	3	1	11 829.1	9 983.7	5 359.4	11 711.1
皮革、毛皮、羽绒及其他制品业	1	1	6 997.0	3 118.6	1 733.9	7 581.2
木材加工及竹、藤、棕、草制品业	2	1	977.5	1 258.3	234.1	819.8
家具制造业	1	1	13.4	13.4	7.0	9.8
造纸及纸制品业	9	3	9 000.5	6 489	3 004.1	9 842
印刷业、记录媒介的复制	22	10	111 482.6	97 508.2	46 273.2	106 419.6
文教体育用品制造业	1					
石油加工及炼焦业	2	1	71 709.4	20 513.2	11 302.8	67 964.9
化学原料及化学制品制造业	18	9	128 135.6	112 868.6	24 404.0	123 187.6
医药制造业	22	7	134 059.2	118 063.2	49 907.5	126 178.4
化学纤维制造业	1		26 687.9	26 687.9	9 694.5	26 310.6
橡胶制品业	5	3	4 012.0	3 585.1	798.8	4 756.9
塑料制品业	6	4	5 780.8	5 632.7	2 519.8	6 509.8
非金属矿物制品业	30	12	44 760.6	32 739.8	11 900.1	41 344.1
黑色金属冶炼及压延加工业	5	2	10 524.9	9 722.8	3 180.2	10 588.1
有色金属冶炼及压延加工业	2	1	2 889.2	9 558.4	1 934.9	5 535.9
金属制品业	16	7	15 429.0	14 371.8	4 797.6	14 969.5
普通机械制造业	28	10	115 110.4	123 074.6	31 971.1	112 388.5
专用设备制造业	43	19	178 701.6	200 958.3	65 489.5	172 436.7
交通运输设备制造业	39	13	718 129.4	740 721.4	180 123.9	717 372.4
电气机械及器材制造业	20	6	272 781.4	340 081.5	65 798.0	271 181.4
电子及通信设备制造业	21	9	533 060.2	795 657.3	174 652.0	489 149.0
仪器仪表及文化办公用机械制造业	23	9	106 444.6	107 524.1	26 568.7	92 910.6
其他制造业	6	4	3 767.6	3 790.7	1 161.5	3 544.3
电力、蒸汽、热水的生产和供应业	4	2	65 125.9	37 269.1	39 092.1	74 589.2
煤气生产和供应业	1	1	8 090.0	1 792.1	396.2	8 090.0
自来水的生产和供应业	7	7	20 389.2	7 035.3	12 831.5	20 346.7

7－25　续表2　　(2000年)　　单位:万元

分　组	全部职工年平均人数(人)	资产合计	流动资产小计	流动资产年平均余额	固定资产小计
总　计	**362 415**	**8 143 524.3**	**4 038 743.5**	**3 598 199.3**	**3 406 033.1**
＃市　区	327 244	7 666 514.2	3 826 082.1	3 403 315.1	3 173 080.5
按隶属关系分					
中央企业	183 532	3 623 370.2	1 783 942.8	1 568 203.5	1 645 490.4
省属企业	63 756	1 519 868.4	721 660.8	670 258.3	622 737.0
市属企业	115 127	3 000 285.7	1 533 139.9	1 359 737.5	1 137 805.7
市直属企业	97 896	2 744 273.7	1 429 611.9	1 268 414.6	1 023 641.0
区、县属企业	17 231	256 012.0	103 528.0	91 322.9	114 164.7
区属企业	5 592	131 764.8	53 263.0	45 378.8	46 999.0
县属企业	11 639	124 247.2	50 265.0	45 944.1	67 165.7
其中:区县直属	16 971	249 130.5	98 227.1	87 212.0	113 146.5
在总计中:亏损企业	118 800	1 961 909.2	742 600.1	724 608.1	1 004 562.8
按轻重工业分					
轻工业	95 761	1 752 729.2	748 000.5	672 128.1	756 061.5
以农产品为原料	65 449	1 002 505.6	405 168.7	382 278.2	492 634.4
以非农产品为原料	30 312	750 223.6	342 831.8	289 849.9	263 427.1
重工业	266 654	6 390 795.1	3 290 743.0	2 926 071.2	2 649 971.6
采掘工业	2 342	27 808.0	6 128.9	5 399.2	18 751.9
原料工业	20 585	886 214.2	296 793.3	283 073.0	562 853.1
加工工业	243 727	5 476 772.9	2 987 820.8	2 637 599.0	2 068 366.6
按企业规模分					
大型工业	258 135	6 105 891.4	3 169 074.5	2 791 659.6	2 488 711.5
中型工业	38 310	779 734.4	366 854.3	348 485.8	336 101.1
小型工业	65 970	1 257 898.5	502 814.7	458 053.9	581 220.5
按工业行业大类分					
煤炭采选业					
石油和天然气开采业					
黑色金属矿采选业	108	2 044.0	774.8	774.8	1 208.2
有色金属矿采选业	1 154	14 481.2	2 912.7	2 653.3	9 194.6
非金属矿采选业	36				19.2
其他矿采选业					
木材及竹材采选业	1 044	11 282.8	2 441.4	1 971.1	8 349.1
食品加工业	4 593	84 282.5	35 167.8	34 388.6	32 964.3
食品制造业	3 372	56 046.2	20 210.6	19 459.3	30 916.0
饮料制造业	2 428	102 758.6	38 449.9	37 132.7	53 543.6
烟草加工业	121	2 851.5	654.3	697.9	1 675.2

7－25 续表3 (2000年) 单位:万元

分 组	全部职工年平均人数(人)	资产合计	流动资产小计	流动资产年平均余额	固定资产小计
纺织业	37 142	351 578.7	126 170.3	119 350.6	191 893.5
服装及其他纤维制品制造业	3 321	22 763.1	13 749.6	12 622.8	8 279.3
皮革、毛皮、羽绒及其他制品业	2 079	25 551.9	18 596.3	19 097.0	5 816.1
木材加工及竹、藤、棕、草制品业	612	17 669.7	4 605.2	4 420.1	12 880.8
家具制造业	20	141.3	34.8	31.5	106.4
造纸及纸制品业	1 885	31 682.8	10 660.4	9 652.1	19 445.0
印刷业、记录媒介的复制	8 228	252 243.6	109 678.1	95 555.9	110 481.5
文教体育用品制造业	1				
石油加工及炼焦业	2 361	76 312.4	36 211.4	31 025.4	39 687.2
化学原料及化学制品制造业	24 566	351 753.9	122 211.9	126 676.7	213 418.0
医药制造业	10 434	251 167.3	121 868.2	106 382.3	87 644.7
化学纤维制造业	177	23 475.6	8 332.2	9 330.2	14 842.1
橡胶制品业	1 683	21 651.5	9 978.6	9 561.7	11 167.7
塑料制品业	797	15 294.2	6 257.1	5 938.1	7 924.9
非金属矿物制品业	12 123	171 419.3	53 138.3	51 724.0	92 764.6
黑色金属冶炼及压延加工业	3 578	167 979.1	83 667.8	78 628.3	67 506.3
有色金属冶炼及压延加工业	343	16 352.4	3 747.0	3 539.2	6 057.7
金属制品业	4 392	44 088.7	19 044.4	17 890.3	23 916.4
普通机械制造业	19 036	341 008.2	198 888.7	185 929.1	119 116.1
专用设备制造业	27 523	522 333.4	315 857.6	256 895.9	182 114.8
交通运输设备制造业	79 803	1 895 422.1	1 102 633.4	916 345.9	670 863.0
电气机械及器材制造业	23 112	743 605.4	410 253.5	354 716.9	277 929.4
电子及通信设备制造业	24 712	978 408.3	599 986.4	545 965.0	211 629.5
仪器仪表及文化办公用机械制造业	22 212	476 696.3	264 079.2	253 703.6	165 393.7
其他制造业	679	7 640.6	2 744.8	2 946.6	4 388.7
电力、蒸汽、热水的生产和供应业	6 677	465 552.7	120 492.0	118 162.5	344 357.3
煤气生产和供应业	1 207	13 383.1	6 235.2	6 334.1	7 078.8
自来水的生产和供应业	3 236	114 839.4	19 180.3	20 301.1	86 792.5

7－25　续表4　　(2000年)　　单位:万元

分组	固定资产原价合计	累计折旧	本年折旧	固定资产净值年平均余额	负债合计
总计	**4 234 161.5**	**1 421 536.4**	**185 330.1**	**2 641 709.4**	**5 468 089.9**
#市区	3 917 279.3	1 299 272.2	170 622.1	2 449 043.4	5 134 012.3
按隶属关系分					
中央企业	2 090 762.1	716 627.9	89 454.4	1 290 574.6	2 214 476.1
省属企业	678 751.9	220 149.7	24 741.4	428 005.4	1 252 652.1
市属企业	1 464 647.5	484 758.8	71 134.3	923 129.4	2 000 961.7
市直属企业	1 330 668.3	455 944.3	62 954.2	820 178.1	1 818 860.4
区、县属企业	133 979.2	28 814.5	8 180.1	102 951.3	182 101.3
区属企业	53 716.5	10 220.3	2 982.0	43 814.9	77 697.4
县属企业	80 262.7	18 594.2	5 198.1	59 136.4	104 403.9
其中:区县直属	132 369.2	28 199.8	7 731.8	101 935.3	178 430.1
在总计中:亏损企业	1 277 390.7	422 454.1	40 950.1	850 501.5	1 645 756.8
按轻重工业分					
轻工业	1 024 062.6	346 298.6	40 848.9	638 393.4	1 085 688.9
以农产品为原料	664 030.5	223 580.2	24 217.6	422 623.6	672 485.8
以非农产品为原料	360 032.1	122 718.4	16 631.3	215 769.8	413 203.1
重工业	3 210 098.9	1 075 237.8	144 481.2	2 003 316.0	4 382 401
采掘工业	22 340.1	6 459.2	988.6	17 192.2	15 187.8
原料工业	675 514.6	197 744.6	45 582.3	440 904.8	531 576.6
加工工业	2 512 244.2	871 034.0	97 910.3	1 545 219.0	3 835 636.6
按企业规模分					
大型工业	3 166 444.9	1 115 726.3	142 063.1	1 910 858.3	4 036 798.6
中型工业	429 779.8	142 011.3	15 376.6	282 845.6	574 182.8
小型工业	637 936.8	163 798.8	27 890.4	448 005.5	857 108.5
按工业行业大类分					
煤炭采选业					
石油和天然气开采业					
黑色金属矿采选业	1 280.2	107.7		1 168.2	2 315.2
有色金属矿采选业	11 654.6	4 029.3	859.2	7 906.5	9 137.9
非金属矿采选业					
其他矿采选业					
木材及竹材采选业	9 405.3	2 322.2	129.4	8 117.5	3 734.7
食品加工业	44 712.1	14 410.5	1 863.6	30 454.6	79 075.4
食品制造业	34 742.9	8 388.8	2 005.7	26 585.8	44 030.4
饮料制造业	61 253.2	14 307.7	2 394.8	40 675.3	67 717.5
烟草加工业	1 657.1	199.8	86.7	568.5	1 749.7

7-25　续表5　　　　(2000年)　　　　单位:万元

分组	固定资产原价合计	累计折旧	本年折旧	固定资产净值年平均余额	负债合计
纺织业	275 803.2	101 467.9	5 715.2	171 992.4	260 338.0
服装及其他纤维制品制造业	3 013.0	5 029.6	334.5	8 279.0	21 867.5
皮革、毛皮、羽绒及其他制品业	10 778.3	5 070.0	420.2	5 318.7	17 974.6
木材加工及竹、藤、棕、草制品业	14 734.4	2 605.6	103.8	12 562.8	9 758.1
家具制造业	106.9	1.5	.5	106.4	129.9
造纸及纸制品业	21 677.8	2 653.2	102.4	17 918.9	30 114.3
印刷业、记录媒介的复制	144 753.2	50 478.7	8 311.2	87 111.0	111 369.8
文教体育用品制造业					
石油加工及炼焦业	49 208.3	13 655.3	1 439.6	32 061.3	66 423.6
化学原料及化学制品制造业	255 140.8	80 884.3	8 372.6	177 302.1	223 461
医药制造业	105 208.9	25 606.5	3 228.2	71 784.7	139 472.1
化学纤维制造业	26 648.3	11 807.0	2 362.1	14 841.7	3 458.0
橡胶制品业	12 638.3	2 773.2	444.5	9 588.6	15 118.8
塑料制品业	9 593.3	2 657.1	340.2	8 250.2	14 891.8
非金属矿物制品业	113 369.6	29 330.8	4 037.7	83 760.1	120 643.5
黑色金属冶炼及压延加工业	63 016.8	19 553.8	1 732.7	47 600.7	130 114.3
有色金属冶炼及压延加工业	7 979.8	2 126.3	397.3	5 990.7	19 392.0
金属制品业	28 859.1	8 886.7	1 268.4	20 194.3	33 311.2
普通机械制造业	162 248.6	58 066.5	5 066.7	95 814.4	270 197.3
专用设备制造业	262 558.6	105 526.8	9 452.9	159 208.8	386 960.1
交通运输设备制造业	737 887.2	272 046.1	28 523.9	395 717.8	1 290 207.1
电气机械及器材制造业	328 704.9	107 956.5	17 555.8	180 392.0	490 116.1
电子及通信设备制造业	299 192.5	125 328.7	16 500.4	170 336.3	722 943.9
仪器仪表及文化办公用机械制造业	228 282.9	83 327.6	10 096.8	146 752.2	314 670.5
其他制造业	6 061.5	1 721.5	184.3	4 165.8	4 103.1
电力、蒸汽、热水的生产和供应业	433 615.2	125 116.9	36 848.9	270 672.4	201 128.5
煤气生产和供应业	10 192.8	3 156.6	334.1	6 984.3	6 235.3
自来水的生产和供应业	123 032.3	47 674.5	8 806.2	77 975.2	57 130.9

7-25 续表6 (2000年) 单位:万元

分组	负债		所有者权益合计	
	流动负债小计	长期负债小计		实收资本
总计	**4 197 311.3**	**1 208 292.8**	**2 556 799.9**	**1 813 162.3**
#市区	3 934 691.6	1 137 323.4	2 413 867.4	1 712 470.1
按隶属关系分				
中央企业	1 739 891.6	473 681.1	1 302 648.2	566 522.1
省属企业	900 025.4	349 230.0	267 216.3	332 340.2
市属企业	1 557 394.3	385 381.7	1 519 956.1	914 300.0
市直属企业	1 429 298.7	332 694.6	913 024.7	856 804.7
区、县属企业	128 095.6	52 687.1	73 910.7	57 495.3
区属企业	53 727.6	23 139.7	54 067.4	30 441.4
县属企业	74 368.0	29 547.4	19 843.3	27 053.9
其中:区县直属	124 424.4	52 687.1	70 700.4	56 663.1
在总计中:亏损企业	1 305 544.6	332 242.8	315 598.9	471 949.7
按轻重工业分				
轻工业	859 763.3	216 588.7	667 061.7	488 047.9
以农产品为原料	558 083.1	110 582.0	330 041.2	266 753.0
以非农产品为原料	301 680.2	106 006.7	337 020.5	221 294.9
重工业	3 337 548.0	991 704.1	1 889 738.2	1 325 114.4
采掘工业	9 750.4	5 437.4	12 620.2	10 447.3
原料工业	367 510.4	164 066.0	354 637.6	99 781.6
加工工业	2 960 287.2	822 200.7	1 522 480.4	1 214 885.5
按企业规模分				
大型工业	3 056 643.0	928 497.9	1 950 436.9	1 113 822.2
中型工业	472 364.2	100 818.4	205 551.6	176 519.6
小型工业	668 304.1	178 976.5	400 811.4	522 820.5
按工业行业大类分				
煤炭采选业				
石油和天然气开采业				
黑色金属矿采选业	1 535.2	780.0	-271.2	151.6
有色金属矿采选业	5 193.7	3 944.2	5 343.3	4 951
非金属矿采选业				
其他矿采选业				
木材及竹材采选业	3 021.5	713.2	7 548.1	5 344.7
食品加工业	64 427.3	13 640.1	5 207.1	29 123.1
食品制造业	41 208.9	2 821.5	12 015.8	23 161.1
饮料制造业	57 119.0	10 598.5	35 041.1	30 789.9
烟草加工业	1 748.5	1.2	1 101.8	389.7

7-25 续表7 (2000年) 单位:万元

分组	负债		所有者权益合计	
	流动负债小计	长期负债小计		实收资本
纺织业	215 552.6	42 753.9	91 240.7	62 811.4
服装及其他纤维制品制造业	20 913.9	953.6	895.6	5 396.7
皮革、毛皮、羽绒及其他制品业	15 833.8	2 140.8	7 577.3	5 873.5
木材加工及竹、藤、棕、草制品业	9 295.8	462.3	7 911.6	7 288.5
家具制造业	56.3	73.6	11.4	14.8
造纸及纸制品业	17 048.1	13 066.2	1 568.5	6 828.5
印刷业、记录媒介的复制	92 999.5	18 348.1	140 895.2	80 116.1
文教体育用品制造业				
石油加工及炼焦业	51 755.1	14 668.5	9 888.8	15 718.8
化学原料及化学制品制造业	147 672.9	75 788.1	128 292.9	78 459.7
医药制造业	114 982.3	23 730.8	111 695.2	83 152.3
化学纤维制造业	3 458.0		20 017.6	8 800.0
橡胶制品业	9 917.3	5 201.5	6 532.7	9 615.5
塑料制品业	12 593.3	2 298.5	402.4	5 565.7
非金属矿物制品业	86 449.2	33 642.6	50 775.8	30 835.8
黑色金属冶炼及压延加工业	85 607.1	44 507.1	37 864.8	39 672.0
有色金属冶炼及压延加工业	18 623.2	768.8	-3 039.6	5 191.9
金属制品业	26 257.1	6 006.8	10 777.5	18 397.6
普通机械制造业	201 087.6	49 392.6	70 810.9	78 939.5
专用设备制造业	312 611.9	73 620.0	135 373.3	122 085.0
交通运输设备制造业	1 005 415.2	284 737.2	498 969.1	268 224.8
电气机械及器材制造业	432 109.4	57 103.5	241 079.3	334 878.3
电子及通信设备制造业	481 990.1	206 261.1	255 464.4	165 371.4
仪器仪表及文化办公用机械制造业	265 458.5	48 242.1	162 025.8	144 293.0
其他制造业	3 589.1	513.9	3 537.5	4 618.6
电力、蒸汽、热水的生产和供应业	150 665.9	50 462.6	264 424.2	1 819.0
煤气生产和供应业	5 876.2	359.1	7 147.8	7 436.2
自来水的生产和供应业	18 848.6	38 282.3	57 708.5	45 076.0

7－25 续表8 (2000年) 单位:万元

分组	产品销售收入	产品销售成本	产品销售费用	产品销售税金及附加	产品销售利润
总计	**3 090 560.2**	**2 273 281.9**	**127 444.6**	**23 877.2**	**665 941.6**
#市区	2 912 034.9	2 129 380.0	122 340.9	23 334.9	636 964.3
按隶属关系分					
中央企业	1 390 862.4	949 419.9	26 187.4	7 395.5	407 846.8
省属企业	441 002.0	341 630.3	31 611.6	4 017.3	63 929.4
市属企业	1 258 695.8	982 231.7	69 645.6	12 651.0	194 165.4
市直属企业	1 177 237.4	915 491.1	66 481.0	12 180.6	183 082.6
区、县属企业	81 458.4	66 740.6	3 164.6	470.4	11 082.8
区属企业	36 649.4	30 330.7	1 243.6	236.1	4 839.0
县属企业	44 809.0	36 409.9	1 921.0	234.3	6 243.8
其中:区县直属	76 787.3	63 914.7	3 132.5	452.1	9 288.0
在总计中:亏损企业	364 897.0	340 351.1	16 786.3	1 448.7	6 308.6
按轻重工业分					
轻工业	737 903.5	556 654.5	51 869.1	8 814.6	120 563.2
以农产品为原料	478 143.9	374 748.2	21 988.9	7 021.3	74 383.4
以非农产品为原料	259 759.6	181 906.3	29 880.2	1 793.3	46 179.8
重工业	2 352 656.7	1 716 627.4	75 575.5	15 062.6	545 378.4
采掘工业	8 114.9	6 127.3	60.4	53.9	1 873.3
原料工业	439 372.0	222 086.8	2 061.4	5 819.6	209 404.2
加工工业	1 905 169.8	1 488 413.3	73 453.7	9 189.1	334 100.9
按企业规模分					
大型工业	2 418 913.8	1 720 238.4	86 400.9	14 306.5	597 955.2
中型工业	314 354.6	269 495.9	17 615.9	4 486.5	22 756.3
小型工业	357 291.8	283 547.6	23 427.8	5 084.2	45 230.1
按工业行业大类分					
煤炭采选业					
石油和天然气开采业					
黑色金属矿采选业	488.4	357.8	12.5	8.6	109.5
有色金属矿采选业	7 239.8	5 475.3	33.5	.5	1 730.5
非金属矿采选业					
其他矿采选业					
木材及竹材采选业	386.7	294.2	14.4	44.8	33.3
食品加工业	28 814.5	27 447.0	1 677.5	103.3	－415.4
食品制造业	20 207.8	14 490.7	2 866.1	105.5	2 745.5
饮料制造业	71 570.2	50 246.1	8 102.7	4 545.7	8 675.7
烟草加工业	1 110.0	573.5	5.4	12.0	519.1

7-25　续表9　　　　(2000年)　　　　单位:万元

分　　组	产品销售收　入	产品销售成　本	产品销售费　用	产品销售税金及附加	产品销售利　润
纺织业	148 419.4	123 546.3	2 784.1	771.9	21 317.1
服装及其他纤维制品制造业	12 578.8	10 406.3	752.9	7.4	1 412.2
皮革、毛皮、羽绒及其他制品业	7 551.8	5 685.1	340.9	13.0	1 512.8
木材加工及竹、藤、棕、草制品业	833.9	716.0	24.5	4.4	89.0
家具制造业	9.7	6.3		.1	3.3
造纸及纸制品业	9 225.1	7 680.9	307.9	91.6	1 144.7
印刷业、记录媒介的复制	115 564.7	83 319.5	3 835.9	1 213.8	27 195.5
文教体育用品制造业					
石油加工及炼焦业	68 461.6	59 974.2	339.1	3 294.7	4 853.6
化学原料及化学制品制造业	125 273.4	104 097.1	3 440.3	514.7	17 208.8
医药制造业	129 827.8	75 444.2	23 071.9	1 026.0	30 285.7
化学纤维制造业	26 314.1	20 085.7	94.7		6 133.7
橡胶制品业	4 548.6	4 676.9	275.1	1.2	-404.6
塑料制品业	6 502.5	5 516.7	241.6	9.7	734.5
非金属矿物制品业	37 696.0	31 549.2	1 633.0	372.5	4 141.3
黑色金属冶炼及压延加工业	16 589.2	14 492.8	181.4	171.1	1 743.9
有色金属冶炼及压延加工业	5 526.7	5 235.9	265.9	2.6	22.3
金属制品业	15 740.0	11 736.4	732.5	81.2	3 189.9
普通机械制造业	126 046.9	96 695.4	5 242.1	1 691.6	22 417.8
专用设备制造业	177 418.1	129 367.1	11 878.2	1 034.2	35 138.6
交通运输设备制造业	682 551.8	545 115.3	16 354.5	2 068.4	119 013.5
电气机械及器材制造业	296 784.9	228 955.5	15 214.7	1 402.5	51 212.2
电子及通信设备制造业	439 615.9	346 718.6	19 222.8	1 976.9	71 697.6
仪器仪表及文化办公用机械制造业	94 943.9	66 954.4	6 387.0	743.4	20 859.1
其他制造业	3 144.7	3 035.7	250.1	5.0	-146.1
电力、蒸汽、热水的生产和供应业	293 033.4	95 335.1	52.4	2 036.3	195 609.6
煤气生产和供应业	8 090.0	8 082.5	444.6	13.1	-450.2
自来水的生产和供应业	20 632.4	20 586.4	361.7	174.3	-490.0

7-25　续表 10　　(2000 年)　　单位:万元

分　组	管理费用	利润总额	亏损企业亏损总额	利税总额	本年应交增值税
总　计	**345 236.8**	**42 550.4**	**115 508.1**	**181 528.1**	**115 100.5**
#市　区	317 935.8	41 431.3	107 350.8	173 023.8	108 257.6
按隶属关系分					
中央企业	164 458.6	19 566.6	30 056.5	67 167.4	40 205.3
省属企业	61 233.3	-18 315.4	38 471.1	6 469.1	20 953.8
市属企业	119 544.9	41 299.2	46 980.5	107 891.6	53 941.4
市直属企业	112 233.6	37 678.8	43 629.6	99 406.6	49 547.2
区、县属企业	7 311.3	3 620.4	3 350.9	8 485.0	4 394.2
区属企业	2 745.4	3 206.5	1 049.8	5 323.7	1 881.1
县属企业	4 565.9	413.9	2 301.1	3 161.3	2 513.1
其中:区县直属	6 976.5	2 180.1	3 350.9	6 729.1	4 096.9
在总计中:亏损企业	-115 508.1	-115 508.1	115 508.1	-99 445.3	14 614.1
按轻重工业分					
轻工业	77 866.3	38 100.5	37 907.6	89 337.0	42 421.9
以农产品为原料	46 363.7	22 860.5	23 041.2	53 222.0	23 340.2
以非农产品为原料	31 502.6	15 240.0	14 866.4	36 115.0	19 081.7
重工业	267 370.5	4 449.9	77 600.5	92 191.1	72 678.6
采掘工业	1 774.6	-165.2	275.2	-51.8	59.5
原料工业	19 912.6	-5 063.5	18 164.0	11 067.3	10 311.2
加工工业	245 683.3	9 678.6	59 161.3	81 175.6	62 307.9
按企业规模分					
大型工业	262 113.1	58 869.0	55 847.7	161 850.8	88 675.3
中型工业	33 375.0	-2 660.8	18 566.9	15 922.6	14 096.9
小型工业	49 748.7	-13 657.8	41 093.5	3 754.7	12 328.3
按工业行业大类分					
煤炭采选业					
石油和天然气开采业					
黑色金属矿采选业	51.5	-49.4	49.4	7.8	48.6
有色金属矿采选业	1 542.7	95.8	14.2	95.2	-1.1
非金属矿采选业					
其他矿采选业					
木材及竹材采选业	180.4	-211.6	211.6	-154.8	12.0
食品加工业	2 957.8	-2 945.2	3 279.1	-2 894.5	-52.6
食品制造业	3 820.5	-1 304.8	1 801.0	388.4	1 587.7
饮料制造业	2 152.4	7 358.9	1 106.4	15 738.0	3 833.4
烟草加工业	230.8	351.8		476.9	113.1

7-25 续表11 (2000年) 单位:万元

分组	管理费用	利润总额	亏损企业亏损总额	利税总额	本年应交增值税
纺织业	16 334.8	33.1	6 150.0	8 675.2	7 870.2
服装及其他纤维制品制造业	1 521.4	-895.1	895.1	-757.8	129.9
皮革、毛皮、羽绒及其他制品业	1 650.7	-692.9	692.9	-507.5	172.4
木材加工及竹、藤、棕、草制品业	912.8	-265.5	280.9	-231.4	29.7
家具制造业	14.0	-10.1	10.1	-9.5	0.5
造纸及纸制品业	617.1	420.8	208.0	1 099.3	586.9
印刷业、记录媒介的复制	14 330.1	14 009.4	8 687.8	21 349.3	6 126.1
文教体育用品制造业					
石油加工及炼焦业	2 801.1	408.1	1 594.6	5 858.6	2 155.8
化学原料及化学制品制造业	15 845.7	-652.5	3 259.2	4 779.9	4 917.7
医药制造业	14 726.6	15 480.9	804.1	27 520.3	11 013.4
化学纤维制造业	901.9	5 293.3		6 981.4	1 688.1
橡胶制品业	1 026.1	-1 526.9	1 551.9	-1 497.4	28.3
塑料制品业	584.2	-1 109.4	1 259.0	-901.9	197.8
非金属矿物制品业	5 552.2	-2 093.4	2 269.0	552.6	2 273.5
黑色金属冶炼及压延加工业	4 286.8	-5 385.7	8 627.4	-3 723.1	1 491.5
有色金属冶炼及压延加工业	354.2	-47.4	103.1	135.5	180.3
金属制品业	2 844.3	-1 211.1	1 429.7	-176.1	953.8
普通机械制造业	15 339.6	758.5	5 365.7	9 321.9	6 871.8
专用设备制造业	27 843.3	312.7	13 833.1	11 706.9	10 360
交通运输设备制造业	88 429.0	3 425.2	8 723.4	18 467.1	12 973.5
电气机械及器材制造业	41 382.8	-1 993.7	5 069.9	14 429.2	15 020.4
电子及通信设备制造业	26 838.6	30 107.6	11 718.7	43 146.3	11 061.8
仪器仪表及文化办公用机械制造业	19 595.1	-4 593.9	8 741.3	515	4 365.5
其他制造业	1 191.4	-204.2	339.1	-241	-41.8
电力、蒸汽、热水的生产和供应业	5 598.8	408.5	6 320.9	5 668.4	3 223.6
煤气生产和供应业	1 051.6	-592.6	592.6	-465.8	113.7
自来水的生产和供应业	3 117.7	-3 181.8	3 181.8	-453.6	2 553.9

主要统计指标解释

工业:指从事自然资源的开采,对采掘品和农产品进行加工和再加工的物质生产部门,具体包括:(1)对自然资源的开采,如采矿、晒盐、森林采伐等(但不包括禽兽捕猎和水产捕捞);(2)对农付产品的加工、再加工,如粮油加工、食品加工、轧花、缫丝、纺织、制革等;(3)对采掘品的加工、再加工,如炼铁、炼钢、化工生产、石油加工、机器制造、木材加工等,以及电力、自来水、煤气的生产和供应等;(4)对工业品的修理、翻新,如机器设备的修理、交通运输工具(包括小卧车)的修理等。

1984年以前农村的村及村以下办工业归属农业,1984年后划归工业。

工业统计调查单位:工业统计调查单位分为两类:独立核算法人工业企业和工业活动单位。(1)独立核算法人工业企业:是指从事工业生产经营活动的单位。独立核算法人工业企业应同时具备以下条件:①依法成立,有自己的名称、组织机构和场所,能够承担民事责任;②独立拥有和使用资产,承担负债,有权与其他单位签订合同;③独立核算盈亏,并能够编制资产负债表;(2)工业活动单位:是指在一个场所从事一种或主要从事一种工业生产活动的经济单位。它包括独立核算工业企业按主营业务活动(即工业生产活动)划分的主营业务单位和非工业企业所属的工业生产活动单位(即原非独立核算工业生产单位)。工业活动单位,一般应同时具备以下三条件:①具有一个场所,从事一种或主要从事一种工业活动;②单独组织工业生产、经营或业务活动;③单独核算收入和支出。

国有经济工业(即过去的全民所有制工业或国营工业):指生产资料归国家所有的一种经济类型,包括中央和地方各级国家机关、部队、科研机构、学校、人民团体和国有经济企事业单位等举办的国有经济工业。1957年以前的公私合营和私营工业、后均改造为国营工业,1992年改为国有工业,这部分工业的资料不单独分列时,均包括在国有工业内。

集体经济工业:指除国有经济工业、集体工业以外的其他经济类型工业企业(单位)。包括私营经济、个体经济、联营经济、股份制经济(股份有限公司);外商投资经济(中外合资经营、中外合作经营外资企业);港、澳、台投资经济(与大陆合资经营与大陆合作经营、港、澳、台独资企业)及其他经济类型的工业。

轻 工 业:指主要提供生活消费品和制作手工工具的工业。按其所使用的原料不同,可分为两大类:(1)以农产品为原料的轻工业,是指直接或间接以农产品为基本原料的轻工业。主要包括食品制造、饮料制造、烟草加工、纺织、缝纫、皮革和毛皮制作、造纸以及印刷等工业;(2)以非农产品为原料的轻工业,是指以工业品为原料的轻工业。主要包括文教体育用品、化学药品制、合成纤维制造、日用化学制品、日用玻璃制品、日用金属制品、手工工具制造、医疗器械制造、文化和办公用机械制造等工业。

重 工 业:是指为国民经济各部门提供物质技术基础的主要生产资料的工业。按其生产性质和产品用途,可以分为下列三类:(1)采掘(伐)工业,是指对自然资源的开采,包括石油开采,煤炭开采、金属矿开采、非金属矿开采和木材采伐等工业;(2)原材料工业,指向国民经济各部门提供基本材料、动力和燃料的工业。包括金属冶炼及加工、炼焦及焦炭化学、化工原料、水泥、人造板以及电力、石油和煤炭加工等工业;(3)加工工业,是指对工业原材料进行再加工制造的工业。包括装备国民经济各部门的机械设备制造工业、金属机构、水泥制品等工业,以及为农业提供的生产资料如化肥、农药等工业。

根据上述划分原则,修理业中以重工业产品为修理作业对象的划为重工业,反之划为轻工业。

独立核算工业企业、非独立核算工业生产单位:工业企业按其行政和财务是否独立,分为独立核算工业企业和非独立核算工业生产单位。

独立核算工业企业应同时具备下列条件:(1)行政上有独立的组织形式;(2)经济上独立核算、自负盈亏,编制独立的资金平衡表;(3)有权与其他单位签订合同并在银行设有独立帐户。独立核算工业企业不论是单一性生产或联合性生产的企业,均以整个企业作为一个基层单位进行统计,而不按分厂、车间统计。

非独立核算工业生产单位:是指不同时具备独立核算工业企业三个条件,附设于其他企业、事业、机关、团体、学校、科研机构、部队等单位的工业生产单位。非独立核算工业生产单位,必须同时具备下列三个条件,才能列入工业统计范围,即:(1)有固定的生产场所和生产设备;(2)有固定的生产工人和学徒在十人以上;(3)一般单位常年生产,季节性生产的单位全年开工时间在三个月以上。

大、中、小型企业:大、中、中型企业的划分标准有下列两类:

(1)按企业产品的年生产能力划分。凡产品比较单一的行业,如电力、原煤、石油、钢铁、有色金属、硫酸、烧碱、纯碱、合成氨、发电设备、汽车、拖拉机、木材采伐、水泥、平板玻璃、纺织、造纸、制糖、手表、缝纫、自行车等均以产品生产能力作为划分大、中、小型的标准(生产多种产品的企业,以其主要产品的生产能力来划分)。

(2)按企业拥有的固定资产原价划分。凡产品种类繁多,难以按生产能力划分的,则以企业拥有的固定资产原价作为划分大、小、小型的标准。

工业总产值:是指本年生产成品价值,对外加工费收入和自制半成品在产品期末期初差额价值之和。由于这部分的计算原则与现行工业总产值的计算原则不同,故用"新规定"加以区别。

工业总产值:(现行价格、新规定)与工业总产值(现行价格、原规定)的区别:(1)计算价格不同:新规定按不含增值税(销项税额)的价格计算;原规定按含增值税(销项税额)的价格计算。(2)全价与加工费的计算原则不同:新规定凡自备原材料,不论其生产繁简程度如何,一律按全价计算总产值,凡来料加工,一律按加工费计算总产值;原规定对此则有一些特殊规定,某些加工,允许按全价计算总产值,某些自备原材料生产,只允许按加工费计算总产值。(3)自制半成品、在产品期末期初差额坐标的计算原则不同;新规定要求会计在产品成本核算时核算了这部分价值,工业总产值则应包括,否则,可不包括,原规定则是区分生产周期是在六个月以上,凡生产周期在六个月以上,工业总产值包括这部分价值,否则,可不包括这部分价值。

工业总产值:(1990年不变价格、新规定)与工业总产值(1990年不变价格、原规定)的区别:(1)对外加工费收入中,按现价部分的计算价格不同:新规定按不含增值税(销项税额)的价格计算对外加工费收入,原规定按含增值税(销项税额)的价格计算对外加工费入。(2)全价与加工费的计算原则不同。(3)自制半成品,在产品期末期初差额价值的计算原则不同。凡按1990年不变价格计算的本年生产价值和工业性加工、修理价值,为了保持1990年不变价格的一致性,新规定一律不再扣除增值税,即与原规定一样,均按1990年不变价格计算本年生产成品价值和工业性加工、修理价值。

工业销售价值:是以货币表现的工业企业在一定时期内销售的本企业生产的工业产品产量。包括已销售的成品、半成品价值,对外提供的工业性作业价值和对本单位基本建设部门、生活福利部门等提供的产品和工业性作业及自制设备的价值。已销售的成品、半成品不论是本期生产的,还是上期生产的,只要是本期销售出去的均包括在内。对外提供的工业性作业是指企业按合同对外提供的工业性劳务。企业为本单位基本建设部门、生活福利部门等提供的产品和工业性作业及自制设备也应视同销售,这部分也作为销售统计。

工业销售产值的计算范围、计算价格和计算方法与工业总产值一致,但两者计算的基础不同:工业销售产值计算的基础是产品销售总量,工业总产值计算的基础是工业产品生产总量。

工业增加值:是指工业企业在报告期内以货币表现的工业生产活动的最终成果。工业增加值有两种计算方法:一是生产法,即工业总产出减去工业中间投入加上增值税;二是收入法,即从收入的角度出发,根据生产要素在生产过程中应得到的收入份额计算,具体构成项目有固定资产折旧、劳动者报酬、生产税净额、营业盈余,这种方法也称要素分配法。

工业总产出:是工业企业在一时期内工业生产活动的总成果。工业总产出包括:成品生产价值,对外加工费收入,自制半成品、在产品期末期初差额价值。

工业中间投入:指工业企业在工业生产活动中消耗的外购物质产品和对外支付的服务费用。服务费用包括支付给物质生产部门(工业、农业、批发零售贸易业、建筑业、运输邮电业)的服务费用和支付给非物质生产部门(如保险、金融、文化教育、科学研究、医疗卫生、行政管理等)的服务费用。

工业企业主要财务指标:(一)企业资本金

资本金:是指企业在工商行政管理部门登记的注册资金。企业筹集的资本金主要分为国家资本金、法人资本金、个人资本金以及外商资本金等。

(1)国家资本金　有权代表国家投资的政府部门或者机构以国家资产投入企业形成的资本金。

(2)法人资本金　指其他法人单位以期依法可以支配的资产投入企业形成的资本金。

(3)个人资本金　指社会个人或者企业内部职工以个人合法财产投入企业形成的资本金。

(二)资产负债

资产:是企业拥有或控制的能以货币计量的经济资源,包括各种财产、债权和其他权利。资产按流动性质一般分为流动资产、长期投资、固定资产、无形资产、递延资产和其他资产。

负债:是企业所承担的能以货币计量,将以资产或劳务偿付的债务。负债一般是按负债的偿还期长短进行分类的，分为流动负债和长期负债。

1.流动资产合计:流动资产是指可以在一年或者超过一年的一个营业周期内实现或者耗用的资产，包括现金及各种存款、短期投资、应收及预付贷款、存货等。流动资产的一个重要特点是它在参加生产经营时，其价值一次转移到产品成本或费用中去。

(1)货币资金　反映企业的各种现金、银行存款和其他货币资金。

(2)存货　指企业在生产经营过程中为销售或者耗用而储存的各种资产。包括原材料、包装物、低值易耗品、在产品、自制半成品、产成品等，其中：

产成品　指企业已经完成全部生产过程并已验收入库合乎标准规格和技术条件，可以按照合同规定的条件送交订货单位，或者可以作为商品以及销售的产品。企业接受外来原材料加工制造的代制品和为外单位加工修理的代修品，制造和修理完成验收入库后，视同企业的产成品。

2.流动资产平均产余额　指全部流动资产报告期平均余额。计算公式为

流动资产月平均余额＝月初、月末流动资产余额之和÷2

流动资产季平均余额＝季内各月流动资产平均余额之和÷3

流动资产年平均余额＝1至12月各月月初、月末充动资产余额之和÷24

3.长期投资合计　长期投资是指企业不准备在一年内变现的投资，它包括购置股票和长期债券以及对其他单位的投资等形式。

4.固定资产原价合计　固定资产原价值指企业在建筑、购置、安装、改建、扩建、技术改造等项固定资产时所支付的全部货币总额。一般包括买价、包装费、运杂费和安装费等。

5.累计折旧　指企业在报告期期末提取的各年固定资产折旧累计数。

本年折旧　指企业在本年度累计提取的折旧。

6.固定资产净值期末数　指固定资产原价减去历年新提折旧后的净额。

7.固定资产净值平均余额　指企业全部固定资产净值报告期平均余额。计算方法为：

固定资产净值月平均余额＝月初、月末固定资产净值之和÷2

固定资产净值季平均余额＝季内各月固定资产净值平均余额÷3

固定资产净年平均余额＝1至12月各月月初、月末固定资产净值之和÷24

8.固定资产合计　指企业固定资产净值、固定资产清理、在建工程、待处理固定资产净损失所占用的资金。

9.无形及递延资产合计　无形资产是指企业长期使用而没有实物形态的资产，包括专利权、非专利技术、商标权、著作权、土地使用权、商誉等；递延资产是指不能全部计入当年损益、应当在以后各年度内分期摊销和各项费用，包括开办费、租入固定资产的改良及大修支出等。本项目反映年末企业无形资产和递延资产之和。

10.其他长期资产合计　指除流动资产、长期投资、固定资产、无形资产、递延资产以外的其他长期资产。如特种储备物资、银行冻结存款、冻结物资，涉及诉讼中的财产等。

11.流动负债合计　流动负债是指将在一年或者超过一年的一个营业周期内偿还的债务。包括短期借款、应付票据、应付帐款、预收货款、应付工资、应交税金、应付利润、其他应付款、预提费用等。

12.长期负债合计　长期负债是指偿还期在一年或者超过一年的一个营业周期以上的债务。它是除了投资人投入企业的资本以外,企业向债权人筹集,可供企业长期使用的资金。

13.所有者权益合计　所有者权益是指企业投资人对企业净资产的所有权,包括企业所有者投入资金以及留存收益等。

14.股本　是指股份制企业以发行股票的方式筹集的资金。反映企业发行股票时按照票面值收到的股票本金。

15.产品销售收入　是企业销售产品的销售收入和提供劳务等主要经营业务取得的业务总额。

16.产品销售工厂成本　指企业销售产品和提供劳务等主要经营业务的实际成本。

17.产品销售税金及附加　指企业销售产品和提供工业性劳务等主要负担的城市维护建设税、消费税、资源税和教育费附加。

18.产品销售利润　指企业销售产品和提供工业性劳务等主要经营业务收入扣除其成本费用、税金后的利润。

19.利润总额　指企业实现的利润。

20.应交增值税　指企业在报告期内应交纳的增值税额。

21.全员劳动生产率　指根据产品的价值量指标计算的平均每一个职工在单位时间内的产品生产量。是考核企业经济活动的重要指标,是企业生产技术水平、经营管理水平、职工技术熟练程度和劳动积极性的综合表现。目前我国的全员劳动生产率是将工业企业的工业增加值除以同一时期全产职工的平均人数来计算的。计算公式:

全员劳动生产率=工业增加值÷全部职工平均人数

为了使各年度的全员劳动生产率数字可以比较,1990年以前各年的全员劳动生产率均按指数换算成1990年不变价格。

工业企业主要经济效益指标的计算公式:

工业企业产值利税率(%)=(利税额÷工业总产值)×100%

$$工业产品销售率(\%)=\frac{工业销售产值}{工业总产值}\times 100\%$$

$$成本费用利润率(\%)=\frac{实现利润总额}{成本费用总额}\times 100\%$$

$$工业全员劳动生产率(元/人)=\frac{工业增加值}{全部职工平均人数}$$

$$流动资产周转资数(次)=\frac{产品销售收入}{平均流动资产}$$

XI'AN

統計年鑒

2001

建 筑 业

JIANZHUYE

8－1　全市建筑施工企业基本情况

指　　标	2000 年
企业个数(个)	184
一二级企业	65
国有企业	42
城镇集体	116
平均人数(人)	142 473
一二级企业	104 436
国有企业	78 967
城镇集体	46 808
总产值(千元)	10 592 495
一二级企业	9 356 659
国有企业	7 887 038
城镇集体	1 487 086
增加值(千元)	2 695 545
一二级企业	2 341 869
国有企业	1 898 709
城镇集体	451 669
全员劳动生产率(元/人)	
按总产值计算	74 347.39
按增加值计算	18 919.69

8－2 全市建筑工企业生产情况

(2000 年)

指　　标	单　位	总　计	一二级企　业	国有经济
企业个数	个	184	65	42
亏损企业个数	个	36	16	7
自行完成施工产值	千元	10 592 495	9 356 659	7 887 038
1、建筑工程	千元	9 599 701	8 524 917	7 051 056
2、安装工程	千元	913 406	783 065	767 891
3、房屋构筑物修理	千元	28 415	4 478	22 272
4、非标准设备制造	千元	50 973	44 199	45 819
建筑业增加值	千元	2 695 545	2 341 869	1 898 709
竣工产值	千元	6 365 711	5 468 961	4 974 265
单位工程施工个数	个	3 534	2 375	2 010
本年新开工个数	个	1 935	1 147	1 160
投标承包个数	个	2 353	1 786	1 327
本年新开工	个	1 196	861	752
单位工程竣工个数	个	1 953	1 078	987
优良工程个数	个	756	597	399
房屋建筑施工面积	平方米	7 933 184	5 539 623	4 365 887
本年新开工面积	平方米	3 330 355	2 129 251	1 726 823
投标承包面积	平方米	5 940 350	4 257 665	3 266 955
其中：本年新开工	平方米	2 814 423	1 891 868	1 583 919
房屋建筑竣工面积	平方米	3 368 024	1 958 618	1 500 070
优良工程面积	平方米	1 893 961	1 276 879	992 035
自有机械设备年末总台数	台	39 248	24 976	17 295
自有机械设备年末总功率	千瓦	867 280	748 914	655 644
施工机械功率	千瓦	634 396	541 540	456 902
自有机械设备净值	千元	969 507	842 294	765 650
计算建筑业劳动生产率的平均人数	人	142 473	104 436	78 967

8-2 续表　　(2000年按经济类型分)

指　　标	单　位	国有经济	中央企业	市属企业	集体经济
企业个数	个	42	14	14	116
亏损企业个数	个	7		4	21
建筑业总产值	千元	7 887 038	4 570 456	735 179	1 487 086
1、建筑工程	千元	7 051 056	4 183 842	708 146	1 373 003
2、安装工程	千元	767 891	346 767	27 033	103 086
3、房屋构筑物修理	千元	22 272	19 470		6 143
4、非标准设备制造	千元	45 819	20 377		4 854
建筑业增加值	千元	1 898 709	989 946	216 474	451 669
竣工产值	千元	4 974 265	2 624 590	487 595	1 181 256
单位工程施工个数	个	2 010	954	283	1 116
其中:本年新开工个数	个	1 160	608	118	679
其中:实行投标承包个数	个	1 327	542	185	639
其中:本年新开工	个	752	304	101	360
单位工程竣工个数	个	987	478	125	787
其中:优良单位工程个数	个	399	178	33	208
房屋建筑施工面积	平方米	4 365 887	1 526 682	1 024 299	3 087 774
其中:本年新开工面积	平方米	1 726 823	585 344	441 371	1 341 072
其中:实行投标承包面积	平方米	3 266 955	924 507	883 932	2 207 725
其中:本年新开工	平方米	1 583 919	550 685	441 371	1 015 047
房屋建筑竣工面积	平方米	1 500 070	499 576	321 590	1 691 301
其中:房屋建筑优良工程竣面积	平方米	992 035	333 160	143 824	788 373
自有机械设备年末总台数	台	17 295	6 137	3 187	19 331
自有机械设备年末总功率	千瓦	655 644	284 815	67 937	151 976
其中:施工机械功率	千瓦	456 902	207 432	42 343	119 469
自有机械设备净值	千元	765 650	321 435	85 521	156 336
计算劳动生产率的平均人数	人	78 967	33 995	16 778	46 808

8－3 全市建筑施工企业生产情况

（2000年）

指标	单位	总计	土木工程建筑业	房屋建筑业	铁路、公路隧道、桥梁	堤坝电站码头
企业个数	个	184	148	123	9	5
亏损企业个数	个	36	26	20	2	1
自行完成施工产值	千元	10 592 495	9 374 860	3 300 763	4 127 212	1 673 356
1、建筑工程	千元	9 599 701	9 042 231	3 083 306	4 108 325	1 579 841
2、安装工程	千元	913 406	263 041	182 166	18 887	60 518
3、房屋构筑物修理	千元	28 415	28 415	27 115		
4、非标准设备制造	千元	50 973	41 173	8 176		32 997
建筑业增加值	千元	2 695 545	2 406 907	900 766	887 607	520 811
竣工产值	千元	6 365 711	5 216 241	2 347 660	2 453 545	228 924
单位工程施工个数	个	3 534	2 970	1 977	472	297
本年新开工个数	个	1 935	1 491	1 125	114	94
投标承包个数	个	2 353	2 035	1 154	447	282
本年新开工	个	1 196	958	664	104	82
单位工程竣工个数	个	1 953	1 586	1 147	201	56
优良工程个数	个	756	567	360	156	48
房屋建筑施工面积	平方米	7 933 184	7 921 267	7 189 906	146 688	560 585
本年新开工面积	平方米	3 330 355	3 327 947	3 016 991	57 400	229 616
投标承包面积	平方米	5 940 350	5 937 360	5 253 133	146 688	513 451
其中：本年新开工	平方米	2 814 423	2 812 143	2 525 846	57 400	204 957
房屋建筑竣工面积	平方米	3 368 024	3 358 387	3 229 673	49 782	68 371
优良工程面积	平方米	1 893 961	1 884 324	1 793 376	21 730	66 771
自有机械设备年末总台数	台	39 248	35 019	24 133	6 207	2 997
自有机械设备年末总功率	千瓦	867 280	829 503	223 814	277 569	251 089
施工机械功率	千瓦	634 396	607 768	152 653	183 201	206 213
自有机械设备净值	千元	969 507	888 021	231 052	177 723	415 314
计算建筑业劳动生产率的平均人数	人	142 473	129 380	81 192	26 496	17 997

8－3 续表　　　　(2000 年按行业类别分)

指　　标	单　位	总　计	土木工程 建筑业	房　屋 建筑业	铁路、公路 隧道、桥梁	堤坝电站 码　头
企业个数	个	11	19	11	8	17
亏损企业个数	个	3	4	2	2	6
自行完成施工产值	千元	273 529	983 295	568 899	414 396	234 340
1、建筑工程	千元	270 759	323 130	165 716	157 414	234 340
2、安装工程	千元	1 470	650 365	401 383	248 982	
3、房屋构筑物修理	千元	1 300				
4、非标准设备制造	千元		9 800	1 800	8 000	
建筑业增加值	千元	97 723	248 926	173 077	75 849	39 712
竣工产值	千元	186 112	1 042 353	558 249	484 104	107 117
单位工程施工个数	个	224	564	276	288	
本年新开工个数	个	158	444	221	223	
投标承包个数	个	152	318	122	196	
本年新开工	个	108	238	100	138	
单位工程竣工个数	个	182	367	184	183	
优良工程个数	个	3	189	92	97	
房屋建筑施工面积	平方米	24 088	11 917	11 917		
本年新开工面积	平方米	23 940	2 408	2 408		
投标承包面积	平方米	24 088	2 990	2 990		
其中：本年新开工	平方米	23 940	2 280	2 280		
房屋建筑竣工面积	平方米	10 561	9 637	9 637		
优良工程面积	平方米	2 447	9 637	9 637		
自有机械设备年末总台数	台	1 682	3 624	1 767	1 857	605
自有机械设备年末总功率	千瓦	77 031	33 262	15 926	17 336	4 515
施工机械功率	千瓦	65 701	22 253	15 589	6 664	4 375
自有机械设备净值	千元	63 932	59 281	37 770	21 511	22 205
计算建筑业劳动生产率的平均人数	人	3 695	10 804	5 101	5 703	2 289

8－4　市属建筑施工企业生产情况

(2000年)

项　　目	单　位	总　计	一二级企业	国有经济	集体经济
企业个数	个	109	24	13	90
亏损企业个数	个	18	5	3	12
自行完成施工产值	千元	2 178 531	1 295 642	730 561	1 257 574
1、建筑工程	千元	2 050 385	1 263 462	704 876	1 166 109
2、安装工程	千元	119 259	29 554	25 685	82 878
3、房屋构筑物修理	千元	4 693	2 276		4 693
4、非标准设备制造	千元	4 194	350		3 894
建筑业增加值	千元	639 734	366 873	215 058	392 084
竣工产值	千元	1 560 407	930 837	482 977	985 079
单位工程施工个数	个	1 156	459	272	837
本年新开工个数	个	607	202	107	472
投标承包个数	个	779	343	174	563
本年新开工	个	434	179	90	318
单位工程竣工个数	个	700	219	114	563
优良工程个数	个	212	89	33	160
房屋建筑施工面积	平方米	3 975 415	2 043 847	1 019 531	2 710 950
本年新开工面积	平方米	1 762 400	778 159	436 603	1 172 912
投标承包面积	平方米	3 035 001	1 702 950	879 164	1 910 903
其中：本年新开工	平方米	1 471 064	670 659	436 603	881 576
房屋建筑竣工面积	平方米	1 812 837	745 982	316 822	1 410 559
优良工程面积	平方米	883 847	418 469	143 824	681 076
自有机械设备年末总台数	台	20 241	8 457	3 142	16 592
自有机械设备年末总功率	千瓦	199 009	103 738	66 749	126 854
施工机械功率	千瓦	144 697	73 127	41 275	99 046
自有机械设备净值	千元	224 381	130 495	85 088	125 131
计算建筑业劳动生产率的平均人数	人	59 312	29 522	16 658	39 860

8－5　市属建筑施工企业生产情况

（2000 年按行业类别分）

项　　目	单　位	合　计	土木工程建筑业	线路管道安装业	建筑物装饰业
企业个数	个	109	98	8	3
亏损企业个数	个	18	15	3	
自行完成施工产值	千元	2 178 531	2 059 374	31 019	88 138
1、建筑工程	千元	2 050 385	1 962 227	20	88 138
2、安装工程	千元	119 259	88 260	30 999	
3、房屋构筑物修理	千元	4 693	4 693		
4、非标准设备制造	千元	4 194	4 194		
建筑业增加值	千元	639 734	601 979	15 567	22 188
竣工产值	千元	1 560 407	1 474 729	28 596	57 082
单位工程施工个数	个	1 156	1 039	117	
本年新开工个数	个	607	509	98	
投标承包个数	个	779	753	26	
本年新开工	个	434	413	21	
单位工程竣工个数	个	700	590	110	
优良工程个数	个	212	204	8	
房屋建筑施工面积	平方米	3 975 415	3 975 415		
本年新开工面积	平方米	1 762 400	1 762 400		
投标承包面积	平方米	3 035 001	3 035 001		
其中：本年新开工	平方米	1 471 064	1 471 064		
房屋建筑竣工面积	平方米	1 812 837	1 812 837		
优良工程面积	平方米	883 847	883 847		
自有机械设备年末总台数	台	20 241	19 619	524	98
自有机械设备年末总功率	千瓦	199 009	195 062	3 294	653
施工机械功率	千瓦	144 697	141 327	2 717	653
自有机械设备净值	千元	224 381	216 364	3 987	4 030
计算建筑业劳动生产率的平均人数	人	59 312	57 514	1 130	668

8－6　全市建筑施工企业财务状况

（2000 年）　　单位：千元

项　　目	总　计	国　有 经　济	中央企业	市属企业	集　体 经　济
流动资产小计	9 217 493	6 490 195	2 725 052	876 128	1 230 128
其中：存货	2 411 735	1 704 024	680 415	114 532	332 487
其中：在建工程	1 339 527	1 054 965	404 374	54 035	206 377
长期投资	295 183	269 279	249 087	3 138	13 224
固定资产小计	2 678 408	2 067 104	925 117	324 103	354 583
固定资产原价	4 131 258	3 216 347	1 465 317	434 927	526 221
其中：生产经营用	3 158 906	2 392 865	1 266 449	248 296	463 417
累计折旧	1 517 882	1 210 870	601 530	111 117	171 848
其中：本年折旧	258 436	214 707	104 046	17 738	23 583
专项工程	267 964	197 593	59 567	47 263	8 028
无形及递延资产小计	111 388	62 304	17 885	18 529	36 558
其中：无形资产	57 350	19 749	9 105	3 235	26 583
资产合计	12 617 892	9 129 403	3 989 392	1 273 875	1 645 867
流动负债小计	9 248 542	6 754 197	2 838 719	1 005 290	1 051 030
长期负债小计	710 917	557 197	167 658	20 535	65 951
负债合计	9 959 459	7 311 394	3 006 377	1 025 825	1 116 981
所有者权益合计	2 658 433	1 818 009	983 015	248 050	528 886
其中：实收资本	2 109 925	1 218 348	617 358	295 676	513 827
1.国家资本	985 670	979 388	443 508	280 616	
2.集体资本	469 133				436 359
3.法人资本	560 449	238 960	173 850	15 060	77 468
4.个人资本	72 835				
5.港澳台资本	21 838				
6.外商资本					
工程结算收入	9 029 323	6 632 910	3 750 506	666 900	1 358 832
工程结算成本	7 988 503	5 873 403	3 346 036	582 754	1 204 541
工程结算税金及附加	269 121	188 907	97 685	20 454	49 884
工程结算利润	771 699	570 600	306 785	63 692	104 407
其他业务利润	61 750	51 710	33 743	20 435	4 634
管理费用	661 240	483 955	257 569	67 272	79 731
其中：税金	19 368	11 989	5 368	3 306	5 536
财产保险费	3 730	3 285	1 860	1 044	274
劳动、待业保险费	154 043	121 566	59 453	16 801	12 106
财务费用	75 978	66 883	24 351	13 137	11 613
营业利润	96 231	71 472	58 608	3 718	17 697
利润总额	74 298	48 514	37 600	8 373	19 920
其中：应交所得税	24 626	14 393	8 426	3 768	7 685
应付利润	28 172	11 958	4 810	5 964	12 131
本年应付工资总额	1 165 118	763 068	409 498	92 583	236 568
本年应付福利费总额	120 310	81 325	39 239	8 343	26 882

8－7　全市建筑施工企业财务状况

（2000年按行业类别分）　　　　单位：千元

项　　目	总　计	土木工程建筑业	房屋建筑业	铁路公路隧道桥梁	堤坝电站码头
流动资产小计	9 217 493	7 916 182	3 225 900	2 991 521	1 343 396
其中：存货	2 411 735	1 683 188	777 462	641 146	237 897
其中：在建工程	1 339 527	901 777	462 763	397 939	37 857
长期投资	295 183	240 704	23 793	170 557	45 130
固定资产小计	2 678 408	2 401 511	838 956	700 178	771 930
固定资产原价	4 131 258	3 716 418	1 155 134	1 139 521	1 243 662
其中：生产经营用	3 158 906	2 855 398	764 959	832 296	1 121 629
累计折旧	1 517 882	1 376 790	377 700	439 704	471 732
其中：本年折旧	258 436	236 889	43 064	79 590	103 289
专项工程	267 964	221 941	52 684	79 343	81 201
无形及递延资产小计	111 388	96 084	77 199	13 993	4 407
其中：无形资产	57 350	44 019	33 179	8 635	1 720
资产合计	12 617 892	10 912 641	4 238 884	3 963 028	2 253 236
流动负债小计	9 248 542	8 059 002	3 158 889	3 093 112	1 501 091
长期负债小计	710 917	635 860	197 733	235 480	138 426
负债合计	9 959 459	8 694 862	3 356 622	3 328 592	1 639 517
所有者权益合计	2 658 433	2 217 779	882 262	634 436	613 719
其中：实收资本	2 109 925	1 756 053	876 729	521 291	308 956
1.国家资本	985 670	921 104	319 785	368 312	193 367
2.集体资本	469 133	438 593	417 247		11 909
3.法人资本	560 449	369 329	114 080	151 569	103 680
4.个人资本	72 835	27 027	25 617	1 410	
5.港澳台资本	21 838				
6.外商资本					
工程结算收入	9 029 323	8 257 302	3 042 984	3 339 325	1 622 964
工程结算成本	7 988 503	7 333 564	2 714 982	2 957 796	1 451 611
工程结算税金及附加	269 121	247 328	104 947	96 068	37 716
工程结算利润	771 699	676 410	223 055	285 461	133 637
其他业务利润	61 750	53 830	24 216	16 751	13 882
管理费用	661 240	572 394	174 229	253 825	116 880
其中：税金	19 368	16 413	8 107	4 666	3 132
财产保险费	3 730	3 108	826	1 830	438
劳动、待业保险费	154 043	142 082	43 735	59 099	31 800
财务费用	75 978	65 989	39 831	16 137	5 284
营业利润	96 231	91 857	33 211	32 250	25 355
利润总额	74 298	65 220	27 986	31 212	4 682
其中：应交所得税	24 626	21 136	10 798	8 280	1 675
应付利润	28 172	26 517	14 491	10 095	1 482
本年应付工资总额	1 165 118	1 044 740	447 814	349 036	215 816
本年应付福利费总额	120 310	103 020	48 273	29 249	21 015

8－8　市属建筑施工企业财务状况

(2000 年按经济类型分)　　单位:千元

项　　目	总　计	国有经济	集体经济
流动资产小计	2 087 510	876 128	1 052 179
其中：存货	416 806	114 532	247 931
其中：在建工程	245 964	54 035	152 118
长期投资	16 828	3 138	13 169
固定资产小计	663 753	324 103	294 520
固定资产原价	918 794	434 927	426 841
其中：生产经营用	666 120	248 296	369 722
累计折旧	255 544	111 117	132 531
其中：本年折旧	37 783	17 738	18 272
专项工程	56 062	47 263	7 749
无形及递延资产小计	53 472	18 529	34 029
其中：无形资产	29 818	3 235	26 583
资产合计	2 885 672	1 273 875	1 404 979
流动负债小计	2 068 633	1 005 290	925 358
长期负债小计	63 370	20 535	42 835
负债合计	2 132 003	1 025 825	968 193
所有者权益合计	753 669	248 050	436 786
其中：实收资本	792 507	295 676	428 365
1.国家资本	282 898	280 616	
2.集体资本	400 220		371 146
3.法人资本	93 729	15 060	57 219
4.个人资本			
5.港澳台资本	15 660		
6.外商资本			
工程结算收入	2 029 246	666 900	1 185 972
工程结算成本	1 791 751	582 754	1 049 865
工程结算税金及附加	70 167	20 454	44 344
工程结算利润	167 328	63 692	91 763
其他业务利润	28 998	20 435	4 621
管理费用	142 634	67 272	67 414
其中：税金	9 098	3 306	4 881
财产保险费	1 290	1 044	246
劳动、待业保险费	28 633	16 801	11 832
财务费用	23 106	13 137	9 957
营业利润	30 586	3 718	19 013
利润总额	37 862	8 373	20 946
其中：应交所得税	10 930	3 768	7 151
应付利润	16 898	5 964	10 910
本年应付工资总额	308 081	92 583	204 179
本年应付福利费总额	32 572	8 343	22 810

8-9　市属建筑施工企业财务状况

(2000 年按行业类别分)　　单位:千元

项目	总计	土木工程建筑业	线路管道设备安装业	建筑物装修装饰业
流动资产小计	2 087 510	1 960 300	60 264	66 946
其中:存货	416 806	338 534	34 741	43 531
其中:在建工程	245 964	183 489	25 906	36 569
长期投资	16 828	16 828		
固定资产小计	663 753	640 804	14 153	8 796
固定资产原价	918 794	883 210	20 845	14 739
其中:生产经营用	666 120	638 370	13 293	14 457
累计折旧	255 544	242 887	6 714	5 943
其中:本年折旧	37 783	35 265	1 137	1 381
专项工程	56 062	56 062		
无形及递延资产小计	53 472	51 915		1 557
其中:无形资产	29 818	28 659		1 159
资产合计	2 885 672	2 733 436	74 937	77 299
流动负债小计	2 068 633	1 963 458	50 136	55 039
长期负债小计	63 370	62 743	57	570
负债合计	2 132 003	2 026 201	50 193	55 609
所有者权益合计	753 669	707 235	24 744	21 690
其中:实收资本	792 507	744 819	22 718	24 970
1.国家资本	282 898	282 898		
2.集体资本	400 220	377 868	15 382	6 970
3.法人资本	93 729	84 053	7 336	2 340
4.个人资本				
5.港澳台资本	15 660			15 660
6.外商资本				
工程结算收入	2 029 246	1 900 474	40 634	88 138
工程结算成本	1 791 751	1 684 363	34 695	72 693
工程结算税金及附加	70 167	66 548	1 099	2 520
工程结算利润	167 328	149 563	4 840	12 925
其他业务利润	28 998	28 933	25	40
管理费用	142 634	134 960	4 329	3 345
其中:税金	9 098	8 120	300	678
财产保险费	1 290	1 290		
劳动、待业保险费	28 633	28 441	192	
财务费用	23 106	21 617	288	1 201
营业利润	30 586	21 919	248	8 419
利润总额	37 862	28 513	-124	9 473
其中:应交所得税	10 930	10 692	73	165
应付利润	16 898	16 502	91	305
本年应付工资总额	308 081	296 355	7 193	4 533
本年应付福利费总额	32 572	31 615	806	151

8－10　一二级建筑企业一览表

企业名称	施工产值（千元）	从业人员平均人数（人）	全员劳动生产率（千元/人）	实收资本合计（千元）	工资总额（千元）
交通部第二公路工程局	2 566 930	6 665	385 136	189 568	129 826
陕西省第八建筑工程公司	235 278	2 633	89 357	26 511	30 092
陕西省第五建筑工程公司	179 401	2 226	80 593	23 246	22 358
陕西省第三建筑工程公司	211 299	5 660	37 332	27 378	25 272
陕西省设备安装工程公司	292 725	4 106	71 292	18 681	31 640
陕西省新安建筑工程处	13 752	152	90 474	296	1 126
陕西省机械施工公司	197 461	1 996	98 928	32 399	22 636
中国水利水电第三工程局	685 483	9 335	73 431	143 330	109 808
陕西省第一建筑工程公司	203 859	1 690	120 627	25 880	16 640
陕西航天建筑工程公司	215 350	4 603	46 785	22 959	46 000
陕西省西岳建筑公司	4 618	120	38 483	613	563
陕西省装饰工程公司	1 233	50	24 660	349	115
陕西省路桥工程总公司	375 045	2 758	135 984	54 158	31 142
中国通信建设第二工程局	146 882	1 645	89 290	60 000	14 053
中国机械工业第三安装工程公司	86 840	738	117 669	8 482	10 402
西安铁路工程(集团)有限责任公司	830 884	10 228	81 236	145 081	135 732
铁道部第一工程局建筑安装总公司	222 449	2 658	83 690	28 990	15 496
陕西罗克岩土工程公司	20 320	153	132 810	5 000	1 669
陕西联合建筑工程公司	34 228	1 768	19 360	15 012	5 818
陕西博雅装饰工程有限责任公司	565	25	22 600	5 600	100
西安市建筑装饰工程公司	3 500	71	49 296	300	291
西安市建筑工程机械施工公司	10 002	338	29 592	660	1 176
西安市水利建设工程总公司	19 860	269	73 829	18 757	2 719
陕西送变电工程公司	256 660	1 664	154 243	50 050	28 240
西北电力建设第四工程公司	405 740	3 997	101 511	103 680	57 830
西安市第一市政工程公司	91 613	1 526	60 035	39 041	10 805
西安市第三建筑工程公司	125 071	3 179	39 343	60 549	6 983
西安市第四建筑工程公司	132 065	1 831	72 127	30 003	14 700
西安市第二建筑工程公司	90 360	2 578	35 050	74 122	7 734
西安市古代建筑工程公司	10 010	192	52 135	889	690
西安市园林建设公司	7 472	149	50 148	4 458	583
西安市第二市政工程公司	125 160	1 982	63 148	35 247	17 100
西安市第一住宅建筑公司	22 187	527	42 101	18 113	3 141
西安市第一建筑工程公司	80 116	1 211	66 157	30 356	2 877
西安市第五建筑工程公司	43 868	2 218	19 778	31 600	7 367
陕西省通信建设工程 局	35 000	190	184 211	4 075	2 637
西安市建筑总公司西京建筑工程公司	4 050	311	13 023	432	1 116
陕西秦地建筑工程公司	14 100	437	32 265	2 547	4 471
西安铁路分局工程工业公司	28 100	750	37 467	1 688	3 647

8-10　续表1

企业名称	施工产值（千元）	从业人员平均人数（人）	全员劳动生产率（千元/人）	实收资本合计（千元）	工资总额（千元）
陕西省设备安装公司第五工程处	27 913	622	44 876	5 243	3 683
西安雁塔建筑工程总公司	97 570	1 700	57 394	17 362	8 762
陕西华油建筑工程公司	14 250	79	17 970	15 380	3 560
西安飞机工业(集团)实业装饰装修工程公司	32 100	340	94 412	2 979	1 632
西安市长安县水利建筑工程公司	9 853	230	42 839	11 909	1 536
西安市临潼区建筑工程公司	18 340	720	25 472	1 902	4 691
周至县建筑安装工程总公司	62 420	2 098	29 752	23 529	10 260
户县建筑公司	37 935	1 732	21 902	13 317	8 961
西安市秦户建筑公司	61 000	3 010	20 266	16 043	16 980
陕西康德广告装饰有限责任公司	1 785	31	57 581	6 300	112
西安公路交大路桥建设有限责任公司	2 880	285	10 105	10 000	1 368
西安中煤建筑工程公司	61 276	713	85 941	15 060	9 813
西安北方进口设备安装工程有限责任公司	7 776	203	38 305	4 850	1 624
陕西省机械施工公司综合工程分公司	2 735	173	15 809	830	580
西安市银铺幕墙装饰公司	8 430	81	104 074	5 018	368
西安市蓝码克装修有限责任公司	8 900	40	222 500	10 200	376
陕西省水电工程局(集团)有限责任公司	552 420	4 166	132 602	31 280	43 923
西安市市政工程管理处	104 500	2 234	46 777	46 298	18 951
西安华丽金建筑装饰装修工程有限公司	7 204	24	300 167	3 815	295
西安发记营造建筑有限公司	69 638	500	139 276	18 000	3 702
陕西华强装饰工程公司	994	35	28 400	10 000	108
陕西科苑通信工程承包公司	5 961	77	77 416	3 000	654
西安飞机工业装饰装修工程股份有限公司	77 400	751	103 063	64 975	6 769
西安飞机工业有限责任公司煤气安装工程	36 700	521	70 441	25 720	4 760
西安航空发动机(集团)有限公司	8 000	180	44 444	2 200	1 442
西安昌盛建筑工程有限公司	9 143	548	16 684	1 480	1 370

8－10 续表2

企业名称	年末自有固定资产净值（千元）	利润总额（千元）	房屋建筑面积施工面积（平方米）	竣工面积（平方米）
交通部第二公路工程局	273 248	18 910	0	0
陕西省第八建筑工程公司	86 184	1 209	586 275	184 836
陕西省第五建筑工程公司	34 298	738	371 368	126 490
陕西省第三建筑工程公司	45 398	1 250	364 201	165 229
陕西省设备安装工程公司	73 348	249	0	0
陕西省新安建筑工程处	5 497	435	50 335	7 882
陕西省机械施工公司	80 045	1 029	0	0
中国水利水电第三工程局	350 581	2 634	22 475	5 733
陕西省第一建筑工程公司	62 980	290	391 034	156 014
陕西航天建筑工程公司	18 827	2 248	464 452	274 279
陕西省西岳建筑公司	433	－98	4 768	4 768
陕西省装饰工程公司	60	－323	0	0
陕西省路桥工程总公司	104 635	－3 852	0	0
中国通信建设第二工程局	56 335	3 013	0	0
中国机械工业第三安装工程公司	12 384	2 309	0	0
西安铁路工程(集团)有限责任公司	158 447	6 061	138 695	41 789
铁道部第一工程局建筑安装总公司	45 232	1 085	368 914	56 339
陕西罗克岩土工程公司	4 120	215	0	0
陕西联合建筑工程公司	10 448	－238	57 620	33 709
陕西博雅装饰工程有限责任公司	351	－89	0	0
西安市建筑装饰工程公司	765	6	0	0
西安市建筑工程机械施工公司	1 982	23	0	0
西安市水利建设工程总公司	20 376	－600	0	0
陕西送变电工程公司	37 860	1 420	11 917	9 637
西北电力建设第四工程公司	117 970	2 230	529 510	54 038
西安市第一市政工程公司	41 801	1 376	0	0
西安市第三建筑工程公司	58 972	－2 481	438 001	90 182
西安市第四建筑工程公司	14 082	845	347 313	133 831
西安市第二建筑工程公司	69 393	3	216 899	87 006
西安市古代建筑工程公司	559	－33	10 179	8 114
西安市园林建设公司	461	66	0	0
西安市第二市政工程公司	54 517	7 843	0	0
西安市第一住宅建筑公司	11 324	－498	47 182	27 227
西安市第一建筑工程公司	28 246	6	171 899	53 074
西安市第五建筑工程公司	41 732	1	151 133	94 463
陕西省通信建设工程 局	3 116	5	0	0
西安市建筑总公司西京建筑工程公司	31	5	6 480	4 080
陕西秦地建筑工程公司	2 274	100	23 784	14 283
西安铁路分局工程工业公司	4 868	1 100	7 993	7 993

8-10 续表3

企业名称	年末自有固定资产净值（千元）	利润总额（千元）	房屋建筑面积施工面积（平方米）	竣工面积（平方米）
陕西省设备安装公司第五工程处	1 025	-188	5 028	5 028
西安雁塔建筑工程总公司	1 780	528	192 182	28 926
陕西华油建筑工程公司	3 270	370	72 573	50 039
西安飞机工业(集团)实业装饰装修工程公司	3 312	-790	0	0
西安市长安县水利建筑工程公司	6 593	353	1 600	1 600
西安市临潼区建筑工程公司	1 735	14	65 691	35 213
周至县建筑安装工程总公司	5 322	1 560	91 794	71 608
户县建筑公司	12 285	36	116 468	46 892
西安市秦户建筑公司	11 292	1 210	80 760	30 200
陕西康德广告装饰有限责任公司	115	-26	0	0
西安公路交大路桥建设有限责任公司	4 528	-343	0	0
西安中煤建筑工程公司	13 062	2 158	106 266	33 566
西安北方进口设备安装工程有限责任公司	2 704	-258	0	0
陕西省机械施工公司综合工程分公司	469	-23	4 065	4 000
西安市银铺幕墙装饰公司	4 329	21	0	0
西安市蓝码克装修有限责任公司	1 308	5	0	0
陕西省水电工程局(集团)有限责任公司	276 410	65	7 000	7 000
西安市市政工程管理处	57 823	91	0	0
西安华丽金建筑装饰装修工程有限公司	900	6	0	0
西安发记营造建筑有限公司	3 111	8 969	0	0
陕西华强装饰工程公司	3 127	1	0	0
陕西科苑通信工程承包公司	779	199	0	0
西安飞机工业装饰装修工程股份有限公司	14 820	-9 699	0	0
西安飞机工业有限责任公司煤气安装工程	22 250	1 249	0	0
西安航空发动机(集团)有限公司	1 211	21	0	0
西安昌盛建筑工程有限公司	164	6	13 769	3 550

主要统计指标解释

建筑施工企业:是国民经济中专门从事建筑安装工程施工的物质生产部门。

主要活动包括:①各种房屋、建筑物和构筑物的建造;②各种线路、管道和机械设备的安装;③原有房屋建筑物和构筑物的修理;④非标准设备的制造。分为建筑安装企业和附营施工单位两种组织形式。建筑安装企业是指行政上有独立组织,经济上实行独立核算的企业。附营施工单位是指附属于现有生产企业、事业内部或行政单位的,为建造和修理本单位固定资产而自行组织的,并同时具备下述条件:1.对内独立核算;2.有固定组织和施工队伍;3.全年施工期在半年以上。

建筑业总产值:也叫自行完成施工产值。是以货币表现的建筑安装企业和附营施工单位在一定时期内生产的建筑业产品总和。包括建筑工程产值;设备安装工程产值;房屋、构筑物修理产值;非标准设备制造产值。

竣工产值:指在报告期内,按照设计所规定的工程内容全部完成,达到了设计规定的交工条件,经有关部门检查验收鉴定合格的单位工程价值之和。

优良工程个数:指按现行国家质量等级标准,经政府质量监督部门验收鉴定,评为优良工程的单位工程个数。

房屋建筑面积:是指房屋全部平面面积的总和。它从房屋的外墙线算起,包括可供使用的有效面积和墙柱等结构占用面积,多层房屋按各层(包括地下室)面积总和计算。

建筑业全员劳动生产率:指建筑企业平均每一职工在一定时期内创造的价值量。它能综合反映建筑企业生产和经营的水平。计算公式为:

$$全员劳动生产率=\frac{建筑业总产值(施工产值)}{全部职工平均人数}$$

房屋建筑面积竣工率:指一定时期房屋竣工面积占同期房屋施工面积的比率。计算公式为:

$$房屋建筑面积竣工率=\frac{某时期房屋竣工面积}{某时期房屋施工面积}\times 100\%$$

XI'AN

統計年鑒

2001

交通运输、邮电通信业

JIAOTONGYUNSHUYOUDIANTONGXINYE

9－1　各种交通线路里程

单位:公里

指　　标	1999 年	2000 年	2000年比1999年增长%
铁路正线延展里程	1 893.84	1 966	3.81
营业里程	1 478.20	1 540	4.18
电气化营业里程	1 342.29	836	－37.72
复线里程	395.94	394	
公路通车里程	2 789.35	3 009.87	7.91
晴雨通车里程	2 277.92	2 509.94	10.19
高级及次高级路面	1 646.97	1 884.86	14.44
民航通航里程(不含重复里程)	141 284	139 764	－1.08

9－2　交通运输工具

指　　标	单　位	1999年	2000年
一、铁路运输工具			
机　车	台	373	386
蒸汽	台	16	7
内燃	台	119	125
电力	台	238	254
客　车	辆	1 136	1 183
二、公路运输工具			
民用汽车	辆	133 192	138 318
1.载客汽车	辆	63 772	89 783
交通部门	辆	537	494
2.载货汽车	辆	44 348	44 974
交通部门	辆	371	436
3.特种车	辆	631	734
4.汽车挂车	辆	225	245
运输拖拉机(轮式)	辆	38 023	37 177
三、民航运输工具			
民航飞机	架	40	43

9－3　交通运输量及运输周转量

指　　标	单位	1999 年	2000 年	2000年比1999年增长 %
一、客运量				
铁路	万人次	2 124	2 130	-
公路	万人次	7 909	8 266	4.51
民用航空	万人次	278.3	360.01	29.36
二、旅客周转量				
铁路	万人公里	1 530 654	1 648 051	7.67
公路	万人公里	226 401	393 224	73.68
民用航空	万人公里	373 328	466 620.87	24.99
三、货运量				
铁路	万吨	2 954	3 101	4.98
公路	万吨	6 804	7 082	4.09
民用航空	万吨	7.78	8.24	5.91
四、货物周转量				
铁路	万吨公里	3 140 509	3 260 392	3.82
公路	万吨公里	300 142	419 685	39.83
民用航空	万吨公里	11 732	11 886.20	1.31

9－4　邮政与电讯

指　　标	单　位	1999年	2000年	2000年比1999年增长％
一、邮电业务总量(按1990年不变价计算)	万元	306 457	461 628	50.63
＃计　费	万元	300 449		
二、函件	万件	7 260	8 230	13.36
三、包件	万件	143	117	－18.18
四、汇票	万张	197	188	－4.57
五、报纸订销累计份数	万份	13 492	12 378	－8.26
六、杂志订销累计份数	万份	939	918	－2.24
七、电报去报份数	万份	12	9.77	－18.58
八、长途电话通话总数	万次	21 074	21 321	1.17
九、市内电话年末到达户数	户	874 586	1 242 637	42.08
十、农村电话年末到达户数	户	74 761	170 199	127.66
十一、电话交换机容量	门	1 451 020	2 048 400	41.17
＃农村电话	门	114 012	263 526	131.14
十二、电话机总数	个	949 947	1 412 836	48.73
＃农村电话	个	74 761	170 199	127.66
无线寻呼户年末户数	户	589 400	787 300	33.58
移动电话用户年末户数	户	450 100	731 000	62.41
长途直拨有权用户数	户			

注：无线寻呼仅是联通寻呼和国信寻呼数据。

9－5　邮电所及服务点

单位:个

指　　标	1999 年	2000 年
邮电所总计	429	379
一、自办局所	364	337
1.邮局	8	–
2.电信局	9	54
3.邮电局	79	84
4.邮电支局及邮电局	268	199
二、代办局所	65	42
1.邮电代办所	–	42
2.邮政代办所	33	–
3.电信代办所	32	–
信筒信箱	1 097	956

9-6 市直属公路运输主要技术指标

指　　标	单　位	1999年	2000年
载客汽车完好率	%	93.3	90.1
载客汽车工作率	%	80.1	63.6
载客汽车实载率	%	75	60.8
车日行程	公里	190	244
行程利用率	%	99.3	100
每百车公里耗汽油	升	21.2	23
每百车公里耗柴油	升	18.9	24
每百吨公里耗汽油	升	10.5	16.5
每百吨公里耗柴油	升	10.1	17.2
载货汽车完好率	%	92.5	95.9
载货汽车工作率	%	85	89.4
载货汽车实载率	%	67.4	64.6
车日行程	公里	229	228
行程利用率	%	71.7	57.4
每百车公里耗汽油	升	33.4	36.2
每百车公里耗柴油	升	25	25.6
每百吨公里耗汽油	升	7.4	8.8
每百吨公里耗柴油	升	6.1	5.8

主要统计指标解释

铁路营业里程:又称营业长度,指办理客货运输业务的铁路正线总长度。凡是全线或部分建成双线及以上的线路,以第一线的实际长度计算;复线、站线、段管线、岔线和特殊用途线以及不计算运费的联络线都不计算营业里程。铁路营业里程是反映铁路运输业基础设施发展水平的重要指标,也是计算客货周转量、运输密度和机车车辆运用效率等指标的基础资料。

铁路电气营业里程:指在全部铁路营业里程中已安装了供电线路及设备,可供电力机车牵引列车运行的区段的总里程。

公路通车里程:是指实际达到交通部制定的公路工程技术标准规定的等级的公路长度。它包括大中城市的郊区公路以及通过小城镇街道的公路里程,也包括桥梁,渡口的长度,但不包括城市的等街道以及厂矿,林区和农业生产用道的里程。两条或多条公路共同经由同一路段,只计算一次,不得重复计算里程长度。

货(客)运量:指运输业实际运送的货物(旅客)数量。货运按吨计算,客运按人计算。货物不论运输距离长短,货物类别,均按实际重量统计;旅客不论行程远近或票价多少,均按一人一次作为客运量统计。半价票、小孩票也按一人统计。货(客)运量反映运输业为国民经济和人民生活服务的数量,也是制定和检查运输生产计划,研究运输发展规模和速度的重要指标。

货物(旅客)周转量:指运输业运送的货物(旅客)数量与其相应运输距离的乘积之总和,通常以吨公里和人公里为计算单位。计算货物周载量通常按发出站与到达站之间的最短距离,也就是按计费距离计算。它是反映运输生产总成果的重要指标,也是编制和检查运输生产计划,计算运输效率,劳动生产率以及核算运输单位成本的主要基础资料。

民航通航里程:指民航运输定期班机飞行的航线长度的总和。航线长度按机场之间的距离计算,如两条或两条以上航线经过同一区段里程,只计算一次航线长度不重复计算航线里程。民航通里程能确切反映民航运输网的规模,表明民航事业为国民经济服务和方便人民生活程度的主要指标。

邮电业务总量:指以货币表现的邮电部门为用户传递信息和提供其他邮电服务的总量。这用各种邮电分类业务量分别乘以相应的平均单价,加总后再加上出租电路和设备的收入,代用户维护电话交换机和线路等设备的收入,其他业务收入求得。邮电业务总量综合反映了一定时期邮电工作的总成果,是研究邮电业务量构成和发展趋势重要指标。

XI'AN

統計年鑒

2001

城市公用事业及环境卫生

CHENGSHIGONGYONGSHIYEJIHUANJINGWEISHENG

10－1　城市供水

（全社会）

指　　标	单　　位	1998年	1999年	2000年
年末水厂个数	个	7	7	8
供水综合生产能力	万立方米/日	147.16	149.50	139.90
＃地下水	万立方米/日	81.16	89.50	73.90
年末供水管道总长度	公里	2 236	2 286	2 237
全年供水总量	万立方米	38 336	43 688	30 273
＃生产用水	万立方米	11 069	11 004	6 486
生活用水	万立方米	22 667	23 710	22 655
＃家庭用水	万立方米	10 921	11 155	10 949
用水人口	万人	265.20	268.27	256.97

10－2　城市供水

（系统内）

指　　标	单　　位	1998年	1999年	2000年
年末水厂个数	个	7	7	7
供水综合生产能力	万立方米/日	118.8	117.5	116.90
＃地下水	万立方米/日	52.8	57.5	50.90
年末供水管道总长度	公里	1 173	1 206	1 246
全年供水总量	万立方米	30 566	37 556	25 414
＃生产用水	万立方米	5 981	7 280	4 886
生活用水	万立方米	19 985	21 341	19 395
＃家庭用水	万立方米	8 539	8 935	9 447
用水人口	万人	212.0	236.0	227.70

10－3 城市售电

单位:万度

	1998年	1999年	2000年
全社会用电总计	**618 538**	**721 071**	**782 450**
一、农、林、牧、渔、水利业	67 916	74 094	75 768
#排灌	57 550	60 457	59 207
农副业加工	2 117	778	1 430
二、工业	322 808	373 100	397 062
#乡村办工业	43	8 656	2 038
1、轻工业用电	126 984	121 578	152 125
2、重工业用电	257 818	251 523	244 937
三、地质普查和勘探业	766	2 045	892
四、建筑业	1 118	9 470	9 070
五、交通运输、邮电通讯业	14 860	21 118	22 904
六、商业、公共饮食、物供和仓储业	45 401	48 130	54 092
七、其他事业	57 645	84 457	90 143
八、城乡居民生活用电	98 024	108 656	132 518
#乡村	20 431	26 164	31 281
城市	77 593	82 492	101 237

10－4　燃　　气

（全社会）

指　　标	单　　位	1998年	1999年	2000年
一、煤气				
管道长度	公里	219	271	179
供气总量	万立方米	7 829	3 748	2 163
＃家庭用量	万立方米	4 671	2 982	2 056
用气人口	万人	27.37	28.58	19.95
二、天然气				
管道长度	公里	266	327	480
供气总量	万立方米	1 251	4 053	11 513
＃家庭用量	万立方米	668	2 185	2 808
用气人口	万人	46.10	56.07	79.51
三、液化石油气				
供气总量	吨	26 816	39 182	43 304
＃家庭用量	吨	26 816	39 120	43 303
用气人口	万人	93.10	110.44	101.55

10－5　燃　　气

（系统内）

指　　标	单　　位	1998 年	1999 年	2000 年
一、煤气				
管道长度	公里	179	179	179
供气总量	万立方米	2 321	2 248	2 163
＃家庭用量	万立方米	2 321	2 107	2 056
用气人口	万人	21.26	25.29	19.95
二、天然气				
管道长度	公里	266	327	370
供气总量	万立方米	1 251	4 053	11 464
＃家庭用量	万立方米	668	2 185	2 774
用气人口	万人	46.10	56.07	72.08
三、液化石油气				
供气总量	吨	9 276	20 724	26 343
＃家庭用量	吨	9 276	20 724	26 343
用气人口	万人	41.07	44.08	43.88

10－6　城市公共交通

（全社会）

	单　　位	2000 年
运营车辆	辆	2 573
汽车	辆	2 488
＃小公共	辆	486
电车	辆	85
地铁	辆	
标准运营车辆	标台	2 509
运营线路网长度	公里	434
客运总量	万人次	44 570
汽车	万人次	41 940
＃小公共	万人次	6 613
电车	万人次	2 630
地铁	万人次	
出租汽车数	辆	10 277

10－7　城市公共交通

（系统内）

	单　　位	公共汽车	电　　车	出租汽车
运营车辆	辆	1 895	85	1 609
＃小公共	辆			
标准运营车辆	标台	1 931	117	
＃小公共	标台	226		
运营线路网长度	公里	329		
行驶里程	万车公里	10 021	435	8 916
客运总量	万人次	36 686	2 630	
＃小公共	万人次	1 941		

10－8　城市公共交通营运线路

（2000年）

路　别	起点—终点	线路长度 千　米	全程票价 (分)	站　数	配车数
	总　计	**1 472.05**			
	市区:汽车				
1	起重机厂—南门	10.75	100	14	8
4	万寿路—西稍门	11.00	100	16	27
5	医学院—火车站	8.75	100	13	26
6	公交五公司—钟楼	11.00	100	9	14
6专	电子商城—三府湾	13.00	100	23	10
7	王家坟—大差市	8.75	100	12	18
8	国棉三厂—钟楼	13.50	100	20	25
9	塑料制品厂—火车站	11.50	100	18	14
10	边家村—动物园	10.50	100	16	21
11	五厂十字—钟楼	13.00	100	17	26
12	陕棉十厂—南稍门	13.25	100	17	20
13	中玩市场—火车站	10.00	100	13	12
14	高新开发区—火车站	14.50	100	15	19
16	解放路—辛家庙	7.50	100	10	8
17	解放路—红旗厂	11.50	100	16	16
18	张家堡—小寨	14.00	100	14	20
19	纬十街—吴家坟	11.50	100	14	12
20	西铁分局—王家坟	10.00	100	17	17
21	秦王宫—红庙坡	13.75	100	19	19

10－8　续表1　　(2000年)

路　别	起点——终点	线路长度 千　米	全程票价 (分)	站　数	配车数
22	曹家庙—大雁塔	11.75	100	13	10
24	劳动路—大雁塔	10.25	100	14	18
副24	庙坡头村—劳动路	13.00	100	0	15
27	植物园—胡家庙	11.50	100	18	20
29	高新区—东门	10.50	100	14	14
41	西核招待所—火车站	7.50	100	11	11
42	陆军二院—火车站	10.50	100	14	9
43	万寿路—劳动路市场	12.75	100	17	20
45	劳动路—家世界	10.50	100	17	14
46	含无殿—肿瘤医院	15.00	100	15	17
付105	红旗市场—钟楼	13.50	100	16	9
10路专线	动物园—西大新村	13.50	100	20	7
101	冶金厂—医学院	13.50	100	13	7
市区特种车型线路					
602(双层)	火车站—纬十街	8.00	100	14	6
601(双层)	海虹轴承厂—大雁塔	15.75	100	15	9
601专	岗家寨—省射击厂	18.00	100	8	12
603(双层)	吴家坟—火车站	9.50	100	14	30
604	起重机厂—胡家庙	15.00	200	22	9
605	纬二街—万寿路	12.00	200	20	15
606	西影路—大世界游乐场	18.00	200	24	25
608	火车站—高新软件园	15.00	100	23	15
610	火车站—秦王宫	13.00	200	22	20
611	大庆路—火车站	11.50	100	18	52
618	张家堡—肿瘤医院	16.50	200	15	11
	市区:电车	38.00			74

10－8　续表2　　(2000年)

路　别	起点——终点	线路长度 千　米	全程票价 (分)	站　数	配车数
102	经二路—劳动路	10.75	100	17	22
103	汉城路—火车站	9.30	100	16	26
105	水泥厂—火车站	12.75	100	16	26
	市郊:汽车				
201	西新庄—火车站	13.50	150	19	10
202	西新庄—方新村	15.00	150	23	14
203	十里铺—中体广场	14.50	150	20	11
205	电子正街—火车站	11.50	150	15	12
208	政法干校—北门	11.25	100	16	10
210	紫微城市花园—制药厂	12.00	100	20	12
213	洪庆—南门	21.75	200	19	15
215	南门—韦曲	11.25	100	10	19
216	辛家庙—南稍门	11.75	100	16	10
221	海虹轴承厂—武警医院	16.00	200	20	14
223	丰产路—南门	18.25	200	23	20
付223	武警学院—武警总队	17.00	200	25	18
228	政法干校—海虹轴承厂	17.00	200	20	14
235	西华门—农业开发区	23.50	200	14	3
236	钟楼—未央湖乐园	19.50	200	9	2
237	新合—动物园	25.00	200	14	1
239	蝴蝶手表厂—火车站	19.75	200	14	0

10-8 续表3 (2000年)

路别	起点——终点	线路长度 千米	全程票价 (分)	站数	配车数
301	三桥—灞桥	28.00	200	23	22
303	寒窑—大差市	9.50	100		
306	火车站—兵马俑	41.00	500	15	14
307	火车站—陕鼓集团	42.50	500	21	16
308	纬什街—土门	16.25	200	17	11
235专线	三宫庙村—钟楼	14.00	150	14	7
239专线	零六七基地—火车站	16.50	200	17	6
240	西京医院—狄寨	18.00	200	17	10
310	钟楼—汉阳陵	23.00	300	21	3
311	南门—郭杜	18.50	200	12	
402	王家坟—高新区	16.50	200	19	17
	小公共汽车				
501	火烧壁—环塔路	13.50	300	24	10
502	高新开发区—电力医院	15.50	350	27	15
503	武警学院—植物园	20.50	400	31	30
504	省射击厂—邓家村	19.00	400	30	20
506	徐家堡—甘家寨	20.00	400	30	20
507	洪庆—劳动路	24.60	400	30	25
508	培华女大—唐都医院	20.25	400	33	20
509	太白小区—未央湖	24.60	400	31	25
511	枣园小区—大白杨	21.00	400	29	20
512	开发区—铁二十局总公司	18.00	400	29	23

10-8. 续表4 (2000年)

路别	起点——终点	线路长度 千米	全程票价 (分)	站数	配车数
517	西铁局—电梯厂	17.50	400	28	35
521	西勘—热电厂	19.00	400	28	35
527	劳教所—电力树脂厂	18.25	400	28	27
528	千户村—省构件厂	17.00	400	29	26
714	张家堡—纬什街	20.80	400	32	30
	市区、市郊中轿车线路				
204	南门—南山门	13.00	200	13	12
225	大庆路—电子正街	13.00	250	14	15
231	西核所—八办	24.50	400	22	17
232	尚门—东里	23.50	350	14	20
233	水流—朝阳门	25.75	350	15	13
234	大庆路—张家堡	17.25	300	14	8
302	南门—石桥	26.00	350	14	25
309	贾家滩—友谊路	25.00	350	31	16
401	发电厂—明德门	20.75	350	28	35
405	南门—斗门	25.50	350	23	15
406	银河小区—常家湾	21.00	350	31	16
701	枣园路—安陵园	23.40	400	30	26
702	政法干校—枣园小区	13.40	350	29	25
703	污水处理厂—铁20局	24.00	400	34	30

10－8　续表5　　(2000年)

路　别	起点——终点	线路长度 千　米	全程票价 (分)	站　数	配车数
704	明德门—东方市场	20.30	350	32	25
705	西铁大明宫区—秦川分厂	19.50	400	31	23
706	欧亚学院—北张温泉	19.30	350	32	27
707	华清小区—枫叶苑	21.30	350	31	28
708	海虹轴承厂—半坡度假区	19.30	350	30	28
709	电子城—西安酒厂	22.00	450	33	28
710	39所—十五街坊	18.50	400	32	25
711	徐家湾—机动车交易市场	22.10	400	33	25
712	长乐毛纺厂—雁塔水泥厂	21.20	400	30	25
713	明德门—外事学院	22.20	450	35	25
715	三兆村—灞桥分局	23.90	400	32	25
716	南山门口—幸福北路	19.00	400	31	25
717	汉城乡—等驾坡	19.10	350	29	25
省旅游专线					
游1	火车站—华山	125	1 800	7	15
游2	火车站—太白森林公园	155	2 000	7	6
游3	火车站—乾陵	95	1 200	7	10
游4	火车站—法门寺	120	1 800	3	10

10－9 市政设施

（全社会）

指　　标	单　位	1998 年	1999 年	2000 年
一、道路长度	公里	952	977	975
二、道路面积	万平方米	1 207.2	1 245.93	1 262.5
三、人行道面积	万平方米	617.0	639.70	635.9
四、桥梁数	座	72	77	79
＃立交桥	座	20	23	22
五、路灯盏数	盏	23 331	26 769	27 516
六、排水管道长度	公里	785.90	811.23	835.4
七、污水年排放量	万平方米	32 585	30 922	23 543
八、污水处理设施处理能力	万立方米/日	46.30	28.93	46.3
九、污水年处理量	万立方米	7 117	6 793	5 441
十、防洪堤长度	公里	1.60	1.60	1.6

10－10　市政设施

（系统内）

指　　标	单　位	1998年	1999年	2000年
一、道路长度	公里	621	630	644
二、道路面积	万平方米	825	843	880
三、人行道面积	万平方米	579	586	595
四、桥梁数	座	52	56	59
＃交桥	座	9	11	11
五、路灯盏数	盏	21 324	24 242	25 445
六、排水管道长度	公里	657.6	673.7	707
七、污水年排放量	万平方米	25 931	24 318	20 331
八、污水处理设施处理能力	万立方米/日	27	27	27
九、污水年处理量	万立方米	5 615	6 600	3 939
十、防洪堤长度	公里	1.60	1.60	1.6

10－11　城市设施水平

（全社会）

指　　标	单　位	1998年	1999年	2000年
一、人口密度	人/平方公里	3 128	3 182	3 225
二、人均拥有城市维护建设资金	元	727.82	581.54	653.66
三、人均使用面积	平方米	11.12	12.36	13.72
四、人均居住面积	平方米	8.42	9.01	10.19
五、人均日生活用水量	（升）	234.17	242.14	241.54
六、用水普及率	%	98.06	98.08	98.95
七、每万人拥有公共交通车辆	标台	8.29	9.08	10.17
八、用气普及率	%	70.11	80.41	81.51
九、人均拥有道路面积	平方米	5.08	5.14	5.12
十、排水管道密度	公里/平方公里	4.85	4.34	4.47
十一、污水处理率	%	21.84	21.97	23.11
十二、园林绿化				
#人均公共绿地面积	平方米	4.67	6.76	5.12
建城区绿地率	%	20.89	21.42	19.67
建城区绿化覆盖率	%	36.33	36.41	33.29
十三、垃圾粪便无害化处理率	%	93.23	93.35	90.89

10－12　城市规模及房屋情况

指　　标	单　位	1998年	1999年	2000年
城市面积	平方公里	1 066	1 066	1 256
城建区面积	平方公里	162.0	186.97	186.97
城市建设用地	平方公里	161.39	168.61	175.27
＃工业用地	平方公里	34.74	35.25	35.40
仓储用地	平方公里	8.34	8.37	8.39
对外交通用地	平方公里	9.95	10.13	10.25
生活居住用地	平方公里	68.03	70.34	73.47
年末实有房屋建筑面积	万平方米	6 761.0	7 627.0	8 249
年末实有住宅建筑面积	万平方米	3 490.0	4 116.0	4 646
年内新建房屋竣工面积	万平方米	268.7	871.85	550
＃住宅竣工面积	万平方米	185.50	648.70	550
年末全市住房居住面积	万平方米	1 844.4	2 099	2 415
全市平均居住面积	平方米/人	8.42	9.01	10.19
年末缺房户	户	89 780	54 141	50 011
年末危险住宅建筑面积	万平方米	6.30	30.00	15

注:城市面积内未含临潼区

10－13　城市园林绿化

（全社会）

指　　　标	单　位	1998 年	1999 年	2000 年
一、公园个数	个	44	46	47
二、公园面积	公倾	848.39	1 263.29	879.8
三、苗圃总面积	公倾	230.97	251.96	251.96
四、城市园林绿地总面积	公倾	3 815	4 443	4 116
＃公共绿地	公倾	1 109.08	1 639.52	1 263.4
年末人均公共绿地面积	平方米/人	4.67	6.76	5.12
五、年末绿化覆盖面积	公倾	6 169	7 102	6 542
六、建城区绿化覆盖率	%	36.33	36.41	33.29

10－14　城市园林绿化

（系统内）

指　　标	单　位	1998年	1999年	2000年
一、公园个数	个	16	17	18
二、公园面积	公倾	223.4	613.40	222.23
三、苗圃总面积	公倾	101.4	101.81	101.81
四、城市园林绿地总面积	公倾	504.0	975.0	592
＃公共绿地	公倾	370.7	839.86	458.8
五、年末绿化覆盖面积	公倾	1 199.0	1 680.0	1 302

10－15 城市环境卫生

（全社会）

指　　标	单　位	1998年	1999年	2000年
环卫部门年末职工人数	人	2 994	3 006	3 000
民办保洁队伍	人	3 652	4 052	4 632
清扫面积	万平方米	1 380.77	1 394.07	1 739
清运生活垃圾	万吨	88.64	94.91	98
清运粪便	万吨	5.32	5.05	5
公共厕所	座	441	430	430
环卫机械	辆	365	365	330
#垃圾车	辆	202	237	223
粪便车	辆	37	38	38
扫路车	辆	6	6	6
冲洗车	辆	37	40	27

10－16 城市环境保护

指标	单位	1998年	1999年	2000年
一、工业废水排放量	万吨	8 801	9 173	9 145
＃经过处理的	万吨	6 492	5 587	6 090
工业废水排放达标量	万吨	5 134	5 937	6 130
＃处理排放达标量	万吨	1 687	2 054	2 514
二、工业废气排放量	万标立方米	3 290 210	2 817 728	2 759 719
其中:燃料燃烧中排放的	万标立方米	2 543 221	2 021 050	1 942 884
＃经过消烟除尘的	万标立方米	2 411 281	1 904 529	1 863 445
其中:生产工艺中排放的	万标立方米	764 989	796 678	816 835
＃经过净化处理的	万标立方米	364 587	452 221	458 231
三、工业固体废物产生量	万吨	116.5	110.1	107
工业固体废物处理量	万吨	9.6	23.4	20
工业固体废物综合利用量	万吨	82.0	74	63
四、历年工业固体废物堆存总量	万吨	196.0	369	367
工业固体废物占地面积	万平方米	126.0	132	135
五、工业锅炉	台/蒸吨	712/4 850	714/6 388	691/6 258
＃达标的	台/蒸吨	653/4 303	683/6 002	662/6 107

10－17 城市供热

（全社会）

指标	单位	1998年	1999年	2000年
供热能力				
蒸　气	吨/小时	771	771	766
热　水	兆瓦	374	374	405
供热总量				
蒸　气	万吨	178	178	126
热　水	万百万千焦	257	267	202
管道长度				
蒸　气	公里	223	223	221
热　水	公里	147	157	133
供热面积	万平方米	825.66	841.56	853.82
#住　宅	万平方米	517.30	814.00	536

主要统计指标解释

年末自来水综合生产能力:指年末城建部门管理的自来水厂和社会单位自务水源的取水、净化、送水、出厂输水干管环节的实际生产能力。

年末供水长度:指从送水泵至用户水表之间所有管道的长度。

全年供水总量:指城市供水设施供出厂外的全部供水总量,包括有效供水量及损失水量。

生活用水量:指居民日常生活与行政、事业单位、部队营区、商业及服务等行业用水量。

人工煤气综合生产能力:指城市煤气厂制气、净化、输送等环节的综合实际生产能力。

输气管道长度:指由压缩机、鼓风机、储缺罐的出口到用户立管之间的全部管道长度。

全年燃气销售量:指售给各类用户的全部煤气量。包括工业用量、家庭用量和其它用量。

年末公共汽(电)车年营运车辆数:指年底有加营运的全部车辆数,包括年底营运车辆数和库存查封未参加营运的车辆,不包括非营运车辆,如架线车、油罐车、工程车、货车及其他专用车辆和借入的客运车辆。

营运线路网长度:指设置的固定营运线路长度,包括郊区营运线路长度。不包括临时行驶的线路长度。

年末实有铺装道路长度:将除土路外,路面经过铺装宽度在 3.5 米以上的道路,包括高级、次高级道路和普通道路。

年末桥梁数:指城市范围内,修建在河道上的桥梁和道路与道路立交、道路跨越铁路的立交桥,以及人行天桥。包括永久性和半永久性桥,不包括临时性桥、铁路桥、涵洞。

年末排水管道总长度:指所有排水总管、干管、支管及暗渠、检查井、连接井进出水口等长度之和。

城市园林绿地面积:指城市公共绿地、专用绿地、生产绿地、保护绿地、郊区风景名胜区的全部面积。

公共绿地:指供游览休息的各种公园、动物园、植物园、陵园以及花园、游园和供游览休息用的林荫道绿地、广场绿地。不包括一般栽植的人行道树及林荫道的面积。

城市供热能力:指符合集中供热的标准的供热单位(企业)向城市热用户输送热能的设计能力。

城市供热总量:指报告期内符合集中供热标准的供热单位(企业),向城市热用户输送的全部蒸汽、热水的量。

城市供热管道长度:指从各类热源厂到热用户之间的全部蒸气和供热水的管道长度。

批发、零售、贸易和餐饮业

PIFALINGSHOUMAOYIHECANYINYE

11－1　全市批发零售贸易业基本情况

指　　标	1994年	1995年	1996年	1997年	1998年	1999年	2000年
一、批发零售贸易业网点数(个)	66 630	76 187	84 836	88 793	105 836	107 381	104 321
＃国有经济	4 976	5 354	5 373	5 800	5 968	5 722	4 961
集体经济	20 651	25 020	26 113	27 225	28 983	28 317	25 754
二、批发零售贸易业人员数(人)	376 441	427 767	505 495	539 998	601 143	602 793	573 602
＃国有经济	77 732	82 243	84 838	89 212	90 969	85 837	80 204
集体经济	218 951	236 476	241 875	254 336	265 483	228 878	202 825
三、餐饮业网点数(个)	14 296	15 485	15 668	20 259	22 500	24 977	27 531
四、餐饮业人员数(人)	56 502	68 782	78 313	82 917	100 862	118 442	124 988
五、社会消费品零售总额(亿元)	144.64	180.22	212.82	249.56	271.85	298.15	328.47
＃国有经济零售额	48.99	60.93	54.92	59.80	59.38	60.17	62.95
集体经济零售额	35.53	38.98	41.87	49.45	50.17	51.19	53.28
市的零售额	128.55	160.30	189.20	224.74	240.08	261.22	289.01
批发零售贸易业	89.79	109.68	135.93	155.89	166.66	186.35	205.77
农民对城镇居民零售	29.14	34.06	40.85	45.27	46.97	49.26	51.87

11－2　限额以上批发零售贸易业商品购进、销售、库存总额

（2000 年）　　　　单位：万元

	购进总额	进口	销售总额	批发	出口	零售	年末库存总额
总　计	**2 415 717.5**	**43 567.8**	**2 613 699.4**	**2 001 769.1**	**460 015.3**	**611 930.3**	**246 735.0**
# 国有及国有控股	2 071 901.4	36 321.4	2 269 252.3	1 821 345.1	433 387.2	447 907.2	204 842.9
一、按登记注册类型分组							
内资企业	2 399 172.4	43 567.8	2 598 489.4	2 001 769.1	460 015.3	596 720.3	246 282.9
国有企业	1 680 476.7	33 857.0	1 829 703.3	1 658 499.9	421 920.7	171 203.4	159 953.1
集体企业	78 475.0		74 912.1	73 534.6		1 377.5	14 412.5
股份合作企业	22 700.8		26 966.8	2 190.6		24 776.2	1 611.0
联营企业	27 758.8	2 464.4	25 899.8	25 899.8	11 466.5		3 555.3
国有联营企业	27 758.8	2 464.4	25 899.8	25 899.8	11 466.5		3 555.3
集体联营企业							
国有与集体联营企业							
其他联营企业							
有限责任公司	233 189.5	2 593.0	234 123.6	164 123.7	4 624.7	69 999.9	27 828.2
国有独资企业	4 367.8	2 593.0	4 624.7	4 624.7	4 624.7		3 760.1
其他有限责任公司	228 821.7		229 498.9	159 499.0		69 999.9	24 068.1
股份有限公司	330 098.8	2 708.0	379 446.1	72 487.1	22 003.4	306 959.0	35 483.6
私营企业	26 472.8	1 945.4	27 437.7	5 033.4		22 404.3	3 439.2
私营独资企业	3 885.8		5 091.6			5 091.6	154.6
私营合伙企业							
私营有限责任公司	22 587.0	1 945.4	22 346.1	5 033.4		17 312.7	3 284.6
私营股份有限公司							
其他企业							
港、澳、台商投资企业	16 545.1		15 210.0			15 210.0	452.1
合资经营企业(港或澳、台资)	16 545.1		15 210.0			15 210.0	452.1
合作经营企业(港或澳、台资)							
港澳台商独资经营企业							
港澳台商投资股份有限公司							
外商投资企业							
中外合资经营企业							
中外合作经营企业							
外资企业							
外商投资股份有限公丝							
二、按国民经济行业分组							
食品、饮料、烟草批发业	346 518.9	2 083.3	379 993.4	372 891.3	17 164.0	7 102.1	15 000.4
#粮食、食用油批发业	26 678.8	2 083.3	26 346.1	26 012.5	17 164.0	333.6	3 544.1
烟草及其制品批发业	298 606.4		329 614.2	327 998.9		1 615.3	9 267.2
棉、麻、土畜产品批发业	50 189.1		46 442.3	46 442.3	14 047.5		6 335.5
纺织品、服装和鞋帽批发业	114 578.8	11 434.3	179 344.2	177 966.3	151 637.9	1 377.9	21 975.1
日用百货批发业	42 088.9		45 401.3	34 796.2	6 362.2	10 605.1	10 376.8
日用杂品批发业	9 175.4	281.2	9 516.4	9 516.4	9 188.3		204.4

11-2　续表　　　　(2000年)　　　　单位:万元

	购进总额	进口	销售总额	批发	出口	零售	年末库存总额
五金、交电、化工批发业	99 052.9	359.7	101 640.9	101 496.7	48 675.8	144.2	27 302.4
药品及医疗器械批发业	220 550.0		229 409.3	159 110.6	11 399.0	70 298.7	26 276.0
能源批发业	383 042.3		395 384.7	372 543.9		22 840.8	18 681.9
# 石油及制品批发业	382 820.3		394 785.2	372 187.1		22 598.1	18 424.7
煤炭及制品批发业	222.0		599.5	356.8		242.7	257.2
化工材料批发业	26 122.8	1 945.4	27 333.5	27 333.5	1 824.8		2 434.6
木材批发业	1 854.7		1 567.0	1 567.0			104.1
建筑材料批发业	12 148.4		13 148.5	13 148.5			1 094.1
矿产品批发业							
金属材料批发业	114 753.2	2 851.2	116 800.6	116 291.0	28 329.2	509.6	16 348.6
机械、电子设备批发业	187 760.2	24 612.7	193 573.3	193 573.3	171 386.6		18 732.1
汽车、摩托车及零配件批发业	173 235.1		181 423.0	172 641.1		8 781.9	12 015.0
# 汽车批发业	168 527.5		176 588.1	168 687.3		7 900.8	11 780.4
再生物资回收批发业	2 045.5		2 178.0	2 178.0			610.6
工艺美术批发业							
图书报刊批发业	70 950.6		71 103.7	69 384.6		1 719.1	8 627.6
农业生产资料批发业	43 044.8		44 027.2	43 956.5		70.7	12 749.3
其他类未包括的批发业	16 716.8		19 105.6	19 105.6			1 377.7
食品、饮料和烟草零售业	5 522.5		4 681.3	1 107.8		3 573.5	4 255.7
# 粮油食品零售业	3 634.1		2 846.9	167.9		2 679.0	3 556.5
副食品零售业	1 888.4		1 834.4	939.9		894.5	699.2
日用百货零售业	474 406.4		527 740.9	63 532.8		464 208.1	38 097.7
# 百货零售业	472 433.6		524 150.5	63 278.1		460 872.4	38 004.6
文化体育用品零售业							
纺织品、服装和鞋帽零售业	5 489.8		7 112.5			7 112.5	1 087.0
日用杂品零售业	280.1		400.2			400.2	349.4
五金、交电、化工零售业	3 855.0		2 694.3	996.8		1 697.5	1 150.7
药品及医疗器械零售业							
图书报刊零售业	7 272.3		7 076.9	56.5		7 020.4	209.4
其他零售业	5 063.0		6 600.4	2 132.4		4 468.0	1 338.9
#家具零售业	513.4		465.5			465.5	217.6
汽车、摩托车及其零配件零售	3 689.7		2 829.6	1 943.8		885.8	860.1
计算机及软件、办公设备零售	859.9		3 305.3	188.6		3 116.7	261.2

11－3　限额以上批发零售贸易业商品分类销售额

（2000 年）　　单位：万元

指　标	商品销售总额		
	合　计	批　发	零　售
合　计	**2 584 483.6**	**1 996 540.5**	**587 943.1**
食品类 饮料 烟酒类	486 409.7	407 704.0	78 705.7
＃肉禽蛋类	14 114.3	4 695.1	9 419.2
其它食品类	83 875.8	46 611.0	37 264.8
饮料类	22 910.7	11 240.4	11 670.3
烟酒类	365 508.9	345 157.5	20 351.4
服装鞋帽 针 纺织品类	264 557.7	139 332.8	125 224.9
＃服装类	135 619.7	68 515.2	67 104.5
鞋帽类	38 718.8	9 136.5	29 582.3
针纺织类	90 219.2	61 681.1	28 538.1
化妆品类	23 862.5	7 338.7	16 523.8
金银珠宝类	15 305.5	556.4	14 749.1
日用品类	89 227.7	42 644.1	46 583.6
＃洗涤用品类	14 406.8	3 742.4	10 664.4
儿童玩具类	3 655.3	1 707.0	1 948.3
五金、电料类	60 921.8	57 985.2	2 936.6
体育、娱乐用品类	21 831.0	9 059.1	12 771.9
书报、杂志类	75 906.7	68 788.1	7 118.6
电子出版及音像制品类	2 636.3	1 281.4	1 354.9
家用电器和音像器材类	166 670.0	40 529.7	126 140.3
中西药品类	227 445.1	154 469.1	72 976.0
＃西药	196 044.6	129 201.7	66 842.9
中草药及中成药	25 758.2	21 511.0	4 247.2
文化办公用品类	25 255.3	9 706.8	15 548.5
家俱类	10 423.6	285.7	10 137.9
通讯器材类	23 496.8	22 320.0	1 176.8
煤炭及制品类	8 986.4	8 843.3	143.1
木材及制品类	4 164.4	4 164.4	
石油及制品类	374 093.3	353 841.0	20 252.3
化工材料及制品类	82 508.9	82 401.8	107.1
化肥类	38 318.3	38 318.3	
金属材料类	192 609.9	192 150.7	459.2
建筑及装潢材料类	32 127.5	16 119.7	16 007.8
机电产品及设备类	311 522.3	294 163.3	17 359.0
＃农机类	6 749.6	6 749.6	
汽车类	172 681.5	163 142.5	9 539.0
种子饲料类	31.0	31.0	
棉麻类	45 371.3	45 371.3	
其它类	39 118.9	37 452.9	1 666.0

11－4 限额以上批发零售贸易业商品销售

（2000年）

指标	计量单位	商品销售总额		
		合计	批发	零售
粮食	吨	156 952	147 991	8 961
粮食	千元	244 500	231 535	12 965
食用植物油	公斤	4 769 376	2 699 940	2 069 436
食用植物油	千元	29 390	13 696	15 694
食糖	公斤	10 477 268	10 090 554	386 714
食糖	千元	34 376	32 841	1 535
棉花	公斤	30 043 883	30 043 883	
棉花	千元	309 452	309 452	
鞋	百双	52 420	35 447	16 973
鞋	千元	212 724	66 496	146 228
布	百米	423 765	409 934	13 831
布	千元	251 930	234 755	17 175
电视机	台	144 988	16 838	128 150
电视机	千元	421 776	32 630	389 146
组合音响	台	1 624		1 624
组合音响	千元	9 072		9 072
摄像机	台	2 122		2 122
摄像机	千元	14 991		14 991
录像机	台	383	1	382
录像机	千元	709	3	706
影碟机	台	68 752	15 264	53 488
影碟机	千元	57 328	6 614	50 714
家用电冰箱	台	59 926	20 836	39 090
家用电冰箱	千元	131 878	37 758	94 120
家用洗衣机	台	56 443	7 748	48 695
家用洗衣机	千元	101 974	8 822	93 152
房间空调器	台	86 450	39 287	47 163
房间空调器	千元	344 125	155 086	189 039
微波炉	台	79 142	16 186	62 956
微波炉	千元	68 945	12 957	55 988
微型计算机	台	4 029	2 971	1 058
微型计算机	千元	37 331	27 073	10 258
普通电话机	部	70 605	50 429	20 176
普通电话机	千元	8 003	2 925	5 078
移动电话机	部	137 703	136 391	1 312
移动电话机	千元	149 926	145 635	4 291

11－4 续表 (2000年)

指标	计量单位	商品销售总额		
		合计	批发	零售
寻呼机	部	18 893	18 893	
寻呼机	千元	7 920	7 920	
化学肥料	吨	310 886	310 886	
化学肥料	千元	383 104	383 104	
化学农药	吨	501	501	
化学农药	千元	1 7 820	17 820	
农用塑料薄膜	吨	547	547	
农用塑料薄膜	千元	4 392	4 392	
煤炭	吨	45 777	40 649	5 128
煤炭	千元	8 994	7 563	1 431
木材	立方米	10 782	10 782	
木材	千元	26 385	26 385	
汽油	吨	189 932	152 999	36 933
汽油	千元	548 035	436 642	111 393
煤油	吨	123 668	123 656	12
煤油	千元	348 320	348 284	36
柴油	吨	930 393	914 085	16 308
柴油	千元	2 555 644	2 503 733	51 911
钢材	吨	462 259	462 259	
钢材	千元	1 115 151	1 115 151	
铜	吨	1 046	1 046	
铜	千元	19 427	19 427	
铝	吨	1 312	1 312	
铝	千元	16 101	16 101	
水泥	吨	398 346	398 346	
水泥	千元	129 651	129 651	
汽车	辆	16 054	15 050	1 004
汽车	千元	1 700 765	1 613 107	87 658
其中:轿车	辆	6 934	6 445	489
其中:轿车	千元	930 750	883 503	47 247
摩托车	辆	14 019	9 839	4 180
摩托车	千元	62 710	42 589	20 121
拖拉机	辆	937	937	
拖拉机	千元	29 724	29 724	

11－5　社会消费品零售总额

（2000年）　　单位：万元

分　　类	金　额	分　　类	金　额
社会消费品零售总额	3 284 672.4	港澳台投资经济	20 867.4
（一）按销售地区分：		其他经济	
（1）市的零售额	2 890 052.2	（3）制造业	288 096.8
（2）县的零售额	175 518.2	国有经济	99 044.1
（3）县以下的零售额	219 102.0	集体经济	34 439.1
（二）按行业和经济类型分：		私营经济	63 849.5
（1）批发、零售贸易业	2 057 683.3	个体经济	13 624.4
国有经济	494 398.0	联营经济	789.0
集体经济	463 451.8	股份制经济	35 148.2
其中：供销合作社	71 249.5	其中：国有绝对控股	35 148.2
私营经济	169 709.6	国有相对控股	
个体经济	650 504.9	外商投资经济	27 751.4
联营经济		港澳台投资经济	13 451.1
股份制经济	279 619.0	其他经济	
其中：国有绝对控股	279 619.0	（4）其他行业	54 252.4
国有相对控股		国有经济	8 378.6
外商投资经济		集体经济	
港澳台投资经济		私营经济	24 594.3
其他经济		个体经济	21 279.5
（2）餐饮业	365 953.3	联营经济	
国有经济	27 687.1	股份制经济	
集体经济	34 904.9	其中：国有绝对控股	
私营经济	41 635.1	国有相对控股	
个体经济	195 301.0	外商投资经济	
联营经济	625.1	港澳台投资经济	
股份制经济	36 900.3	其他经济	
其中：国有绝对控股	21 093.3	（5）农民对城镇居民零售	518 686.6
国有相对控股		补充资料：居民购买住房	452 209.0
外商投资经济	8 032.4		

11－6　批发贸易业机构、网点、人员

(2000 年)　　单位:个、人

分　　类	合计			
	法人单位	活动单位	网　点	人　员
总　计	**1 561**	**2 018**	**10 393**	**81 519**
一、按登记注册类型分组				
内资企业	1 561	2 018	3 869	63 770
国有企业	450	610	1 356	33 108
集体企业	430	709	1 316	14 093
股份合作企业	2	2	2	123
联营企业	3	3	3	96
有限责任公司	113	116	119	4 156
股份有限公司	9	19	67	4 155
私营企业	554	559	1 006	8 039
其他企业				
港澳台商投资企业				
外商投资企业				
个体经济			6 524	17 749
二、按国民经济行业分组				
食品、饮料、烟草和家庭用品批发商业	899	1 130	7 932	56 854
食品、饮料、烟草批发业	374	443	3 012	19 217
棉、麻、土畜产品批发业	26	29	104	2 655
纺织品、服装和鞋帽批发业	78	82	2 309	7 280
日用百货批发业	94	119	879	7 531
日用杂品批发业	65	72	354	1 180
五金、交电、化工批发业	185	191	436	7 704
药品及医疗器械批发业	77	194	838	11 287
能源、材料和机械电子设备批发业	430	588	1 954	20 414
能源批发业	35	68	499	4 311
化工材料批发业	89	89	252	4 631
木材批发业	15	37	183	804
建筑材料批发业	84	92	270	2 401
矿产品批发业				
金属材料批发业	62	103	336	3 188
机械、电子设备批发业	47	67	124	1 475
汽车、摩托车及零配件批发业	79	79	104	2 943
再生物资回收批发业	19	53	186	661
其他批发业	232	300	507	4 251
工艺美术品批发业	2	2	4	18
图书报刊批发业	15	26	60	614
农业生产资料批发业	64	116	261	1 945
其他类未包括的批发业	151	156	182	1 674

11－6　续表1　　　　(2000年)　　　　单位:个、人

分　　类	市			
	法人单位	活动单位	网　点	人　员
总　　计	**1 229**	**1 506**	**8 922**	**68 068**
一、按登记注册类型分组				
内资企业	1 229	1 506	2 650	51 560
国有企业	242	273	633	24 413
集体企业	345	573	867	11 428
股份合作企业	1	1	1	110
联营企业	3	3	3	96
有限责任公司	101	104	104	3 659
股份有限公司	8	18	66	4 117
私营企业	529	534	976	7 737
其他企业				
港澳台商投资企业				
外商投资企业				
个体经济			6 272	16 508
二、按国民经济行业分组				
食品、饮料、烟草和家庭用品批发商业	683	800	6 927	46 386
食品、饮料、烟草批发业	229	243	2 385	11 509
棉、麻、土畜产品批发业	11	11	59	2 086
纺织品、服装和鞋帽批发业	70	71	2 255	6 959
日用百货批发业	82	103	813	7 102
日用杂品批发业	57	58	307	828
五金、交电、化工批发业	180	183	408	7 482
药品及医疗器械批发业	54	131	700	10 420
能源、材料和机械电子设备批发业	370	509	1 758	18 486
能源批发业	16	36	400	3 469
化工材料批发业	86	86	248	4 605
木材批发业	6	26	162	539
建筑材料批发业	79	87	252	2 261
矿产品批发业				
金属材料批发业	47	88	319	2 830
机械、电子设备批发业	47	67	124	1 475
汽车、摩托车及零配件批发业	76	76	91	2 861
再生物资回收批发业	13	43	162	446
其他批发业	176	197	237	3 196
工艺美术品批发业	2	2	4	18
图书报刊批发业	13	23	55	573
农业生产资料批发业	14	23	23	1 021
其他类未包括的批发业	147	149	155	1 584

11－6　续表2　　　　(2000年)　　　　单位:个、人

分　　类	县			
	法人单位	活动单位	网　点	人　员
总　　计	**158**	**273**	**733**	**6 770**
一、按登记注册类型分组				
内资企业	158	273	547	5 819
国有企业	104	189	385	3 699
集体企业	28	58	133	1 451
股份合作企业	1	1	1	13
联营企业				
有限责任公司	12	12	15	497
股份有限公司	1	1	1	38
私营企业	12	12	12	121
其他企业				
港澳台商投资企业				
外商投资企业				
个体经济			186	951
二、按国民经济行业分组				
食品、饮料、烟草和家庭用品批发商业	84	160	530	4 586
食品、饮料、烟草批发业	40	77	274	2 723
棉、麻、土畜产品批发业	8	11	30	290
纺织品、服装和鞋帽批发业	8	11	51	307
日用百货批发业	7	11	52	277
日用杂品批发业	6	10	39	276
五金、交电、化工批发业	5	8	28	222
药品及医疗器械批发业	10	32	56	491
能源、材料和机械电子设备批发业	51	62	124	1 520
能源批发业	17	25	61	551
化工材料批发业	3	3	4	26
木材批发业	7	9	16	239
建筑材料批发业	3	3	16	126
矿产品批发业				
金属材料批发业	15	15	17	358
机械、电子设备批发业				
汽车、摩托车及零配件批发业	3	3	5	62
再生物资回收批发业	3	4	5	158
其他批发业	23	51	79	664
工艺美术品批发业				
图书报刊批发业	2	2	4	38
农业生产资料批发业	18	43	68	556
其他类未包括的批发业	3	6	7	70

11-6　续表3　(2000年)　单位:个、人

分类	县以下			
	法人单位	活动单位	网点	人员
总计	**174**	**239**	**738**	**6 681**
一、按登记注册类型分组				
内资企业	174	239	672	6 391
国有企业	104	148	338	4 996
集体企业	57	78	316	1 214
股份合作企业				
联营企业				
有限责任公司				
股份有限公司				
私营企业	13	13	18	181
其他企业				
港澳台商投资企业				
外商投资企业				
个体经济			66	290
二、按国民经济行业分组				
食品、饮料、烟草和家庭用品批发商业	132	170	475	5 882
食品、饮料、烟草批发业	105	123	353	4 985
棉、麻、土畜产品批发业	7	7	15	279
纺织品、服装和鞋帽批发业			3	14
日用百货批发业	5	5	14	152
日用杂品批发业	2	4	8	76
五金、交电、化工批发业				
药品及医疗器械批发业	13	31	82	376
能源、材料和机械电子设备批发业	9	17	72	408
能源批发业	2	7	38	291
化工材料批发业				
木材批发业	2	2	5	26
建筑材料批发业	2	2	2	14
矿产品批发业				
金属材料批发业				
机械、电子设备批发业				
汽车、摩托车及零配件批发业			8	20
再生物资回收批发业	3	6	19	57
其他批发业	33	52	191	391
工艺美术品批发业				
图书报刊批发业		1	1	3
农业生产资料批发业	32	50	170	368
其他类未包括的批发业	1	1	20	20

11－7　零售贸易业机构、网点、人员

（2000年）　　单位：个、人

分　　类	合计			
	法人单位	活动单位	网　点	人　员
总　　计	**4 467**	**4 952**	**93 928**	**492 083**
一、按登记注册类型分组				
内资企业	4 466	4 951	35 004	325 521
国有企业	443	726	3 605	47 096
集体企业	1 864	1 988	24 438	188 732
股份合作企业	48	55	71	4 087
联营企业				
有限责任公司	255	255	262	6 225
股份有限公司	17	18	38	10 776
私营企业	1 839	1 909	6 590	68 605
其他企业				
港澳台商投资企业	1	1	1	1 080
外商投资企业				
个体经济			58 923	165 482
二、按国民经济行业分组				
食品、饮料和烟草零售业	947	1 092	24 049	119 763
日用百货零售业	872	997	20 093	135 159
纺织品、服装和鞋帽零售业	480	503	18 943	87 710
日用杂品零售业	458	502	8 779	37 262
五金、交电、化工零售业	714	797	11 705	46 726
药品及医疗器械零售业	87	102	1 230	4 465
图书报刊零售业	59	81	1 822	6 204
其他零售业	850	878	7 307	54 794

11－7　续表1　　(2000年)　　单位:个、人

分　　类	市			
	法人单位	活动单位	网　点	人　员
总　　计	**3 996**	**4 304**	**59 604**	**412 989**
一、按登记注册类型分组				
内资企业	3 995	4 303	31 953	311 283
国有企业	394	602	3 076	44 156
集体企业	1 687	1 709	22 230	181 423
股份合作企业	42	49	63	3 437
联营企业				
有限责任公司	255	255	262	6 225
股份有限公司	17	18	38	10 776
私营企业	1 600	1 670	6 284	65 266
其他企业				
港澳台商投资企业	1	1	1	1 080
外商投资企业				
个体经济			27 650	100 626
二、按国民经济行业分组				
食品、饮料和烟草零售业	817	921	17 260	104 579
日用百货零售业	757	845	13 666	119 478
纺织品、服装和鞋帽零售业	430	433	7 245	58 656
日用杂品零售业	415	438	7 303	33 102
五金、交电、化工零售业	671	745	10 798	44 749
药品及医疗器械零售业	66	67	755	3 065
图书报刊零售业	48	48	1 434	5 205
其他零售业	792	807	1 143	44 155

11－7 续表2 (2000年) 单位:个、人

分类	县			
	法人单位	活动单位	网点	人员
总计	**136**	**218**	**10 312**	**27 285**
一、按登记注册类型分组				
内资企业	136	218	671	4 887
国有企业	25	68	276	1 997
集体企业	13	52	292	1 025
股份合作企业	5	5	7	537
联营企业				
有限责任公司				
股份有限公司				
私营企业	93	93	96	1 328
其他企业				
港澳台商投资企业				
外商投资企业				
个体经济			9 641	22 398
二、按国民经济行业分组				
食品、饮料和烟草零售业	29	45	2 113	5 342
日用百货零售业	46	61	1 637	4 943
纺织品、服装和鞋帽零售业	27	37	4 819	11 666
日用杂品零售业	15	29	527	2 045
五金、交电、化工零售业	9	12	303	769
药品及医疗器械零售业	2	16	86	408
图书报刊零售业	5	11	112	437
其他零售业	3	7	715	1 675

11－7　续表3　　(2000年)　　单位:个、人

分　类	县　以　下			
	法人单位	活动单位	网　点	人　员
总　计	**335**	**430**	**24 012**	**51 809**
一、按登记注册类型分组				
内资企业	335	430	2 380	9 351
国有企业	24	56	253	943
集体企业	164	227	1 916	6 284
股份合作企业	1	1	1	113
联营企业				
有限责任公司				
股份有限公司				
私营企业	146	146	210	2 011
其他企业				
港澳台商投资企业				
外商投资企业				
个体经济			21 632	42 458
二、按国民经济行业分组				
食品、饮料和烟草零售业	101	126	4 676	9 842
日用百货零售业	69	91	4 790	10 738
纺织品、服装和鞋帽零售业	23	33	6 879	17 388
日用杂品零售业	28	35	949	2 115
五金、交电、化工零售业	34	40	604	1 208
药品及医疗器械零售业	19	19	389	992
图书报刊零售业	6	22	276	562
其他零售业	55	64	5 449	8 964

11－8 餐饮业机构、网点、人员

(2000年) 单位:个、人

分　　类	合	计		
	法人单位	活动单位	网　点	人　员
总　　计	**785**	**861**	**27 531**	**124 988**
一、按登记注册类型分组				
内资企业	740	800	2 377	36 296
国有企业	56	79	599	7 121
集体企业	107	118	860	11 863
股份合作企业	4	9	11	801
联营企业				
有限责任公司	75	75	75	1 116
股份有限公司	8	26	26	5 637
私营企业	490	493	806	9 758
其他企业				
港澳台商投资企业	17	29	29	3 615
外商投资企业	28	32	32	1 780
个体经济			25 093	83 297
二、按国民经济行业分组				
正餐	466	510	2 747	26 286
快餐	25	28	54	1 370
其他餐饮业	294	323	24 730	97 332

11－8　续表1　　(2000年)　　单位：个、人

分　类	市			
	法人单位	活动单位	网　点	人　员
总　计	**720**	**772**	**22 132**	**107 296**
一、按登记注册类型分组				
内资企业	675	711	2 176	33 741
国有企业	47	60	573	6 615
集体企业	98	98	829	11 694
股份合作企业	3	5	6	531
联营企业				
有限责任公司	75	75	75	1 116
股份有限公司	8	26	26	5 637
私营企业	444	447	667	8 148
其他企业				
港澳台商投资企业	17	29	29	3 615
外商投资企业	28	32	32	1 780
个体经济			19 895	68 160
二、按国民经济行业分组				
正餐	431	472	2 567	24 938
快餐	25	28	54	1 370
其他餐饮业	264	272	19 511	80 988

11－8　续表2　　(2000年)　　单位:个、人

分　　类	县			
	法人单位	活动单位	网　点	人　员
总　　计	**50**	**65**	**1 227**	**6 145**
一、按登记注册类型分组				
内资企业	50	65	143	2 096
国有企业	9	19	26	506
集体企业	6	8	10	92
股份合作企业	1	4	5	270
联营企业				
有限责任公司				
股份有限公司				
私营企业	34	34	102	1 228
其他企业				
港澳台商投资企业				
外商投资企业				
个体经济			1 084	4 049
二、按国民经济行业分组				
正餐	26	29	67	783
其他餐饮业	24	36	1 160	5 362

11－8　续表3　　　　(2000年)　　　　单位:个、人

分　类	县以下			
	法人单位	活动单位	网点	人员
总　计	**15**	**24**	**4 172**	**11 547**
一、按登记注册类型分组				
内资企业	15	24	58	459
国有企业				
集体企业	3	12	21	77
股份合作企业				
联营企业				
有限责任公司				
股份有限公司				
私营企业	12	12	37	382
其他企业				
港澳台商投资企业				
外商投资企业				
个体经济			4 114	11 088
二、按国民经济行业分组				
正餐	9	9	113	565
其他餐饮业	6	15	4 059	10 982

11－9　限额以上批发零售贸易企业财务状况

（2000年）　　单位：万元

	年末资产负债			
	流动资产小计	存货	长期投资	固定资产小计
批发、零售贸易企业总计	**1 234 667.8**	**247 869.3**	**143 956.6**	**391 402.6**
一、批发企业	1 031 062.8	201 666.8	120 512.8	226 979.7
其中：国有及国有控股	890 007.9	177 591.2	70 158.3	209 662.0
（一）按登记注册类型分组				
内资企业	1 031 062.8	201 666.8	120 512.8	226 979.7
国有企业	740 011.2	145 313.3	57 221.0	188 677.5
集体企业	82 036.6	11 758.5	48 997.3	8 763.4
股份合作企业				
联营企业	16 721.2	3 800.9	5.0	94.7
国有联营企业	16 721.2	3 800.9	5.0	94.7
集体联营企业				
国有与集体联营企业				
其他联营企业				
有限责任公司	47 224.1	21 208.3	2 223.9	8 413.8
国有独资企业	6 691.6	3 684.3	108.3	15.7
其他有限责任公司	40 532.5	17 524.0	2 115.6	8 398.1
股份有限公司	144 672.4	19 246.2	12 065.6	20 273.5
私营企业	397.3	339.6		756.8
私营独资企业				
私营合伙企业				
私营有限责任公司	397.3	339.6		756.8
私营股份有限公司				
其他企业				
港、澳、台商投资企业				
合资经营企业（港或澳、台资）				
合作经营企业（港或澳、台资）				
港、澳、台商独资经营企业				
港、澳、台商投资股份有限公司				
外商投资企业				
中外合资经营企业				

11－9　续表1　　(2000年)　　单位:万元

	年末资产负债			
	固定资产原价	生产经营用	累计折旧	本年折旧
批发、零售贸易企业总计	**431 415.2**	**391 284.9**	**87 998.5**	**11 542.7**
一、批发企业	263 934.4	237 544.8	63 322.3	7 162.2
其中:国有及国有控股	243 997.5	220 397.8	58 138.3	6 924.6
(一)按登记注册类型分组				
内资企业	263 934.4	237 544.8	63 322.3	7 162.2
国有企业	219 866.6	198 180.7	53 721.2	6 237.9
集体企业	11 506.2	10 176.8	3 476.6	165.6
股份合作企业				
联营企业	241.8	231.9	147.2	21.0
国有联营企业	241.8	231.9	147.2	21.0
集体联营企业				
国有与集体联营企业				
其他联营企业				
有限责任公司	10 132.0	10 102.0	1 928.9	208.7
国有独资企业	41.0	41.0	25.3	
其他有限责任公司	10 091.0	10 061.0	1 903.6	208.7
股份有限公司	21 369.8	18 035.4	3 981.2	503.0
私营企业	818.0	818.0	67.2	26.0
私营独资企业				
私营合伙企业				
私营有限责任公司	818.0	818.0	67.2	26.0
私营股份有限公司				
其他企业				
港、澳、台商投资企业				
合资经营企业(港或澳、台资)				
合作经营企业(港或澳、台资)				
港、澳、台商独资经营企业				
港、澳、台商投资股份有限公司				
外商投资企业				
中外合资经营企业				

11－9　续表2　　(2000年)　　单位:万元

	年末资产负债				
	无形及递延资产小计	无形资产	资产总计	流动负债小计	长期负债小计
批发、零售贸易企业总计	**51 150.9**	**30 441.5**	**1 856 297.7**	**1 437 466.4**	**155 721.1**
一、批发企业	22 665.8	13 380.5	1 406 048.6	1 199 407.6	114 465.6
其中:国有及国有控股	21 661.9	13 080.2	1 196 316.6	1 040 315.3	55 610.6
(一)按登记注册类型分组					
内资企业	22 665.8	13 380.5	1 406 048.6	1 199 407.6	114 465.6
国有企业	16 504.5	8 311.4	1 007 240.7	905 477.4	51 532.1
集体企业	388.7	294.0	140 187.0	83 306.7	57 824.0
股份合作企业					
联营企业			16 820.9	7 286.5	20.9
国有联营企业			16 820.9	7 286.5	20.9
集体联营企业					
国有与集体联营企业					
其他联营企业					
有限责任公司	932.8		58 794.6	45 888.6	3 093.3
国有独资企业			6 815.6	6 100.8	－77.7
其他有限责任公司	932.8		51 979.0	39 787.8	3 171.0
股份有限公司	4 839.8	4 775.1	181 851.3	156 957.5	1 995.3
私营企业			1 154.1	490.9	
私营独资企业					
私营合伙企业					
私营有限责任公司			1 154.1	490.9	
私营股份有限公司					
其他企业					
港、澳、台商投资企业					
合资经营企业(港或澳、台资)					
合作经营企业(港或澳、台资)					
港、澳、台商独资经营企业					
港、澳、台商投资股份有限公司					
外商投资企业					
中外合资经营企业					

11－9　续表3　　(2000年)　　单位:万元

	年末资产负债				
	负债合计	所有者权益合计	实收资本	国家资本	港澳台资本
批发、零售贸易企业总计	**1 623 089.8**	**233 207.9**	**323 214.1**	**193 373.9**	**3 000.0**
一、批发企业	1 330 640.2	75 408.4	215 246.3	156 108.5	
其中:国有及国有控股	1 112 010.0	84 306.6	192 309.6	149 683.6	
(一)按登记注册类型分组					
内资企业	1 330 640.2	75 408.4	215 246.3	156 108.5	
国有企业	963 641.0	43 599.7	144 698.2	138 898.9	
集体企业	141 130.7	－943.7	13 133.1	4 087.6	
股份合作企业					
联营企业	16 760.0	60.9	303.0	303.0	
国有联营企业	16 760.0	60.9	303.0	303.0	
集体联营企业					
国有与集体联营企业					
其他联营企业					
有限责任公司	49 523.8	9 270.8	7 327.8	4 294.7	
国有独资企业	6 323.1	492.5	1 057.4		
其他有限责任公司	43 200.7	8 778.3	6 270.4	4 294.7	
股份有限公司	159 093.8	22 757.5	48 608	8 524.3	
私营企业	490.9	663.2	1 176.2		
私营独资企业					
私营合伙企业					
私营有限责任公司	490.9	663.2	1 176.2		
私营股份有限公司					
其他企业					
港、澳、台商投资企业					
合资经营企业(港或澳、台资)					
合作经营企业(港或澳、台资)					
港、澳、台商独资经营企业					
港、澳、台商投资股份有限公司					
外商投资企业					
中外合资经营企业					

11－9　续表4　　(2000年)　　单位:万元

	外商资本	损益及分配 商品销售收入	商品销售收入净额	商品销售成本	经营费用
批发、零售贸易企业总计		**2 336 654.4**	**2 314 878.0**	**2 145 726.7**	**76 816.3**
一、批发企业		1 879 492.8	1 861 697.2	1 751 407.4	56 681.7
其中:国有及国有控股		1 706 728.8	1 689 179.3	1 585 063.4	53 775.7
(一)按登记注册类型分组					
内资企业		1 879 492.8	1 861 697.2	1 751 407.4	56 681.7
国有企业		1 513 843.2	1 496 660.0	1 403 200.2	47 877.5
集体企业		72 343.5	72 342.9	69 994.8	1 223.5
股份合作企业					
联营企业		23 850.6	23 850.6	23 107.5	354.3
国有联营企业		23 850.6	23 850.6	23 107.5	354.3
集体联营企业					
国有与集体联营企业					
其他联营企业					
有限责任公司		175 734.1	175 644.0	168 297.0	3 125.9
国有独资企业		4 624.7	4 624.7	4 367.8	99.1
其他有限责任公司		171 109.4	171 019.3	163 929.2	3 026.8
股份有限公司		91 628.6	91 352.4	85 206.1	4 046.3
私营企业		2 092.8	1 847.3	1 601.8	54.2
私营独资企业					
私营合伙企业					
私营有限责任公司		2 092.8	1 847.3	1 601.8	54.2
私营股份有限公司					
其他企业					
港、澳、台商投资企业					
合资经营企业(港或澳、台资)					
合作经营企业(港或澳、台资)					
港、澳、台商独资经营企业					
港、澳、台商投资股份有限公司					
外商投资企业					
中外合资经营企业					

11－9　续表5　　(2000年)　　单位:万元

	损益及分配				
	运杂装卸费	商品销售税金及附加	商品销售利润	代购代销收入	主营利润
批发、零售贸易企业总计	**14 479.2**	**2 532.2**	**89 802.8**	**1 905.1**	**91 707.9**
一、批发企业	12 389.6	1 230.2	52 377.9	1 839.1	54 217.0
其中:国有及国有控股	11 344.0	1 158.9	49 181.3	1 749.6	50 930.9
(一)按登记注册类型分组					
内资企业	12 389.6	1 230.2	52 377.9	1 839.1	54 217.0
国有企业	10 674.2	1 068.0	44 514.3	1 587.4	46 101.7
集体企业	295.7	25.8	1 098.8		1 098.8
股份合作企业					
联营企业	173.6	4.2	384.6	162.2	546.8
国有联营企业	173.6	4.2	384.6	162.2	546.8
集体联营企业					
国有与集体联营企业					
其他联营企业					
有限责任公司	676.4	70.7	4 150.4	2.5	4 152.9
国有独资企业	43.2	1.0	156.8		156.8
其他有限责任公司	633.2	69.7	3 993.6	2.5	3 996.1
股份有限公司	525.0	60.6	2 039.4	87.0	2 126.4
私营企业	44.7	.9	190.4		190.4
私营独资企业					
私营合伙企业					
私营有限责任公司	44.7	.9	190.4		190.4
私营股份有限公司					
其他企业					
港、澳、台商投资企业					
合资经营企业(港或澳、台资)					
合作经营企业(港或澳、台资)					
港、澳、台商独资经营企业					
港、澳、台商投资股份有限公司					
外商投资企业					
中外合资经营企业					

11－9　续表6　　(2000年)　　单位:万元

	损益及分配				
	其他业务利润	管理费用	税金	财产保险	劳动待业险
批发、零售贸易企业总计	**14 541.8**	**82 149.7**	**2 778.0**	**1 213.9**	**7 668.4**
一、批发企业	8 472.2	50 228.8	1 972.8	536.9	4 589.2
其中:国有及国有控股	7 888.5	44 592.6	1 758.8	531.1	4 306.2
(一)按登记注册类型分组					
内资企业	8 472.2	50 228.8	1 972.8	536.9	4 589.2
国有企业	7 476.1	39 464.8	1 349.2	432.5	3 853.6
集体企业	173.5	3 324.3	133.4	4.2	266.2
股份合作企业					
联营企业		459.2	1.1	1.3	
国有联营企业		459.2	1.1	1.3	
集体联营企业					
国有与集体联营企业					
其他联营企业					
有限责任公司	276.9	3 033.9	79.6	46.3	270.9
国有独资企业	16.5	48.7			3.9
其他有限责任公司	260.4	2 985.2	79.6	46.3	267.0
股份有限公司	545.4	3 755.8	408.0	51.0	195.8
私营企业		190.8	1.5	1.6	2.7
私营独资企业					
私营合伙企业					
私营有限责任公司		190.8	1.5	1.6	2.7
私营股份有限公司					
其他企业					
港、澳、台商投资企业					
合资经营企业(港或澳、台资)					
合作经营企业(港或澳、台资)					
港、澳、台商独资经营企业					
港、澳、台商投资股份有限公司					
外商投资企业					
中外合资经营企业					

11－9　续表7　　(2000年)　　单位:万元

	损益及分配			
	财务费用	利息支出	营业利润	补贴收入
批发、零售贸易企业总计	**27 092.4**	**24 717.4**	**431.7**	**2 585.8**
一、批发企业	23 318.8	21 167.5	－6 911.9	2 211.7
其中:国有及国有控股	22 803.0	20 674.1	－4 695.2	1 372.2
(一)按登记注册类型分组				
内资企业	23 318.8	21 167.5	－6 911.9	2 211.7
国有企业	20 469.5	18 750.4	－2 459.1	1 331.2
集体企业	338.7	309.7	－2 390.4	839.5
股份合作企业				
联营企业	64.1	67.8	7.0	
国有联营企业	64.1	67.8	7.0	
集体联营企业				
国有与集体联营企业				
其他联营企业				
有限责任公司	642.8	610.2	824.5	
国有独资企业	141.3	132.9	－16.7	
其他有限责任公司	501.5	477.3	841.2	
股份有限公司	1 778.0	1 407.2	－2 867.8	41.0
私营企业	25.7	22.2	－26.1	
私营独资企业				
私营合伙企业				
私营有限责任公司	25.7	22.2	－26.1	
私营股份有限公司				
其他企业				
港、澳、台商投资企业				
合资经营企业(港或澳、台资)				
合作经营企业(港或澳、台资)				
港、澳、台商独资经营企业				
港、澳、台商投资股份有限公司				
外商投资企业				
中外合资经营企业				

11－9 续表8 (2000年) 单位:万元

	损益及分配			工资福利及增值税	
	利润总额	应交所得税	应付利润	本年应付工资总额	主业付工资
批发、零售贸易企业总计	**－2 221.8**	**8 351.5**	**838.1**	**35 469.9**	**31 736.5**
一、批发企业	－7 701.4	7 087.2	－3 756.1	20 532.3	19 677.6
其中:国有及国有控股	－7 593.0	7 065.6	－3 768.2	19 764.6	18 990.2
(一)按登记注册类型分组					
内资企业	－7 701.4	7 087.2	－3 756.1	20 532.3	19 677.6
国有企业	－9 105.6	7 003.4	－4 303.8	16 477.2	15 730.3
集体企业	－376.0	0.6	0.4	409.9	345.6
股份合作企业					
联营企业	37.0	12.1	196.1	101.5	74.0
国有联营企业	37.0	12.1	196.1	101.5	74.0
集体联营企业					
国有与集体联营企业					
其他联营企业					
有限责任公司	877.1	21.0	11.7	1 356.9	1 340.9
国有独资企业	1.6		11.7	26.1	11.3
其他有限责任公司	875.5	21.0		1 330.8	1 329.6
股份有限公司	892.2	50.1	339.5	2 173.8	2 173.8
私营企业	－26.1			13.0	13.0
私营独资企业					
私营合伙企业					
私营有限责任公司	－26.1			13.0	13.0
私营股份有限公司					
其他企业					
港、澳、台商投资企业					
合资经营企业(港或澳、台资)					
合作经营企业(港或澳、台资)					
港、澳、台商独资经营企业					
港、澳、台商投资股份有限公司					
外商投资企业					
中外合资经营企业					

11－9　续表 9　　　　(2000 年)　　　　单位:万元

	工资福利及增值税				
	本年应付福利费总额	主业福利费	本年应交增值税总额	本年进项税额	本年销项税额
批发、零售贸易企业总计	**4 556.5**	**4 006.7**	**27 560.2**	**275 804.8**	**267 372.0**
一、批发企业	2 506.0	2 313.4	13 771.4	224 461.6	197 651.0
其中:国有及国有控股	2 394.7	2 217.4	12 947.5	212 555.3	186 452.5
(一)按登记注册类型分组					
内资企业	2 506.0	2 313.4	13 771.4	224 461.6	197 651.0
国有企业	1 984.4	1 810.9	11 987.0	181 696.0	156 669.1
集体企业	63.4	50.2	－281.7	7 295.5	6 802.3
股份合作企业					
联营企业	8.7	4.9	32.2	4 340.0	2 578.8
国有联营企业	8.7	4.9	32.2	4 340.0	2 578.8
集体联营企业					
国有与集体联营企业					
其他联营企业					
有限责任公司	124.8	122.7	1 438.2	19 522.7	19 478.3
国有独资企业	3.7	2.0	768.8	1 579.7	1 193.8
其他有限责任公司	121.1	120.7	669.4	17 943.0	18 284.5
股份有限公司	306.1	306.1	587.0	11 312.0	11 818.4
私营企业	18.6	18.6	8.7	295.4	304.1
私营独资企业					
私营合伙企业					
私营有限责任公司	18.6	18.6	8.7	295.4	304.1
私营股份有限公司					
其他企业					
港、澳、台商投资企业					
合资经营企业(港或澳、台资)					
合作经营企业(港或澳、台资)					
港、澳、台商独资经营企业					
港、澳、台商投资股份有限公司					
外商投资企业					
中外合资经营企业					

11－9　续表10　　(2000年)　　单位:万元

	年末资产负债			
	流动资产小计	存货	长期投资	固定资产小计
中外合作经营企业				
外资企业				
外商投资股份有限公司				
(二)按国民经济行业分组				
食品、饮料、烟草批发业	65 936.8	13 801.5	10 545.8	22 719.1
其中:粮食、食用油批发业	25 613.3	3 388.6	7 777.1	6 674.6
烟草及其制品批发业	23 085.6	8 343.4	1 064.8	11 306.1
棉、麻、土畜产品批发业	47 064.9	5 946.3	49 517.3	3 994.1
纺织品、服装和鞋帽批发业	156 285.1	20 468.1	18 264.8	21 711.2
日用百货批发业	75 175.7	15 169.4	10 788.4	12 800.0
日用杂品批发业	2 986.8	204.4	220.8	51.2
五金、交电、化工批发业	40 132.1	15 808.1	2 763.6	13 394.4
药品及医疗器械批发业	105 347.6	23 190.2	2 685.2	19 833.4
能源批发业	92 021.0	19 076.7	360.7	49 736.8
其中:石油及制品批发业	90 539.9	18 944.1	110.6	35 890.4
煤炭及制品批发业	1 481.1	132.6	250.1	13 846.4
化工材料批发业	16 019.3	4 044.7	1 323.0	2 821.3
木材批发业	3 853.0	257.5	60.2	3 916.3
建筑材料批发业	6 060.3	1 160.3	1 157.5	3 596.9
矿产品批发业				
金属材料批发业	145 826.7	18 694.3	9 817.5	25 979.7
机械、电子设备批发业	147 311.6	33 598.9	7 228.8	20 982.5
汽车、摩托车及零配件批发业	54 362.0	11 860.6	3 871.9	10 349.6
其中:汽车批发业	45 929.3	11 626.0	2 673.5	9 042.2
再生物资回收批发业	4 480.9	892.1	290.1	2 764.1
工艺美术批发业				
图书报刊批发业	16 411.5	7 352.9	87.2	3 163.9
农业生产资料批发业	39 098.2	8 963.3	385.7	5 690.3
其他类未包括的批发业	12 689.3	1 177.5	1 144.3	3 474.9
二、零售企业	203 605.0	46 202.5	23 443.8	164 422.9

11-9　续表11　　　　(2000年)　　　　单位:万元

	年末资产负债			
	固定资产原价	生产经营用	累计折旧	本年折旧
中外合作经营企业				
外资企业				
外商投资股份有限公司				
(二)按国民经济行业分组				
食品、饮料、烟草批发业	26 808.1	24 739.3	4 280.2	1 150.1
其中:粮食、食用油批发业	8 260.1	7 693.7	1 585.6	625.2
烟草及其制品批发业	12 413.7	12 248.5	1 289.6	228.3
棉、麻、土畜产品批发业	5 843.7	5 177.3	1 858.5	148.9
纺织品、服装和鞋帽批发业	24 124.3	23 268.2	5 181.9	589.8
日用百货批发业	14 751.5	13 863.7	2 066.7	252.6
日用杂品批发业	184.9	184.9	133.7	16.4
五金、交电、化工批发业	10 510.8	10 062.2	2 978.3	416.2
药品及医疗器械批发业	22 889.7	20 134.4	5 830.4	923.1
能源批发业	60 993.9	58 157.9	17 564.3	1 266.4
其中:石油及制品批发业	47 360.9	44 577.9	16 415.6	1 155.3
煤炭及制品批发业	13 633.0	13 580.0	1 148.7	111.1
化工材料批发业	3 812.9	3 812.9	1 047.0	260.4
木材批发业	4 821.9	3 584.1	1 143.1	75.7
建筑材料批发业	4 665.8	4 440.6	1 332.0	77.1
矿产品批发业				
金属材料批发业	29 844.2	22 092.8	8 209.0	545.4
机械、电子设备批发业	23 416.7	20 826.7	3 758.3	899.1
汽车、摩托车及零配件批发业	11 949.7	11 332.5	2 717.7	263.1
其中:汽车批发业	10 111.1	9 493.9	2 169.3	188.8
再生物资回收批发业	4 009.9	1 821.8	1 819.8	8.5
工艺美术批发业				
图书报刊批发业	4 200.3	4 167.6	1 036.4	144.0
农业生产资料批发业	7 134.4	6 361.0	1 735.8	47.2
其他类未包括的批发业	3 971.7	3 516.9	629.2	78.2
二、零售企业	167 480.8	153 740.1	24 676.2	4 380.5

11-9　续表12　　(2000年)　　单位:万元

	年末资产负债				
	无形及递延资产小计	无形资产	资产总计	流动负债小计	长期负债小计
中外合作经营企业					
外资企业					
外商投资股份有限公司					
(二)按国民经济行业分组					
食品、饮料、烟草批发业	634.0	535.4	101 314.9	92 390.7	7 474.6
其中:粮食、食用油批发业	46.0	31.5	41 537.0	49 181.9	5 114.1
烟草及其制品批发业	206.9	198.1	35 716.6	20 886.0	2 021.9
棉、麻、土畜产品批发业			100 576.3	60 295.3	57 372.4
纺织品、服装和鞋帽批发业	1 727.4	5.8	197 988.5	182 981.2	5 099.1
日用百货批发业	746.9	580.1	99 511.0	63 759.0	1 144.3
日用杂品批发业			3 258.8	3 500.2	200.0
五金、交电、化工批发业	566.6	170.0	56 856.8	34 836.9	13 534.9
药品及医疗器械批发业	9 320.0	8 917.9	137 186.2	129 974.6	3 302.4
能源批发业	4 785.0	24.4	148 641.1	108 227.4	18 207.0
其中:石油及制品批发业	4 763.9	3.3	133 042.4	101 104.1	18 124.3
煤炭及制品批发业	21.1	21.1	15 598.7	7 123.3	82.7
化工材料批发业	309.4	195.0	20 473.1	20 756.6	-29.4
木材批发业	26.3		7 858.8	8 274.9	1 021.8
建筑材料批发业	278.8	206.2	11 093.8	11 679.1	754.6
矿产品批发业					
金属材料批发业	412.2	6.3	182 448.2	173 528.5	2 886.5
机械、电子设备批发业	797.2	710.5	176 320.3	165 979.7	406.9
汽车、摩托车及零配件批发业	2 572.1	1 904.9	71 155.8	71 345.9	2 032.4
其中:汽车批发业	2 572.1	1 904.9	60 217.2	62 220.1	1 672.4
再生物资回收批发业	27.9		8 757.6	8 804.5	260.1
工艺美术批发业					
图书报刊批发业	253.4		19 916.0	13 091.5	
农业生产资料批发业	153.9	124.0	45 328.1	38 695.2	382.0
其他类未包括的批发业	54.7		17 363.3	11 286.4	416.0
二、零售企业	28 485.1	17 061.0	450 249.1	238 058.8	41 255.5

11－9　续表13　　　　(2000年)　　　　单位:万元

	负债合计	所有者权益合计	实收资本	国家资本	港澳台资本
中外合作经营企业					
外资企业					
外商投资股份有限公司					
(二)按国民经济行业分组					
食品、饮料、烟草批发业	99 865.4	1 449.5	14 563.2	12 830.5	
其中:粮食、食用油批发业	54 296.0	－12 759.0	7 175.1	7 175.1	
烟草及其制品批发业	22 908.0	12 808.6	3 122.1	3 081.1	
棉、麻、土畜产品批发业	117 667.7	－17 091.4	4 464.7	1 041.0	
纺织品、服装和鞋帽批发业	188 743.7	9 244.8	26 593.5	24 507.5	
日用百货批发业	64 903.3	34 607.7	41 332.4	8 105.2	
日用杂品批发业	3 700.2	－441.4	70.0	70.0	
五金、交电、化工批发业	48 371.8	8 485.0	5 964.0	4 876.8	
药品及医疗器械批发业	133 377.1	3 809.1	11 357.2	8 647.7	
能源批发业	126 729.3	21 911.8	21 010.7	20 549.0	
其中:石油及制品批发业	119 523.2	13 519.2	9 718.3	9 256.6	
煤炭及制品批发业	7 206.1	8 392.6	11 292.4	11 292.4	
化工材料批发业	20 727.2	－254.1	7 223.7	6 047.5	
木材批发业	9 296.7	－1 437.9	1 680.3	1 680.3	
建筑材料批发业	12 433.7	－1 339.9	2 574.0	2 574.0	
矿产品批发业					
金属材料批发业	186 542.6	－4 094.4	42 987.7	35 576.0	
机械、电子设备批发业	166 386.6	9 933.7	12 479.8	12 479.8	
汽车、摩托车及零配件批发业	73 620.2	－2 464.4	9 010.5	5 992.8	
其中:汽车批发业	64 134.4	－3 917.2	8 171.2	5 153.5	
再生物资回收批发业	14 403.6	－5 646.0	3 265.8	2 084.9	
工艺美术批发业					
图书报刊批发业	13 091.5	6 824.5	887.7	887.7	
农业生产资料批发业	39 077.2	6 250.9	6 843.4	5 220.1	
其他类未包括的批发业	11 702.4	5 660.9	2 937.7	2 937.7	
二、零售企业	292 449.6	157 799.5	107 967.8	37 265.4	3 000.0

11－9　续表14　　(2000年)　　单位:万元

		损益及分配			
	外商资本	商品销售收入	商品销售收入净额	商品销售成本	经营费用
中外合作经营企业					
外资企业					
外商投资股份有限公司					
(二)按国民经济行业分组					
食品、饮料、烟草批发业		328 124.5	328 124.5	299 861.7	7 163.9
其中:粮食、食用油批发业		26 266.1	26 266.1	25 295.0	4 451.7
烟草及其制品批发业		281 744.9	281 744.9	257 126.6	861.5
棉、麻、土畜产品批发业		46 854.8	46 854.8	46 271.9	393.8
纺织品、服装和鞋帽批发业		156 592.7	156 592.7	150 956.1	2 930.2
日用百货批发业		42 021.3	42 015.4	39 039.3	1 638.8
日用杂品批发业		9 482.3	9 482.3	9 175.4	232.7
五金、交电、化工批发业		98 245.5	98 245.5	93 147.5	2 131.0
药品及医疗器械批发业		212 659.7	211 736.7	197 577.8	7 351.9
能源批发业		357 157.6	356 708.3	336 752.5	16 248.2
其中:石油及制品批发业		356 660.2	356 210.9	335 931.4	16 174.9
煤炭及制品批发业		497.4	497.4	821.1	73.3
化工材料批发业		26 751.5	26 489.7	24 727.1	1 301.6
木材批发业		1 567.1	1 567.1	1 463.5	77.1
建筑材料批发业		10 730.5	10 730.3	10 043.0	517.0
矿产品批发业					
金属材料批发业		107 907.4	107 890.5	102 336.7	3 578.2
机械、电子设备批发业		183 348.7	183 347.9	169 086.2	7 274.8
汽车、摩托车及零配件批发业		172 412.8	172 412.6	169 889.8	1 688.4
其中:汽车批发业		167 577.9	167 577.9	165 283.9	1 582.0
再生物资回收批发业		842.9	700.2	546.9	58.4
工艺美术批发业					
图书报刊批发业		64 652.8	48 660.7	43 521.6	2 247.6
农业生产资料批发业		43 742.6	43 742.0	41 617.2	1 335.9
其他类未包括的批发业		16 398.1	16 396.0	15 393.2	512.2
二、零售企业		457 161.6	453 180.8	394 319.3	20 134.6

11－9 续表15 (2000年) 单位:万元

	损益及分配				
	运杂装卸费	商品销售税金及附加	商品销售利润	代购代销收入	主营利润
中外合作经营企业					
外资企业					
外商投资股份有限公司					
(二)按国民经济行业分组					
食品、饮料、烟草批发业	1 253.6	500.7	20 598.2	129.0	20 727.2
其中:粮食、食用油批发业	605.4	29.5	－3 510.1	129.0	－3 381.1
烟草及其制品批发业	280.8	426.5	23 330.3		23 330.3
棉、麻、土畜产品批发业	137.2	1.0	188.1	4.7	192.8
纺织品、服装和鞋帽批发业	979.7	43.5	2 662.9	315.6	2 978.5
日用百货批发业	139.8	7.5	1 329.8	16.1	1 345.9
日用杂品批发业	84.4		74.2	34.1	108.3
五金、交电、化工批发业	367.3	102.3	2 864.7	91.7	2 956.4
药品及医疗器械批发业	883.5	167.2	6 639.8	2.0	6 641.8
能源批发业	2 469.7	85.1	3 622.5	13.4	3 635.9
其中:石油及制品批发业	2 452.1	83.1	4 021.5	13.4	4 034.9
煤炭及制品批发业	17.6	2.0	－399.0		－399.0
化工材料批发业	340.7	23.5	437.5	54.1	491.6
木材批发业		0.5	26.0		26.0
建筑材料批发业	323.4	6.1	164.2		164.2
矿产品批发业					
金属材料批发业	1 321.9	49.3	1 926.3	24.5	1 950.8
机械、电子设备批发业	3 138.0	51.1	6 935.8	1 142.6	8 078.4
汽车、摩托车及零配件批发业	113.7	35.8	798.6	2.5	801.1
其中:汽车批发业	109.4	35.5	676.5	2.5	679.0
再生物资回收批发业	1.0	5.7	89.2		89.2
工艺美术批发业					
图书报刊批发业	253.4	144.7	2 746.8	8.8	2 755.6
农业生产资料批发业	372.4	3.8	785.1		785.1
其他类未包括的批发业	209.9	2.4	488.2		488.2
二、零售企业	2 089.6	1 302.0	37 424.9	66.0	37 490.9

11－9　续表16　　　　(2000年)　　　　单位:万元

	损益及分配				
	其他业务利润	管理费用			
			税金	财产保险	劳动待业险
中外合作经营企业					
外资企业					
外商投资股份有限公司					
(二)按国民经济行业分组					
食品、饮料、烟草批发业	107.4	5 227.5	177.0	62.2	437.9
其中:粮食、食用油批发业	46.8	1 285.8	26.6	6.3	52.2
烟草及其制品批发业	－18.6	2 751.0	116.8	41.1	278.8
棉、麻、土畜产品批发业	23.3	2 024.4	41.7		195.7
纺织品、服装和鞋帽批发业	262.3	4 778.2	116.3	72.2	750.1
日用百货批发业	534.3	1 631.3	53.0	27.9	137.4
日用杂品批发业		154.0	3.4		5.2
五金、交电、化工批发业	1 676.4	3 638.0	179.0	48.3	220.4
药品及医疗器械批发业	220.8	6 115.2	188.1	92.4	488.3
能源批发业	876.4	6 396.9	127.4	37.9	821.8
其中:石油及制品批发业	855.9	5 830.3	123.4	33.3	699.5
煤炭及制品批发业	20.5	566.6	4.0	4.6	122.3
化工材料批发业	705.9	1 078.6	23.1	7.7	105.8
木材批发业	237.1	546.3	36.9		5.4
建筑材料批发业	66.0	437.4	35.3	1.7	122.1
矿产品批发业					
金属材料批发业	1 774.6	5 658.7	131.0	40.7	467.5
机械、电子设备批发业	493.4	5 970.0	294.9	98.2	294.8
汽车、摩托车及零配件批发业	1 232.0	2 297.5	380.1	1.5	147.8
其中:汽车批发业	1 179.8	2 152.7	376.5	0.3	146.4
再生物资回收批发业	16.2	332.2			53.5
工艺美术批发业					
图书报刊批发业	7.3	1 632.0	96.2	26.7	231.1
农业生产资料批发业	185.7	1 866.2	46.4	2.8	79.6
其他类未包括的批发业	53.1	444.4	43.0	16.7	24.8
二、零售企业	6 069.6	31 920.9	805.2	677.0	3 079.2

11－9　续表17　　(2000年)　　单位:万元

	损益及分配			
	财务费用	利息支出	营业利润	补贴收入
中外合作经营企业				
外资企业				
外商投资股份有限公司				
(二)按国民经济行业分组				
食品、饮料、烟草批发业	3 103.6	3 130.8	12 525.9	1 268.8
其中:粮食、食用油批发业	2 457.5	2 436.5	－7 056.1	1 172.2
烟草及其制品批发业	462.0	510.3	20 099.6	
棉、麻、土畜产品批发业	1 819.3	1 700.3	－3 628.8	683.9
纺织品、服装和鞋帽批发业	2 743.5	2 275.7	－4 056.6	
日用百货批发业	1 340.1	1 091.3	－1 087.4	
日用杂品批发业	59.4	77.6	－103.7	2.1
五金、交电、化工批发业	836.3	753.7	158.4	
药品及医疗器械批发业	1 893.9	1 757.2	－786.2	41.0
能源批发业	2 675.9	2 437.5	－3 927.6	－108.2
其中:石油及制品批发业	2 608.8	2 366.3	－2 915.3	－168.2
煤炭及制品批发业	67.1	71.2	－1 012.3	60.0
化工材料批发业	850.4	849.2	－740.1	39.7
木材批发业	203.2	203.2	－486.4	
建筑材料批发业	156.5	156.4	－363.7	
矿产品批发业				
金属材料批发业	1 954.1	1 658.2	－3 444.8	80.1
机械、电子设备批发业	3 087.5	2 660.0	207.3	0.9
汽车、摩托车及零配件批发业	1 777.4	1 637.9	－1 407.7	
其中:汽车批发业	1 737.1	1 635.5	－1 397.0	
再生物资回收批发业	267.7	249.2	446.9	19.5
工艺美术批发业				
图书报刊批发业	－84.7	－90.0	1 215.6	
农业生产资料批发业	362.9	347.5	－1 258.0	183.9
其他类未包括的批发业	271.8	271.8	－175.0	
二、零售企业	3 773.6	3 549.9	7 343.6	374.1

11－9 续表18 (2000年) 单位:万元

	损益及分配			工资福利及增值税	
	利润总额	应交所得税	应付利润	本年应付工资总额	主业付工资
中外合作经营企业					
外资企业					
外商投资股份有限公司					
(二)按国民经济行业分组					
食品、饮料、烟草批发业	8 713.5	5 960.3		2 042.9	2 028.5
其中:粮食、食用油批发业	－5 904.9			691.6	691.6
烟草及其制品批发业	15 004.6	5 873.9		832.4	824.4
棉、麻、土畜产品批发业	－2 799.5			221.2	221.2
纺织品、服装和鞋帽批发业	－3 615.3	33.0	11.7	1 729.9	1 679.0
日用百货批发业	2 596.9	77.7	430.7	938.0	938.0
日用杂品批发业	－104.2		－511.4	72.4	72.4
五金、交电、化工批发业	227.2	146.3	11.0	962.7	925.3
药品及医疗器械批发业	－1 051.0	31.9		4 272.7	4 263.2
能源批发业	－4 459.2	131.6	－2 119.2	4 018.8	3 928.3
其中:石油及制品批发业	－3 366.7	131.6	－2 119.2	3 630.7	3 542.3
煤炭及制品批发业	－1 092.5			388.1	386.0
化工材料批发业	－862.2	54.5		300.1	300.1
木材批发业	－482.7			225.6	
建筑材料批发业	－309.3			304.8	304.8
矿产品批发业					
金属材料批发业	－3 636.8	25.7	314.4	1 426.3	1 221.6
机械、电子设备批发业	－477.0	156.6	－287.5	1 842.0	1 760.3
汽车、摩托车及零配件批发业	－1 718.1	11.1	－1 606.2	616.4	475.9
其中:汽车批发业	－1 721.0	11.1	－1 606.2	546.4	405.9
再生物资回收批发业	－511.8			204.8	204.8
工艺美术批发业					
图书报刊批发业	1 234.0	417.8		826.3	826.3
农业生产资料批发业	－269.6	0.6	0.4	350.9	351.4
其他类未包括的批发业	－176.3	40.1		176.5	176.5
二、零售企业	5 479.6	1 264.3	4 594.2	14 937.6	12 058.9

11－9 续表19 (2000年) 单位:万元

	工资福利及增值税				
	本年应付福利费总额	主业福利费	本年应交增值税总额	本年进项税额	本年销项税额
中外合作经营企业					
外资企业					
外商投资股份有限公司					
(二)按国民经济行业分组					
食品、饮料、烟草批发业	251.9	245.0	4 785.8	26 895.0	27 410.2
其中:粮食、食用油批发业	80.1	80.1	21.0	784.5	573.3
烟草及其制品批发业	120.6	118.5	4 335.2	22 858.6	23 185.3
棉、麻、土畜产品批发业	29.5	29.5		7 809.0	6 616.1
纺织品、服装和鞋帽批发业	168.0	166.3	984.8	17 574.1	7 637.8
日用百货批发业	122.8	122.8	39.0	6 668.7	6 431.9
日用杂品批发业	12.7	12.7	1 253.1	396.5	420.6
五金、交电、化工批发业	112.5	107.0	－85.2	12 002.3	10 072.0
药品及医疗器械批发业	418.0	418.0	1 119.2	32 724.9	33 014.6
能源批发业	544.0	469.3	1 471.9	62 373.1	61 563.6
其中:石油及制品批发业	504.2	429.8	1 463.3	62 302.4	61 484.3
煤炭及制品批发业	39.8	39.5	8.6	70.7	79.3
化工材料批发业	61.7	61.7	－11.5	4 085.0	4 138.3
木材批发业	23.1		7.1	254.0	263.3
建筑材料批发业	－16.4	－16.4	89.6	1 755.1	1 843.9
矿产品批发业					
金属材料批发业	301.4	248.7	2 028.5	11 449.6	10 383.5
机械、电子设备批发业	233.0	225.0	125.2	19 849.2	5 851.8
汽车、摩托车及零配件批发业	67.0	47.0	463.9	11 532.0	11 680.6
其中:汽车批发业	61.0	41.0	460.4	10 744.9	10 858.7
再生物资回收批发业	6.3	6.3	8.4	95.3	105.6
工艺美术批发业					
图书报刊批发业	93.6	93.6	1 442.8	5 262.4	6 364.5
农业生产资料批发业	54.9	54.9	36.3	1 027.1	1 065.4
其他类未包括的批发业	22.0	22.0	12.5	2 708.3	2 787.3
二、零售企业	2 050.5	1 693.3	13 788.8	51 343.2	69 721.0

11－9　续表20　　　　(2000年)　　　　单位:万元

	年末资产负债			
	流动资产小计	存货	长期投资	固定资产小计
其中:国有及国有控股	117 071.1	30 946.4	23 248.9	122 888.5
(一)按登记注册类型分组				
内资企业	198 222.8	45 534.7	23 443.8	164 249.1
国有企业	58 917.7	17 112.2	4 261.8	46 891.8
集体企业	3 485.8	366.9	1.5	713.9
股份合作企业	3 063.9	1 528.1		3 850.2
联营企业				
国有联营企业				
集体联营企业				
国有与集体联营企业				
其他联营企业				
有限责任公司	33 758.4	6 742.7	0.3	12 170.1
国有独资企业				
其他有限责任公司	33 758.4	6 742.7	0.3	12 170.1
股份有限公司	91 994.1	16 656.0	19 180.2	100 118.7
私营企业	7 002.9	3 128.8		504.4
私营独资企业				
私营合伙企业				
私营有限责任公司	7 002.9	3 128.8		504.4
私营股份有限公司				
其他企业				
港、澳、台商投资企业	5 382.2	667.8		173.8
合资经营企业(港或澳、台资)	5 382.2	667.8		173.8
合作经营企业(港或澳、台资)				
港、澳、台商独资经营企业				
港、澳、台商投资股份有限公司				
外商投资企业				
中外合资经营企业				
中外合作经营企业				
外资企业				

11－9　续表 21　　(2000 年)　　单位:万元

	固定资产原价	生产经营用	累计折旧	本年折旧
其中:国有及国有控股	127 171.8	119 072.1	21 735.7	3 417.7
(一)按登记注册类型分组				
内资企业	167 264.4	153 523.7	24 633.6	4 380.5
国有企业	42 510.5	39 490.9	6 083.7	847.7
集体企业	742.6	742.6	30.0	3.1
股份合作企业	3 992.4	3 677.4	142.2	15.9
联营企业				
国有联营企业				
集体联营企业				
国有与集体联营企业				
其他联营企业				
有限责任公司	9 143.3	9 141.8	1 017.2	899.6
国有独资企业				
其他有限责任公司	9 143.3	9 141.8	1 017.2	899.6
股份有限公司	110 183.2	99 873.1	17 164.5	2 570.0
私营企业	692.4	597.9	196.0	44.2
私营独资企业				
私营合伙企业				
私营有限责任公司	692.4	597.9	196.0	44.2
私营股份有限公司				
其他企业				
港、澳、台商投资企业	216.4	216.4	42.6	
合资经营企业(港或澳、台资)	216.4	216.4	42.6	
合作经营企业(港或澳、台资)				
港、澳、台商独资经营企业				
港、澳、台商投资股份有限公司				
外商投资企业				
中外合资经营企业				
中外合作经营企业				
外资企业				

11-9 续表22 (2000年) 单位:万元

	年末资产负债				
	无形及递延资产小计	无形资产	资产总计	流动负债小计	长期负债小计
其中:国有及国有控股	23 949.2	16 539.6	313 837.2	149 314.8	40 240.2
(一)按登记注册类型分组					
内资企业	28 485.1	17 061.0	441 413.3	229 437.7	41 255.5
国有企业	4 280.9	4.2	114 434.8	77 843.3	15 073.2
集体企业	6.8		4 208.0	43.2	
股份合作企业	419.9	419.9	7 334.0	5 789.2	615.3
联营企业					
国有联营企业					
集体联营企业					
国有与集体联营企业					
其他联营企业					
有限责任公司	1 424.4		47 686.1	36 322.3	
国有独资企业					
其他有限责任公司	1 424.4		47 686.1	36 322.3	
股份有限公司	21 591.0	16 636.9	259 481.0	104 901.5	25 167.0
私营企业	762.1		8 269.4	4 538.2	400.0
私营独资企业					
私营合伙企业					
私营有限责任公司	762.1		8 269.4	4 538.2	400.0
私营股份有限公司					
其他企业					
港、澳、台商投资企业			8 835.8	8 621.1	
合资经营企业(港或澳、台资)			8 835.8	8 621.1	
合作经营企业(港或澳、台资)					
港、澳、台商独资经营企业					
港、澳、台商投资股份有限公司					
外商投资企业					
中外合资经营企业					
中外合作经营企业					
外资企业					

11－9　续表 23　　(2000 年)　　单位:万元

	年末资产负债				
	负债合计	所有者权益合计	实收资本		
				国家资本	港澳台资本
其中:国有及国有控股	198 855.0	114 982.2	68 361.2	37 129.2	
(一)按登记注册类型分组					
内资企业	283 828.5	157 584.8	104 967.8	37 265.4	
国有企业	92 916.5	21 518.3	23 520.9	20 967.6	
集体企业	3 878.5	329.5	260.3	136.2	
股份合作企业	6 404.5	929.5	583.1		
联营企业					
国有联营企业					
集体联营企业					
国有与集体联营企业					
其他联营企业					
有限责任公司	36 322.3	11 363.8	10 521.7		
国有独资企业					
其他有限责任公司	36 322.3	11 363.8	10 521.7		
股份有限公司	139 368.5	120 112.5	67 045.2	16 161.6	
私营企业	4 938.2	3 331.2	3 036.6		
私营独资企业					
私营合伙企业					
私营有限责任公司	4 938.2	3 331.2	3 036.6		
私营股份有限公司					
其他企业					
港、澳、台商投资企业	8 621.1	214.7	3 000.0		3 000.0
合资经营企业(港或澳、台资)	8 621.1	214.7	3 000.0		3 000.0
合作经营企业(港或澳、台资)					
港、澳、台商独资经营企业					
港、澳、台商投资股份有限公司					
外商投资企业					
中外合资经营企业					
中外合作经营企业					
外资企业					

11－9　续表24　　　　(2000年)　　　　单位:万元

	外商资本	损益及分配 商品销售收入	商品销售收入净额	商品销售成本	经营费用
其中:国有及国有控股		301 502.5	297 774.6	257 515.4	9 333.0
(一)按登记注册类型分组					
内资企业		443 774.0	439 793.2	382 013.5	19 406.1
国有企业		117 489.0	113 780.2	102 755.4	4 665.8
集体企业		1 184.2	1 184.2	1 023.9	112.4
股份合作企业		24 148.8	24 148.8	23 198.5	435.8
联营企业					
国有联营企业					
集体联营企业					
国有与集体联营企业					
其他联营企业					
有限责任公司		55 864.2	55 766.8	48 645.8	1 988.4
国有独资企业					
其他有限责任公司		55 864.2	55 766.8	48 645.8	1 988.4
股份有限公司		223 083.4	222 923.9	186 491.5	9 949.0
私营企业		22 004.4	21 989.3	19 898.4	2 254.7
私营独资企业					
私营合伙企业					
私营有限责任公司		22 004.4	21 989.3	19 898.4	2 254.7
私营股份有限公司					
其他企业					
港、澳、台商投资企业		13 387.6	13 387.6	12 305.8	728.5
合资经营企业(港或澳、台资)		13 387.6	13 387.6	12 305.8	728.5
合作经营企业(港或澳、台资)					
港、澳、台商独资经营企业					
港、澳、台商投资股份有限公司					
外商投资企业					
中外合资经营企业					
中外合作经营企业					
外资企业					

11－9　续表 25　　(2000年)　　单位:万元

	损益及分配				
	运杂装卸费	商品销售税金及附加	商品销售利润	代购代销收入	主营利润
其中:国有及国有控股	785.2	955.5	29 970.7		29 970.7
(一)按登记注册类型分组					
内资企业	1 361.1	1 302.0	37 071.6		37 071.6
国有企业	404.8	241.4	6 117.6		6 117.6
集体企业	42.9	3.2	44.7		44.7
股份合作企业	4.2	16.8	497.7		497.7
联营企业					
国有联营企业					
集体联营企业					
国有与集体联营企业					
其他联营企业					
有限责任公司	19.5	129.9	5 002.7		5 002.7
国有独资企业					
其他有限责任公司	19.5	129.9	5 002.7		5 002.7
股份有限公司	867.1	856.2	25 627.2		25 627.2
私营企业	22.6	54.5	－218.3		－218.3
私营独资企业					
私营合伙企业					
私营有限责任公司	22.6	54.5	－218.3		－218.3
私营股份有限公司					
其他企业					
港、澳、台商投资企业	728.5		353.3	66.0	419.3
合资经营企业(港或澳、台资)	728.5		353.3	66.0	419.3
合作经营企业(港或澳、台资)					
港、澳、台商独资经营企业					
港、澳、台商投资股份有限公司					
外商投资企业					
中外合资经营企业					
中外合作经营企业					
外资企业					

11－9　续表26　　(2000年)　　单位:万元

	损益及分配				
	其他业务利润	管理费用	税金	财产保险	劳动待业险
其中:国有及国有控股	3 908.6	21 863.6	709.9	400.5	2 867.6
(一)按登记注册类型分组					
内资企业	6 069.6	31 019.1	805.2	677.0	3 079.2
国有企业	2 553.4	7 486.5	99.9	112.3	942.8
集体企业		104.2	6.0	2.1	6.0
股份合作企业	234.8	343.8	14.5	8.8	199.3
联营企业					
国有联营企业					
集体联营企业					
国有与集体联营企业					
其他联营企业					
有限责任公司	1 170.9	4 837.6	69.7	140.1	1.3
国有独资企业					
其他有限责任公司	1 170.9	4 837.6	69.7	140.1	1.3
股份有限公司	1 079.8	16 841.3	610.0	298.7	1 929.8
私营企业	1 030.7	1 405.7	5.1	115.0	
私营独资企业					
私营合伙企业					
私营有限责任公司	1 030.7	1 405.7	5.1	115.0	
私营股份有限公司					
其他企业					
港、澳、台商投资企业		901.8			
合资经营企业(港或澳、台资)		901.8			
合作经营企业(港或澳、台资)					
港、澳、台商独资经营企业					
港、澳、台商投资股份有限公司					
外商投资企业					
中外合资经营企业					
中外合作经营企业					
外资企业					

11-9　续表27　　(2000年)　　单位:万元

	损益及分配			
	财务费用	利息支出	营业利润	补贴收入
其中:国有及国有控股	2 553.7	2 576.5	8 939.4	374.1
(一)按登记注册类型分组				
内资企业	3 513.2	3 549.9	8 086.5	374.1
国有企业	1 309.4	1 429.3	-230.1	374.1
集体企业	-0.7		-58.8	
股份合作企业	182.9	181.9	205.8	
联营企业				
国有联营企业				
集体联营企业				
国有与集体联营企业				
其他联营企业				
有限责任公司	461.5	413.0	874.8	
国有独资企业				
其他有限责任公司	461.5	413.0	874.8	
股份有限公司	1 492.5	1 442.5	7 955.7	
私营企业	67.6	83.2	-660.9	
私营独资企业				
私营合伙企业				
私营有限责任公司	67.6	83.2	-660.9	
私营股份有限公司				
其他企业				
港、澳、台商投资企业	260.4		-742.9	
合资经营企业(港或澳、台资)	260.4		-742.9	
合作经营企业(港或澳、台资)				
港、澳、台商独资经营企业				
港、澳、台商投资股份有限公司				
外商投资企业				
中外合资经营企业				
中外合作经营企业				
外资企业				

11－9 续表28 (2000年) 单位:万元

	损益及分配			工资福利及增值税	
	利润总额	应交所得税	应付利润	本年应付工资总额	主业付工资
其中:国有及国有控股	6 654.2	1 143.9	4 512.8	11 018.5	9 998.1
(一)按登记注册类型分组					
内资企业	6 231.5	1 264.3	4 594.2	14 712.6	12 058.9
国有企业	－532.7	298.8	666.3	4 025.3	3 511.9
集体企业	－58.8	2.3		91.5	42.3
股份合作企业	205.8	67.9	81.4	322.0	322.0
联营企业					
国有联营企业					
集体联营企业					
国有与集体联营企业					
其他联营企业					
有限责任公司	1 311.0	113.1		1 351.9	233.8
国有独资企业					
其他有限责任公司	1 311.0	113.1		1 351.9	233.8
股份有限公司	5 957.5	875.1	3 846.5	8 241.9	7 309.8
私营企业	－651.3	－92.9		680.0	639.1
私营独资企业					
私营合伙企业					
私营有限责任公司	－651.3	－92.9		680.0	639.1
私营股份有限公司					
其他企业					
港、澳、台商投资企业	－751.9			225.0	
合资经营企业(港或澳、台资)	－751.9			225.0	
合作经营企业(港或澳、台资)					
港、澳、台商独资经营企业					
港、澳、台商投资股份有限公司					
外商投资企业					
中外合资经营企业					
中外合作经营企业					
外资企业					

11－9 续表 29 (2000 年) 单位:万元

	工资福利及增值税				
	本年应付福利费总额	主业福利费	本年应交增值税总额	本年进项税额	本年销项税额
其中:国有及国有控股	1 595.4	1 451.2	5 462.3	28 058.1	42 308.0
(一)按登记注册类型分组					
内资企业	2 019.2	1 693.3	13 785.1	49 092.4	67 432.7
国有企业	634.0	581.2	1 397.1	12 151.2	13 303.0
集体企业	12.0	5.9	19.1	176.6	195.7
股份合作企业	45.0	45.0	150.8	730.0	847.4
联营企业					
国有联营企业					
集体联营企业					
国有与集体联营企业					
其他联营企业					
有限责任公司	111.3	13.8	1 047.1	7 333.8	8 121.7
国有独资企业					
其他有限责任公司	111.3	13.8	1 047.1	7 333.8	8 121.7
股份有限公司	1 126.8	975.8	10 727.0	25 774.4	41 311.3
私营企业	90.1	71.6	444.0	2 926.4	3 653.6
私营独资企业					
私营合伙企业					
私营有限责任公司	90.1	71.6	444.0	2 926.4	3 653.6
私营股份有限公司					
其他企业					
港、澳、台商投资企业	31.3		3.7	2 250.8	2 288.3
合资经营企业(港或澳、台资)	31.3		3.7	2 250.8	2 288.3
合作经营企业(港或澳、台资)					
港、澳、台商独资经营企业					
港、澳、台商投资股份有限公司					
外商投资企业					
中外合资经营企业					
中外合作经营企业					
外资企业					

11-9　续表30　　(2000年)　　单位:万元

	年末资产负债			
	流动资产小计	存货	长期投资	固定资产小计
外商投资股份有限公司				
(二)按国民经济行业分组				
食品、饮料和烟草零售业	10 283.5	5 224.1	3 448.7	10 340.8
其中:粮油食品零售业	9 558.6	4 927.4	3 448.7	9 484.2
副食品零售业	724.9	296.7		856.6
日用百货零售业	175 945.1	37 081.1	19 474.8	143 429.2
其中:百货零售业	175 444.6	36 962.3	19 474.8	143 134.8
文化体育用品零售业				
纺织品、服装和鞋帽零售业	7 601.8	958.3	518.8	8 760.2
日用杂品零售业	3 369.6	349.4	1.5	508.7
五金、交电、化工零售业	2 280.8	812.9		63.6
药品及医疗器械零售业				
图书报刊零售业	1 498.8	437.8		892.8
其他零售业	2 625.4	1 338.9		427.6
其中:家具零售业	317.2	217.6		75.3
汽车、摩托车及其零配件零售业	1 535.4	860.1		139.0
计算机及软件、办公设备零售业	772.8	261.2		213.3
(三)按经营方式分组				
连锁商店	11 971.9	5 762.4	3 448.7	9 227.3
非连锁商店	191 633.1	40 440.1	19 995.1	155 195.6
(四)按零售业态分组				
1、百货商店	148 336.4	30 690.3	19 993.6	139 846.6
2、超级市场	44 886.6	12 405.4	3 448.7	21 209.2
3、专业(专卖)商店	5 360.8	1 879.8		2 514.2
4、其他	5 021.2	1 227.0	1.5	852.9

11－9　续表31　(2000年)　单位:万元

	固定资产原　价	生产经营用	累计折旧	本年折旧
外商投资股份有限公司				
(二)按国民经济行业分组				
食品、饮料和烟草零售业	11 720.8	10 669.1	1 421.5	208.4
其中:粮油食品零售业	10 785.4	9 923.5	1 342.7	184.2
副食品零售业	935.4	745.6	78.8	24.2
日用百货零售业	143 630.8	132 631.5	21 769.1	4 071.5
其中:百货零售业	143 156.2	132 156.9	21 588.8	4 069.0
文化体育用品零售业				
纺织品、服装和鞋帽零售业	9 828.6	8 233.4	1 068.4	2.6
日用杂品零售业	518.1	518.1	10.7	3.1
五金、交电、化工零售业	89.2	69.1	25.6	25.6
药品及医疗器械零售业				
图书报刊零售业	1 054.1	1 054.1	161.3	37.9
其他零售业	639.2	564.8	219.6	31.4
其中:家具零售业	98.3	98.3	23.0	16.0
汽车、摩托车及其零配件零售业	213.4	139.0	82.4	
计算机及软件、办公设备零售业	327.5	327.5	114.2	15.4
(三)按经营方式分组				
连锁商店	10 550.6	9 688.7	1 323.3	199.8
非连锁商店	156 930.2	144 051.4	23 352.9	4 180.7
(四)按零售业态分组				
1、百货商店	144 065.2	131 470.7	21 742.0	3 195.3
2、超级市场	19 427.0	18 565.1	2 261.8	1 072.7
3、专业(专卖)商店	3 032.6	2 822.7	560.0	109.4
4、其他	956.0	881.6	112.4	3.1

11－9　续表32　　(2000年)　　单位:万元

	年末资产负债				
	无形及递延资产小计	无形资产	资产总计	流动负债小计	长期负债小计
外商投资股份有限公司					
(二)按国民经济行业分组					
食品、饮料和烟草零售业	55.3	4.2	24 128.3	14 942.8	6 430.8
其中:粮油食品零售业	48.5	4.2	22 540.0	13 821.5	6 430.8
副食品零售业	6.8		1 588.3	1 121.3	
日用百货零售业	27 087.1	16 636.9	396 145.9	208 308.4	32 836.8
其中:百货零售业	27 087.1	16 636.9	395 351.0	207 918.3	32 836.3
文化体育用品零售业					
纺织品、服装和鞋帽零售业	615.4		17 496.2	9 996.0	2 080.5
日用杂品零售业			3 879.8		
五金、交电、化工零售业	16.0		2 360.4	795.2	
药品及医疗器械零售业					
图书报刊零售业			2 474.2	1 397.3	16.6
其他零售业	711.3	419.9	3 764.3	2 619.1	－109.2
其中:家具零售业	291.4		683.9	420.9	
汽车、摩托车及其零配件零售业			1 674.4	889.4	
计算机及软件、办公设备零售业	419.9	419.9	1 406.0	1 308.8	－109.2
(三)按经营方式分组					
连锁商店	833.1	4.2	25 481.0	16 531.0	6 406.8
非连锁商店	27 652.0	17 056.8	424 768.1	221 527.8	34 848.7
(四)按零售业态分组					
1、百货商店	26 606.8	17 056.8	364 993.1	182 046.9	34 807.6
2、超级市场	1 564.1	4.2	71 108.6	50 948.9	6 406.8
3、专业(专卖)商店	307.4		8 265.0	4 130.4	41.1
4、其他	6.8		5 882.4	932.6	

11－9 续表33 (2000年) 单位:万元

	负债合计	所有者权益合计	实收资本	国家资本	港澳台资本
外商投资股份有限公司					
(二)按国民经济行业分组					
食品、饮料和烟草零售业	21 373.6	2 754.7	8 474.7	7 888.8	
其中:粮油食品零售业	20 252.3	2 287.7	8 120.0	7 534.1	
副食品零售业	1 121.3	467.0	354.7	354.7	
日用百货零售业	250 445.2	145 700.7	89 813.6	23 020.3	3 000.0
其中:百货零售业	250 054.6	145 296.4	89 602.9	22 809.6	3 000.0
文化体育用品零售业					
纺织品、服装和鞋帽零售业	12 076.5	5 419.7	6 692.4	6 184.4	
日用杂品零售业	3 835.3	44.5	124.1		
五金、交电、化工零售业	795.2	1 565.2	2 000.0		
药品及医疗器械零售业					
图书报刊零售业	1 413.9	1 060.3	301.3	171.9	
其他零售业	2 509.9	1 254.4	561.7		
其中:家具零售业	420.9	263.0	428.6		
汽车、摩托车及其零配件零售业	889.4	785.0			
计算机及软件、办公设备零售业	1 199.6	206.4	133.1		
(三)按经营方式分组					
连锁商店	22 937.8	2 543.2	8 162.7	7 534.1	
非连锁商店	269 511.8	155 256.3	99 805.1	29 731.3	3 000.0
(四)按零售业态分组					
1、百货商店	226 154.5	138 838.6	86 328.4	28 994.0	3 000.0
2、超级市场	57 355.7	13 752.9	17 634.1	7 534.1	
3、专业(专卖)商店	4 171.5	4 093.5	3 745.0	601.1	
4、其他	4 767.9	1 114.5	260.3	136.2	

11－9　续表34　　(2000年)　　单位:万元

	外商资本	损益及分配			
		商品销售收入	商品销售收入净额	商品销售成本	经营费用
外商投资股份有限公司					
(二)按国民经济行业分组					
食品、饮料和烟草零售业		4 341.0	4 336.2	3 968.8	643.6
其中:粮油食品零售业		2 506.6	2 506.6	2 352.3	477.3
副食品零售业		1 834.4	1 829.6	1 616.5	166.3
日用百货零售业		435 236.0	431 560.3	375 527.2	17 699.7
其中:百货零售业		432 262.3	428 586.6	373 194.7	17 222.0
文化体育用品零售业					
纺织品、服装和鞋帽零售业		1 769.4	1 754.3	1 409.2	615.9
日用杂品零售业		400.2	400.2	320.6	57.1
五金、交电、化工零售业		4 562.0	4 562.0	4 316.5	179.6
药品及医疗器械零售业					
图书报刊零售业		6 417.1	6 131.9	4 748.7	493.8
其他零售业		4 435.9	4 435.9	4 028.3	444.9
其中:家具零售业		465.5	465.5	326.9	244.3
汽车、摩托车及其零配件零售业		2 829.6	2 829.6	2 837.5	88.9
计算机及软件、办公设备零售业		1 140.8	1 140.8	863.9	111.7
(三)按经营方式分组					
连锁商店		17 073.5	17 073.5	15 045.8	2 169.0
非连锁商店		440 088.1	436 107.3	379 273.5	17 965.6
(四)按零售业态分组					
1、百货商店		371 903.0	368 309.6	320 352.7	14 673.8
2、超级市场		65 243.2	65 145.8	56 970.7	3 687.8
3、专业(专卖)商店		16 001.6	15 711.6	13 134.5	1 571.7
4、其他		4 013.8	4 013.8	3 861.4	201.3

11-9　续表35　　(2000年)　　单位:万元

	损益及分配				
	运杂装卸费	商品销售税金及附加	商品销售利润	代购代销收入	主营利润
外商投资股份有限公司					
(二)按国民经济行业分组					
食品、饮料和烟草零售业	21.0	6.5	-282.7		-282.7
其中:粮油食品零售业	21.0	3.0	-326.0		-326.0
副食品零售业		3.5	43.3		43.3
日用百货零售业	1 992.3	1 198.5	37 134.9	66.0	37 200.9
其中:百货零售业	1 992.0	1 172.4	36 997.5	66.0	37 063.5
文化体育用品零售业					
纺织品、服装和鞋帽零售业		71.2	-342.0		-342.0
日用杂品零售业	42.9	2.9	19.6		19.6
五金、交电、化工零售业	7.5	2.5	63.4		63.4
药品及医疗器械零售业					
图书报刊零售业	6.6	14.5	874.9		874.9
其他零售业	19.3	5.9	-43.2		-43.2
其中:家具零售业	15.1	1.9	-107.6		-107.6
汽车、摩托车及其零配件零售业		0.8	-97.6		-97.6
计算机及软件、办公设备零售业	4.2	3.2	162.0		162.0
(三)按经营方式分组					
连锁商店	36.1	54.3	-195.6		-195.6
非连锁商店	2 053.5	1 247.7	37 620.5	66.0	37 686.5
(四)按零售业态分组					
1、百货商店	1 976.7	1 081.0	32 202.1	66.0	32 268.1
2、超级市场	40.5	168.2	4 319.1		4 319.1
3、专业(专卖)商店	29.5	48.8	956.6		956.6
4、其他	42.9	4.0	-52.9		-52.9

11－9　续表36　　　　(2000年)　　　　单位:万元

	损益及分配				
	其他业务利润	管理费用			
			税金	财产保险	劳动待业险
外商投资股份有限公司					
(二)按国民经济行业分组					
食品、饮料和烟草零售业	191.4	1 172.8	3.8	20.0	289.0
其中:粮油食品零售业	191.4	1 092.8	3.0	20.0	283.0
副食品零售业		80.0	0.8		6.0
日用百货零售业	4 994.8	28 693.4	750.0	530.4	2 581.5
其中:百货零售业	4 702.3	28 394.3	749.5	529.6	2 580.8
文化体育用品零售业					
纺织品、服装和鞋帽零售业	839.1	901.4	19.4	7.0	166.0
日用杂品零售业		80.8	5.2	2.1	
五金、交电、化工零售业		425.0	3.6	115.0	
药品及医疗器械零售业					
图书报刊零售业		354.6	16.9	0.2	12.3
其他零售业	44.3	292.9	6.3	2.3	30.4
其中:家具零售业		32.6	1.5		
汽车、摩托车及其零配件零售业	1.2	146.9			
计算机及软件、办公设备零售业	43.1	113.4	4.8	2.3	30.4
(三)按经营方式分组					
连锁商店	1 081.0	1 780.0	4.5	21.4	283.0
非连锁商店	4 988.6	30 140.9	800.7	655.6	2 796.2
(四)按零售业态分组					
1、百货商店	3 455.8	24 912.4	705.0	400.3	2 777.2
2、超级市场	2 238.1	5 537.1	71.7	158.6	283.0
3、专业(专卖)商店	374.5	1 220.3	22.5	116.0	13.0
4、其他	1.2	251.1	6.0	2.1	6.0

11-9 续表37 (2000年) 单位:万元

	损益及分配			
	财务费用	利息支出	营业利润	补贴收入
外商投资股份有限公司				
(二)按国民经济行业分组				
食品、饮料和烟草零售业	16.6	11.3	-1 385.7	384.7
其中:粮油食品零售业	11.3	11.3	-1 343.7	384.7
副食品零售业	5.3		-42.0	
日用百货零售业	3 445.9	3 198.3	9 639.1	-10.6
其中:百货零售业	3 433.4	3 191.1	9 520.8	-10.6
文化体育用品零售业				
纺织品、服装和鞋帽零售业	225.8	241.5	-630.2	
日用杂品零售业	-0.4		-60.8	
五金、交电、化工零售业	64.7	64.0	-426.3	
药品及医疗器械零售业				
图书报刊零售业	-9.0	-6.9	529.3	
其他零售业	30.0	41.7	-321.8	
其中:家具零售业			-140.2	
汽车、摩托车及其零配件零售业	-11.7		-231.6	
计算机及软件、办公设备零售业	41.7	41.7	50.0	
(三)按经营方式分组				
连锁商店	6.3	11.6	-1 005.9	384.7
非连锁商店	3 767.3	3 538.3	8 349.5	-10.6
(四)按零售业态分组				
1、百货商店	3 247.5	3 064.1	7 146.4	-10.6
2、超级市场	465.1	421.9	450.2	384.7
3、专业(专卖)商店	73.4	63.9	37.4	
4、其他	-12.4		-290.4	

11-9　续表38　　(2000年)　　单位:万元

	损益及分配			工资福利及增值税	
	利润总额	应交所得税	应付利润	本年应付工资总额	主业付工资
外商投资股份有限公司					
(二)按国民经济行业分组					
食品、饮料和烟草零售业	-998.7	0.6		635.0	566.9
其中:粮油食品零售业	-957.3	0.2		495.6	495.6
副食品零售业	-41.4	0.4		139.4	71.3
日用百货零售业	8 090.0	1 338.2	4 176.0	13 223.1	10 462.6
其中:百货零售业	7 971.2	1 298.2	4 176.0	13 154.5	10 402.6
文化体育用品零售业					
纺织品、服装和鞋帽零售业	-1 283.2			701.3	701.3
日用杂品零售业	-60.8	1.9		51.5	42.3
五金、交电、化工零售业	-441.4			79.7	79.7
药品及医疗器械零售业					
图书报刊零售业	495.5		418.2	114.8	114.8
其他零售业	-321.8	-76.4		132.2	91.3
其中:家具零售业	-140.2	0.7		8.3	8.3
汽车、摩托车及其零配件零售业	-231.6	-93.6		40.9	
计算机及软件、办公设备零售业	50.0	16.5		83.0	83.0
(三)按经营方式分组					
连锁商店	-586.3	0.7		891.4	859.4
非连锁商店	6 065.9	1 263.6	4 594.2	14 046.2	11 199.5
(四)按零售业态分组					
1、百货商店	4 914.7	1 201.8	4 176.0	12 509.6	10 825.8
2、超级市场	865.1	112.9		1 869.2	801.1
3、专业(专卖)商店	-9.8	40.9	418.2	426.4	389.7
4、其他	-290.4	-91.3		132.4	42.3

11－9 续表39 (2000年) 单位:万元

	工资福利及增值税				
	本年应付福利费总额	主业福利费	本年应交增值税总额	本年进项税额	本年销项税额
外商投资股份有限公司					
(二)按国民经济行业分组					
食品、饮料和烟草零售业	63.6	56.8	83.6	576.6	670.2
其中:粮油食品零售业	46.8	46.8	55.7	305.9	361.6
副食品零售业	16.8	10.0	27.9	270.7	308.6
日用百货零售业	1 833.4	1 502.8	13 414.9	48 756.3	66 404.8
其中:百货零售业	1 782.0	1 452.6	13 368.8	48 244.1	66 071.6
文化体育用品零售业					
纺织品、服装和鞋帽零售业	71.6	71.6	28.9	236.2	287.6
日用杂品零售业	7.2	5.9	13.3	49.2	62.5
五金、交电、化工零售业	9.3	9.3		960.2	784.3
药品及医疗器械零售业					
图书报刊零售业	22.4	22.4	188.5	586.3	814.5
其他零售业	43.0	24.5	59.6	178.4	697.1
其中:家具零售业	13.0	13.0	22.1		22.1
汽车、摩托车及其零配件零售业	18.5		8.2	13.8	481.1
计算机及软件、办公设备零售业	11.5	11.5	29.3	164.6	193.9
(三)按经营方式分组					
连锁商店	101.3	101.3	494.9	2 268.9	2 763.8
非连锁商店	1 949.2	1 592.0	13 293.9	49 074.3	66 957.2
(四)按零售业态分组					
1、百货商店	1 718.3	1 486.4	12 108.0	40 252.3	57 100.7
2、超级市场	185.8	88.3	1 368.0	8 633.6	9 742.4
3、专业(专卖)商店	115.9	112.7	285.5	2 266.9	2 201.1
4、其他	30.5	5.9	27.3	190.4	676.8

11－10　限额以上餐饮企业财务状况

(2000年)　　　　单位:万元

	年末资产负债			
	流动资产		长期投资	固定资产
	小计	存货		小计
总计	**37 388.8**	**3 820.8**	**2 814.0**	**33 129.2**
其中:国有及国有控股	328.3	34.1		214.5
一、按登记注册类型分组				
内资企业	23 040.0	3 212.7	2 758.0	28 147.1
国有企业	328.3	34.1		214.5
集体企业	59.6	10.1		137.2
股份合作企业	199.7	28.1		482.7
联营企业				
国有联营企业				
集体联营企业				
国有与集体联营企业				
其他联营企业				
有限责任公司	889.4	241.7		342.1
国有独资企业				
其他有限责任公司	889.4	241.7		342.1
股份有限公司	17 502.5	1 943.0	2 738.0	21 527.8
私营企业	4 060.5	955.7	20.0	5 442.8
私营独资企业	66.9	4.9		5.9
私营合伙企业				
私营有限责任公司	3 539.2	815.3	20.0	5 335.8
私营股份有限公司	454.4	135.5		101.1
其他企业				
港、澳、台商投资企业	9 093.1	543.9	56.0	4 239.8
合资经营企业(港或澳、台资)	6 966.4	333.7	56.0	3 420.3
合作经营企业(港或澳、台资)	1 038.2	31.8		44.3
港、澳、台商独资经营企业	1 088.5	178.4		775.2
港、澳、台商投资股份有限公司				
外商投资企业	5 255.7	64.2		742.3
中外合资经营企业	5 144.7	36.2		708.6
中外合作经营企业	111.0	28.0		33.7
外资企业				
外商投资股份有限公司				
二、按国民经济行业分组				
正餐	36 300.3	3 642.4	2 814.0	32 354.0
快餐	1 088.5	178.4		775.2
其他餐饮业				

11－10　续表 1　　(2000 年)　　单位:万元

	年末资产负债			
	固定资产原价	生产经营用	累计折旧	本年折旧
总　计	**41 485.0**	**37 424.7**	**10 888.6**	**4 974.3**
其中:国有及国有控股	285.9	285.9	71.4	23.0
一、按登记注册类型分组				
内资企业	31 572.1	29 826.3	5 956.8	1 691.1
国有企业	285.9	285.9	71.4	23.0
集体企业	168.4	168.4	31.2	15.5
股份合作企业	590.5	590.5	107.8	62.3
联营企业				
国有联营企业				
集体联营企业				
国有与集体联营企业				
其他联营企业				
有限责任公司	615.0	103.3	272.9	88.1
国有独资企业				
其他有限责任公司	615.0	103.3	272.9	88.1
股份有限公司	24 119.4	24 017.4	4 593.4	1 062.0
私营企业	5 792.9	4 660.8	880.1	440.2
私营独资企业	9.4		3.5	2.0
私营合伙企业				
私营有限责任公司	5 581.7	4 660.8	775.9	406.1
私营股份有限公司	201.8		100.7	32.1
其他企业				
港、澳、台商投资企业	8 495.8	6 237.3	4 257.0	3 113.6
合资经营企业(港或澳、台资)	6 608.9	5 943.8	3 189.6	2 833.8
合作经营企业(港或澳、台资)	293.5	293.5	249.2	54.0
港、澳、台商独资经营企业	1 593.4		818.2	225.8
港、澳、台商投资股份有限公司				
外商投资企业	1 417.1	1 361.1	674.8	169.6
中外合资经营企业	1 361.1	1 361.1	652.5	166.0
中外合作经营企业	56.0		22.3	3.6
外资企业				
外商投资股份有限公司				
二、按国民经济行业分组				
正餐	39 891.6	37 424.7	10 070.4	4 748.5
快餐	1 593.4		818.2	225.8
其他餐饮业				

11－10　续表2　　(2000年)　　单位:万元

	年末资产负债				
	无形及递延资产小计	无形资产	资产总计	流动负债小计	长期负债小计
总　计	**10 825.6**	**3 285.0**	**85 439.1**	**42 296.0**	**7 677.8**
其中:国有及国有控股	148.8		691.6	393.1	25.0
一、按登记注册类型分组					
内资企业	8 611.8	3 132.6	62 856.9	23 965.4	7 477.8
国有企业	148.8		691.6	393.1	25.0
集体企业	14.9		211.7	302.3	
股份合作企业	360.5	360.5	1 042.9	793.6	103.0
联营企业					
国有联营企业					
集体联营企业					
国有与集体联营企业					
其他联营企业					
有限责任公司	175.2		1 406.7	1 078.8	
国有独资企业					
其他有限责任公司	175.2		1 406.7	1 078.8	
股份有限公司	6 265.1	2 772.1	48 033.4	15 108.4	6 975.4
私营企业	1 647.3		11 470.6	6 289.2	374.4
私营独资企业			72.8	10.0	
私营合伙企业					
私营有限责任公司	1 614.7		10 809.7	6 122.4	374.4
私营股份有限公司	32.6		588.1	156.8	
其他企业					
港、澳、台商投资企业	809.7	150.0	15 180.1	6 971.5	200.0
合资经营企业(港或澳、台资)	254.3		11 678.5	4 726.8	
合作经营企业(港或澳、台资)			1 082.5	410.9	
港、澳、台商独资经营企业	555.4	150.0	2 419.1	1 833.8	200.0
港、澳、台商投资股份有限公司					
外商投资企业	1 404.1	2.4	7 402.1	11 359.1	
中外合资经营企业	1 348.2	2.4	7 201.5	11 262.1	
中外合作经营企业	55.9		200.6	97.0	
外资企业					
外商投资股份有限公司					
二、按国民经济行业分组					
正餐	10 270.2	3 135.0	83 020.0	40 462.2	7 477.8
快餐	555.4	150.0	2 419.1	1 833.8	200.0
其他餐饮业					

11－10　续表 3　　(2000 年)　　单位:万元

	年末资产负债				
	负债合计	所有者权益合计	实收资本		
				国家资本	港澳台资本
总　　计	**49 981.6**	**35 457.5**	**28 483.2**	**7 128.4**	**3 209.2**
其中:国有及国有控股	418.1	273.5	155.0	155.0	
一、按登记注册类型分组					
内资企业	31 443.3	31 413.6	18 975.0	3 655.0	
国有企业	418.1	273.5	155.0	155.0	
集体企业	302.4	－90.7	50.0		
股份合作企业	896.6	146.3	111.5		
联营企业					
国有联营企业					
集体联营企业					
国有与集体联营企业					
其他联营企业					
有限责任公司	1 078.8	327.9	433.0		
国有独资企业					
其他有限责任公司	1 078.8	327.9	433.0		
股份有限公司	22 083.8	25 949.6	12 124.2	3 500.0	
私营企业	6 663.6	4 807.0	6 101.3		
私营独资企业	10.0	62.8	63.0		
私营合伙企业					
私营有限责任公司	6 496.8	4 312.9	5 659.5		
私营股份有限公司	156.8	431.3	378.8		
其他企业					
港、澳、台商投资企业	7 171.5	8 008.6	8 408.2	3 473.4	3 209.2
合资经营企业(港或澳、台资)	4 726.8	6 951.7	7 103.2	3 473.4	1 904.2
合作经营企业(港或澳、台资)	410.9	671.6			
港、澳、台商独资经营企业	2 033.8	385.3	1 305.0		1 305.0
港、澳、台商投资股份有限公司					
外商投资企业	11 366.8	－3 964.7	1 100.0		
中外合资经营企业	11 269.1	－4 067.6	1 000.0		
中外合作经营企业	97.7	102.9	100.0		
外资企业					
外商投资股份有限公司					
二、按国民经济行业分组					
正餐	47 947.8	35 072.2	27 178.2	7 128.4	1 904.2
快餐	2 033.8	385.3	1 305.0		1 305.0
其他餐饮业					

11－10　续表4　　(2000年)　　单位:万元

	外商资本	损益及分配			
		营业收入	营业成本	营业费用	营业税金及附加
总　计	**380.0**	**68 467.1**	**33 685.8**	**25 086.0**	**3 642.7**
其中:国有及国有控股		1 169.4	583.4	369.7	47.6
一、按登记注册类型分组					
内资企业		53 618.0	27 490.2	20 217.5	2 893.5
国有企业		1 169.4	583.4	369.7	47.6
集体企业		649.8	455.4	229.0	36.6
股份合作企业		1 216.9	610.4	360.6	65.1
联营企业					
国有联营企业					
集体联营企业					
国有与集体联营企业					
其他联营企业					
有限责任公司		3 921.5	2 463.9	1 085.5	223.5
国有独资企业					
其他有限责任公司		3 921.5	2 463.9	1 085.5	223.5
股份有限公司		25 838.3	11 269.3	11 655.9	1 354.5
私营企业		20 822.1	12 107.8	6 516.8	1 166.2
私营独资企业		418.8	226.3	95.4	24.6
私营合伙企业					
私营有限责任公司		18 585.9	10 699.5	5 939.6	1 041.6
私营股份有限公司		1 817.4	1 182.0	481.8	100.0
其他企业					
港、澳、台商投资企业		13 650.5	5 461.3	4 495.4	686.6
合资经营企业(港或澳、台资)		7 261.5	2 384.8	1 870.8	334.1
合作经营企业(港或澳、台资)		2 186.0	995.4	864.3	142.4
港、澳、台商独资经营企业		4 203.0	2 081.1	1 760.3	210.1
港、澳、台商投资股份有限公司					
外商投资企业	380.0	1 198.6	734.3	373.1	62.6
中外合资经营企业	300.0	711.4	445.1	366.0	37.7
中外合作经营企业	80.0	487.2	289.2	7.1	24.9
外资企业					
外商投资股份有限公司					
二、按国民经济行业分组					
正餐	380.0	64 264.1	31 604.7	23 325.7	3 432.6
快餐		4 203.0	2 081.1	1 760.3	210.1
其他餐饮业					

11－10　续表5　　(2000年)　　单位:万元

	损益及分配				
	经营利润	管理费用	税金	财产保险	待业保险
总计	**6 052.6**	**5 321.0**	**243.2**	**54.1**	**105.5**
其中:国有及国有控股	168.7	135.0	7.3	2.4	19.2
一、按登记注册类型分组					
内资企业	3 016.8	2 584.0	219.4	47.2	105.5
国有企业	168.7	135.0	7.3	2.4	19.2
集体企业	－71.2				
股份合作企业	180.8	153.8	4.4	0.7	20.8
联营企业					
国有联营企业					
集体联营企业					
国有与集体联营企业					
其他联营企业					
有限责任公司	148.6	77.2	6.4		7.0
国有独资企业					
其他有限责任公司	148.6	77.2	6.4		7.0
股份有限公司	1 558.6	622.5	144.1	31.7	55.0
私营企业	1 031.3	1 595.5	57.2	12.4	3.5
私营独资企业	72.5	75.6	23.0		
私营合伙企业					
私营有限责任公司	905.2	1 498.5	17.3	12.1	3.5
私营股份有限公司	53.6	21.4	16.9	0.3	
其他企业					
港、澳、台商投资企业	3 007.2	2 291.8	23.8	6.9	
合资经营企业(港或澳、台资)	2 671.8	2 129.4	20.1	5.1	
合作经营企业(港或澳、台资)	183.9				
港、澳、台商独资经营企业	151.5	162.4	3.7	1.8	
港、澳、台商投资股份有限公司					
外商投资企业	28.6	445.2			
中外合资经营企业	－137.4	304.6			
中外合作经营企业	166.0	140.6			
外资企业					
外商投资股份有限公司					
二、按国民经济行业分组					
正餐	5 901.1	5 158.6	239.5	52.3	105.5
快餐	151.5	162.4	3.7	1.8	
其他餐饮业					

11-10　续表6　　(2000年)　　单位:万元

	损益及分配				
	财务费用	利息支出	营业利润	利润总额	应交所得税
总　　计	**1 451.4**	**914.2**	**-719.8**	**-974.7**	**196.3**
其中:国有及国有控股	4.4	4.6	29.3	28.5	
一、按登记注册类型分组					
内资企业	802.0	742.6	-369.2	-342.7	117.3
国有企业	4.4	4.6	29.3	28.5	
集体企业	3.1	3.1	-74.3	-74.3	
股份合作企业	26.7	26.7	0.3	5.3	1.4
联营企业					
国有联营企业					
集体联营企业					
国有与集体联营企业					
其他联营企业					
有限责任公司	43.9	-0.1	27.5	26.5	15.8
国有独资企业					
其他有限责任公司	43.9	-0.1	27.5	26.5	15.8
股份有限公司	555.0	553.6	381.1	284.5	53.3
私营企业	168.9	154.7	-733.1	-613.2	46.8
私营独资企业			-3.1	-3.1	
私营合伙企业					
私营有限责任公司	155.5	148.6	-748.8	-629.0	40.9
私营股份有限公司	13.4	6.1	18.8	18.9	5.9
其他企业					
港、澳、台商投资企业	220.9	171.6	494.5	213.1	79.0
合资经营企业(港或澳、台资)	210.6	171.6	331.8	50.8	79.0
合作经营企业(港或澳、台资)	-0.9		184.8	184.4	
港、澳、台商独资经营企业	11.2		-22.1	-22.1	
港、澳、台商投资股份有限公司					
外商投资企业	428.5		-845.1	-845.1	
中外合资经营企业	428.5		-870.5	-870.5	
中外合作经营企业			25.4	25.4	
外资企业					
外商投资股份有限公司					
二、按国民经济行业分组					
正餐	1 440.2	914.2	-697.7	-952.6	196.3
快餐	11.2		-22.1	-22.1	
其他餐饮业					

11－10 续表7 (2000年) 单位:万元

	工资福利及增值税				
	应付利润	本年应付工资总额	主营应付	本年应付福利费总额	主营应付
总计	**356.0**	**6 261.1**	**6 213.0**	**791.8**	**764.9**
其中:国有及国有控股		200.9	200.9	24.5	24.5
一、按登记注册类型分组					
内资企业	356.0	5 172.2	5 124.1	719.4	715.3
国有企业		200.9	200.9	24.5	24.5
集体企业		90.4	90.4	12.7	12.7
股份合作企业	2.6	10.1	10.1	17.1	17.1
联营企业					
国有联营企业					
集体联营企业					
国有与集体联营企业					
其他联营企业					
有限责任公司		332.7	332.7	49.0	49.0
国有独资企业					
其他有限责任公司		332.7	332.7	49.0	49.0
股份有限公司	333.3	3 024.5	2 999.7	383.9	382.2
私营企业	20.1	1 513.6	1 490.3	232.2	229.8
私营独资企业		42.3	42.3	1.5	1.5
私营合伙企业					
私营有限责任公司	20.1	1 276.5	1 253.2	222.5	220.1
私营股份有限公司		194.8	194.8	8.2	8.2
其他企业					
港、澳、台商投资企业		897.8	897.8	28.4	5.6
合资经营企业(港或澳、台资)		698.6	698.6	5.6	5.6
合作经营企业(港或澳、台资)		163.1	163.1	22.8	
港、澳、台商独资经营企业		36.1	36.1		
港、澳、台商投资股份有限公司					
外商投资企业		191.1	191.1	44.0	44.0
中外合资经营企业		154.7	154.7	21.5	21.5
中外合作经营企业		36.4	36.4	22.5	22.5
外资企业					
外商投资股份有限公司					
二、按国民经济行业分组					
正餐	356.0	6 225.0	6 176.9	791.8	764.9
快餐		36.1	36.1		
其他餐饮业					

主要统计指标解释

批发零售贸易业：指专门从事商品流通行业，根据其经营方式不同可分为批发贸易业和零售贸易业两大部分。

批发贸易业：指从工农业生产者或从商品流通企业购进商品，转卖给工业、农业、建筑业、运输、邮电业、餐饮业和服务业等生产经营单位作为生产经营用，以及将商品转卖给其他批发贸易企业或零售企业的商品流通企业和单位。农副产品采购，供应企业，对国(境)外商品进口、出口的对外贸易企业，物资供销企业等，一般都属于批发贸易企业。

零售贸易业：指从工农业生产者，批发贸易业或居民购进商品，转卖给城乡居民作为生活消费和售给社会集团作为公共消费的商品流通企业和单位。

餐饮业：指从事食品的烹饪、调制并直接售给居民和社会集团的机构。包括中西餐馆、饭馆、各种小吃店、冷饮店、酒店、茶楼等。

网点：指各种经济类型独立核算法人批发零售贸易企业、餐饮企业设立的从事商品批发贸易、零售贸易业务的自然单位数和从事餐饮活动的自然单位数。

人员：即从业人员，指从事批发零售贸易业、餐饮业劳动并取得劳动报酬或经营收入的人员。

商品购进总额：指批发零售贸易企业从本企业以外的单位和个人购进(包括从国外直接进口)作为转卖或加工后转卖的商品。这个指标反映批发零售贸易业从国内、国外市场上购进商品的总量。

商品销售总额：指批发零售贸易企业对本企业以外的单位和个人出售(包括对国(境)外直接出口)的商品。这个指标反映批发零售贸易企业在国内市场上销售商品以及出口商品的总量。

年末库存：指批发零售贸易企业已取得所有权的全部商品。这个指标反映批发零售贸易业的商品库存情况，以及对市场商品供应的保证程度。

社会消费品零售总额：指各种经济类型的批发零售贸易业、餐饮业、制造业和其他行业对城乡居民和社会集团的消费品零售额和农民对非农业居民零售额的总和。这个指标反映通过各种商品流通渠道向居民和社会集团供应生活消费品以满足生活需要，是研究人民生活，社会消费品购买力、货币流通等问题的重要指标。

XI'AN
統計年鑒
2001

对外经济贸易和国际旅游业

DUIWAIJINGJIMAOYIHEGUOJILUYOUYE

12－1 外资、外贸和国际旅游基本情况

指标	1990年	1995年	1997年	1998年	1999年	2000年
一、利用外资签订协议项目(个)	11	184	138	112	98	135
利用外资签订协议金额(万美元)	415.3	28 956.2	27 214	40 034	40 390	54 123
实际利用外资额(万美元)	1 154	18 653	22 057	22 286	13 801	15 633
年末已建成投产企业数(个)	–	–	650	600	754	808
二、进出口总额(万美元)	12 743	40 220	46 076	31 999	172 919	173 696
＃ 进口总额	3 540	10 126	13 027	7 759	78 424	67 634
出口总额	9 203	30 094	33 049	24 240	94 495	106 062
进出口差额	5 663	19 968	20 022	16 481	16 071	38 428
三、旅游人数总计(人)	258 786	413 481	485 263	479 836	554 016	650 385
＃ 外国人	153 964	371 127	402 981	379 324	454 666	546 544
港澳台同胞	100 706	41 564	77 171	95 146	94 585	103 841
旅游外汇收入总额(万元)	19 628	103 818	166 359	160 244	186 282	224 100
＃ 商品性收入	4 441	25 686	44 238	48 073	59 610	77 000
劳务性收入	15 187	78 132	122 121	112 171	126 672	147 000
旅游者在西安人均停留天数(天)	2.13	2.04	2.58	2.58	2.50	2.50
旅游者在西安人均消费(元)	758.46	2 510.83	3 454.38	3 393.84	3 362.39	3 444.50

12－2　外国和港澳台地区在西安直接投资

(2000年)

分　　类	新签协议情况		客商实际投资
	合同数(个)	客商 投资额(万美元)	(万美元)
合　　计	**135**	**54 123**	**15 633**
一、按投资方式分			
1. 中外合资经营企业	66	14 316	5 997
2. 中外合作经营企业	23	23 935	6 500
3. 外资企业	46	15 872	3 136
二、按国民经济行业分组			
1. 农林牧渔业	4	1 922	–
2. 制造业	86	36 836	–
3. 电力、煤气及水的生产和供应业	–	–	–
4. 建筑业	–	–	–
5. 交通运输、仓储及邮电通信业	–	–	–
6. 批发和零售贸易、餐饮业	2	51	–
7. 房地产业	11	5 074	–
8. 社会服务业	8	2 708	–
9. 其他行业	24	7 532	–
三、按投资国别、地区分组			
香　港	54	32 047	–
澳　门	1	5	–
台　湾	12	4 681	–
日　本	6	589	–
泰　国	1	1 488	–
菲律宾	1	1 250	–
新加坡	5	1 944	–
韩　国	2	60	–
德　国		90	–
比利时	1	80	–
荷　兰	1	600	–
英　国	1	36	–
法　国	2	466	–
加拿大	6	201	–
美　国	25	5 706	–
澳大利亚	6	2 147	–
新西兰	1	18	–
其　它	10	2 715	–

注：年末实有三资企业1632家，其中建成投产开业808个

12－3　主要商品分大类出口金额

单位:万美元

商　品　分　类	1998年	1999年	2000年
食用蔬菜、根及块茎	1 666	1 450	1 095
蔬菜、水果、坚果或植物其它部分的制品	1 597	2 692	2 076
矿砂、矿渣及矿灰	1 573	2 677	4 083
无机化学品;贵金属、稀土金属、放射性元素及其同位素的有机及无机化合物	6 475	3 447	3 714
有机化学品	2 898	2 830	2 367
羊毛、动物细毛或粗毛、马毛纱线及其机织物	908	1 621	810
棉花	4 235	3 714	3 197
化学纤维短纤	4 939	5 029	5 061
针织或钩编的服装及衣着附件	10 632	7 752	6 753
非针织或非钩编的服装及衣着附件	12 019	6 818	7 269
其它纺织制成品;成套物品;旧衣着及旧纺织品	1 380	1 408	1 649
鞋靴、护腿和类似品及其零件	1 300	1 564	1 347
玻璃及其制品	3 079	3 440	3 376
钢铁	3 523	2 087	3 534
钢铁制品	3 866	5 128	5 535
铅及制品	749	1 369	1 371
锌及制品	1 064	3 001	4 031
其它贱金属、金属陶瓷及其制品	2 783	1 734	1 066
贱金属工具、器具、利口器、餐匙、餐叉及其零件	2 739	2 605	2 933
核反应堆、锅炉、机器、机械器具及其零件	8 854	7 620	10 915
电机、电气设备及其零件;录音机及放声机、电视图像、声音的录制和重放设备及其零件、附件	4 336	8 103	8 339
光学、照相、电影、计量、检验、医疗或外科用仪器及设备、精密仪器及设备;上述物品的零件、附件	2 821	2 197	2 020
家具、寝具、褥垫、弹簧床垫、软床垫及类似的填充制品;未列名灯具及照明装置;发光标志、发光名牌及类似品;活动房屋	684	1 435	2 587

12－4　主要商品分大类进口金额

单位:万美元

商　品　分　类	1998年	1999年	2000年
无机化学品;贵金属、稀土金属、放射性元素及其同位素的有机及无机化合物	1 559	1 066	1 467
有机化学品	6 162	7 222	7 257
塑料及其制品	2 576	3 061	2 559
钢铁	909	2 674	2 467
铜及制品	761	3 928	2 367
铝及制品	2 125	3 666	2 652
核反应堆、锅炉、机器、机械器具及其零件	10 647	16 902	12 990
电机、电气设备及其零件;录音机及放声机、电视图像、声音的录制和重放设备及其零件、附件	9 684	5 448	5 911
车辆及其零件、附件,铁道及电车道车辆除外	1 501	1 754	1 530
航空器、航天器及其零件	33 314	22 263	10 443
光学、照相、电影、计量、检验、医疗或外科用仪器及设备、精密仪器及设备;上述物品的零件、附件	2 639	3 207	3 673

12－5　外贸商品进出口总额分国别和地区

（2000 年）　　单位：万美元

国别和地区	进出口总额	出口	国别和地区	进出口总额	出口
亚洲	63 672	49 067	意大利	5 138	3 735
＃香港	10 156	9 455	荷兰	5 226	4 991
台湾	2 655	1 541	英国	7 792	5 712
日本	18 192	9 067	瑞士	1 550	115
菲律宾	652	625	西班牙	1 381	1 214
马来西亚	3 244	3 127	俄罗斯联邦	1 896	1 572
韩国	9 411	7 342	拉丁美洲	7 038	5 433
非洲	4 866	4 352	＃哥伦比亚	328	328
＃埃及	1 004	1 002	巴西	485	477
突尼斯	196	196	阿根廷	336	335
埃塞俄比亚	180	180	北美洲	29 616	16 699
博茨瓦那	42	42	＃加拿大	2 298	1 365
南非	1 518	1 376	美国	27 317	15 334
欧洲	63 722	28 829	大洋洲及太平洋岛屿	4 412	1 678
＃德国	8 829	4 358	＃澳大利亚	4 159	1 432
法国	11 815	1 098	新西兰	188	182

12－6　接待旅游者人数

项　目	1998年		1999年		2000年	
	人数(人)	人天数(人天)	人数(人)	人天数(人天)	人数(人)	人天数(人天)
合　计	**479 836**	**1 238 993**	**554 016**	**1 385 237**	**650 385**	**1 625 963**
1.外国人	379 324	899 932	454 666	1 070 726	546 544	1 314 440
2.华　侨	5 366	23 283	4 765	21 323	—	—
3.港澳台同胞	95 146	315 778	94 585	293 188	103 841	311 523

12－6　续表

项　　目	1998年	1999年	2000年
外国旅游者按国别分(人)			
日本	127 102	163 078	176 458
菲律宾	797	1 600	1 249
新加坡	4 510	4 904	5 840
泰　国	1 730	2 631	1 889
印度尼西亚	639	3 734	3 844
美国	61 272	73 400	86 269
加拿大	6 374	7 787	11 027
英国	26 306	28 954	34 742
法国	23 595	26 775	31 622
德国	23 574	28 484	41 467
意大利	14 766	15 343	15 552
俄罗斯	659	470	1 256
澳大利亚	7 870	9 319	10 838
新西兰	1 430	1 974	1 225

12－7　旅　游　收　入

单位：万美元

项　　目	1998年	1999年	2000年
	旅游外汇收入	旅游外汇收入	旅游外汇收入
合　　计	19 410	22 525	27 000
一、长途交通费	5 221	7 003	7 047
1.飞机	4 380	5 418	6 011
2.火车	194	901	273
3.汽车	647	684	763
二、游览	481	1 135	1 296
三、住宿	2 599	3 430	3 051
四、餐饮	1 849	2 170	2 673
五、娱乐	879	823	1 512
六、购物	5 178	5 038	6 615
七、邮电通讯	1 237	1 126	1 350
八、市内交通	330	928	1 566
九、其它	1 636	870	1 890

此表根据国家旅游局抽样调查资料取得

主要统计指标解释

利用外资:指我国各级政府、部门、企业、中国银行和其他单位通过对外借款,吸收客商直接投资以及用其他投资方式从国外和港澳台地区筹措资金。

进出口总额:指实际进出我国国境的货物总金额。包括对外贸易实际进出口货物,来料加工装配进口货物,中外合资企业、合作企业和外商独资企业进出口货物和公用物品,以及国家间、联合国及国际组织无偿援助的物资和赠送品,华侨、港澳同胞、外籍华人的捐赠品的金额。其进口按到岸价计算,出口按离岸价计算。

旅游人数:指来我国参观、访问、旅行、探亲、访友、休养、考察、参加会议和从事经济、科技、文化、教育、体育、宗教等活动的外国人、华侨、港澳和台湾同胞的人数。不包括外国在我国的常驻机构,如领使馆、通讯社、企业办事处的工作人员和来我国常住的外国专家、留学生等。

旅游收入:指国内各部门为来我国旅游的外国人、华侨、港澳和台湾同提供商品和劳务而得到的收入。包括供应商品、饮食和提供住宿、交通、邮电、文化娱乐、导游等各项服务所得到的全部收入。

XI'AN 統計年鑒 2001

财政、金融

CAIZHENGJINRONG

13－1 地方财政收入

(2000年) 单位:万元

指标	决算数	指标	决算数
合计	**469 638**	十四、屠宰税	85
一般预算	**413 906**	十五、筵席税	156
一、增值税	65 432	十六、农业税	6 377
二、营业税	130 524	十七、农业特产税	1 679
三、企业所得税	32 624	十八、牧业税	0
四、企业所得税退税	－48	十九、耕地占用税	3 687
五、个人所得税	28 544	二十、契税	5 113
六、资源税	233	二十一、国有资产经营收益	909
七、固定资产投资方向调节税	4 628	二十二、国有企业计划亏损补贴	－12 208
八、城市维护建设税	26 229	二十三、行政性收费收入	26 205
九、房产税	24 784	二十四、罚没收入	20 567
十、印花税	3 683	二十五、土地和海域有偿使用收入	223
十一、城镇土地使用税	7 285	二十六、专项收入	32 700
十二、土地增值税	424	二十七、其他收入	2 700
十三、车船使用和牌照税	1 371		

13－2　地方财政支出

(2000 年)　　单位:万元

指　　标	决算数	指　　标	决算数
合　　计	**465 033**	十五、税务等部门的事业费	32 834
一般预算	**465 033**	十六、抚恤和社会福利救济费	13 153
一、基本建设支出	22 925	十七、行政事业单位离退休经费	26 089
二、企业挖潜改造资金	38 009	十八、社会保障补助支出	34 285
三、地质勘探费	0	十九、国防支出	100
四、科技三项费用	7 985	二十、行政管理费	48 132
五、流动资金	0	二十一、外交外事支出	493
六、支援农村生产支出	4 125	二十二、武装警察部门支出	247
七、农业综合开发支出	1 745	二十三、公检法司支出	44 346
八、农林水利气象等部门的事业费	8 060	二十四、城市维护费	32 181
九、工业交通等部门的事业费	5 811	二十五、政策性补贴支出	427
十、流通部门事业费	707	二十六、支援不发达地区支出	1 547
十一、文体、广播事业费	12 594	二十七、海域开发建设和场地使用费支出	0
十二、教育事业费	60 093	二十八、专项支入	32 037
十三、科学事业费	1 034	二十九、其他支出	12 704
十四、卫生经费	23 370	三十、总预备费	0

13－3　分区县地方财政收入

（2000年）　　单位：万元

	收入合计	增值税	营业税	个人所得税	城市维护建设税	农业五税	企业收入	其他各项收入
西安市合计	**413 906**	**65 432**	**130 524**	**28 544**	**26 229**	**16 856**	**21 277**	**125 044**
市本级	247 409	42 010	88 256	16 432	15 752	603	5 027	79 329
区、县合计	166 497	23 422	42 268	12 112	10 477	16 253	16 250	45 715
新城区	24 900	3 652	4 280	2 652	1 474	1 112	3 702	8 028
碑林区	24 066	3 416	5 299	2 233	2 060	1 216	2 984	6 858
莲湖区	21 624	2 906	6 063	1 527	1 671	1 043	2 268	6 146
雁塔区	16 908	2 225	5 548	1 659	1 043	1 782	1 156	3 495
灞桥区	9 367	1 166	3 241	681	472	852	552	2 403
未央区	13 919	3 143	3 680	650	1 462	1 210	1 096	2 678
阎良区	8 875	1 163	2 014	493	665	1 144	547	2 849
临潼区	12 918	1 609	2 786	440	741	1 334	1 396	4 612
长安县	10 055	991	3 572	494	239	1 946	393	2 420
蓝田县	5 003	372	1 612	208	97	1 005	115	1 594
周至县	5 685	417	1 490	217	99	1 562	98	1 802
户　县	9 630	2 082	2 016	703	413	962	1 472	1 982
高陵县	3 547	280	667	155	41	1 085	471	848

注：本表地方财政收入为一般预算，不含基金收入。

13－4　分区县地方财政支出

（2000年）　　　　单位：万元

	支出合计	基本建设支出	支援农村生产支出	农林水气事业费	教育事业费	社会保障补助支出	行政管理费	公检法司支出	其它各项支出
西安市合计	**465 033**	**22 925**	**4 125**	**8 060**	**60 093**	**34 285**	**48 132**	**44 346**	**243 067**
市本级	267 225	21 875	2 672	2 503	5 802	32 462	15 113	22 426	164 372
区、县合计	197 808	1 050	1 453	5 557	54 291	1 823	33 019	21 920	78 695
新城区	24 712		5	3	3 603	476	4 023	4 080	12 522
碑林区	22 100	1 050		10	3 808	181	3 190	2 953	10 908
莲湖区	21 580		50	1	4 107	145	2 777	3 355	11 145
雁塔区	16 019		379	545	3 946	54	2 822	1 740	6 533
灞桥区	10 463		8	278	3 645	67	2 225	863	3 377
未央区	14 614		379	394	3 702	66	2 061	2 033	5 979
阎良区	9 565		260	304	2 127	201	1 533	872	4 268
临潼区	17 414		150	832	6 207	65	3 050	1 276	5 834
长安县	17 034		42	709	6 638	273	1 972	1 503	5 897
蓝田县	11 583		76	625	4 583	65	1 736	924	3 574
周至县	12 309		19	657	5 401	32	3 037	845	2 318
户　县	13 124		51	940	4 363	101	2 336	973	4 360
高陵县	7 291		34	259	2 161	97	2 257	503	1 980

注：本表地方财政支出为一般预算，不含基金支出。

13－5　金融机构存款年末余额

单位：万元

指　　标	2000年	1999年
合　　计	**13 356 250**	**10 142 738**
一、企业存款	5 400 862	3 474 937
1、活期存款	4 126 713	2 634 891
2、定期存款	1 274 149	840 046
二、财政存款	72 368	35 248
三、机关团体存款	265 163	208 462
四、储蓄存款	6 758 327	5 863 980
#、定期储蓄	4 802 823	4 345 620
五、农业存款	346 057	268 624
六、信托存款	434	619
七、委托存款	35 242	40 020
八、其他存款	477 797	250 848

13－6　金融机构贷款年末余额

单位:万元

指　　标	2000年	1999年
合　　计	**9 725 149**	**7 862 012**
#一、短期贷款	6 520 009	5 895 181
1　、工业贷款	2 063 327	2 107 699
2、商业贷款	1 320 250	1 534 320
3、建筑业贷款	184 073	176 866
4、农业贷款	393 046	393 295
5、乡镇企业贷款	484 421	450 959
6、三资企业贷款	145 063	161 431
7、私营企业及个体贷款	12 919	20 278
8、其他短期贷款	1 916 910	1 050 333
#二、中长期贷款	2 412 679	1 506 439
1、基本建设贷款	974 554	451 527
2、技术改造贷款	811 912	656 998
3、其他中长期贷款	626 213	397 914
#三、信托贷款	9 312	6 157
#四、逾期类贷款	195 777	190 141

13－7 银行现金收入

单位：万元

收入项目	2000年	1999年
合　　计	**26 965 299**	**21 258 928**
一、商品销售收入	4 420 196	3 245 260
二、服务业收入	1 426 848	1 102 540
三、税款收入	150 027	113 044
四、城乡个体经营收入	1 600 841	1 506 613
五、储蓄存款收入	16 099 066	12 855 294
六、其也金融机构收入	647 378	508 975
七、居民归还贷款收入	269 540	192 405
八、汇兑收入	604 020	396 284
九、有价证券收入	149 170	131 928
十、其他收入	1 598 213	1 203 585

13－8 银行现金支出

单位:万元

支出项目	2000年	1999年
合　　计	**25 556 877**	**19 778 281**
一、工资性支出	1 701 107	1 411 392
＃国家工资及奖金支出	861 377	671 523
国家对个人其他支出	471 009	444 376
二、农副产品采购支出	698 324	434 870
三、工矿及其他产品采购支出	578 579	373 635
四、行政企事业管理费支出	2 313 626	1 796 101
五、城乡个体经营支出	1 479 996	1 231 599
六、储蓄存款支出	15 891 084	12 317 635
七、其他金融机构支出	603 304	491 054
八、居民提取贷款支出	193 667	155 114
九、汇兑支出	288 542	217 166
十、有价证券支出	86 459	92 408
十一、其他支出	1 722 189	1 257 307

13－9 保险业务情况

指　　标	单　位	2000 年
保费收入合计	**亿元**	**13.58**
较上年增加	%	15.25
(一)、财产保险		
保费收入	亿元	5.51
较上年增加	%	17.24
赔款支出	亿元	2.57
赔付率	%	46.04
(二)、人身保险		
保费收入	亿元	8.07
较上年增加	%	10.78
各类赔款、满期给付、退保金支出	亿元	1.39
赔付、给付率	%	17.22

主要统计指标解释

财政收入:指国家财政参与社会产品分配所取得的收入,是实现国家职能的财力保证,财政收入主要包括:各项税收、专项收入、其它收入等。

地方财政收入:1994 年实行分税制财政以后,属于地方财政的收入。包括营业税、地方企业所得税、个人所得税、城镇土地使用税、固定资产投资方向调节税、城镇维护建设税、房产税、车船使用税、印花税、屠宰税、农牧业税、农业特产税、耕地占用税、契税、增值税的25%部分,证券(印花)税的50%部分和除海洋石油资源税以外的其他资源税。

财政支出:国家财政将筹集起来的资金进行分配使用,以满足经济建设和各项事业的需要。财政支出主要包括:专项支出、专项事业费、国防支出、行政管理费、其它支出等。

地方财政支出:按照政府的事权划分确定的地方财政支出主要包括:地方行政管理和各项事业费,地方统筹的基本建设、技术改造支出、支援农村生产支出、城市维护和建设费、价格补贴支出。

存　　款:企业、机关、团体或居民根据可以收回的原则,把货币资金存入银行或其他信用机构保管并取得一定利息的一种信用活动形式。根据存款对象的不同可划分为企业存款、财政存款、机关团体存款、基本建设存款、城镇储蓄存款、农村存款等科目。它是银行信贷资金的主要来源。

贷　　款:银行或其他信用机构根据必须归还的原则,按一定利率,为企业、个人等提供资金的一种信用活动形式。我国银行贷款分流动资金贷款、固定资产贷款、城乡个体工商户贷款以及农户贷款等科目。

教育、科技和文化事业

JIAOYUKEJIHEWENHUASHIYE

14－1　主要年份各类学校基本情况

	1990 年	1995 年	1999 年	2000 年
学校数(所)				
普通高等学校	31	32	29	25
中等学校	689	666	669	671
＃专业学校	44	46	46	47
普通中学	518	485	469	466
小学	2 343	2 360	2 354	2 323
幼儿园	256	257	234	367
专任教师(人)				
普通高等学校	15 562	15 914	15 223	15 679
中等学校	28 427	28 721	31 809	32 923
＃专业学校	2 891	2 533	2 865	3 172
普通中学	22 386	21 984	25 114	26 230
小学	29 090	30 270	30 196	30 215
幼儿园	2 058	2 659	2 982	2 995
招生数(万人)				
普通高等学校	2.15	3.40	5.62	7.49
中等学校	12.52	15.62	20.45	21.58
＃专业学校	0.68	1.37	2.11	1.90
普通中学	10.49	12.04	16.58	17.88
小学	10.85	14.09	11.61	11.51
幼儿园	…	11.18	8.86	8.71
在校学生(万人)				
普通高等学校	8.02	10.87	15.09	19.41
中等学校	35.65	41.43	53.85	58.75
＃专业学校	2.09	3.74	5.75	6.02
普通中学	30.03	32.32	43.49	48.31
小学	61.87	79.36	79.81	77.81
幼儿园	14.04	16.40	13.34	12.85
毕业生数(万人)				
普通高等学校	2.17	3.04	3.13	3.03
中等学校	10.78	10.55	13.98	15.09
＃专业学校	0.56	0.97	1.42	1.63
普通中学	9.11	8.13	11.21	12.01
小学	8.68	9.93	13.65	13.83
教师负担学生(人)				
普通高等学校	5.2	6.8	9.9	12.4
中等学校	12.54	14.4	16.9	17.8
小　学	21.27	22.3	26.4	25.8
幼儿园	22.93	26.56	21.08	20.24

14－2　各类学校基本情况

(2000年)

	学校数（所）	毕业生数（人）	招生数（人）	在校学生数（人）	教职工数（人）	专任教师
一、普通高等学校	25	30 306	74 857	194 089	38 067	15 679
二、普通中等学校	671	150 902	215 843	587 543	48 194	32 923
1、中等专业学校	47	16 319	19 023	60 207	6 964	3 172
2、普通中学	466	120 110	178 827	483 058	34 385	26 230
3、技工学校	62	4 500	4 000	12 000	3 500	1 500
4、职业中学	95	9 949	13 903	32 188	3 311	1 997
5、工读学校	1	24	90	90	34	24
三、小学	2 323	138 295	115 128	778 058	35 336	30 215
四、特殊教育学校	5	269	145	1 880	230	156

注：高等学校学生包括研究生和本专科生。

14－3　普通高等学校基本情况

(2000年)

年　　份	学校数（所）	毕业生数（万人）	招生数（万人）	在校学生数（万人）	教职工数（人）	专任教师
1990	31	2.32	2.15	8.02	41 551	15 562
1991	31	2.24	2.24	7.89	41 568	15 456
1992	31	2.21	2.74	8.40	41 131	15 271
1993	31	2.05	3.44	9.77	40 978	15 239
1994	33	2.29	3.23	10.68	42 013	15 957
1995	32	3.04	3.40	10.87	42 074	15 914
1996	29	2.91	3.54	11.59	40 594	15 523
1997	29	3.04	3.54	11.89	39 972	15 135
1998	29	2.84	3.69	12.66	39 122	14 974
1999	29	3.13	5.62	15.09	39 529	15 223
2000	25	3.03	7.49	19.41	38 067	15 679

14－4　普通高等学校研究生

单位:人

年　份	毕业生数	招生数	在校人数
1980			651
1985			4 799
1990	2 051	1 662	5 275
1991	1 835	1 691	5 056
1992	1 462	1 813	5 392
1993	1 616	2 359	5 993
1994	1 658	2 873	7 091
1995	1 769	2 712	7 974
1996	2 172	3 003	8 647
1997	2 619	3 423	9 393
1998	2 316	3 888	10 833
1999	2 903	5 020	12 986
2000	3 236	6 924	16 620

14－5　普通高等学校研究生

(2000年)　　单位:人

校　　名	毕业生	招　生	在校学生	博　士	硕　士(含研究生班)	毕业班学生数
合　计	**3 236**	**6 924**	**16 620**	**3 600**	**13 020**	**4 096**
1、西安交通大学	1 034	2 110	5 504	1 796	3 708	1 298
2、陕西师范大学	153	296	649	45	604	158
3、西北工业大学	680	1 188	2 671	725	1 946	663
4、西安理工大学	215	614	1 341	122	1 219	319
5、西安电子科技大学	308	903	2 038	447	1 591	398
6、西安工业学院	14	45	94		94	19
7、西安建筑科技大学	143	526	1 074	130	944	212
8、西安科技学院	30	124	260	11	249	56
9、西安石油学院	30	45	107		107	31
10、长安大学	153	324	838	148	690	294
11、西北纺织工学院	32	60	146		146	41
12、西北政法学院	83	173	605		605	195
13、西安体育学院	15	29	65		65	16
14、西北大学	293	405	1 041	176	865	346
15、西安外国语学院	34	51	119		119	34
16、西安音乐学院	5	14	28		28	6
17、西安美术学院	14	17	40		40	10

注:西安工路交通大学、西北建筑工程学院、西安工程学院合并为长安大学。陕西财经学院、西安医科大学合并于西安交通大学。

14－6 普通高等学校基本情况

(2000年) 单位:人

校名	在校研究生	在校本专科学生数	教职工数	专任教师
综合大学				
西北大学	1 041	11 600	2 490	1 229
西安联合大学		3 832	498	254
理工院校				
西安交通大学	5 504	20 906	7 260	3 241
西北工业大学	2 671	13 359	3 354	1 238
西安理工大学	1 341	10 783	1 966	810
西安电子科技大学	2 038	11 447	2 614	828
西安工业学院	94	6 908	1 174	433
西安建筑科技大学	1 074	9 406	1 949	803
西安科技学院	260	7 063	1 238	483
西安石油学院	107	6 234	1 301	558
长安大学	838	16 871	3 508	1 321
西北纺织工学院	146	6 529	1 151	464
西安邮电学院		3 965	701	270
西安航空技术高等专科学校		2 443	639	178
西安电力高等专科学校		373	419	135
医药院校				

14－6 续表1 (2000年)

校名	在校研究生	在校本专科学生数	教职工数	专任教师
陕西医学高等专科学校		2 723	405	156
师范院校				
陕西师范大学	649	8 386	2 260	889
外语院校				
西安外国语学院	119	3 953	1 070	462
财经院校				
西安统计学院		3 399	431	170
陕西经贸学院		5 796	891	426
政法院校				
西北政法学院	605	5 856	905	392
体育院校				
西安体育学院	65	3 181	683	325
艺术院校				
西安音乐学院	28	1 416	445	219
西安美术学院	40	1 403	415	218
职业技术学院				
西安培华女子大学		2 155	300	177
高校分校、大专班				

14－6 续表2 （2000年）

校名	在校研究生	在校本专科学生数	教职工数	专任教师
西安师范大专班		79		
空军工程大学		2 357		
西安政治学院		161		
西安通讯学院		247		
二炮工程学院		68		
西安陆军学院		120		
武警部队工程学院		59		
西安欧亚学院		1 456		
西安翻译学院		456		
西安外事学院		1 500		
西京大学		979		

14－7 中等专业学校基本情况

年份	学校数（所）	毕业生数（万人）	招生数（万人）	在校学生数（万人）	教职工数（人）	专任教师
1990	44	0.56	0.68	2.09	7 136	2 891
1995	46	0.97	1.37	3.74	5 903	2 533
1996	47	1.15	1.61	4.18	5 940	2 573
1997	47	1.20	1.65	4.63	6 124	2 731
1998	47	1.26	1.62	5.08	6 181	2 840
1999	46	1.42	2.11	5.75	6 385	2 865
2000	47	1.63	1.90	6.02	6 964	3 172

14－8　中等专业学校基本情况

(2000年)

	学校数 (所)	毕业生数 (人)	招生数 (人)	在校学生数 (人)	教职工数 (人)	专任教师
合计	**47**	**16 319**	**19 023**	**60 207**	**6 964**	**3 172**
一、中等技术学校	43	14 663	17 653	55 846	6 347	2 826
工业学校	16	6 934	9 367	30 107	3 345	1 378
农业学校	1	160	385	1 195	114	52
医药学校	4	1 184	1 450	4 776	622	263
财经学校	10	3 596	3 391	11 072	1 337	672
政法学校	3	1 258	1 080	2 955	278	119
体育学校	4	547	639	1 988	196	88
艺术学校	4	824	1 106	3 327	345	209
其他学校	1	160	235	426	110	45
二、中等师范学校	4	1 656	1 370	4 361	617	346
#幼儿师范学校	1	356	320	879	123	64

14－9　普通中学基本情况

年份	学校数 (所)	毕业生数 (万人)	招生数 (万人)	在校学生数 (万人)	教职工数 (人)	专任教师
1980	1 002	12.33	14.03	44.08	29 867	22 530
1985	563	10.72	13.05	38.24	30 063	22 050
1990	518	9.11	10.49	30.03	30 739	22 386
1991	510	8.62	10.44	30.66	31 154	22 613
1992	502	8.46	10.12	30.21	31 281	22 576
1993	482	8.56	10.25	28.38	30 570	22 032
1994	491	8.17	11.37	29.64	30 240	21 792
1995	485	8.13	12.40	32.32	30 423	21 984
1996	462	8.67	13.03	35.25	30 902	22 478
1997	466	9.96	13.83	37.16	31 682	23 129
1998	467	10.64	15.00	39.79	32 371	23 884
1999	469	11.21	16.58	43.49	33 387	25 114
2000	466	12.01	17.88	48.31	34 385	26 230

14－10　普通中学基本情况

（2000年）　　单位：所、人

	学校数	毕业生数	高中	招生数	高中	在校学生数	高中	教职工数	专任教师
合　计	**466**	**120 110**	**28 165**	**178 827**	**44 763**	**483 058**	**113 737**	**34 385**	**26 230**
一、城六区	223	50 602	14 631	72 600	20 698	201 360	55 117	16 427	11 753
教育部门和集体办	87	25 382	6 730	34 382	8 588	98 646	22 883	8 249	5 784
其他部门办	86	20 431	6 843	29 495	9 675	80 109	25 715	5 674	4 395
民　办	50	4 739	1 058	8 723	2 435	22 605	6 519	2 504	1 574
二、郊区及县	243	69 508	13 534	106 227	24 065	281 698	58 620	17 958	14 477
教育部门和集体办	220	66 167	12 514	100 454	21 844	267 118	53 646	16 797	13 582
其他部门办	16	2 961	1 020	4 181	1 455	11 375	4 044	856	673
民　办	7	380	－	1 592	766	3 205	930	305	222

14－11　各区县普通中学

(2000年)　　单位:所、人

	学校数	毕业生数	高中	招生数	高中	在校学生数	高中	教职工数	专任教师
合　计	**466**	**120 110**	**28 165**	**178 827**	**44 763**	**483 058**	**113 737**	**34 385**	**26 230**
新城区	37	8 865	3 046	13 036	4 143	35 576	10 881	2 747	1 933
碑林区	38	8 886	3 206	13 075	4 740	35 792	12 594	2 646	1 876
莲湖区	28	8 697	2 639	11 718	3 219	33 211	9 094	2 665	1 897
灞桥区	36	8 585	1 769	11 923	2 884	33 192	7 217	2 466	1 862
未央区	36	7 197	1 408	10 229	2 342	28 625	5 889	2 539	1 792
雁塔区	48	8 372	2 563	12 619	3 370	34 964	9 442	3 364	2 393
阎良区	13	4 175	922	6 289	1 282	17 351	3 795	1 214	1 021
临潼区	44	11 514	2 289	18 703	4 058	47 694	9 149	3 180	2 568
长安县	59	15 686	3 257	24 059	5 440	64 699	13 529	4 255	3 259
蓝田县	39	9 143	1 524	14 362	2 531	37 432	6 647	2 293	1 799
周至县	37	10 880	2 116	18 438	4 840	47 427	11 343	2 896	2 372
户　县	36	13 570	2 650	16 717	4 271	47 172	10 619	2 848	2 377
高陵县	15	4 540	776	7 659	1 643	19 923	3 538	1 272	1 081

14－12　职业中学基本情况

年　份	学校数 (所)	毕业生数 (人)	招生数 (人)	在校学生数 (人)	教职工数 (人)	专任教师
1980	3	－	673	673	17	3
1985	40	1 661	8 346	17 621	1 375	868
1990	55	5 936	8 095	20 151	2 674	1 574
1991	56	6 573	8 335	20 326	2 570	1 523
1992	57	5 885	10 104	21 187	2 501	1 511
1993	62	5 504	11 442	24 030	2 705	1 573
1994	61	5 505	9 573	25 468	2 839	1 635
1995	71	8 976	12 490	32 673	2 394	1 877
1996	67	9 235	10 563	25 955	3 098	1 735
1997	73	8 756	13 390	29 068	2 993	1 709
1998	89	7 753	13 949	31 264	3 152	1 823
1999	91	8 480	13 062	31 973	3 217	1 908
2000	95	9 949	13 903	32 188	3 311	1 997

14－13　各区县职业中学

(2000 年)

	学校数 (所)	毕业生数 (人)	招生数 (人)	在校学生数 (人)	教职工数 (人)	专任教师
合　　计	**95**	**9 949**	**13 903**	**32 188**	**3 311**	**1 997**
新城区	11	967	1 124	3 250	470	263
碑林区	17	2 533	2 843	7 827	698	352
莲湖区	9	847	1 562	3 892	514	310
灞桥区	7	214	686	1 067	137	75
未央区	7	595	659	1 425	198	154
雁塔区	12	1 476	1 697	4 710	348	181
阎良区	1	313	772	1 194	45	38
临潼区	6	623	740	1 491	151	95
长安县	9	629	951	1 854	175	105
蓝田县	2	392	724	1 416	75	56
周至县	5	421	638	1 332	150	105
户　县	7	842	1 227	2 107	284	216
高陵县	2	97	280	623	66	47

14－14　小学基本情况

年　份	学校数 (所)	毕业生数 (万人)	招生数 (万人)	在校学生数 (万人)	教职工数 (人)	专任教师
1980	2 337	11.91	12.57	73.36	31 770	28 360
1985	2 337	11.21	9.57	62.16	31 075	26 430
1990	2 343	8.67	10.85	61.87	37 788	29 090
1991	2 342	8.40	11.63	64.19	34 080	29 096
1992	2 339	8.24	12.60	67.62	34 463	29 373
1993	2 338	8.21	13.80	71.97	34 780	29 743
1994	2 346	9.23	13.93	75.80	35 415	30 141
1995	2 360	9.93	14.09	79.36	35 568	30 270
1996	2 362	10.48	13.63	81.81	35 821	30 267
1997	2 368	10.98	12.48	82.67	35 767	30 117
1998	2 361	12.18	11.88	82.03	35 576	30 089
1999	2 354	13.65	11.61	79.81	35 639	30 196
2000	2 323	13.83	11.51	77.81	35 336	30 215

14－15　小学基本情况

（2000年）

	学校数（所）	毕业生数（人）	招生数（人）	在校学生数（人）	教职工数（人）	专任教师
合　　计	**2 323**	**138 295**	**115 128**	**778 058**	**35 336**	**30 215**
一、城六区	417	51 700	41 338	267 351	15 711	12 765
教育部门办	310	33 914	25 820	170 870	10 008	8 272
其他部门办	95	16 052	14 300	87 795	4 485	3 836
民办	12	1 734	1 218	8 686	1 218	657
二、郊区及县	1 906	86 595	73 790	510 707	19 625	17 450
教育部门办	1 892	84 326	71 722	498 101	18 843	16 796
其他部门办	12	2 155	2 002	11 909	645	565
民办	2	114	66	697	137	89

14－16　各区县小学

（2000年）

	学校数（所）	毕业生数（人）	招生数（人）	在校学生数（人）	教职工数（人）	专任教师
合　　计	**2 323**	**138 295**	**115 128**	**778 058**	**35 336**	**30 215**
新城区	46	8 057	7 100	44 312	2 334	1 947
碑林区	52	7 989	6 269	41 289	2 199	1 821
莲湖区	61	8 386	7 187	45 159	2 584	2 209
灞桥区	115	9 696	6 690	46 913	2 637	2 123
未央区	82	8 118	6 352	40 466	2 803	2 274
雁塔区	61	9 454	7 740	49 212	3 154	2 391
阎良区	83	5 011	4 079	28 860	1 116	934
临潼区	287	15 156	13 477	91 183	3 546	3 170
长安县	432	20 526	15 580	109 510	4 121	3 368
蓝田县	385	13 035	11 696	83 448	3 020	2 909
周至县	357	13 526	15 375	98 169	3 728	3 297
户　县	267	12 559	9 109	68 324	2 898	2 658
高陵县	95	6 782	4 474	31 213	1 196	1 114

14－17　幼儿园基本情况

年份	园数（所）	班数（人）	在园幼儿数（万人）	教职工数（人）	专任教师
1980	186		9.61	5 525	2 657
1985	310	3 135	9.71	6 887	2 770
1990	256	3 816	14.04	6 123	2 058
1991	244	4 062	15.26	6 587	2 269
1992	248	4 130	16.02	6 645	2 346
1993	244	4 207	16.05	6 021	2 361
1994	252	4 385	16.37	6 047	2 507
1995	257	4 464	16.40	6 173	2 659
1996	244	4 313	15.44	5 918	2 661
1997	228	4 243	14.72	6 065	2 748
1998	235	4 195	13.44	6 272	2 910
1999	234	4 222	13.34	6 329	2 982
2000	367	4 142	12.85	6 346	2 995

注：幼儿园中包括学前班

14－18　特殊教育学校基本情况

年份	学校数（所）	毕业生数（人）	招生数（人）	在校学生数（人）	教职工数（人）	专任教师
1980	1	48	64	315	66	43
1985	2	14	36	318	94	59
1990	5	35	111	451	142	96
1991	5	19	89	500	169	115
1992	5	30	154	1 127	197	137
1993	5	39	147	1 279	202	141
1994	5	75	182	1 554	201	139
1995	5	27	147	1 363	204	141
1996	5	60	164	1 520	210	150
1997	5	153	164	1 655	210	148
1998	5	266	140	2 145	232	157
1999	5	349	115	1 912	235	160
2000	5	269	145	1 880	230	156

注：包括盲、聋、哑、弱智儿童教育在内。

14－19　各类(级)学校教师负担学生数

单位:人

年　份	高等学校		中等学校		小学	
	教师数	生师比	教师数	生师比	教师数	生师比
1980	9 666	4.3			26 428	28.0
1985	12 852	5.0	26 791	16.1	26 430	23.5
1990	15 562	5.2	28 427	12.5	29 090	21.3
1991	15 456	5.1	29 407	12.6	29 096	22.1
1992	15 271	5.5	29 410	12.5	29 373	23.0
1993	15 239	6.4	28 887	12.4	29 743	24.2
1994	15 957	6.7	28 406	13.3	30 141	25.2
1995	15 914	6.8	28 721	14.4	30 270	26.2
1996	15 523	7.5	29 113	15.1	30 267	27.0
1997	15 135	7.9	29 691	15.6	30 117	27.4
1998	14 974	8.5	30 570	16.2	30 089	27.3
1999	15 223	9.9	31 809	16.9	30 196	26.4
2000	15 679	12.4	32 923	17.8	30 215	25.8

14－20　小学、初中升学率

单位:人

年　份	小学			初中		
	小学毕结业生数	升学人数	升学率(%)	初中毕结业生数	升学人数	升学率(%)
1980	11.91	10.43	87.60			60.71
1985	11.21	9.56	85.30	8.36	4.63	55.30
1990	8.68	8.09	91.50	6.86	2.39	52.70
1991	8.40	7.86	92.67	6.54	2.58	58.70
1992	8.41	7.79	92.58	6.71	3.99	59.49
1993	8.21	7.75	92.85	6.41	4.28	63.31
1994	9.35	8.76	93.66	6.31	4.26	67.48
1995	10.02	9.50	94.85	6.35	4.60	72.35
1996	10.62	10.15	95.62	6.66	5.39	81.00
1997	11.04	10.56	95.65	7.98	6.14	76.93
1998	12.25	11.76	96.02	8.53	6.56	76.90
1999	13.77	13.23	96.04	9.19	7.08	77.00
2000	13.83	13.44	97.21	9.35	7.53	80.50

14－21　小学学龄儿童入学率

年　　份	学龄儿童总数（万人）	农　村	入学儿童总数（万人）	农　村	入学率（%）	农　村
1980					98.42	
1985	47.38	32.57	62.16	42.54	98.62	98.10
1990	53.88	34.35	61.87	39.09	99.11	98.66
1991	61.75	38.49	61.49	38.25	99.58	99.38
1992	65.57	26.20	65.06	25.91	99.23	98.90
1993	70.42	27.78	69.83	27.48	99.17	98.92
1994	74.34	29.33	74.04	29.11	99.60	99.26
1995	77.86	29.12	77.62	28.98	99.69	99.49
1996	81.40	27.69	81.19	27.58	99.75	99.61
1997	82.45	24.30	82.24	24.21	99.74	99.65
1998	81.69	22.52	81.54	22.44	99.82	99.66
1999	79.66	21.67	79.55	21.61	99.86	99.75
2000	77.68	20.44	77.56	20.37	99.85	99.68

14－22　平均每万人口在校学生数和大中小学生构成

年　　份	各级学校在校学生占全市人口（%）	平均每万人口中			大中小学生各占学生总数%		
		大学生（人）	中学生（人）	小学生（人）	大学生	中学生	小学生
1980		84	906	1 434			
1985	22.24	117	692	1 124	5.32	31.34	50.93
1990	19.84	123	493	1 016	6.71	25.10	51.71
1991	20.32	120	498	1 043	6.35	24.65	51.61
1992	20.70	135	518	1 085	6.51	28.58	52.41
1993	21.20	155	568	1 140	7.30	26.80	53.80
1994	22.00	167	589	1 185	7.60	26.76	53.89
1995	22.86	168	639	1 224	7.33	27.96	53.55
1996	23.37	177	672	1 249	7.57	24.73	53.46
1997	23.54	180	701	1 249	7.63	29.77	53.05
1998	23.62	189	740	1 228	8.01	31.34	52.01
1999	24.06	224	798	1 183	10.14	36.20	53.66
2000	24.56	282	854	1 131	12.44	37.67	49.89

14－23　成人教育情况

（2000 年）

	学校数（所）	毕业生数（人）	招生数（人）	在校学生数（人）	教职工数（人）	专任教师	兼任教师（人）
一、成人高等学校	24	31 127	50 238	118 001	5 971	2 879	1 610
广播电视大学	2	6 173	12 876	24 902	2 212	1 161	1 343
职工高等学校	16	2 300	3 816	9 059	2 111	1 017	198
管理干部学院	4	1 681	1 536	2 581	991	400	69
教育学院	2	2 292	5 225	9 549	657	301	
高校办夜大函授成人脱产班	(24)	18 681	26 785	71 910	(449)	(165)	
二、成人中等学校	2 122	284 349	290 176	202 814	4 097	2 324	5 413
成人中专	50	19 958	16 568	62 119	2 512	1 142	1 273
#教师进修学校	13				458	221	15
成人中学	31	1 437	1 155	1 025	127	49	61
成人技术培训学校	2 041	262 954	272 453	139 670	1 458	1 133	4 079
三、成人初等学校	396	3 377	3 163	3 211	461	25	2 649

注：()内数因与普通高校重复，不加入总计数。

14－24 独立核算科学研究机构基本情况

指标	单位	1998年	1999年	2000年
一、科技机构数	个	654	735	732
#科研单位	个	239	228	219
高等院校	个	301	391	393
大中型工业企业	个	114	116	120
二、科技活动人员数	人	95 564	105 636	106 822
#科学家和工程师	人	43 712	48 859	49 110
市属从事科技活动人员数	人	7 879	8 450	8 461
#科学家工程师	人	4 284	4 563	4 550
科研经费筹集总额	万元	21 956	32 111	34 208
三、科技活动经费筹集总额	千元	3 136 699	4 538 697	4 542 667
#政府拨款	千元	1 504 328	2 283 240	2 399 210
自筹资金	千元	494 903	1 203 150	1 702 211
银行贷款(专项贷款)	千元	153 540	179 344	138 200
四、科技活动经费使用总额	千元	2 814 401	4 093 800	4 120 332
#劳务费	千元	603 874	1 067 670	1 022 316
业务费	千元	884 960		
管理费	千元	50 326	1 550 170	1 223 887
资产购建支出	千元	340 302	319 549	299 351
五、科技成果与著作情况				
1、科技论文	篇	15 180	16 615	17 228
2、出版科技著作	种	687	703	720
3、获奖成果	项	1 084	1 134	1 226
#国家级奖	项	24	60	69
省部级奖	项	537	520	540
地市级奖	项	438	558	617

14－25　独立核算科学研究机构基本情况

（2000年）　　单位：个、人、千元

	合计	科研机构	大专院校	大中型工业企业
单位数	394	219	26	149
机构数	732	219	393	120
年末职工人数	500 437	53 882	53 689	392 866
从事科技活动人员	106 803	36 911	23 790	46 102
科学家工程师	49 220	20 220	17 580	11 420
科研(技术)项目人数	32 020	3 110	6 900	22 010
科技活动经费筹集总额	4 598 727	2 410 200	908 411	1 280 116
＃政府拨款	1 986 813	1 136 900	421 002	428 911
自筹资金	1 271 750	645 020	37 810	588 920
银行贷款	160 569	118 795		41 774
其　他	1 179 595	509 485	449 599	220 511
科技活动经费使用总额	4 169 070	2 138 280	730 680	1 300 110
＃R&D支出	2 660 551	1 602 280	294 282	763 989
＃劳务费	1 079 273	560 898	62 308	456 066
业务费	1 647 780	1 182 000	465 780	
其中：差旅费	95 420	69 780	25 640	
原材料费	420 200			420 200
固定资产购建支出	332 960	121 660	72 830	138 470
其中：科研仪器设备	223 513	85 180	65 220	73 113
其　　他	1 109 057	273 721	129 762	705 574
转拨外单位科研经费支出	119 140	55 110	16 830	47 200

14－26　独立核算科学研究机构科技成果情况

(2000年)

	单　位	合　计	科研机构	大专院校	大中型工业企业
科技论文	篇	17 010	2 810	14 200	
出版科技著作	篇	709	127	582	
专利申请数	项	192	79	85	28
专利授权数	项	151	58	70	23
获奖科技成果	项	1 165	510	523	132
#国家级奖	项	67	42	15	10
省部级奖	项	536	201	250	85
地方级奖	项	572	270	261	41

14－27　国有单位各类专业技术人员数

单位:人

	1998 年	1999 年	2000 年
全民所有制各类专业技术人员	354 164	367 276	369 735
＃工程技术人员	104 513	111 828	112 241
农业技术人员	3 585	3 743	3 821
自然科学研究人员	7 480	8 003	8 215
社会科学研究人员	2 530	2 625	2 637
卫生技术人员	41 350	43 417	43 724
自然科学教学人员	35 982	36 701	37 102
社会科学教学人员	34 380	34 950	35 130
会计人员	41 950	42 700	42 715
统计人员	9 155	9 338	9 341
编辑、记者、播音人员	2 680	2 850	2 897
翻译人员	1 892	1 952	1 983
经济人员	54 965	55 514	55 842
图书档案资料人员	7 722	7 722	7 732
文艺人员	3 750	3 723	3 787
其它人员	2 230	2 210	2 568

14－28　国有单位自然科学技术人员数

指　　标	单　　位	1998年	1999年	2000年
科技人员总数	人	192 910	206 317	207 811
平均每万人口中科技人员数	人	289	305	306
平均每万职工中科技人员数	人	1 398	1 818	1 820
工程技术人员	人	104 513	111 828	112 232
占科技人员总数的比重	%	54.17	54.20	54
平均每万人口中工程技术人员数	人	156	165	166
平均每万职工中工程技术人员数	人	757	985	990
农业技术人员	人	3 585	3 743	3 822
占科技人员总数的比重	%	1.85	1.81	1.83
平均每万人口中农业技术人员数	人	5	6	6
平均每万职工中农业技术人员数	人	26	33	34
卫生技术人员	人	41 350	43 417	43 211
占科技人员总数的比重	%	21.43	21.04	20.79
平均每万人口中卫生技术人员数	人	62	64	66
平均每万职工中卫生技术人员数	人	300	382	383
科学研究人员	人	7 480	10 628	10 722
占科技人员总数的比重	%	3.88	5.15	5.16
平均每万人口中科学研究人员数	人	11	16	17
平均每万职工中科学研究人员数	人	54	93	96
教学人员数	人	35 982	36 701	36 822
占科技人员总数的比重	%	18.65	17.78	17.72
平均每万人口中教学人员数	人	54	54	56
平均每万职工中教学人员数	人	261	323	330

14－29　大中型工业企业科技活动

1.科技开发机构数　　　　　　　　　　　　　　　　　　单位:个

分组	有技术开发机构企业数		企业办技术开发机构	
	1999年	2000年	1999年	2000年
全市总计	**75**	**81**	**116**	**120**
一、按隶属分				
中央属企业	37	42	72	74
地方属企业	38	39	44	46
二、按规模分				
大型企业	50	54	95	98
中型企业	25	27	21	22

14－29　续表1　　　　2.科技活动人员数　　　　　　　　　　单位:人

分组	从事科技活动人员合计		科学家、工程师	
	1999年	2000年	1999年	2000年
全市总计	**45 340**	**46 102**	**11 340**	**11 359**
一、按隶属分				
中央属企业	38 493	39 191	9 184	9 199
地方属企业	6 847	6 911	2 156	2 160
二、按规模分				
大型企业	43 929	44 682	10 807	10 823
中型企业	1 411	1 420	533	536

14-29　续表2　　3.科技活动机构人员数　　单位:人

分　组	从事科技活动人员合计		科学家、工程师	
	1999年	2000年	1999年	2000年
全市总计	**7 897**	**8 230**	**3 613**	**3 780**
一、按隶属分				
中央属企业	5 364	5 619	2 360	2 511
地方属企业	2 533	2 611	1 253	1 269
二、按规模分				
大型企业	7 309	7 640	3 330	3 484
中型企业	588	590	283	296

14-29　续表3　　4.科技活动支出　　单位:千元

分　组	经费支出总额		新产品用款	
	1999年	2000年	1999年	2000年
全市总计	**1 210 247**	**1 300 110**	**826 596**	**835 400**
一、按隶属分				
中央属企业	974 338	1 064 010	625 385	633 278
地方属企业	253 909	236 100	201 211	202 122
二、按规模分				
大型企业	1 132 642	1 217 810	807 765	816 020
中型企业	77 605	82 300	18 831	19 380

14－29　续表4　　5.科技活动经费支出　　单位:千元

分组	技术改造支出总额		技术引进支出总额	
	1999年	2000年	1999年	2000年
全市总计	**516 993**	**557 000**	**90 154**	**152 000**
一、按隶属分				
中央属企业	335 231	364 890	50 981	93 898
地方属企业	181 752	192 110	39 173	58 102
二、按规模分				
大型企业	467 310	506 768	89 904	149 620
中型企业	49 683	50 232	160	2 380

14－29　续表5　　6.科技开发经费支出　　单位:千元

分组	消化吸收支出总额		购买国内技术用款	
	1999年	2000年	1999年	2000年
全市总计	**5 048**	**7 218**	**2 776**	**2 900**
一、按隶属分				
中央属企业	5 048	6 829	2 416	2 444
地方属企业		389	360	456
二、按规模分				
大型企业	4 943	6 866	2 731	2 780
中型企业	105	352	45	120

14－29 续表6 7.科技项目和新产品情况 单位:千元

指标	1999年	2000年
项目数(个)	1 117	1 220
#研究与发展项目(个)	489	496
经费支出数(千元)	1 191 719	1 200 118
新产品销售收入(千元)	2 850 882	3 320 588
出口新产品(千元)	100 680	110 785
新产品实现利税(千元)	222 160	233 178

14－29 续表7 8.科技活动产出情况 单位:千元

指标	1999年	2000年
获奖成果数	125	132
国家级	8	10
省、部级	81	85
地、市级	36	41
专利		
专利申请数	27	28
专利授权数	2	23

14－30　西安市高新技术产业开发区情况

指　　　标	单　　位	1998年	1999年	2000年
1.批准面积	万平方米	2 517	2 517	206
2.当年新开发面积	万平方米	138	138	2.06
3.开发区企业数	个	2 829	2 530	3 025
＃高新技术企业数	个	510	511	631
4.总人数	人	61 741	80 474	97 738
＃大专以上学历人数	人	32 259	42 036	49 579
5.产品数	种	1 091	1 370	1 340
6.全年研究与发展支出总额	万元	50 156	24 922	...
7.年总产值	万元	958 822	1 424 612	1 916 251
8.年总收入	万元	1 416 061	2 016 699	2 741 984
＃产品销售收入	万元	908 494	1 300 186	1 683 009
商品销售收入	万元	230 358	451 211	689 948
技术收入	万元	182 785	99 554	120 265
9.年利润总额(净利润)	万元	56 140	94 634	158 360
10.年税金总额	万元	50 252	762 039	107 454
11.年创汇总额	万美元	4 903	105 608	104 079

14－31　高新区发展规模

(2000年)

指　　　标	单　　位	政策区	新建区
累计已开发面积	平方公里	19.53	9.31
高新区工商注册企业数	个	1 955	1 070
＃工业型技术开发技术服务型企业数	个	1 433	562
＃三资企业数	个	311	119
已认定的高新技术企业数	个	318	313
1999年区内国内生产总值占全市国内生产总值的比重	%	11.61	
1999年区内工业增加值占全市工业增加值的比重	%	22	

14－32　高新区建设与集资情况

指　　标	单　　位	2000年
一、基建投资		
本年基建投资	千元	2 087 190
#生产业务用房	千元	1 072 080
住宅	千元	282 780
公用设施	千元	170 700
基础设施	千元	443 150
征地拆迁	千元	118 480
二、开发面积		
新建区累计开发土地面积	平方公里	9.308
#当年新开发土地面积	平方公里	2.06
累计竣工建筑面积	平方米	3 526 673
#生产业务用房	平方米	1 375 716
住宅	平方米	1 832 711
公用设施	平方米	298 699
#当年竣工建筑面积	平方米	704 600
三、当年内资金筹集情况		
当年内资金筹集总额	千元	849 450
#政府拨款	千元	340 450
贷款	千元	509 000
发行股票	千元	
发行债券	千元	
四、吸引外资		
年末累计境外客商协议投资额	千美元	732 792
年末累计境外客商实际投资额	千美元	758 673
#当年实际投资额	千美元	141 301

14－33　文化事业机构和人数

（2000年）

指　　标	机　　构（个）	人　员　数（人）
一、电影事业		
制片厂	1	
发行放映管理机构	9	
电影放映单位	586	
＃电影院	26	
影剧院	13	
放映队	387	
二、艺术事业	51	3 575
表演团体	22	3 017
表演场所	26	495
三、图书馆事业	15	298
＃县图书馆	13	117
四、群众文化事业	251	814
＃文化馆	13	230
文化站	236	448
五、教育事业	5	408

14－34 文化事业发展情况

指标	单位	2000年
电影放映场数	千场	37
观众人数	千人次	5 018
艺术表演团体演出场次(国内)	千场	4
观众人数	千人次	7 280
图书馆藏书数	千册	3 214
图书借阅人次数	千人次	386
图书借阅册数	千册次	544

14－35 群众艺术馆、文化馆(站)活动情况

指标	单位	2000年
机构数	个	251
举办展览个数	个	367
组织文艺活动次数	次	1 081
举办训练班班次	次	1 821
举办训练班结业人次	千人次	38
藏书	千册	380
藏文物	件	425
业务及其他收入(总)	千元	9 712
经费总支出	千元	8 364

14－36　文物事业基本情况

指　　标	单　　位	2000年
文物机构合计	个	44
文物机构人员合计	人	3 118
#1.文物保护管理机构		
机构数	个	25
人员数	人	655
藏品件数	件	18 622
#一级品	件	29
参观人数	千人次	1 382
2.博物馆		
机构数	个	12
人员数	人	1 524
藏品件数	件	153 516
#一级品	件	2 387
参观人数	千人次	3 600

14－37　广播电台及节目制作情况

指　　标	单　　位	1998年	1999年	2000年
省、地广播电台	座	2	2	2
县级广播电视台	座	3	3	4
中短波、调频发射台及转播台	座	12	12	234
进广播的乡	个	195	195	195
进电视的乡	个	195	195	195
进广播的村	个	2 800	2 758	3 150
进电视的村	个	2 635	2 729	3 156
农村喇叭数	万只	4.81	5.0	26.44
节目	套	12	12	13
平均每日播出时间	时:分	156:00	175:17	182:15
广播人口覆盖率	%	96:00	98:00	98.69
制作广播节目	时:分	29 658:00	32 011:00	43 729:00
＃新闻节目	时:分	4 314:00	5 820:00	4 226:00
专题节目	时:分	7 374:00	5 882:00	10 495:00
教育节目	时:分	1 448:00	913:00	905:00
文艺节目	时:分	9 826:00	12 038:00	13 747:00
服务节目	时:分	6 696:00	6 462:00	10 617:00

注:地、市以上级称广播电台,县级称广播电视台,故从1998年起资料分列。

14－38　电视台及节目制作情况

指　　标	单　　位	1998 年	1999 年	2000 年
电视台	座	2	2	2
发射台及转播台	座	20	21	237
无线电视节目	套	6	8	6
平均每周播出时间	时:分	516:15	684:38	522:42
电视人口覆盖率	%	88:00	90:00	95:08
卫星电视地面站	座	286	448	148
制作电视节目	时:分	54 321:00	5 702:00	11 871:00
#新闻节目	时:分	1 176:00	1 125:00	1 508:00
专题节目	时:分	657:00	659:00	1 478:00
教育节目	时:分	462:00	386:00	920:00
文艺节目	时:分	1 735:00	994:00	1 945:00
服务节目	时:分	1 402:00	1 586:00	897:00
有线电视台	座	2	2	2
有线电视用户	万户	72.06	77.34	82.09

主要统计指标解释

普通高等学校:指按照国家规定的设置标准和审批程序批准举办,通过国家统一招生考试,招收高中毕业生为主要培养对象,实施高等教育的全日制大学、独立设置的学院和高等专科学校、短期职业大学。

成人高等学校:指按照国家有关规定审批,招收通过全国成人高教统一招生考试的具有高中毕业或同等学历的在职从业人员利用脱产、半脱产、业余或函授等各种形式对其实施高等学历教育,培养高等教育专科或本科毕业水平的专门人才,修业年限,课程设置和总学时数均按高等学历教育要求付诸实施的学校。包括广播电视大学,职工高等学校、农民高等学校、管理干部学院、教育学院、独立设置的函授学院等。

小学学龄儿童入学率:指调查范围内已入小学学习的学龄儿童占样内外学龄儿童总数(包括弱智儿童在内,但不包括盲聋哑儿童)的比重,计算公式是:

$$小学学龄儿童入学率=\frac{已入学的小学学龄儿童数}{校内外小学学龄儿童点数}\times 100\%$$

独立研究与开发机构:指有明确的任务和研究方向,有一定学术水平的业务骨干和一定数量的研究人员,具有研究、开发、开展学术工作的基本条件,主要进行科学研究与技术开发活动,并且在行政上有独立的组织形式,财务上独立核算盈亏,有权与其他单位签订合同,在银行有单独户头的单位。包括国务院各部门、中国科学院、中国社会科学院和各省、自治区、直辖市以及地(市)以上(各地市)各部门所属的国有独立的科学研究与技术开机构。

科学和工程师:指具有大学本科及以学历和不具务上述学历但有高、中级职称的人员。

从事科技活动人员:包括科技管理人员、课题活动人员、科技服务人员三部分。

自然科学技术人员:指已取得科学技术职称或大学、中专的理、工、农、医科系专业,以及国民经济各部门从工作实践中提拔、从事理、工、农、医等自然科学技术的研究、教学、生产的专业人员和在机关、企业、事业单位中从事科学技术业务管理工作的专业人员。

科学研究人员:指在国民经济各行业从事科学技术活动的自然科学技术专业人员,包括:正副研究员、财理研究员、研究实习员、技术员和未评定职称的技术人员。

文化事业机构:指从事专业文化工作和为专业文化工作服务的独立建制的单独核算的单位。不包括这些单位另外举办独立核算的其他机构和各部门的业余文化组织。

艺术表演团体:指从事戏曲、音乐、舞蹈、杂技等专业艺术表演,有独立帐户,实行单独核算的团体。不包括半工半艺、半农半艺的业余剧团。

体育、卫生、社会福利和其他

TIYUWEISHENGSHEHUIFULIHEQITA

15－1　各级体委及各直属单位职工人数(市属)

(2000 年)　　　　单位:人

	合计	运动员	专职教练员	专职文化教师
总　　计	**641**	**16**	**91**	**22**
各级体委机关	119			
地级	44			
县级	75			
各级体委直属单位	522	16	91	22
＃优秀运动队	30	16	2	
体育运动学校	71		18	11
重点业余体校	108		29	
普通业余体校	86		42	11
公共体育场所	210			

15－2　《国家体育锻炼标准》施行情况(市属)

单位:人、所

指　　标	2000 年
学校总数	2 644
在校学生总数	1 094 263
施行锻炼标准学校数	2 576
施行锻炼标准学校的学生人数	990 981
应参加达标活动的学生人数	920 287
实际参加达标活动的学生人数	891 347
达标人数	826 397
＃及格级	476 275
良好级	237 535
优秀级	112 587

15－3　少年儿童分项业余体校情况(市属)

(2000年)　　单位:人

指　　标	合　　计	重点业余	普通业余
一、在读学生数			
总　计	**2 401**	**485**	**1 916**
田径	649	20	629
游泳	186		186
体操	38	28	10
举重	65	25	40
国际式摔跤	35		35
柔道	98		98
射击	124	50	74
射箭	30	30	
足球	268		268
蓝球	380	130	250
排球	27	27	
兵乓球	184	45	139
棒球	52	40	12
中国式摔跤	26		26
武术	179	90	89
航海模型	10		10
航空模型	10		10
跆拳道	40		40
二、职工数	194	108	86

15－4　等级裁判员发展人数

(2000年)　　　　单位:人

指　　标	合　　计	地　直　属	县　小　计
合　计	**472**	**397**	**75**
其中:女	138	131	7
一级	47	46	1
其中:女	14	14	
二级	153	143	10
其中:女	44	43	1
三级	272	208	64
其中:女	80	74	6

15－5　等级运动员发展人数

(2000年)　　　　单位:人

指　　标	合　　计	地　直　属	县　小　计
合　计	**626**	**258**	**368**
其中:女	260	80	180
一级			
其中:女			
二级	258	258	
其中:女	80	80	
三级	198		198
其中:女	96		96
少年级	170		170
其中:女	84		84

15－6　卫生机构、床位及人员数

（2000年）

	机构数（个）	床位数（张）	人员合计（人）	卫生技术人员	其他技术人员	管理人员	工勤人员
总　　计	**3 019**	**31 690**	**53 111**	**41 836**	**855**	**5 647**	**4 773**
一、按属性分类							
（一）医院合计	239	26 328	35 939	27 539	413	4 307	3 680
1.县及县以上医院	166	23 065	33 203	25 361	413	4 007	3 422
综合医院	130	16 361	23 474	18 171	298	2 823	2 182
中医医院	16	1 519	2 360	1 922	3	259	176
医学院校附属医院	3	1 908	3 650	2 641	61	329	619
传染病院	1	292	322	202	4	71	45
精神病院	2	460	386	290		58	38
结核病院	2	705	614	377	6	113	118
妇幼保健院	6	430	889	678	12	124	75
儿童医院	1	420	768	564	9	88	107
肿瘤医院	1	400	478	315	14	97	52
康复医院	1	200	96	70		23	3
其他专科医院	3	370	166	131	6	22	7
2.其他医院	73	3 263	2 736	2 178		300	258
（二）卫生院合计	187	2 369	3 769	3 391		255	123
#中心卫生院	39	1 126	1 866	1 662		137	67
#乡（镇）卫生院	144	1 053	1 805	1 640		109	56
（三）疗养院	9	2 325	1 003	482	45	188	288

15－6　续表　　(2000年)

	机构数(个)	床位数(张)	人员合计(人)	卫生技术人员	其他技术人员	管理人员	工勤人员
(四)门诊部、所	973	168	5 119	4 875			
(五)专科防治所、站	2		57	33		10	14
#结核病防治所、站	1		28	15		7	6
(六)卫生防疫机构	20		1 527	1 173	20	162	172
(七)妇幼保健机构	9	20	303	240		38	25
(八)药品检验机构	8		234	149		56	29
(九)医学科学研究机构	4	30	467	263	14	114	76
(十)高等医学教育机构	1		329	106	50	43	120
(十一)中等医药教育机构	9		509	154	109	171	75
(十二)其他卫生事业机构	11	450	723	299	194	118	112
(十三)个体办诊所	1 547		3 132	3 132			
二、按归属分类							
卫生部门办	149	13 024	23 895	17 687	536	3 045	2 627
工业及其他部门办	986	13 991	20 043	15 897	319	2 044	1 783
集体所有制办	173	1 739	2 597	2 303		202	92
私人开业	36	626	845	687		90	68
个体办诊所	1 547		3 132	3 132			
其他	128	2 310	2 599	2 130		266	203

15－7　各区县卫生机构、床位及人员数

(2000年)

	机构合计 (个)	床位合计 (张)	人员合计 (人)	卫生技术人员
全　市	**3 019**	**31 690**	**53 111**	**41 836**
新城区	322	4 706	9 449	7 502
碑林区	386	4 767	9 284	7 079
莲湖区	443	3 782	6 994	5 607
灞桥区	280	1 605	2 652	2 220
未央区	166	1 392	2 645	2 062
雁塔区	358	5 558	8 018	6 182
阎良区	64	1 143	1 439	1 154
临潼区	192	2 831	3 367	2 304
长安县	116	2 565	3 136	2 427
蓝田县	180	1 065	1 576	1 359
周至县	248	671	1 805	1 589
户　县	125	1 275	2 093	1 753
高陵县	139	329	653	580

15－8　卫生机构各类人员数

单位：人

分　　类	1998年	1999年	2000年
一、全市合计	**54 294**	**54 361**	**53 111**
卫生技术人员	42 160	42 243	41 836
其他技术人员	923	1 067	855
管理人员	5 785	5 701	5 647
工勤人员	5 426	5 350	4 773
二、卫生技术人员	42 160	42 243	41 836
中医师	2 687	2 730	2 711
西医师	13 141	13 270	13 181
中西医结合高级医师	257	246	254
护　师	7 955	8 287	8 754
中药师	787	794	753
西药师	1 762	1 767	1 784
检验师	1 493	1 625	1 614
其他技师	1 647	1 710	1 573
中医士	371	348	357
西医士	2 220	2 286	2 223
护　士	5 205	4 970	4 848
助产士	249	229	230
中药剂士	292	264	275
西药剂士	553	494	480
检验士	561	526	459
其他技士	469	396	394
其他中医	52	34	24
护理员	871	735	512
中药剂员	90	79	53
西药剂员	174	154	130
检验员	124	107	106
其他初级卫生技术人员	1 200	1 192	1 121
三、平均每千人口有卫生技术人员	6.3	6.3	6.1
#医　生	2.8	2.8	2.8

15－9　卫生部门卫生机构各类人员数

单位：人

分　　类	1998年	1999年	2000年
一、全市合计	**25 305**	**25 409**	**23 895**
卫生技术人员	18 263	18 419	17 687
其他技术人员	641	742	536
管理人员	3 322	3 216	3 045
工勤人员	3 079	3 032	2 627
二、卫生技术人员	18 263	18 419	17 687
中医师	1 048	1 093	1 063
西医师	5 680	5 769	5 383
中西医结合高级医师	60	78	76
护　师	3 731	3 947	4 274
中药师	370	390	367
西药师	726	705	746
检验师	761	868	854
其他技师	1 110	1 121	978
中医士	124	107	97
西医士	782	851	849
护　士	2 137	1 957	1 688
助产士	102	94	88
中药剂士	120	105	100
西药剂士	188	157	147
检验士	304	282	238
其他技士	276	206	180
其他中医	7	8	4
护理员	181	135	78
中药剂员	30	21	14
西药剂员	56	34	30
检验员	31	33	28
其他初级卫生技术人员	439	458	405

15－10　医院、卫生院诊疗人次及诊疗情况

(2000年)

	诊疗人次数				
	总计	其中:门、急诊人次数			
		计	门诊人次	急诊人次数	
				计	死亡人数
1.县及县以上医院合计	10 816 498	10 398 457	9 634 783	763 674	501
卫生部门计	4 609 553	4 478 192	4 149 382	328 810	296
综合医院	2 041 282	1 956 785	1 787 502	169 283	220
中医医院	875 140	845 386	798 854	46 532	1
医学院校附属医院	1 071 024	1 065 535	1 021 189	44 346	62
传染病院	10 971	10 971	10 484	487	－
精神病院	23 603	23 603	23 603	－	－
结核病院	31 574	31 574	30 423	1 151	－
妇幼保健院	233 431	227 610	219 322	8 288	13
儿童医院	311 780	305 980	247 378	58 602	－
肿瘤医院	6 648	6 648	6 527	121	－
康复医院	4 100	4 100	4 100	－	－
工业及其他部门	6 190 126	5 903 446	5 469 670	433 776	204
集体所有制	16 819	16 819	15 731	1 088	1
2.其他医院合计	698 228	688 123	648 148	39 975	9
3.卫生院合计	1 983 441	1 922 782	1 862 539	60 243	71
城市街道卫生院	21 908	18 844	18 003	841	－
农村卫生院小计	1 961 533	1 903 938	1 844 536	59 402	71
中心卫生院	679 652	646 517	629 699	16 818	51
乡(镇)卫生院	1 281 881	1 257 421	1 214 837	42 584	20
＃无床乡卫生院	623 493	611 465	595 145	16 320	

15－10　续表　　(2000年)

	观察室	
	收容病人数(人)	死亡人数(人)
1.县及县以上医院合计	834 651	174
卫生部门计	257 148	85
综合医院	111 760	19
中医医院	11 471	5
医学院校附属医院	3 897	54
传染病院	913	
精神病院		
结核病院	278	
妇幼保健院	31 918	7
儿童医院	96 910	
肿瘤医院	1	
工业及其他部门	577 503	89
集体所有制		
2.其他医院合计	37 976	9
3.卫生院合计	54 814	15
城市街道卫生院	145	
农村卫生院小计	54 669	15
中心卫生院	23 752	14
乡(镇)卫生院	30 917	1
#无床乡卫生院	13 760	

15－11　医院、卫生院床位及病人治疗情况

(2000年)

	实有病床数	平均开放病床数	治愈率(%)	好转率(%)	病死率(%)
1.县及县以上医院合计	23 263	22 374	62.39	33.09	1.47
卫生部门计	11 450	11 354	59.95	35.33	1.37
综合医院	5 176	5 165	62.62	32.67	1.44
中医医院	1 519	1 491	48.01	47.68	0.95
医学院校附属医院	1 908	1 910	57.54	37.73	1.61
传染病院	292	293	59.58	30.33	3.00
精神病院	400	401	26.63	70.45	0.06
结核病院	705	689	10.54	81.96	1.26
妇幼保健院	430	383	87.22	10.04	0.43
儿童医院	420	421	73.48	24.05	0.61
肿瘤医院	400	401	32.76	50.30	3.93
康复医院	200	200	19.23	80.77	
工业及其他部门	11 693	10 911	65.82	29.93	1.62
集体所有制	120	109	90.91	9.09	
2.其他医院合计	3 253	1 885	80.48	16.59	0.13
3.卫生院合计	2 314	2 052	87.23	10.47	0.16
城市街道卫生院	190	76	57.14	42.14	0.71
农村卫生院小计	2 124	1 976	87.37	10.32	0.16
中心卫院	1 071	1 034	87.22	10.43	0.21
乡(镇)卫生院	1 053	942	87.60	10.17	0.07
#无床乡卫生院					

15-12　县及县以上医院大型医疗设备情况

(2000年)　　单位:台(部)

	800NA以上X光机	CT	ECT	模拟定位机	钴60治疗器	心脏监护仪	肾渗透仪
县及县以上医院合计	38	42	5	3	7	554	43
卫生部门计	18	20	4	3	3	310	28
综合医院	9	13	1		1	152	6
省、自治区直辖市属	2	2	1			69	1
直辖市区、省辖市	6	5			1	46	4
省辖市区						11	1
县　属	1	6				26	
中医医院	2	2				12	10
医学院校附属医院	4	3	2	2	1	126	10
传染病院						2	2
结核病院	1					4	
妇幼保健院						2	
儿童医院		1				7	
肿瘤医院	2	1	1	1	1	5	
工业及其他部门	20	22	1		4	244	15
集体所有制							

15－12　续表　　　　(2000年)　　　　单位：台(部)

	超速离心机	医用直线加速器	核磁共振仪	彩色多谱勒超声仪	自动生化分析仪	超声心电图机
县及县以上医院合计	49	8	5	46	93	10
卫生部门计	26	4	4	23	43	3
综合医院	2		2	14	16	1
省、自治区直辖市属				3	3	
直辖市区、省辖市			2	7	7	
省辖市区	1				1	1
县　　属	1			4	5	
中医医院	3			1	11	1
医学院校附属医院	15	3	2	4	7	1
传染病院	6				1	
结核病院					2	
妇幼保健院					2	
儿童医院				1	1	
肿瘤医院		1		2	1	
康复医院					1	
工业及其他部门	23	4	1	23	50	7
集体所有制						

15－13　农村村级卫生组织情况

(2000年)

指　　标	单　　位	数　　量	比　　重 (100%)
一、村数	个	3 156	100
＃实行合作医疗或医疗保险的	个	2 041	64.67
无医疗点的村数	个	134	4.38
二、村设置的医疗点数	个	3 019	100
村或群众集体办	个	2 102	69.63
乡村医生或卫生员联合办	个	305	10.10
乡卫生院设点	个	50	1.66
个体办	个	555	18.38
其他	个	7	0.23
三、乡村医生和卫生员数	人	5 914	100
乡村医生	人	4 492	75.96
＃会接生	人	1 019	
卫生员数	人	1 422	24.04
＃会接生	人	499	
四、农村接生员总数	人	950	

15－14　社会福利事业单位基本情况

（2000年）

指　　标	院　数（个）	工作人员（人）	床　位（张）	年末在院人数（人）
一、社会福利院情况				
1.社会福利院	5	138	418	322
2.儿童福利院	1	110	380	373
3.精神病人福利院	1	153	450	356
二、老年福利机构	44	107	509	288
城镇	8	19	143	101
农村	36	88	366	187

15－15　社会福利事业单位机构、人员数

单位：个.人

项　　目	1998年	1999年	2000年
一、机构			
烈士纪念建筑物管理单位	2	2	2
收容遣送站	8	8	8
殡仪服务单位			18
殡仪馆			4
公墓			12
殡葬管理单位			2
二、人员			
烈士纪念建筑物管理单位	54	44	43
收容遣送站	102	101	99
殡仪服务单位			613
殡仪馆			164
公墓			425
殡葬管理单位			24

15－16　社会福利企业单位基本情况

(2000年)　　单位:个、人

指　　标	单位数	年末职工人数	#残疾职工	残疾职工中:女性
社会福利企业总计	**287**	**9 164**	**3 815**	**1 259**
国有社会福利企业	12	588	227	84
集体社会福利企业	9	208	99	36
其他社会福利企业	248	8 008	3 464	1 186

15－17　各区县优抚对象人员情况

(2000年)　　单位:人

	全市	新城区	碑林区	莲湖区	雁塔区	未央区	灞桥区
合　　计	**262 471**	**13 353**	**12 116**	**12 923**	**6 706**	**14 655**	**14 338**
1.革命伤残人员	4 651	588	562	825	475	204	260
2.烈军属人员	140 741	12 600	11 535	11 743	3 781	6 867	4 605
3.在乡退伍老红军	24		4	2			
4.在乡复原军人	11 542	23	15	51	249	398	1 089
5.在乡退伍军人	105 495	142		302	2 200	7 186	8 384
优抚对象中孤老人数	567				1		3

15－17　续表　　(2000 年)　　单位:人

	阎良区	临潼区	长安县	户　县	周至县	高陵县	蓝田县
合　　计	**10 206**	**30 811**	**56 065**	**36 972**	**23 321**	**10 175**	**20 830**
1.革命伤残人员	113	318	396	258	293	110	249
2.烈军属人员	4 879	10 699	32 727	21 524	8 959	3 964	6 858
3.在乡退伍老红军	3	7		1	2	1	4
4.在乡复原军人	587	1 780	2 067	1 271	1 618	735	1 659
5.在乡退伍军人	4 620	18 005	20 870	13 916	12 447	5 365	12 058
优抚对象中孤老人数		18	97	158	74	78	138

15－18　婚姻登记基本情况

(2000 年)

指　　标	单　　位	1998 年	1999 年	2000 年
一、内地居民登记结婚数	对	48 364	43 619	46 415
初　婚　数	人	90 134	79 093	85 442
再　婚　数	人	6 594	7 245	7 388
＃恢复结婚数	人	299	317	235
二、内地居民登记离婚数	对	5 485	5 020	5 161

15－19　各区县婚姻登记情况

（2000年）

区　　县	内地居民登记结婚数（对）	初婚数（人）	再婚数（人）	内地居民登记离婚数（对）
全　市	**46 415**	**85 442**	**7 388**	**5 161**
新城区	4 069	7 076	1 062	898
碑林区	3 713	6 399	1 027	892
莲湖区	4 861	9 361	361	1 132
雁塔区	3 635	6 884	386	494
未央区	3 600	6 144	1 056	360
灞桥区	3 032	4 302	1 762	340
阎良区	1 864	3 380	348	108
临潼区	3 900	7 700	100	220
长安县	5 963	11 303	623	123
户　县	2 526	5 000	52	224
周至县	4 054	7 929	179	146
高陵县	1 462	2 776	148	73
蓝田县	3 736	7 188	284	152

15－20　离休、退休、退职人员情况

(2000年)　　单位:人

	合　计	离　休	退　休	领取定期生活费的退职人数
总　　计	**460 962**	**24 208**	**427 442**	**9 312**
一、企业	356 867	13 585	336 503	6 779
其中:地方	195 004	6 662	183 663	4 679
(一)内资企业	356 618	13 585	336 310	6 723
1.国有企业	264 391	11 770	248 244	4 377
2.集体企业	53 569	953	50 551	2 065
3.其他企业	38 658	862	37 515	281
(二)港、澳、台商投资企业	154		98	56
(三)外商投资企业	95		95	
二、事业	88 308	7 071	79 400	1 837
其中:地方	59 285	5 120	52 718	1 447
三、机关	15 787	3 552	11 539	696
其中:地方	13 861	3 135	10 048	678

15－21　离退休、退职人员保险福利费用构成情况

(2000年)　　单位:千元

	合计	离休金	退休金
总计	**4 086 734**	**293 755**	**2 979 257**
一、企业	2 824 432	149 354	2 198 344
其中:地方	1 326 672	54 806	1 121 776
(一)内资企业	2 764 518	149 354	2 138 705
1.国有企业	2 313 266	137 102	1 754 783
2.集体企业	229 963	5 186	200 160
3.其他企业	221 289	7 066	183 762
(二)港、澳、台商投资企业	59 221		59 213
(三)外商投资企业	693		426
二、事业	967 863	87 110	662 377
其中:地方	633 512	63 548	431 648
三、机关	294 439	57 291	118 536
其中:地方	267 689	53 875	110 353

15－21　续表　　(2000年)　　单位:千元

	退职生活费	医疗卫生费	其他
总　计	**13 710**	**557 128**	**242 884**
一、企业	11 558	327 900	137 276
其中:地方	6 097	110 654	33 339
(一)内资企业	11 510	327 808	137 141
1.国有企业	8 810	287 776	124 795
2.集体企业	1 998	15 271	7 348
3.其他企业	702	24 761	4 998
(二)港、澳、台商投资企业	0	2	6
(三)外商投资企业	48	90	129
二、事业	1 584	144 411	72 381
其中:地方	1 168	98 082	39 066
三、机关	568	84 817	33 227
其中:地方	548	77 140	25 773

15－22　律师、公证及调解基本情况

	单　　　位	1998年	1999年	2000年
一、律师工作				
律师事务所	个	42	44	46
律师	人	597	487	534
＃专职	人	365	387	469
兼职	人	52	59	65
聘请担任常年法律顾问单位	家	839	869	754
民事代理	件	3 477	4 123	4 283
刑事辩护	件	1 332	1 435	1 322
经济案件	件	2 541	3 548	2 969
行政案件	件	205	240	296
非诉讼案件	件	653	846	1 088
二、公证工作				
公证处	个	14	14	14
公证人员	人	127	128	158
＃公证员	人	101	99	96
办理公证件数				79 199
国内	件	27 439	29 905	62 060
民事	件	15 441	18 100	24 576
经济	件	11 998	11 805	37 484
涉外	件	14 780	14 331	16 990
涉港、澳、台	件	193	130	149
三、人民调解工作				
已建调委会数	个	4 967	5 068	4 379
调解人员数	人	36 300	16 481	13 059
调解纠纷数	件	37 200	42 003	34 212
＃调解成功数	件	－	37 933	31 574

15-23 共青团组织情况

指标	单位	1998年	1999年	2000年
一、基层团支部	个	11 561	11 561	10 323
二、共青团员	人	282 713	282 713	278 165
#女团员	人	131 147	131 147	134 289
三、专职团干部	人	938	938	845

15-24 各级妇联基本情况

(2000年) 单位:个、人

指标	合计	市级	区县	乡镇(街道)
妇联组织				
妇女联合会	256	1	13	242
基层妇代会(妇联)				
#城市	726			726
农村	3 141			3 141
乡镇企业	99			99
个体劳动者协会及专业市场	24			24
机关及事业单位妇委会				
#直属机关妇工委	13	1	12	
直属机关所属各部门及事业单位妇委会	144	50	94	
团体会员				
#女职工委员会数	2 871	2 267	604	
各类妇女组织数	7	3	4	
民主党派中央妇委会				

15－25　妇联工作情况

(2000 年)　　单位:人、个、亩

	合计	市级	区级
双学双比活动			
(一)农业技术培训			
接受技术培训人数	184 044		184 044
获绿色证书人数	61		61
女农民技术员人数	768		768
妇代会主任是农民技术员数	629		629
(二)妇联自(联)办农业基地	5		5
(三)三八绿色工程			
#基地个数	80		80
基地亩数	34 056		34 056
(四)巾帼扶贫			
#脱贫妇女数	5 216		5 216
巾帼建功活动			
(一)巾帼文明示范岗			
评选巾帼文明示范岗数	282	21	261
巾帼建功标兵数	204		204
(二)下岗女工再就业			
#培训下岗女工人数	5 428	607	4 821

15－25　续表　　(2000年)　　单位:人、个、亩

	合　计	市　级	区　级
建立培训基地或学校数	75	1	74
帮助下岗女工再就业人数	5 573	3 819	1 754
妇联创办社区服务实体	280	2	278
家庭教育情况			
家庭教育研究会	10	1	9
家长学校	2 105	3	2 102
家长人数	695 150	550	694 600
家庭教育咨询站(处)	78	1	77
实施春蕾计划			
资助女童入学或返校数	1 350	702	648
社会捐资总数(万元)	39.13	20	19.13
来信来访处理情况			
来信件数	430	65	365
来访人数	2 693	991	1 702
重大案件	74	68	6
三八红旗手	230	15	215
三八红旗集体	61	6	55
五好文明家庭	23 655		23 655

15－26　交通事故情况

指　　标	单　　位	2000年
次　　数	起	4 099
死亡人数	人	589
受伤人数	人	2 884
直接财产损失	万元	1 116.1

15－27　火灾情况

指　　标	单　　位	2000年
次　　数	起	1 040
死亡人数	人	17
受伤人数	人	12
直接财产损失	万元	472.4

注：由于报表制度的变动，数据较往年有较大变化。

主要统计指标解释

医　　院:指名称为医院、有固定的场所,设有固定的医疗器机设备和床位,配备有比例协调的各类医务人员;能为病人提供门诊,住院治疗,护理服务的医疗机构。包括县及县以上医院和其他医院两部分。按所属性质分为卫生部门,工业及其他部门,集体经济单位三类。按业务性质分为综合医院和专科医院。

医　　生:指按卫生部技术职称文件的规定经统考后,经卫生部门审查合格,专门从事医疗工作的专业人员。分为中医医生和西医医生。包括中医师、西医师、中西医结合高级医师、中医士、西医士和其他中医。

社会福利事业单位:指集中收养社会孤老、残、幼弃人的机构。如社会福利院、儿童福利院、精神病人福利院和集体办福利院,以及集体举办的敬老院。

社会福利企业单位:指以安置社会上有一定劳动能力的身体残疾人员就业为目的,享受国家减免减税待遇的国有或集体经济性质的企业。如福利工厂、福利商业和服务业、安置农场等单位。

公证人员:指在国家公证机关依法输公证事务的司法人员。包括公证员、助理公证员。

办理公记文书:指公证处在一定时期内办结的公证文书件数。公证文书系接司法部规定或批准的格式制作。包括国内公证和涉外公证两部分。其中国内公证分为经济合同公证和民事法律关系公记两大类。

XI'AN

統計年鑒

2001

人民生活

RENMINSHENGHUO

16－1　人民文化生活水平

指　　标	单位	1980年	1985年	1990年	1992年	1993年	1994年
一、居民消费水平	元	311	561	1 099	1 361	1 762	2 450
农　　民	元	181	348	533	691	896	1 196
非农业居民	元	566	922	1 993	2 462	3 183	4 487
二、城乡居民收入							
农民人均纯收入							
(抽样调查)	元	138.74	350.51	551.48	782.00	869.66	1 078
城镇居民家庭人均							
生活费收入(抽样调查)	元	414	719	1 518	1 845	2 480	3 298
全部职工年平均工资	元	818	1 148	2 133	2 545	2 999	4 172
三、城镇居民人均居住面积							
(抽样调查)	平方米	5.2	6.8	8.8	8.6	9.05	9.45
四、储蓄							
年底城乡居民储蓄存款余额	万元	54 808	166 972	770 948	1 202 689	1 582 848	2 187 397
平均每人储蓄存款余额	元	108	312	1 266	1 930	2 524	3 444
五、文化生活							
每百户拥有电视机							
(城镇、抽样)	台	30	101	124	117	120	118
每百户拥有电冰箱							
(城镇、抽样)	台		7	52	68	78	80
每百户拥有录音机							
(城镇、抽样)	台	5	54	80	71	76	67
六、教育							
学龄儿童入学率	%		98.6	99.12	99.2	99.2	99.6
每万人口拥有大学生	人		118.2	132	135	154.8	168.2
七、卫生							
每万人口拥有病床	张		40	40	43	51	51
每万人口拥有医生	人		28.3	29	29	29	29
八、就业(抽样调查)							
城镇每一就业者							
负担人数(含本人)	人	1.90	1.78	1.81	1.79	1.75	1.84
九、批零商业、饮食业							
平均每万人口有网点数	个	17.8	106	100	113	96	117
每一从业人员服务人数	人	65.9	17.7	20.5	15.6	19.6	16.9

16-1 续表

指　　标	单位	1995年	1996年	1997年	1998年	1999年	2000年
一、居民消费水平	元	2 882	3 337	3 940	4 289	4 656	5 098
农　　民	元	1 413	1 628	1 865	2 089	2 138	2 272
非农业居民	元	5 168	5 930	7 037	7 508	8 305	9 121
二、城乡居民收入							
农民人均纯收入							
(抽样调查)	元	1 353	1 586	1 864	2 052	2 203	2 344
城镇居民家庭人均							
生活费收入(抽样调查)	元	3 914	4 712	5 020	5 284	5 625.26	5 889.68
全部职工年平均工资	元	4 763	5 407	5 785	6 051	7 749	9 179
三、城镇居民人均居住面积							
(抽样调查)	平方米	9.18	9.70	9.48	9.96	10.37	10.70
四、储蓄							
年底城乡居民储蓄存款余额	万元	2 914 647	3 940 163	4 335 626	4 996 845	5 863 980	6 758 327
平均每人储蓄存款余额	元	4 527	6 047	6 547	7 478	8 735	9 823
五、文化生活							
每百户拥有电视机							
(城镇、抽样)	台	114	115	110.0	114.0	120.7	124.0
每百户拥有电冰箱							
(城镇、抽样)	台	83	88	88.7	93	91.7	89.3
每百户拥有录音机							
(城镇、抽样)	台	70	75	67.0	61.0	60.7	54.3
六、教育							
学龄儿童入学率	%	99.7	99.8	99.7	99.8	99.9	99.9
每万人口拥有大学生	人	168	178	179	189	225	282
七、卫生							
每万人拥有病床	张	50	49	47	43	47	46
每万人拥有医生	人	29	22	18	28	28	27
八、就业(抽样调查)							
城镇每一就业者							
负担人数(含本人)	人	1.79	1.77	1.89	2.04	2.16	2.19

注:职工平均工资为单位在岗职工平均工资。

16－2　主要年份居民消费水平

单位:元

年　　份	全市居民	农　　民	非农业居民	非农业居民比农业居民(以农民消费为100)
1952	123	79	274	346.84
1957	151	103	246	238.83
1965	153	102	254	249.02
1970	176	111	313	281.98
1975	187	116	338	291.38
1978	224	143	393	312.38
1980	311	181	566	312.71
1985	561	348	922	264.94
1986	648	413	1 046	253.27
1987	723	439	1 198	272.89
1988	962	492	1 747	355.08
1989	1 039	507	1 912	377.12
1990	1 099	553	1 992	360.22
1991	1 220	617	2 227	360.94
1992	1 463	720	2 684	372.78
1993	1 762	896	3 183	355.25
1994	2 450	1 196	4 487	375.00
1995	2 882	1 413	5 168	365.75
1996	3 337	1 628	5 930	364.25
1997	3 940	1 865	7 037	377.32
1998	4 289	2 089	7 508	359.41
1999	4 656	2 138	8 305	388.45
2000	5 098	2 272	9 121	401.45

16－3　主要年份城乡居民储蓄存款

（年末余额）　单位：万元

年份	合计	年份	合计
1952	1 832	1990	770 948
1957	6 485	1991	974 185
1965	12 607	1992	1 202 689
1970	16 555	1993	1 582 848
1975	27 344	1994	2 187 397
1978	37 216	1995	2 914 647
1980	54 808	1996	3 940 163
1985	166 972	1997	4 335 626
1986	230 995	1998	4 996 845
1987	321 135	1999	5 863 980
1988	406 746	2000	6 758 327
1989	566 484		

16-4 城镇居民家庭基本情况

指 标	单位	1996年	1997年	1998年	1999年	2000年
一、调查户数	户	300	300	300	300	300
二、平均每户家庭人口	人	3.07	3.12	3.04	2.99	2.99
三、平均每户就业人口	人	1.73	1.65	1.49	1.38	1.37
四、平均每户就业面	%	56.4	60.5	48.90	46.29	45.73
五、平均每一就业者负担人数	人	1.77	1.89	2.04	2.16	2.19
六、年人均实际收入	元	5 049.59	5 371.56	5 697.03	6 028.09	6 394.13
#可支配收入	元	5 022.94	5 344.14	5 669.59	5 998.78	6 364.16
国有单位职工工资	元	3 007.69	3 298.19	3 046.82	2 957.76	2 904.99
集体单位职工工资	元	132.00	196.15	173.43	185.85	200.14
其它所有制单位职工工资	元	35.19	46.01	72.06	88.86	102.39
个体经营者的净收益	元	22.96	50.68	89.79	72.19	94.84
离退休再就业收入	元	124.11	101.99	85.96	127.08	162.11
财产性收入	元	205.54	245.93	292.61	277.71	137.08
转移性收入	元	1 268.09	1 335.07	1 808.95	2 073.58	2 484.21
家庭副业生产收入	元	0	0	0.30	0	0
七、年人均实际支出	元	4 949.38	5 318.10	5 723.83	6 168.52	6 209.59
1.消费性支出	元	4 434.33	4 752.61	4 806.60	5 360.98	5 445.70
(1)食品	元	1 889.86	1 934.44	1 910.93	1 945.36	1 985.56
(2)衣着	元	558.00	525.83	449.58	443.58	442.81
(3)设备用品及服务	元	519.75	517.50	546.23	704.59	616.75
(4)医疗保健	元	180.24	217.28	287.70	321.77	393.37
(5)交通和通讯	元	275.55	304.05	264.68	315.04	377.58
(6)娱乐教育和文化服务	元	418.14	594.73	585.08	705.12	748.51
(7)居住	元	407.38	449.88	534.81	646.79	611.49
(8)杂项商品和服务	元	170.11	185.41	227.60	278.73	269.64
2.非消费性支出	元	556.88	514.97	917.20	807.53	763.89
八、人均期末手存现金	元	247.84	349.56	383.32	431.86	389.00

16－5　城镇居民不同收入层次家庭基本情况表

(2000 年)

指　标	单位	总平均	最低收入户	更低收入户	低收入户	中等偏下户	中等收入户	中等偏上户	高收入户	最高收入户
一、调查户数	户	300	30	15	30	60	60	60	30	30
比重	%	100	10	5	10	20	20	20	10	10
二、平均每户家庭人口数	人	2.99	3.28	3.40	3.33	3.32	2.88	2.85	2.79	2.35
三、平均每户就业人口数	人	1.37	1.36	1.25	1.38	1.47	1.32	1.19	1.61	1.34
四、平均每户就业面	%	45.73	41.48	36.76	41.22	44.25	45.81	41.97	57.71	56.91
五、平均每一就业者负担人数	人	2.19	2.41	2.72	2.43	2.26	2.18	2.38	1.73	1.76
六、平均每人月实际收入	元	532.84	177.48	141.85	275.41	360.93	466.70	618.75	837.92	1 470.59
七、平均每人月可支配收入	元	530.35	175.38	139.84	273.35	358.70	464.24	616.17	835.16	1 466.62
八、平均每人月消费性支出	元	453.81	202.97	179.10	275.41	328.27	444.70	569.39	648.23	922.84
九、每百户年末拥有主要消费品数量										
毛皮大衣	件	22.3	16.7	20.0	20.0	18.3	23.3	16.7	56.7	13.3
呢大衣	件	182.3	120.0	126.7	166.7	166.7	186.7	183.3	243.3	220.0
毛　　毯	条	146.3	86.7	113.3	126.7	135.0	151.7	153.3	203.3	166.7
地　　毯	m2	44.3	0	0	110.0	3.3	0	36.7	180.0	73.3
组合家具	套	50.0	33.3	33.3	56.7	50.0	51.7	53.3	43.3	56.7
沙发床	个	81.3	33.3	40.0	70.0	78.3	85.0	95.0	90.0	103.3
沙　　发	个	184.0	126.7	120.0	113.3	165.0	181.7	205.0	250.0	246.7
大衣柜	个	73.0	83.3	93.3	73.3	58.3	73.3	73.3	86.7	76.7
写字台	张	85.3	86.7	80.0	76.7	65.0	86.7	91.7	90.0	113.3
摩托车	辆	5.0	6.7	0	3.3	0	5.0	6.7	6.7	10.0
自行车	辆	170.7	133.3	120.0	163.3	148.3	193.3	178.3	203.3	166.7

16－5 续表 (2000)年

指标	单位	总平均	最低收入户	更低收入户	低收入户	中等偏下户	中等收入户	中等偏上户	高收入户	最高收入户
家用汽车	辆	0	0	0	0	0	0	0	0	0
缝纫机	台	60.0	46.7	46.7	63.3	56.7	55.0	63.3	76.7	63.3
洗衣机	台	96.7	83.3	80.0	100.0	95.0	93.3	101.7	96.7	106.7
电风扇	台	175.0	146.7	133.3	160.0	178.3	183.3	181.7	173.3	183.3
电冰箱	台	89.3	60.0	60.0	80.0	91.7	88.3	95.0	103.3	100.0
冰柜	台	1.7	6.7	6.7	3.3	1.7	0	0	0	3.3
彩色电视机	台	124.0	113.3	113.3	120.0	118.3	116.7	126.7	133.3	150.0
影碟机	台	35.7	10.0	6.7	23.3	26.7	33.3	43.3	50.0	66.7
录放像机	台	28.0	16.7	26.7	20.0	21.7	30.0	23.3	43.3	50.0
家用电脑	台	11.7	3.3	0	3.3	3.3	11.7	15.0	10.0	40.0
组合音响	套	16.7	10.0	13.3	16.7	6.7	20.0	16.7	26.7	26.7
录音机	台	54.3	43.3	33.3	36.7	58.3	61.7	55.0	70.0	43.3
摄像机	台	1.0	0	0	0	0	3.3	0	0	3.3
照相机	架	46.3	20.0	20.0	20.0	38.3	45.0	56.7	66.7	76.7
钢琴	架	1.3	0	0	0	0	0	0	6.7	6.7
中高档乐器	件	2.3	0	0	0	1.7	5.0	5.0	0	0
微波炉	台	18.0	0	0	3.3	6.7	23.3	20.0	26.7	50.0
空调器	台	51.3	6.7	6.7	30.0	35.0	45.0	65.0	73.3	113.3
电炊具	台	105.3	83.3	66.7	96.7	88.3	106.7	110.0	123.3	140.0
淋浴热水器	台	52.3	26.7	26.7	50.0	43.3	61.7	46.7	70.0	73.3
脱排油烟机	台	65.0	30.0	40.0	43.3	60.0	70.0	68.3	96.7	83.3
洗尘器	台	10.0	0	0	6.7	5.0	13.3	11.7	16.7	16.7
健身器材	件	3.3	0	0	3.3	1.7	3.3	1.7	6.7	10.0
移动电话	台	7.7	0	0	0	1.7	11.7	8.3	20.0	13.3

16－6　城镇居民不同收入层次家庭年人均收入情况

(2000年)　　单位:元

指标	总平均	最低收入户	更低收入户	低收入户
一、实际收入	6 394.13	2 129.80	1 702.21	3 304.97
＃可支配收入	6 364.16	2 104.56	1 678.09	3 280.21
1.国有经济单位职工收入	2 904.99	802.77	440.17	1 172.70
(1)工资性收入	2 741.21	792.20	436.64	1 118.70
＃奖金	354.55	19.31	1.96	39.11
(2)非工资性收入	163.78	10.57	3.53	54.00
2.城镇集体单位职工收入	200.14	182.34	125.78	68.27
(1)工资性收入	192.53	180.81	122.84	68.27
＃奖金	5.11	2.03	0	7.99
(2)非工资性收入	7.61	1.52	2.94	0
3.其它类型单位职工收入	102.39	74.59	0	167.15
4.个体经营者净收益	94.84	4.06	7.84	123.96
5.个体被雇者收入	149.89	136.20	35.35	119.89
6.离退休再就业者收入	162.11	3.05	0	94.61
7.其它就业者收入	52.40	239.33	311.57	169.81
8.其它劳动收入	106.07	156.37	215.85	120.57
9.财产性收入	137.08	37.43	43.08	72.87
10.转移性收入	2 484.21	493.67	522.56	1 195.14
＃离退休金	1 840.09	221.13	220.05	854.49
赡养收入	216.08	122.45	190.00	170.02
赠送收入	172.73	64.42	31.37	117.75
11.家庭副业生产收入	0	0	0	0
二、借贷收入	1 545.21	503.56	575.18	570.42
＃提取储蓄存款	974.83	173.15	174.31	232.44
借入款	197.06	98.06	148.04	76.43
兑售有价证券	0	0	0	0
购买房屋从银行贷款	0	0	0	0
附:期末手存现金	389.00	149.58	127.24	224.27

16－6 续表 (2000年) 单位:元

指　　标	中等偏下户	中等收入户	中等偏上户	高收入户	最高收入户
一、实际收入	4 331.21	5 600.45	7 425.02	10 055.02	17 647.14
＃可支配收入	4 304.43	5 570.90	7 394.01	10 021.97	17 599.42
1.国有经济单位职工收入	1 785.71	2 827.62	3 277.72	5 042.89	8 202.76
(1)工资性收入	1 743.10	2 721.42	3 109.12	4 631.56	7 492.21
＃奖金	79.34	243.14	275.00	402.39	2 454.45
(2)非工资性收入	42.61	106.20	168.60	411.33	710.55
2.城镇集体单位职工收入	278.13	251.04	181.40	80.11	255.03
(1)工资性收入	269.81	238.27	165.00	80.11	255.03
＃奖金	3.17	3.17	14.05	0	0
(2)非工资性收入	8.32	12.77	16.39	0	0
3.其它类型单位职工收入	90.99	86.57	78.23	242.14	12.75
4.个体经营者净收益	38.59	84.55	135.28	135.10	218.40
5.个体被雇者收入	187.49	95.24	240.28	167.12	0
6.离退休再就业者收入	63.78	105.15	161.09	533.72	457.94
7.其它就业者收入	32.02	0	0	0	0
8.其它劳动收入	86.59	127.59	62.36	77.47	157.44
9.财产性收入	87.06	146.30	145.56	182.53	411.33
10.转移性收入	1 680.85	1 876.39	3 143.10	3 593.93	7 931.48
＃离退休金	1 437.54	1 582.41	2 464.18	2 908.92	4 483.51
赡养收入	84.79	160.72	224.83	80.53	1 057.78
赠送收入	81.70	69.21	294.52	401.46	345.85
11.家庭副业生产收入	0	0	0	0	0
二、借贷收入	856.27	1 444.95	2 105.72	2 951.73	3 544.81
＃提取储蓄存款	315.79	1 059.71	1 158.87	2 458.31	2 592.29
借入款	256.95	49.98	465.21	41.94	232.23
兑售有价证券	0	0	0	0	0
购买房屋从银行贷款	0	0	0	0	0
附:期末手存现金	274.69	325.89	507.05	724.56	749.70

16－7 城镇居民不同收入层次家庭年人均支出情况

(2000年) 单位：元

指　　标	总平均	最低收入户	更低收入户	低收入户
一、实际支出	6 209.59	2 487.72	2 181.36	3 449.45
(一)消费性支出	5 445.70	2 435.66	2 149.20	3 304.93
1.食　　品	1 985.56	1 153.46	1 027.07	1 558.31
2.衣　　着	442.81	156.73	107.52	242.28
3.设备用品及服务	616.75	138.16	127.12	152.88
4.医疗保健	393.37	88.20	55.97	216.42
5.交通和通讯	377.58	103.82	69.30	185.54
6.娱乐教育文化服务	748.51	395.37	383.70	375.15
7.居　　住	611.49	323.17	305.35	481.99
8.杂项商品和服务	269.64	76.75	73.20	92.36
(二)非消费性支出	763.89	52.06	32.16	144.52
#赡养支出	137.59	6.12	0	48.66
赠送支出	312.25	45.07	31.67	81.08
购房与建房支出	263.79	0	0	0
其它非消费支出	42.48	0.62	0.10	1.69
(三)家庭副业生产支出	0	0	0	0
二、储蓄借贷支出	1 773.50	275.72	196.96	407.78
#存入储蓄款	1 019.77	56.40	5.88	197.97
存入储金会款	1.85	0	0	0
归还借款	131.41	23.37	35.29	76.93
借出款	17.42	0	0	0
储蓄性保险支出	157.91	6.71	3.14	18.35
购买有价证券	97.05	0	0	0
其它借贷支出	348.10	189.24	152.64	114.53

16－7 续表 (2000年) 单位:元

指 标	中等偏下户	中等收入户	中等偏上户	高收入户	最高收入户
一、实际支出	4 282.11	6 062.71	7 729.19	9 434.91	13 609.52
(一)消费性支出	3 939.29	5 336.43	6 832.63	7 778.70	11 074.12
1.食　品	1 682.04	1 994.06	2 375.15	2 499.54	3 035.14
2.衣　着	329.06	476.42	511.32	552.25	1 069.34
3.设备用品及服务	256.36	533.12	988.59	1 097.95	1 693.15
4.医疗保健	233.29	370.23	454.82	783.37	966.84
5.交通和通讯	218.17	407.01	478.23	589.07	915.13
6.娱乐教育文化服务	556.10	747.14	956.86	961.91	1 559.49
7.居　住	479.92	590.56	814.50	721.83	997.65
8.杂项商品和服务	184.36	217.89	253.16	572.78	837.38
(二)非消费性支出	342.82	726.29	896.56	1656.21	2 535.40
＃赡养支出	28.96	129.33	114.76	191.70	764.93
赠送支出	157.62	217.09	327.28	370.08	1576.92
购房与建房支出	144.99	327.11	424.69	935.16	0
其它非消费支出	7.59	45.39	26.48	137.86	175.56
(三)家庭副业生产支出	0	0	0	0	0
二、储蓄借贷支出	949.25	994.89	1819.20	3 470.03	7 906.30
＃存入储蓄款	481.84	443.16	1 044.41	2246.21	4 942.49
存入储金会款	0	0.58	0	0	22.03
归还借款	38.64	47.46	162.05	122.96	762.54
借出款	2.26	16.13	0.76	92.39	63.64
储蓄性保险支出	94.77	140.59	191.88	354.78	471.42
购买有价证券	16.03	8.50	55.11	17.32	1 011.39
其它借贷支出	315.72	338.47	365.00	636.37	632.80

16－8　城镇居民不同收入层次家庭年人均消费性支出情况

（2000 年）　　单位:元

指　　标	总 平 均	最低收入户		低收入户
			更低收入户	
消费性支出	**5 445.70**	**2 435.66**	**2 149.20**	**3 304.93**
一、食　　品	1 985.56	1 153.46	1 027.07	1 558.31
1.粮食	215.11	199.14	203.94	205.59
2.淀粉及薯类	21.82	21.26	20.14	22.85
3.干豆类及豆制品	35.19	27.99	26.91	32.90
4.油脂类	72.62	58.32	62.77	70.02
5.肉禽及其制品	308.20	152.16	128.47	267.16
6.水产品类	53.44	15.11	14.43	42.80
7.蛋类	55.56	42.37	34.19	57.05
8.菜类	171.83	129.94	131.19	158.98
9.调味品	33.04	22.52	20.57	32.04
10.糖类	18.98	7.75	5.81	12.38
11.烟草类	96.61	50.48	45.15	81.03
12.酒和饮料	85.86	19.96	16.03	52.09
13.干鲜瓜果类	117.78	54.07	50.95	86.04
14.坚果及果仁	29.26	10.59	11.21	21.89
15.糕点类	62.52	25.44	21.43	38.42
16.奶及奶制品	70.77	21.89	17.10	30.32
17.其它食品	118.57	79.20	69.55	89.14
18.在外用餐	417.91	215.17	147.09	257.47
19.食品加工费	0.49	0.10	0.14	0.15
二、衣　　着	442.81	156.73	107.50	242.28
1.服装	272.41	81.18	52.02	139.24
①男士服装	116.48	23.60	11.44	52.96
②女士服装	136.49	45.17	27.44	74.78
③各种童装	19.44	12.41	13.14	11.50
2.衣着材料	26.25	7.74	4.90	15.74
3.鞋袜帽及其它	136.39	64.68	49.12	84.81
①鞋类	108.64	47.15	34.01	63.80
②各种袜子	7.51	5.24	3.85	5.64
③各种帽子	0.93	0.39	0	0.72
④其它衣着	19.31	11.90	11.26	14.65
4.衣着加工费	7.76	3.12	1.46	2.49

16－8　续表1　　(2000年)　　单位:元

指　　标	中等偏下户	中等收入户	中等偏上户	高收入户	最高收入户
消费性支出	**3 939.29**	**5 336.43**	**6 832.63**	**7 778.70**	**11 074.12**
一、食　品	1 682.04	1 994.06	2 375.15	2 499.54	3 035.14
1.粮食	200.49	226.75	227.82	236.69	207.36
2.淀粉及薯类	20.92	21.43	22.55	20.68	24.23
3.干豆类及豆制品	33.48	32.91	38.92	39.23	45.10
4.油脂类	70.55	72.79	80.81	80.45	72.55
5.肉禽及其制品	297.92	319.03	344.05	382.52	411.53
6.水产品类	47.19	52.99	60.03	70.92	103.98
7.蛋类	51.16	52.08	60.21	72.96	60.88
8.菜类	162.91	161.74	190.43	201.57	218.02
9.调味品	29.10	32.33	39.15	36.26	43.38
10.糖类	13.40	19.62	25.25	22.21	39.21
11.烟草类	76.68	107.69	125.63	130.44	101.83
12.酒和饮料	73.81	73.53	135.41	83.90	172.29
13.干鲜瓜果类	101.07	110.85	147.66	160.30	192.99
14.坚果及果仁	23.73	28.16	36.81	34.46	59.59
15.糕点类	46.53	67.98	82.50	83.62	106.76
16.奶及奶制品	64.56	68.15	99.65	85.00	133.43
17.其它食品	96.49	127.31	144.74	114.68	197.51
18.在外用餐	271.75	417.67	512.93	643.29	843.92
19.食品及加工费	0.30	1.05	0.61	0.35	0.59
二、衣　着	329.06	476.42	511.32	552.25	1 069.34
1.服装	192.67	283.58	313.69	362.18	719.21
①男士服装	89.33	111.96	132.53	204.04	280.99
②女士服装	88.75	157.47	150.83	139.26	396.82
③各种童装	14.59	14.15	30.33	18.89	41.40
2.衣着材料	23.36	31.25	28.47	36.17	45.76
3.鞋袜帽及其它	108.39	152.43	160.42	138.06	289.14
①鞋类	86.65	122.33	126.48	110.32	241.42
②各种袜子	5.98	6.95	9.61	7.90	13.39
③各种帽子	0.38	0.49	1.24	0.85	3.94
④其它衣着	15.37	22.66	23.09	19.00	30.39
4.衣着加工费	4.64	9.15	8.73	15.84	15.23

16-8　续表2　　(2000年)　　单位:元

指　　标	总 平 均	最低收入户	更低收入户	低收入户
三、设备用品及服务	616.75	138.16	127.12	152.88
1.耐用消费品	366.71	32.14	44.25	16.57
①家具	44.56	3.52	0.59	4.26
②住房装饰	157.87	21.55	41.59	2.19
③家庭设备	164.29	7.07	2.08	10.12
2.室内装饰品	25.37	6.03	10.00	0.20
#①纺织装饰品	5.45	1.83	3.53	0.20
②装饰灯具	2.76	4.20	6.47	0
3.床上用品	23.24	5.42	3.88	14.78
4.家庭日用杂	114.36	55.64	50.09	91.64
5.家具材料	0.49	0	0	0
6.家庭服务	86.58	38.94	18.89	29.68
四、医疗保健	393.37	88.20	55.97	216.42
#1.医疗器具	1.87	0	0	0.08
2.保健用品	3.78	0	0	0.10
3.医药费	304.44	73.92	45.83	186.79
4.滋补药品	9.72	0.62	0.49	0.95
5.医疗保健服务	71.60	13.55	9.65	27.58
五、交通和通讯	377.58	103.82	69.30	185.54
1.交通	134.12	31.50	27.94	50.39
2.通讯	243.46	72.32	41.36	135.15
六、娱乐教育文化服务	748.51	395.37	383.70	375.15
1.文娱耐用消费品	175.54	41.90	1.22	122.10
2.教育	441.77	308.99	352.49	193.91
3.文化娱乐	131.19	44.49	29.99	59.14
七、居住	611.49	323.17	305.35	481.99
1.住房	272.15	125.65	125.20	166.24
2.水电燃料其它	339.34	197.52	180.15	315.74
八、杂项商品和服务	269.64	76.75	73.20	92.36
1.个人消费	244.54	67.24	64.68	83.82
2.其它商品	2.21	0.27	0.14	1.40
3.其它服务	22.89	9.24	8.38	7.15

16－8　续表3　　(2000年)　　单位:元

指　　标	中等偏下户	中等收入户	中等偏上户	高收入户	最高收入户
三、设备用品及服务	256.36	533.12	988.59	1 097.95	1 693.15
1.耐用消费品	106.41	323.95	573.30	650.16	1 332.97
①家具	5.14	17.11	67.81	91.16	225.78
②住房装饰	9.99	181.74	287.74	296.12	449.44
③家庭设备	91.28	125.10	217.75	262.87	657.75
2.室内装饰品	3.58	4.73	84.59	23.20	59.42
＃①纺织装饰品	1.37	1.31	5.29	6.21	39.12
②装饰灯具	2.10	1.45	5.91	4.52	0
3.床上用品	16.06	23.49	30.72	22.86	62.05
4.家庭日用杂	92.59	109.77	151.52	165.92	150.04
5.家具材料	0.05	0	2.18	0.68	0
6.家庭服务	37.68	71.19	146.28	235.13	88.67
四、医疗保健	233.29	370.23	454.82	783.37	966.84
＃1.医疗器具	1.95	1.24	5.16	1.98	0.28
2.保健用品	0.56	1.11	9.21	12.60	4.97
3.医药费	184.96	276.85	353.41	598.35	730.26
4.滋补药品	4.37	8.32	10.56	28.38	29.20
5.医疗保健服务	41.30	81.54	74.46	130.58	199.33
五、交通和通讯	218.17	407.01	478.23	589.07	915.13
1.交通	61.22	150.43	175.35	227.04	351.86
2.通讯	156.95	256.68	302.88	362.03	563.26
六、娱乐教育文化服务	556.10	747.14	956.86	961.91	1 559.49
1.文娱耐用消费品	57.64	172.91	167.09	197.34	771.56
2.教育	420.38	459.25	594.76	590.88	448.98
3.文化娱乐	78.07	114.99	195.01	173.70	338.95
七、居住	479.92	590.56	814.50	721.83	997.65
1.住房	198.36	265.98	446.77	231.56	475.66
2.水电燃料其它	281.55	324.58	367.73	490.27	521.98
八、杂项商品和服务	184.36	217.89	253.16	572.78	837.38
1.个人消费	167.99	198.84	224.21	542.15	743.56
2.其它商品	0.98	1.61	2.80	0.78	11.27
3.其它服务	15.38	17.45	26.15	29.85	82.56

16－9　城镇居民家庭年人均购买主要商品数量

商品名称	单位	1995 年	1996 年	1997 年	1998 年	1999 年	2000 年
粮　　食	公斤	95.7	91.5	80.4	82.2	84.4	82.9
豆　　腐	公斤	8.8	8.1	7.3	7.2	7.2	6.8
菜 籽 油	公斤	6.9	7.2	7.6	7.9	7.7	8.1
猪　　肉	公斤	11.6	11.8	12.1	13.2	13.5	13.7
牛　　肉	公斤	1.4	2.2	2.3	2.0	1.5	1.7
羊　　肉	公斤	0.8	0.9	0.6	0.6	0.6	0.7
白 条 鸡	公斤	1.1	1.9	2.7	2.8	2.9	2.8
活　　鸡	公斤	1.2	0.6	1.1	1.0	1.2	1.6
鸡　　蛋	公斤	11.2	11.1	13.5	11.3	13.1	12.3
带　　鱼	公斤	0.1	1.3	1.2	1.6	1.7	1.3
鲜　　菜	公斤	112.9	111.5	109.3	109.5	112.5	107.0
干　　菜	公斤	0.2	0.2	0.2	0.2	0.2	0.2
食　　糖	公斤	1.0	1.0	1.1	1.1	1.2	1.2
糖　　果	公斤	0.7	0.7	0.7	0.6	0.6	0.5
卷　　烟	盒	37.1	38.1	30.7	29.5	32.5	30.3
白　　酒	公斤	0.9	1.0	0.8	0.9	0.8	0.9
果　　酒	公斤	0.1	0.1	0.1	0.2	0.2	0.2
啤　　酒	公斤	4.0	4.7	4.1	4.1	4.0	3.0
干鲜瓜果	公斤	54.1	58.4	61.8	65.0	65.8	58.5
坚果及果仁	公斤	4.1	3.6	3.4	5.0	3.7	3.8
糕　　点	公斤	4.2	4.5	4.1	4.3	4.4	4.6
鲜 乳 品	公斤	7.6	8.5	8.7	9.8	10.6	12.0
奶　　粉	公斤	0.4	0.4	0.4	0.4	0.5	0.6
男士服装	件	2.1	2.2	2.3	2.2	2.4	2.2
＃呢大衣	件	0.01	0.1	0.003	0.001	2.2	0.003
风雨衣	件	0.01	0.01	0.006	0.003	2.2	0.007
西服	件	0.1	0.05	0.07	0.05	0.05	0.04
中山装	件	0	0	0	0	0	0
茄克衫	件	0.1	0.1	0.12	0.10	0.09	0.09
羽绒衣	件	0.001	0.01	0.01	0.01	7.8	0.006
毛线衣	件	0.2	0.2	0.17	0.16	0.17	0.14
衬　衫	件	0.4	0.3	0.28	0.27	0.29	0.30

16－9　续表

商品名称	单位	1995年	1996年	1997年	1998年	1999年	2000年
裤　子	件	0.30	0.30	0.36	0.41	0.43	0.41
女士服装	件	2.90	3.00	2.70	2.94	3.20	2.92
＃呢大衣	件	0.03	0.03	0.03	0.02	0.02	0.01
风雨衣	件	0.03	0.02	0.02	0.03	0.02	0.01
西服	件	0.05	0.06	0.04	0.06	0.05	0.03
茄克衫	件	0.04	0.02	0.03	0.02	0.01	0.02
羽绒衣	件	0.01	0.01	0.02	0.02	8.90	0.02
毛线衣	件	0.40	0.40	0.36	0.32	0.37	0.29
衬　衫	件	0.30	0.30	0.24	0.27	0.33	0.26
连衣裙	件	0.10	0.09	0.13	0.11	0.09	0.04
单　裙	件	0.10	0.10	0.15	0.14	0.12	0.14
裤　子	件	0.30	0.30	0.30	0.38	0.41	0.47
各式童装	件	0.80	0.90	0.83	0.77	0.83	0.88
棉　布	米	0.60	0.80	0.78	0.60	0.63	0.59
棉化纤混纺布	米	0.40	0.30	0.28	0.21	0.18	0.12
化纤布	米	1.60	1.50	1.21	1.03	0.77	0.53
呢绒	米	0.10	0.10	0.10	0.08	0.07	0.06
绸缎	米	0.30	0.20	0.19	0.13	0.07	0.03
毛线	公斤	0.30	0.20	0.18	0.16	0.14	0.13
皮鞋	双	0.90	1.00	0.80	0.70	0.71	0.74
旅游鞋	双	0.10	0.10	0.08	0.08	0.07	0.10
布鞋	双	0.40	0.30	0.33	0.38	0.31	0.27
雨鞋	双	0.02	0.02	0.007	0.007	0.014	0.008
凉鞋	双	0.20	0.30	0.31	0.27	0.28	0.27
肥皂	块	3.90	3.80	3.80	6.21	6.08	6.01
洗衣粉	公斤	0.60	0.70	0.60	0.89	0.85	1.05
水费	吨	20.27	27.40	23.70	23.81	25.98	25.67
电费	度	141.10	184.80	202.80	226.76	268.75	307.52
煤炭	公斤	101.80	95.00	75.10	61.20	49.79	61.98
液化石油气	公斤	17.60	19.40	21.00	18.51	19.92	17.86
管道煤气	立方米	14.90	13.40	16.20	20.49	19.50	26.15

16－10 城镇居民家庭平均每百户年末拥有主要耐用消费品数量

商品名称	单位	1995年	1996年	1997年	1998年	1999年	2000年
毛皮大衣	件	33.3	27.0	20.0	23.7	27.3	22.3
呢大衣	件	239.0	233.3	228.0	194.7	203.7	182.3
毛毯	条	149.3	154.0	153.3	155.3	154.0	146.3
地毯	平方米	104.0	103.0	104.7	98.0	63.7	44.3
组合家具	套	39.0	42.0	43.3	44.0	45.3	50.0
沙发床	个	51.7	57.3	59.7	75.3	82.0	81.3
沙发	个	187.0	202.3	200.0	197.3	200.3	184.0
大衣柜	个	77.0	76.0	78.0	80.0	79.0	73.0
写字台	张	82.0	87.3	88.0	86.7	87.0	85.3
摩托车	辆	1.7	3.0	2.0	2.3	4.3	5.0
自行车	辆	195.7	201.0	196.3	188.6	178.3	170.7
家用汽车	辆	0	0	0	0	0	0
缝纫机	台	69.0	70.0	67.3	62.3	60.7	60.0
洗衣机	台	96.3	95.3	97.7	98.7	96.3	96.7
电风扇	台	177.7	185.3	186.7	180.3	179.3	175.0
电冰箱	台	82.7	87.7	88.7	92.7	91.7	89.3
冰柜	台	1.0	1.0	1.7	1.0	1.0	1.7
彩色电视机	台	100.7	106.0	110.0	113.6	120.7	124.0
影碟机	台	0	1.0	5.0	13.7	25.0	35.7
录放像机	台	17.0	22.3	22.3	27.7	29.7	28.0
家用电脑	台	0	0.3	1.3	2.7	5.3	11.7
组合音响	套	7.7	5.3	8.0	10.7	13.3	16.7
收录机	台	70.3	75.0	67.0	60.7	60.7	54.3
摄像机	台	0	0	0	1.0	1.0	1.0
照相机	架	44.7	48.0	44.0	46.3	50.0	46.3
钢琴	架	0.3	0.3	0.7	1.3	1.7	1.3
其它中高档乐器	件	5.3	5.0	3.3	3.3	4.3	2.3
微波炉	台	0	1.7	6.3	10.3	12.3	18.0
空调器	台	18.0	26.0	31.0	39.3	45.0	51.3
电炊具	台	56.0	70.7	90.3	96.0	101.7	105.3
淋浴热水器	台	36.0	43.3	43.7	50.3	55.0	52.3
脱排油烟机	台	41.7	51.0	53.3	61.0	65.0	65.0
洗尘器	台	7.3	7.3	8.3	8.7	11.7	10.0
健身器材	件	0	0.7	1.7	2.0	4.0	3.3
移动电话	台	0	0	0	1.3	1.7	7.7

16－11　城镇居民家庭居住情况

指　　标	单　位	2000年	指　　标	单　位	2000年
调查户数	户	300	公共卫生设备	%	8.33
平均每户常住人口	人	2.97	五、按取暖设备拥有情况分	%	100.00
平均每户居住面积	平方米	31.75	无取暖设备	%	24.67
平均每户辅助面积	平方米	12.22	空调设备	%	2.33
平均每户居住间数	间	2.49	暖气	%	46.67
平均每人居住面积	平方米	10.70	火炕.火炉.火盆等	%	26.33
一、按人均居住面积分	%	100.00	六、按厨房使用情况分	%	100.00
无房户	%	0	无厨房	%	2.33
4平方米以下	%	0	独用厨房	%	97.67
4－6平方米	%	4.67	公用厨房	%	0
6－8平方米	%	19.67	七、按燃料使用情况分	%	100.00
8－10平方米	%	19.33	管道燃气	%	33.00
10－12平方米	%	16.67	液化石油气	%	58.67
12－14平方米	%	17.00	煤	%	5.00
14平方米以上	%	22.67	其它	%	3.33
二、按房屋产权分	%	100.00	八、按电话拥有情况分	%	100.00
公　　房	%	72.00	无电话	%	18.33
租赁私房	%	0.33	公费电话	%	3.00
自有房	%	4.67	自费电话	%	78.33
部分产权的自有房	%	23.00	公用电话	%	0.33
其它	%	0	九、按住宅建筑式样分	%	100.00
三、按自来水使用情况分	%	100.00	家庭单栋配套住宅	%	0
无自来水	%	0	单元式配套住宅	%	86.00
独用自来水	%	94.33	1.一居室	%	0.33
公用自来水	%	5.67	2.二居室	%	51.33
四、按卫生设备拥有情况分	%	100.00	3.三居室	%	28.00
无卫生设备	%	5.33	4.四居室及以上	%	6.33
有浴室厕所	%	11.33	普通楼房	%	8.00
有厕所无浴室	%	75.00	其它住宅	%	6.00

16－12　农村居民家庭基本情况

（2000年）

项　　目	单位	西安市	未央区	雁塔区	长安县	蓝田县	临潼区	周至县	户　县
一、调查户数	户	500	60	60	70	60	80	90	80
二、常住人口	人	2 147	243	236	312	279	357	387	333
1、6岁及以下	人	129	18	5	8	21	33	24	20
2、7－15岁人口	人	371	29	37	51	35	69	90	60
3、16－60岁人口	人	1 458	175	174	213	198	228	241	229
4、61岁以上人口	人	189	21	20	40	25	27	32	24
三、整半劳动力	人	1 371	169	163	205	194	215	210	214
三、劳动力在本地企业从业人数	人	70	6	18	10	2	5		29
四、常住人口外出从业人数	人	208	29	18	47	26	41	14	32
五、劳动力文化程度									
1、不识字或识字很少	人	53	1	2	6	7	5	20	12
2、小学文化程度	人	211	11	8	27	26	44	52	42
3、初中程度	人	804	118	108	124	125	131	81	117
4、高中程度	人	268	30	33	44	35	32	53	41
5、中专程度	人	23	5	8	4	1	2	2	1
6、大专及以上	人	12	4	4			1	2	1
六、人均耕地经营面积	亩	0.96	0.67	0.65	0.79	1.14	1.40	0.76	1.16

16－12　续表　　(2000年)

项　　目	单位	新城区	碑林区	莲湖区	灞桥区	阎良区	高陵县
一、调查户数	户	30	30	30	100	60	100
二、常住人口	人	116	116	115	416	237	421
1、6岁及以下	人	11	5	7	19	16	27
2、7－15岁人口	人	12	18	14	71	42	66
3、16－60岁人口	人	92	85	83	308	167	293
4、61岁以上人口	人	1	8	11	18	12	35
三、整半劳动力	人	82	71	86	271	159	274
三、劳动力在本地企业从业人数	人	5			30	1	1
四、常住人口外出从业人数	人	3	6	27	59	13	31
五、劳动力文化程度							
1、不识字或识字很少	人	2	1	1	6	2	6
2、小学文化程度	人	9	2	7	18	37	48
3、初中程度	人	41	29	44	181	88	161
4、高中程度	人	24	29	18	61	32	50
5、中专程度	人	3	8	6	4		5
6、大专及以上	人	3	2	10	1		4
六、人均耕地经营面积	亩				0.81	1.25	1.32

16－13　农村居民家庭平均每人总收入和纯收入

（2000年）　　单位：元

项　　目	西安市	未央区	雁塔区	长安县	蓝田县	临潼区	周至县	户　县
一、全年总收入	2 919.23	4 102.93	3 985.68	2 699.36	2 050.34	3 192.47	2 448.08	2 675.71
(一)、工资性收入	852.52	1 275.45	1 333.56	839.58	910.17	811.61	364.17	778.17
1.在非企业组织中得到	176.99	500.00	537.81	81.84	31.97	153.36	51.17	67.74
2.在本地企业中得到	263.74	523.41	525.51	153.82	95.16	138.67	44.43	521.94
3.常住人口外出从业	310.73	120.12	181.42	522.31	625.05	494.00	130.78	92.56
4.其他	101.05	131.92	88.82	81.61	157.99	25.59	137.78	95.94
(二)、家庭经营收入	1 771.50	1 925.70	1 760.67	1 636.34	1 026.78	2 250.19	1 988.11	1 774.95
1.农业收入	768.22	594.72	437.01	367.54	543.50	1 084.27	1 373.71	701.33
其中：种植业收入	689.80	593.47	437.01	352.87	532.16	772.15	1 301.72	684.45
2.林业收入	1.38			4.38	2.08	0.97	1.57	
3.牧业收入	292.01	451.72	173.23	203.44	215.68	516.57	251.13	285.56
4.渔业收入								
5.工业收入	136.56	16.46	3.01	530.51	59.93	46.14	44.26	218.14
6.建筑业收入	52.27		61.80	33.03		14.01	44.49	195.54
7.交通运输和邮电业收入	196.82	446.91	516.61	118.38	137.85	91.95	119.12	113.30
8.批发和零售贸易餐饮业	168.63	141.86	257.50	294.70	10.32	230.11	102.85	150.21
9.社会服务业收入	69.32	120.24	228.87	81.71	20.43	54.88	8.39	34.71
10.文教卫生业收入	9.82	11.15			0.39	20.39	7.55	24.20
11.其他家庭经营收入	76.49	142.63	82.65	2.66	36.59	190.89	35.05	51.95
(三)、转移性收入	131.53	175.78	185.60	201.88	106.65	86.51	82.16	121.50
(四)、财产性收入	173.68	726.01	705.86	21.55	6.75	44.16	35.05	1.09
二、全年纯收入	2 343.76	3 332.09	3 365.17	2 315.11	1 698.80	2 427.95	1 904.58	2 009.01
三、可支配收入	2 225.13	3 059.65	3 100.20	2 243.67	1 663.79	2 341.28	1 797.24	1 948.25

16-13　续表　　(2000年)　　单位:元

项　　目	新城区	碑林区	莲湖区	灞桥区	阎良区	高陵县
一、全年总收入	5 908.23	6 147.92	5 078.63	3 176.57	3 645.86	2 954.18
(一)、工资性收入	2 007.91	3 346.72	3 419.76	1 327.24	313.01	455.77
1.在非企业组织中劳动得到的	1 826.88	2 825.97	2 992.32	323.99	152.82	128.11
2.在本地企业中劳动得到的	134.40	520.76	421.43	386.57	95.97	41.12
3.常住人口外出从业得到的	46.64		5.74	438.08	10.38	236.28
4.其他			0.26	178.60	53.84	50.27
(二)、家庭经营收入	57.36	29.22	96.97	1 610.14	2 954.38	1 989.69
1.农业收入				785.60	1 531.17	1 239.13
其中:种植业收入				721.62	1 522.61	1 215.01
2.林业收入				6.71	0.42	1.62
3.牧业收入	0.03			162.15	204.01	385.19
4.渔业收入				0.06	0.04	
5.工业收入				87.45	8.48	15.15
6.建筑业收入				62.45	240.85	53.79
7.交通、运输和邮电业收入			16.90	205.81	534.84	112.48
8.批发和零售贸易、餐饮业		29.22	23.77	116.18	255.89	44.29
9.社会服务业收入	2.59		12.85	24.24	44.05	50.87
10.文教卫生业收入				79.00	7.32	0.76
11.其他家庭经营收入	54.74		43.45	80.50	127.31	86.42
(三)、转移性收入	841.64	108.37	89.10	42.38	268.11	55.61
(四)、财产性收入	3 001.32	2 663.60	1 472.81	196.80	110.37	453.11
二、全年纯收入	5 571.47	5 096.73	5 027.00	2 841.72	2 470.52	2 219.49
三、可支配收入	5 416.08	4 923.19	4 900.12	2 637.01	2 305.08	2 066.58

16－14　农村居民家庭平均每人全年总支出

（2000年）　　　　单位：元

项　　目	西安市	未央区	雁塔区	长安县	蓝田县	临潼区	周至县	户　县
全年总支出	**2 269.14**	**3 237.55**	**3 468.88**	**1 766.02**	**1 070.09**	**2 191.49**	**2 316.33**	**2 169.42**
一、家庭经营费用支出	409.34	481.29	306.85	254.87	301.43	514.28	429.66	528.47
(1)农业支出	191.28	131.43	111.08	133.11	136.09	326.96	230.34	201.69
其中：种植业支出	189.43	131.43	111.08	133.11	136.09	325.26	221.62	201.69
(2)林业支出	1.01	1.65		0.08		0.40	3.52	0.74
(3)牧业支出	128.48	207.65	42.22	92.59	109.83	135.59	149.59	148.91
(4)渔业支出	0.16	1.40						
(5)工业支出	21.50			0.03	13.45	8.59	4.18	113.27
(6)建筑业支出支出	2.33			2.75	0.27		1.16	10.89
(7)交通、运输和邮电业	41.09	110.21	117.85	5.65	38.24	23.68	20.79	14.08
(8)批发和零售贸易餐饮业	5.91	12.28		2.78		0.07	5.44	20.12
(9)社会服务业支出	7.44	12.25	34.08	8.57		1.79	0.03	4.88
(10)文教卫生业支出	2.90	0.08		5.29		7.18		6.01
(11)其他家庭经营支出	7.24	4.35	1.61	4.00	3.54	10.03	14.63	7.90
二、购置生产用固定资产	59.74	120.53	2.75	5.99	0.31	162.82	30.08	79.90
三、生产用固定资产折旧	91.67	180.39	181.32	57.16	16.47	130.03	48.91	67.32
四、税费支出	53.35	28.39	31.53	40.27	32.63	102.69	57.71	58.66
五、生活消费支出	1 605.36	2 280.25	2 785.24	1 368.50	700.71	1 310.41	1 684.33	1 437.39
六、转移性支出	118.90	240.30	332.86	94.91	24.43	85.48	78.58	62.96
七、财产性支出	22.46	86.79	9.67	1.48	10.58	15.82	35.98	2.03

16－14 续表 (2000年) 单位:元

项 目	新城区	碑林区	莲湖区	灞桥区	阎良区	高陵县
全年总支出	**3 509.71**	**3 336.27**	**3 010.29**	**2 543.84**	**2 685.25**	**2 227.34**
一、家庭经营费用支出	308.75	979.85	24.10	209.38	925.41	574.30
(1)农业支出			0.35	111.07	327.11	277.00
其中:种植业支出			0.35	109.05	315.84	270.84
(2)林业支出				7.81	5.38	1.46
(3)牧业支出			3.77	29.73	74.68	213.65
(4)渔业支出				14.90	0.46	
(5)工业支出	8.62			2.56	3.62	
(6)建筑业支出支出	293.05	186.31		22.27	1.73	15.65
(7)交通、运输和邮电业		0.23	0.43	7.57	359.82	16.91
(8)批发和零售贸易餐饮业				3.78	133.59	0.46
(9)社会服务业支出				7.41	2.74	0.15
(10)文教卫生业支出			0.26	0.02	3.22	0.52
(11)其他家庭经营支出	7.08	793.31	19.29	2.25	13.05	48.50
二、购置生产用固定资产支出				8.96	0.99	
三、生产用固定资产折旧	21.38			58.75	66.11	42.25
四、税费支出	0.26			47.55	126.60	101.35
五、生活消费支出	3 050.60	2 140.20	2 833.08	2 055.92	1 427.11	1 390.33
六、转移性支出	132.89	75.22	151.46	209.60	183.87	78.47
七、财产性支出	17.21	141.00	1.65	12.44	21.27	82.90

16－15 农村居民家庭平均每人生活消费支出

(2000年) 单位:元

项目	西安市	未央区	雁塔区	长安县	蓝田县	临潼区	周至县	户县
生活消费支出总计	**1 605.36**	**2 280.25**	**2 785.24**	**1 368.50**	**700.71**	**1 310.41**	**1 684.33**	**1 437.39**
一、食品消费支出	587.97	763.21	805.09	725.99	389.87	491.17	540.65	502.75
其中:1.主　食	184.50	217.76	175.67	152.03	193.56	153.66	219.88	186.41
2.副　食	200.59	306.63	309.26	251.50	95.41	165.72	154.43	173.92
3.其它食品	115.64	159.88	212.95	115.04	72.79	135.34	74.30	77.44
4.在外饮食	74.62	71.40	102.83	193.39	12.08	24.63	74.82	51.43
二、衣　着	106.80	170.10	221.40	75.28	55.27	86.00	90.74	93.05
三、居　住	343.71	456.69	536.25	163.30	90.24	308.19	435.01	393.49
四、家庭设备、用品及服务	87.89	177.42	244.83	49.54	21.60	47.53	84.06	50.52
五、医疗保健	111.25	213.16	65.13	101.78	42.93	117.90	145.43	88.85
六、交通通讯	67.51	104.32	136.53	45.85	5.34	64.89	83.98	47.78
七、文化娱乐用品及服务	232.61	312.94	513.47	189.44	65.42	140.28	243.94	241.27
八、其它商品及服务	67.62	82.41	262.52	17.34	30.05	54.44	60.52	19.68
附:人均生活消费现金支出	1 413.51	2 127.88	2 692.03	1 218.10	519.60	1 054.72	1 447.93	1 262.81

16－15　续表　　(2000年)　　单位:元

项　　目	新城区	碑林区	莲湖区	灞桥区	阎良区	高陵县
生活消费支出总计	**3 050.60**	**2 140.20**	**2 833.08**	**2 055.92**	**1 427.11**	**1 390.33**
一、食品消费支出	1 462.09	703.97	977.82	1 270.39	611.38	507.58
其中:1.主　食	155.23	69.01	173.10	163.28	269.54	170.35
2.副　食	577.66	264.78	421.17	198.54	185.60	186.01
3.其它食品	307.28	274.85	230.13	865.98	124.81	123.79
4.在外饮食	421.39	95.33	152.53	38.85	19.89	14.70
二、衣　着	268.68	236.64	264.05	138.84	111.80	104.30
三、居　住	233.94	253.22	509.20	144.30	152.77	282.19
四、家庭设备、用品及服务	238.24	76.29	210.89	85.34	88.93	66.89
五、医疗保健	325.78	104.95	238.03	48.53	36.09	54.00
六、交通通讯	51.91	151.97	63.37	88.28	72.50	72.28
七、文化娱乐用品及服务	274.52	430.41	312.18	229.96	323.38	235.82
八、其它商品及服务	195.45	182.74	257.55	50.29	30.25	67.27
附:人均生活消费现金支出	3 050.60	2 140.20	2 833.08	1 955.50	1 180.13	1 239.35

16－16　农村居民家庭人均生产情况

（2000年）　　单位：公斤

项　　目	西安市	未央区	雁塔区	长安县	蓝田县	临潼区	周至县	户　县
粮食产量	551.79	419.72	289.23	463.38	540.68	780.36	467.40	774.07
其中：1.小麦	257.42	175.20	128.49	188.59	286.73	395.64	214.05	350.95
2.玉米	284.35	211.21	160.74	274.80	219.11	380.79	252.94	422.08
3.大豆	6.78	17.59			34.84	1.15	0.41	
棉花产量	0.06				0.07	0.31		
油料产量	1.03			1.04	0.22	2.24	0.34	2.69
蔬菜产量	90.89	265.30	243.28	3.75	11.58	75.96	43.39	74.91
水果产量	98.96	29.22	3.18			8.64	501.59	22.25

16－16　续表　　　　(2000年)　　　　单位:公斤

项　　目	新城区	碑林区	莲湖区	灞桥区	阎良区	高陵县
粮食产量				367.54	1 005.45	1 296.72
其中:1.小麦				192.77	564.61	569.50
2.玉米				176.77	416.56	723.55
3.大豆					7.83	1.18
棉花产量				0.05	11.13	
油料产量				2.97	0.31	0.14
蔬菜产量				181.61	126.86	34.00
水果产量				140.59	330.30	96.55

16－17　农村居民家庭人均出售产品情况

(2000 年)　　　　单位:公斤

指　　标	西安市	未央区	雁塔区	长安县	蓝田县	临潼区	周至县	户 县
出售粮食	246.13	298.88	96.06	194.26	36.64	602.29	135.41	284.98
出售棉花	0.02					0.11		
出售油料	0.22				0.19	1.04	0.06	0.09
出售蔬菜	74.26	232.91	236.67	0.50	11.01	57.21	5.90	63.21
出售水果	65.88	29.22	3.18			5.61	324.11	18.50
出售肉猪及猪肉	25.59	62.92	27.00	0.38	2.42	11.62	36.82	42.32
出售菜牛及牛肉	0.25					0.70	0.72	
出售菜羊及羊肉	0.17				0.13	0.73	0.08	0.12
出售蛋类	6.47	2.91		15.89	23.46	3.93	0.32	0.45
出售牛羊奶	32.29	142.25	23.38	0.54	12.65	71.55		

16－17 续表 (2000年) 单位:公斤

指　　标	新城区	碑林区	莲湖区	灞桥区	阎良区	高陵县
出售粮食				84.40	341.88	422.79
出售棉花					2.75	
出售油料				0.62	0.06	0.12
出售蔬菜				176.81	84.20	26.34
出售水果				123.79	192.48	78.89
出售肉猪及猪肉				4.69	4.94	18.71
出售菜牛及牛肉				0.72	0.55	
出售菜羊及羊肉				0.13	0.21	0.41
出售蛋类				16.80	11.50	51.87
出售牛羊奶				45.74	48.43	23.63

16－18　农村居民家庭人均粮食收支情况

（2000 年）　　单位:公斤

项　　目	西安市	未央区	雁塔区	长安县	蓝田县	临潼区	周至县	户　县
一、粮食收入合计	640.22	662.48	356.10	517.61	619.06	847.15	552.57	837.94
1、家庭经营生产的	551.79	419.72	289.23	463.38	540.68	785.36	467.40	774.07
2、购　　入	87.84	242.76	66.87	54.23	75.10	61.78	85.17	62.86
3、借　　入								
4、收回借出粮								
5、其它粮食收入	0.58				3.29			1.01
二、粮食支出合计	502.24	529.98	262.19	414.28	277.07	850.07	513.88	590.32
1、主要用粮	201.17	231.10	158.09	165.77	223.55	167.66	240.03	215.06
2、其它生活用粮								
3、出　　售	246.13	298.88	96.06	194.26	36.64	602.29	135.41	284.98
4、种　　籽	7.04		1.23	7.77	12.23	12.69	9.40	7.41
5、饲　　料	47.15			46.49	4.66	67.43	129.05	82.86
6、借　　出								
7、归还借粮								
8、其它粮食支出	0.75		6.80					
三、年末粮食结存	296.90	597.85	33.09	158.68	509.68	538.68	356.09	478.12

16－18　续表　　(2000年)　　单位:公斤

项　　目	新城区	碑林区	莲湖区	灞桥区	阎良区	高陵县
一、粮食收入合计	68.56	39.10	95.90	441.56	1 058.87	1 414.99
1、家庭经营生产的				376.54	1 005.45	1 296.72
2、购　　入	68.56	31.24	95.90	64.60	53.42	118.27
3、借　　入						
4、收回借出粮						
5、其它粮食收入		7.86		0.36		
二、粮食支出合计	68.56	31.24	94.50	240.15	783.01	674.02
1、主要用粮	68.56	31.24	94.50	153.78	319.59	208.68
2、其它生活用粮						
3、出　　售				84.40	341.88	422.79
4、种　　籽				0.98	11.47	
5、饲　　料				0.93	27.07	47.56
6、借　　出						
7、归还借粮						
8、其它粮食支出				0.06	82.20	
三、年末粮食结存	7.58	9.40	9.78	764.82	1 672.84	2 890.09

16－19　农村居民家庭平均每人购买商品

（2000年）

项　　目	单　位	西安市	未央区	雁塔区	长安县	蓝田县	临潼区	周至县	户　县
一、购买食品	元	341.01	531.63	604.32	381.31	180.47	295.70	247.03	269.80
粮　食	公斤	9.61	4.99	5.36	13.92	0.85	1.03	25.16	10.43
金额	元	9.43	4.30	6.18	9.91	1.44	2.29	26.65	9.40
食用植物油	公斤	7.04	9.96	8.58	8.22	4.87	7.29	4.74	6.96
金额	元	42.57	60.93	55.45	47.39	29.31	43.21	29.48	41.19
蔬　菜	公斤	45.64	62.83	61.81	62.85	33.86	44.00	34.47	30.13
金额	元	45.92	69.16	84.18	64.31	28.22	38.86	26.74	29.28
猪　肉	公斤	5.21	7.44	6.52	5.77	1.06	3.31	5.75	7.04
金额	元	39.30	60.42	58.33	40.59	8.00	24.98	39.60	50.45
家　禽	公斤	0.27	1.08	0.54	0.34		0.07	0.07	0.08
金额	元	2.04	8.53	4.57	2.18		0.48	0.47	0.55
鲜　蛋	公斤	3.47	5.35	6.67	3.79	1.32	2.28	2.40	3.86
金额	元	13.48	21.17	26.96	14.25	5.26	8.59	8.86	15.08
卷　烟	盒	24.06	12.70	27.71	22.63	28.12	37.60	19.53	18.44
金额	元	42.52	30.26	67.40	42.37	39.95	59.25	29.03	33.88
酒	公斤	1.83	4.44	3.13	2.68	0.41	1.76	0.51	0.98
金额	元	11.26	23.86	21.63	14.55	4.18	12.34	2.42	6.70
茶　叶	公斤	0.26	0.35	0.37	0.23	0.07	0.56	0.19	0.09
金额	元	4.35	4.91	11.84	3.39	1.23	8.77	0.96	1.38
水　果	公斤	9.81	15.65	15.44	9.62	3.35	9.11	9.93	7.73
金额	元	12.27	22.78	33.24	12.79	2.78	8.75	7.18	6.92
二、购买衣着和床上用品	元	111.82	176.53	239.57	79.42	55.81	92.43	92.80	94.23
棉　布	米	0.09	0.12	0.05	0.19		0.07	0.17	0.04
金额	元	0.51	0.71	0.44	1.06		0.33	0.86	0.14
棉布服装	件	0.11	0.33	0.24	0.10		0.06	0.06	0.08
金额	元	2.85	6.33	10.83	2.09		1.02	1.34	1.50
化纤布	米	0.28	0.19	0.17	0.14	0.04	0.62	0.44	0.18
金额	元	3.38	3.47	2.45	2.28	0.46	5.74	5.73	2.21
化纤布服装	件	1.36	1.00	1.42	1.05	0.09	1.73	1.69	2.17
金额	元	40.60	46.37	66.91	31.72	1.42	42.77	41.61	55.36
床上用品金额	元	6.81	8.67	24.89	5.05	0.56	8.21	3.50	1.86
三、购买文化体育用品	元	51.97	96.85	166.06	15.16	3.34	36.20	42.45	41.54
黑白电视机	台				0.01				
金额	元	0.37			1.54		0.85		

16－19　续表1　　　　(2000年)

项　　目	单　位	西安市	未央区	雁塔区	长安县	蓝田县	临潼区	周至县	户　县
彩色电视机	台	0.01	0.01	0.04			0.01	0.01	
金额	元	18.03	28.77	96.61	4.04		10.73	6.61	3.84
照相机	架								
金额	元								
影碟机	台		0.02	0.01					
金额	元	2.65	16.05	5.00	1.92				
组合音响	台		0.01	0.02					
金额	元	4.96	14.81	29.85					
家用计算机	台								
金额	元								
四、购买建筑材料	元	169.39	131.98	250.50	65.83	33.51	113.33	286.45	274.12
水　泥	公斤	120.57	136.83	164.83	18.96	10.57	79.69	231.12	180.08
金额	元	35.79	52.87	49.29	8.65	3.32	19.69	68.34	45.85
钢　材	公斤	11.48	4.82	16.10	1.14	0.72	4.76	23.79	24.67
金额	元	25.87	13.28	16.95	7.14	2.15	13.73	52.18	61.28
水泥予制品	件	0.28		0.21	0.37		0.34	0.70	0.14
金额	元	18.39		63.56	16.68		14.61	31.32	5.82
玻　璃	平方米	0.04	0.01		0.13			0.01	0.12
金额	元	0.21	0.10		0.18			0.13	0.99
砖　瓦	块	276.34	147.74	615.00	142.44	31.54	356.02	152.79	518.90
金额	元	28.08	16.46	77.16	13.46	3.41	26.21	14.56	53.86
沙　石	立方米	1.08	2.74	1.48	2.32	0.07	0.44	0.46	0.68
金额	元	6.21	10.36	2.39	1.06	3.33	8.92	4.95	11.68
五、购买生活用燃料	元	36.55	80.36	86.26	36.94	12.03	19.07	22.84	24.18
六、购买用品	元	127.58	228.89	333.24	58.16	30.90	94.86	144.15	69.74
七、购买药品及医疗设备	元	49.42	32.70	14.99	29.76	33.76	59.03	97.79	51.05
八、购买生产资料	元	301.70	507.29	119.61	129.59	252.14	429.88	296.83	351.75
化　肥	公斤	101.01	22.60	25.64	75.99	81.43	193.10	115.88	135.47
金额	元	72.71	33.43	28.22	45.72	98.61	114.99	87.15	74.39
农　药	公斤	0.73	0.81	0.56	0.31	0.08	0.71	1.97	0.30
金额	元	6.03	6.68	1.85	1.52	0.75	9.85	12.39	5.68

16－19　续表 2　　(2000年)

商品名称	单位	新城区	碑林区	莲湖区	灞桥区	阎良区	高陵县
一、购买食品	元	1 039.95	608.33	824.17	1 127.10	332.62	329.00
粮　食	公斤	3.23	0.61	1.30	6.65	9.52	21.57
金额	元	5.83	1.70	2.08	6.07	8.35	15.57
食用植物油	公斤	9.24	4.53	8.33	7.82	7.39	9.11
金额	元	76.31	33.31	51.93	48.01	43.65	51.88
蔬　菜	公斤	84.66	40.92	114.45	29.95	40.46	45.08
金额	元	160.43	72.34	130.64	44.30	43.00	56.19
猪　肉	公斤	12.34	4.64	8.98	4.01	4.73	4.33
金额	元	153.03	45.29	71.83	32.46	32.72	32.53
家　禽	公斤	3.05	1.38	2.85	0.39	0.59	0.19
金额	元	36.97	11.76	24.54	3.94	2.08	1.16
鲜　蛋	公斤	9.68	3.99	6.64	4.72	3.12	2.14
金额	元	39.45	16.67	25.63	18.10	11.50	7.77
卷　烟	盒	12.01	19.91	15.22	15.03	28.00	31.62
金额	元	55.45	95.02	56.91	31.64	47.53	58.34
酒	公斤	7.17	2.77	8.77	2.87	3.72	2.00
金额	元	47.12	27.78	35.15	15.09	12.51	14.45
茶　叶	公斤	0.58	0.32	0.26	0.30	0.93	0.72
金额	元	14.40	7.65	5.06	4.78	11.99	9.77
水　果	公斤	30.60	11.33	22.15	7.32	10.55	5.46
金额	元	67.39	29.64	43.83	13.07	12.09	6.29
二、购买衣着和床上用品	元	280.82	239.92	267.54	145.45	116.93	106.85
棉　布	米	0.39	0.01	2.30	0.39	0.41	0.05
金额	元	14.24	0.05	9.29	3.33	5.33	0.63
棉布服装	件	0.34	0.02	1.81	0.28	0.20	0.17
金额	元	17.61	0.84	25.97	6.55	7.29	3.06
化纤布	米	0.03	0.01	0.77	0.38	0.54	0.35
金额	元	5.44	0.34	14.07	6.68	6.10	4.00
化纤布服装	件	3.14	0.07	0.56	1.04	1.38	1.26
金额	元	99.17	4.54	20.93	48.11	32.16	34.29
床上用品金额	元	23.17	4.85	6.77	8.00	7.32	3.49
三、购买文化体育用品	元	29.25	86.60	15.22	31.35	38.70	38.02
黑白电视机	台						
金额	元						0.76

16－19　续表 3　　(2000 年)

商品名称	单位	新城区	碑林区	莲湖区	灞桥区	阎良区	高陵县
彩色电视机	台		0.01			0.01	0.02
金额	元		40.52		4.09	26.46	31.40
照相机	架				0.01		
金额	元				1.35		
影碟机	台				0.02		
金额	元				11.07		0.19
组合音响	台		0.02				
金额	元		20.26		0.58		
家用计算机	台	0.01					
金额	元	0.48					
四、购买建筑材料	元	33.09	29.61	294.10	37.26	54.86	166.89
水　泥	公斤		6.03	260.87	17.52	9.28	170.22
金额	元		3.91	86.52	6.90	4.05	66.45
钢　材	公斤			0.34	1.27	0.39	5.78
金额	元			0.82	3.55	0.97	15.95
水泥予制品	件			2.61	2.88	0.21	0.19
金额	元			13.83	1.01	0.28	3.89
玻　璃	平方米	0.02			0.01	0.01	
金额	元	27.16			0.76	0.08	
砖　瓦	块		5.87	19.13	218.78	391.28	365.46
金额	元		10.03	2.87	16.46	28.19	36.94
沙　石	立方米		0.10	2.61	1.71	0.03	0.32
金额	元		1.21	4.17	1.88	1.43	7.47
五、购买生活用燃料	元	98.03	38.38	66.93	42.62	34.01	21.60
六、购买用品	元	224.42	93.91	262.25	148.11	129.45	161.12
七、购买药品及医疗设备	元	55.69	41.00	146.90	16.15	11.73	8.16
八、购买生产资料	元		0.44	6.26	133.82	278.12	375.66
化　肥	公斤			0.09	27.75	109.01	154.88
金额	元			0.09	39.43	112.58	105.68
农　药	公斤			0.01	1.19	3.06	1.73
金额	元			0.17	9.50	17.06	15.40

16－20　农村居民家庭人均主要食品消费量

（2000年）　　单位：公斤

食品名称	西安市	未央区	雁塔区	长安县	蓝田县	临潼区	周至县	户县
一、粮　　食	200.42	230.87	156.81	165.15	222.10	167.50	238.88	214.59
＃小　　麦	155.18	150.90	102.36	134.13	176.24	148.36	171.01	186.76
二、豆类及豆制品	5.14	9.65	8.08	7.32	2.02	4.56	3.47	2.90
三、蔬菜及菜制品	53.01	71.36	62.39	63.55	34.03	51.23	59.06	33.89
四、调味品	0.10				0.53	0.01		0.20
五、油脂类	7.10	10.09	8.60	8.25	4.87	7.36	4.80	7.02
六、肉禽及制品	6.43	10.68	9.39	7.47	1.30	4.06	6.07	7.50
＃猪　　肉	5.22	7.49	6.52	5.77	1.06	3.31	5.75	7.04
七、蛋类及蛋制品	4.69	5.56	6.89	9.81	1.32	2.82	3.36	4.06
八、奶和奶制品	2.38	1.81	1.60	2.77	0.84	7.01	0.37	1.64
九、水产品	0.34	0.96	0.92	0.45	0.05	0.22	0.06	0.05
十、食　糖	1.09	0.78	1.18	1.56	1.38	1.02	0.96	0.80
十一、酒和饮料	3.83	8.11	8.62	4.42	1.33	3.87	1.52	1.52
＃白　　酒	0.53	1.09	0.53	0.99	0.25	0.54	0.15	0.37
十二、糖　果	0.24	0.71	0.50	0.29	0.03	0.19	0.10	0.08
十三、糕　点	1.47	1.66	1.92	2.20	0.38	2.86	0.32	1.09
十四、水果及水果制品	15.74	22.49	21.34	14.70	5.86	14.36	19.61	13.08
十五、坚果及果仁制品	1.15	1.88	1.36	1.48	0.07	1.41	1.31	0.58

16－20　续表　　(2000 年)　　单位:公斤

食品名称	新城区	碑林区	莲湖区	灞桥区	阎良区	高陵县
一、粮　食	67.39	30.89	94.02	153.23	319.45	203.50
#小　麦	45.92	20.89	65.41	121.23	246.74	163.43
二、豆类及豆制品	9.91	4.91	8.42	4.47	4.77	4.34
三、蔬菜及菜制品	84.80	41.42	114.95	32.21	41.41	45.27
四、调味品		0.23	0.01	0.02	0.01	
五、油脂类	10.09	4.53	8.42	7.86	7.63	9.14
六、肉禽及其制品	17.06	9.27	17.10	5.24	6.19	5.08
#猪　肉	12.34	4.64	8.98	4.01	4.73	4.33
七、蛋类及蛋制品	9.68	4.09	6.75	4.80	3.38	2.14
八、奶和奶制品	3.42	2.28	5.15	0.92	0.63	0.30
九、水产品	3.51	1.46	3.09	0.82	0.97	0.09
十、食　糖	1.73	0.34	0.30	1.13	0.85	0.42
十一、酒和饮料	13.40	5.94	15.98	4.68	5.58	4.17
#白　酒	0.34	0.80	1.32	0.62	0.42	1.26
十二、糖　果	0.54	1.08	1.43	1.20	0.39	0.29
十三、糕　点	6.59	2.59	1.64	1.29	1.62	2.88
十四、水果及水果制品	42.40	17.19	29.08	11.84	22.06	9.89
十五、坚果及果仁制品	2.41	2.10	1.84	0.82	1.35	0.83

16－21　农村居民家庭每百户耐用消费品年末拥有量

（2000年）

品　名	单位	西安市	未央区	雁塔区	长安县	蓝田县	临潼区	周至县	户县
大型家具	件	267	293	502	136	260	329	221	181
洗衣机	台	62	102	102	63	3	70	43	59
电风扇	台	132	197	182	137	42	149	78	154
电冰箱	台	19	55	63	13	3	6	3	5
空调机	台	3	12	10	1				
微波炉	台	1	5	2					
热水器	台	8	20	35	3	2	4		
自行车	辆	162	207	178	114	130	144	140	224
摩托车	辆	16	35	23	7		23	16	11
电话机	部	34	60	67	10	17	34	23	34
寻呼机	台	12	10	53	7		10	3	8
彩色电视机	台	64	90	113	56	12	61	56	66
黑白电视机	台	50	27	33	60	83	49	44	56
影碟机	台	12	17	27	11		13	6	11
照像机	架	8	15	32	6		1	3	4
家用计算机	台	1		5					
中高档乐器	件	1	5						

16－21　续表　　(2000年)

品　名	单位	新城区	碑林区	莲湖区	灞桥区	阎良区	高陵县
大型家具	件	300	180	270	270	232	213
洗衣机	台	113	103	103	75	77	83
电风扇	台	183	163	180	155	143	209
电冰箱	台	83	107	100	26	8	8
空调机	台	37	77	30	2		
微波炉	台	17	20	30			
热水器	台	103	83	57	9	8	10
自行车	辆	140	200	130	197	207	202
摩托车	辆	23	23	27	17	25	33
电话机	部	63	103	63	27	28	23
寻呼机	台	83	110	30	27	7	6
彩色电视机	台	113	137	120	79	72	78
黑白电视机	台	13	7	7	44	47	62
影碟机	台	43	67	30	36	3	13
照像机	架	50	70	27	15		1
家用计算机	台	13	27	10	6		
中高档乐器	件		7	17	2		

16－22　农村居民家庭人均住房情况

(2000年)　　单位:平方米、元

指　　标	西安市	未央区	雁塔区	长安县	蓝田县	临潼区	周至县	户　县
一、年末住房面积	28.31	37.20	39.90	24.68	22.05	25.34	24.51	29.84
#钢筋混泥土结构面积	15.30	34.48	37.24	17.17	5.19	4.53	7.03	13.23
砖木结构面积	9.39	2.72	2.66	6.49	8.72	18.40	10.08	10.79
二、住房类型								
1.楼房面积	14.77	33.28	37.79	16.38	3.33	3.87	5.40	15.60
2.砖瓦平房面积	9.64	3.63	2.03	7.85	10.58	18.71	12.28	7.53
3.其他	3.90	0.29	0.08	0.45	8.14	2.76	6.83	6.71
三、年末住房价值	5 398.21	8 968.72	11 936.02	4 818.91	2 219.54	4 014.85	4 532.82	3 854.05
四、年内新建购房屋面积	1.58	0.62	5.38	0.77		1.26	2.04	1.50
#钢筋混泥土结构面积	1.48	0.62	4.83	0.64		1.09	2.04	1.50
砖木结构面积	0.10		0.55	0.13		0.17		
年内新建购房屋价值	408.07	268.31	1 058.90	243.59		322.15	599.48	414.45

16－22 续表 单位:平方米、元

指标	新城区	碑林区	莲湖区	灞桥区	阎良区	高陵县
一、年末住房面积	39.40	29.78	17.83	26.12	29.68	34.28
＃钢筋混泥土结构面积	37.67	29.44	16.43	19.18	15.51	23.05
砖木结构面积		0.34		6.94	14.89	10.30
二、住房类型						
1.楼房面积	38.97	29.18	17.83	16.38	4.14	22.27
2.砖瓦平房面积	0.43	0.34		9.07	25.08	11.27
3.其他		0.26		0.67	0.46	1.00
三、年末住房价值	14 121.57	126.31	6 609.22	5 975.24	4 681.86	4 982.78
四、年内新建(购)房屋面积	1.12	0.86		0.44	1.98	3.73
＃钢筋混泥土结构面积	1.12	0.86		0.44	1.98	3.18
砖木结构面积						0.24
年内新建(购)房屋价值	457.41	206.90		187.51	474.68	767.70

主要统计指标解释

城镇居民家庭可支配收入:指被调查城镇居民家庭在支付个人所得税之后,所余下的实际收入。计算公式:

可支配收入=实际收入-个人所得税-家庭副业生产支出-记帐补贴

城镇居民家庭实际收入:指调查户实际收入中能用于安排日常生活的收入。即用实际收入减掉"赡养支出"和"赠送支出",减调查户记帐所得的"记帐补贴"及非家庭人口中的经常性用饭人口所交的"搭伙费",以及"家庭副业生产支出"。

城镇居民家庭消费性支出:指被调查户用于日常生活的全部支出,包括食品、衣着、家庭设备用品及服务、医疗保健、交通和通讯、娱乐教育文化服务、居住、杂项商品和服务等八大类支出,均按用途划分归类。

城镇居民家庭非消费性支出:包括直接税、消费性贷款利息支出、经常性转移支出等支出。

农村居民家庭纯收入:指农村常住居民家庭总收入中,扣除从事生产和非生产经营费用支出,缴纳税款和上交承包集体任务金额以后剩余的,可直接用于进行生产性、非生产性建设投资,生活消费和积蓄的那一部分收入。它是反映农民家庭实际收入水平的综合性的主要指标。农民家庭纯收入,既包括从事生产性和非生产性的经营收入,又包括取自在外人口寄回带回和国家财政救济,各种补贴等非经营性收入;既包括货币收入,又包括自产自用的实物收入。但不包括向银行、信用社和向亲友借款等属于借贷性的收入。

农村居民家庭生活消费支出:指农村常住居家庭内用于日常生活人全部开支。它是用来反映和研究农民家庭实际生活消费水平高低的重要指标。农民家庭生活消费支出,包括用于吃、穿、住、烧、用等生活消费品开支和文化、生活服务费用开支两大部分。

农村居民家庭商品性生活消费支出:指农村常住居民家庭用其货币收入,在市场上购买食品、衣着、家庭用家具器皿、日用杂品、燃料、耐用消费品以及文教育卫生用品等生活消费总量。包括向国有商店、集体商店和集市贸易市场以及其他流通渠道购买的全部生活消费品。农民家庭商品性生活消费支出,是农民家庭生活消费支出的一个重要组成部分,是用来反映和分析农民家庭生活消费水平的商品化程度以及由自给性经济向商品经济发展趋势的重要指标,也是研究和预测农民家庭对市场消费品需求,制定商品供应计划的重要依据。

商品零售价格指数:商品零售价格是指工业、商业、餐饮业和其他零售企业向城乡居民、机关团体出售 生活消费品和办公用品的价格。商品零售价格指数,就是指反映一定时期内商品零售价格变动趋势和变动程度的相对数。编制这一价格指数的目的,在于全面掌握市场商品零售价格的变动状况,为国家制定经济政策提供参考依据。同时,还可在此基础上编制出其他各种派生价格指数,为研究市场流通,进行国民经济核算提供科学依据。零售价格指数分十四个大类300多种商品,个体指数采用商品集团的代表规格品的平均价格计算,总指数采用加权算术平均公式计算。

居民消费价格指数:居民消费价格,是指城乡居民支付生活消费品和服务项目消费的价格,是社会产品和服务项目的最终价格,同人民生活密切相关,在整个国发经济价格体系中具有极为重要的地位。居民消费价格指数,就是指反映一定时期内居民消费价格变动趋势和变动程度的相对数。编制这一价格指数的目的,在于全面观察居民消费价格变动对居民生活的影响,为党政领导和决策部门掌握消费价格状况,研究和制定居民消费政策、价格政策、工资政策、货币政策以及进行国发经济核算提供科学依据。居民消费价格指还是反映通货膨胀程度的重要指标。包括食品、衣着、家庭设备及用品、医疗保健、交通和通讯、娱乐教育和文化用品、居住、服务项目等八个大类,300 多种商品和服务项目。居民消费价格指数的汇总计算公式是加权算术平均公式,权数资料来源于城乡居民家庭收支调查中的消费支出的构成资料。

农产品收购价格指数:农产品收购价格,是指各种经济类型的工商企业和其他单位以及个人直接从农民个人和国有农业生产单位收购农产品的价格。农产品收购价格指数,就是指反映一定时期内农产品收购价格变动趋势和变动程度的相对数。编制这一价格指数的目的,在于及时、准确地反映农产品收购价格的变动情况及其对农产品生产者、收购者货币收支的影响,为国家制定、检查农产品收购政策,研究收购价格水平、差价政策和比价政策提供科学依据,服务于国民经济核算。其包括粮食、经济作物、竹木材、工业用油漆、禽畜产品、水产品等十一个大类,包括 250 种商品。农产品收购价格指数的计算公式是加权倒数平均公式,权数资料来源于农村住户主要农林产品出售量,农村住户出售畜禽及渔业产品情况、国家和社会其他农产品收购部门的收购金额或收购量资料,历年农产品收购金额资料等。

工业品出厂价格指数:工业品出厂价格指数是反映工业产品出厂价格水平变动趋势及变动程度的相对数,一般用百分数(%)表示。

原材料、燃料、动力购进价格指数:是反映工业企业作为生产投入,而从物资交易市场和能源、原材料生产企业购买原材料、燃料和动力产品时,所支付的价格水平变动趋势和程度的统计指标,是扣除工业企业物质消耗成本中的价格变动影响的重要依据。

XI'AN

統計年鑒

2001

物价

WUJIA

17－1　各种价格指数

(以上年价格为100)

年　份	商品零售价格总指数	居民消费价格总指数	农副产品收购价格总指数	集贸市场农产品成交价格总指数
1980	109.3	108.7		
1981	102.7	102.4		
1982	101.0	100.9		
1983	102.0	102.6	104.3	110.5
1984	104.8	104.7	104.6	106.7
1985	109.3	109.7	106.3	116.0
1986	107.4	108.5	104.9	108.7
1987	111.4	110.6	120.4	117.5
1988	123.2	122.8		123.3
1989	117.8	118.3	117.9	112.0
1990	100.9	102.5	97.6	99.6
1991	108.3	109.4	101.8	101.7
1992	112.4	112.2	106.8	107.6
1993	112.8	117.2	110.2	104.0
1994	126.2	128.5	146.2	130.4
1995	114.6	117.0	129.0	115.4
1996	107.9	110.9	106.6	110.4
1997	101.5	106.0	96.5	94.1
1998	95.5	97.9	92.4	88.5
1999	97.4	96.8	94.7	93.9
2000	98.7	100.2	97.7	93.2

17－2　居民消费价格指数

（以上年价格为100）

类　　别	2000 年	类　　别	2000 年
居民消费价格总指数	**100.2**	3. 床上用品	98.2
一、食　品　类	97.2	4. 家庭日用杂品	96.4
1. 粮　　食	91.8	5. 其它日用品	102.3
2. 淀粉及薯类	100.6	四、医疗保健	103.0
3. 干豆类及豆制品	98.7	1. 医疗器具及保健用品	100.0
4. 油　脂　类	77.2	2. 中药材及中成药	103.0
5. 肉食及其制品	97.6	3. 西　　药	103.1
6. 蛋　　类	85.6	五、交通和通讯工具	85.0
7. 水 产 品 类	105.7	1. 交通工具	100.6
8. 菜　　类	101.5	2. 通讯工具	72.3
9. 调　味　品	104.9	六、娱乐教育文化用品	99.4
10. 糖　　类	98.5	1. 文娱用耐用消费品	93.9
11. 烟　草　类	98.8	2. 教材及参考书	111.7
12. 酒 和 饮 料	97.8	3. 文化娱乐用品	100.6
13. 干鲜瓜果类	96.1	七、居　　住	103.4
14. 糕　点　类	107.8	1. 住　　房	100.0
15. 奶及奶制品	104.6	2. 水、电、燃料	107.1
16. 其 它 食 品	103.2	八、服务项目	111.3
17. 饮　食　业	98.4	1. 电　讯　费	99.6
二、衣　着　类	99.5	2. 邮　　费	108.0
1. 服　　装	99.7	3. 交　通　费	109.9
2. 衣着材料	100.1	4. 洗理美容费	100.0
3. 鞋袜帽及其它衣着	98.8	5. 文　娱　费	113.4
三、家庭设备及用品	96.8	6. 学杂保育费	123.9
1. 耐用消费品	95.1	7. 修理及其它服务费	98.4
2. 室内装饰品	96.9	8. 医疗保健服务费	100.0

17－3　商品零售价格指数

（以上年价格为100）

类别	2000年	类别	2000年
总指数	**98.7**	2.鞋	99.9
一、食品类	97.1	3.其它衣着	99.2
1.粮食	93.4	四、纺织品类	99.5
(1)细粮	92.1	1.棉布	101.3
(2)粗粮	117.3	2.棉花化纤混纺布	96.0
2.油脂类	77.2	3.化纤布	101.1
3.肉禽蛋	96.5	4.呢绒	97.7
4.水产品	108.4	5.绸缎	100.4
5.鲜菜	101.8	6.其它纺织品	99.6
6.干菜	97.7	五、中、西药品类	102.8
7.鲜果	94.4	1.中药	101.1
8.干果	99.8	2.西药	104.1
9.其它食品类	104.7	3.医疗用品	100.0
(1)调味品	107.5	六、化妆品类	104.7
(2)食糖	108.3	七、书报、杂志类	108.1
(3)糖果	95.3	八、文化体育用品类	100.3
(4)糕点	108.0	1.文化用品	100.5
(5)奶及奶制品	104.6	2.体育用品	99.1
(6)罐头	102.9	九、日用品类	98.7
10.饮食业	97.9	1.一般日用品	97.5
(1)主食	99.2	2.家具类	100.0
(2)炒菜	95.7	3.日用杂品	99.7
(3)地方小吃	100.5	十、家用电器类	92.1
二、饮料、烟酒类	98.6	十一、首饰类	93.0
1.饮料	97.7	十二、燃料类	110.8
2.烟酒	99.3	十三、建筑装璜材料类	99.5
三、服装、鞋帽类	100.1	十四、机电产品类	96.7
1.服装	100.4		

17－4　集贸市场农产品成交价格指数

(以上年价格为 100)

类　别	2000 年	类　别	2000 年
农产品成交价格指数	**93.2**	5. 鲜　菜	98.1
1. 粮　食	92.1	6. 干　菜	97.9
2. 油脂类	77.2	7. 鲜　果	92.3
3. 肉禽蛋	93.3	8. 干　果	99.8
4. 水产品	104.8		

17－5　农副产品收购价格指数

(以上年价格为 100)

类　别	2000 年	类　别	2000 年
农副产品收购价格指数	**97.7**	(2)禽　蛋	84.9
1. 粮食类	92.8	(3)其它畜产品	107.5
2. 经济作物类	153.6	4. 干鲜果类	96.4
(1)食用植物油及油类	87.9	5. 中药材	122.9
(2)棉　花	179.5	6. 鲜　菜	102.1
3. 禽畜产品类	94.5	7. 水产品	92.6
(1)肉　畜	101.1		

17－6　工业产品出厂价格指数

（以上年价格为 100）

指　　标	1995 年	1996 年	1997 年	1998 年	1999 年	2000 年
全部工业品	**110.78**	**100.71**	**98.63**	**94.37**	**97.49**	**99.43**
按轻重工业分						
轻工业	114.13	100.93	98.17	91.11	95.87	97.82
以农产品为原料	117.20	101.60	99.21	89.47	95.19	99.18
以非农产品为原料	108.55	98.11	96.79	93.41	96.97	95.45
重工业	103.97	100.20	98.98	97.30	98.92	100.75
采掘工业				104.14	101.52	97.48
原料工业	104.28	99.44	100.96	100.70	102.27	107.74
加工工业	103.82	101.49	97.86	95.63	98.00	98.36
按用途分						
生产资料	108.36	100.35	99.58	96.57	98.28	100.50
采掘工业				104.14	101.52	97.48
原料工业	116.76	99.41	100.89	100.57	100.20	106.38
加工工业	103.97	101.94	98.87	94.67	97.59	98.67
生活资料	112.21	100.89	97.03	91.36	96.46	97.27
(1)食　　品	123.71	107.95	108.21	97.75	95.79	94.40
(2)衣　　着	113.44	98.57	92.96	83.88	95.19	101.56
(3)一般日用品	106.29	97.29	91.63	95.06	97.62	96.89
(4)耐用消费品	105.10	92.59	99.65	95.41	98.02	95.93
按工业部门分						
1.冶金工业	96.02	98.63	99.17	97.50	91.20	98.20
2.电力工业			111.29	111.23	109.33	109.63
3.煤炭及炼焦工业	105.21	102.09	98.87	98.48	96.30	100.54
4.石油工业					107.09	134.24
5.化学工业	111.05	101.46	91.77	92.93	96.61	96.69
6.机械工业	104.01	99.47	98.76	94.59	98.09	98.02
7.建筑材料工业	105.60	94.49	98.19	99.30	96.71	98.51
8.森林工业	116.02	98.94	107.55	104.47	97.94	98.90
9.食品工业	123.71	108.47	106.80	95.27	95.45	94.32
10.纺织工业	115.81	95.68	94.32	82.58	93.65	103.35
11.缝纫工业	140.60		100.14	97.29	99.10	103.50
12.皮革工业	106.29	133.81	91.18	96.78	98.00	99.20
13.造纸工业	100.70	98.82			95.33	96.68
14.文教艺术用品工业	100.87	100.87			96.65	96.36
15.其它工业	100.30	100.00	109.51	109.22	98.89	104.84

17－7　主要原材料、燃料、动力购进价格指数

(以上年价格为 100)

类　　别	1995 年	1996 年	1997 年	1998 年	1999 年	2000 年
全部原材料	**113.12**	**103.80**	**102.45**	**97.46**	**96.85**	**102.38**
(一)燃料、动力类	115.67	112.95	112.79	110.33	100.53	105.01
(二)黑色金属材料类	91.54	96.47	97.95	96.16	96.52	102.69
＃钢材	90.61	94.89	97.74	96.58	95.95	103.35
其它	95.54	100.97	98.64	94.61	98.79	100.30
(三)有色金属材料和电线类	120.95	94.70	104.26	87.37	97.59	105.17
(四)化工原料类	121.71	100.54	95.59	88.79	98.19	104.55
(五)木材及纸浆类	128.65	103.56	101.40	102.85	100.63	101.21
(六)建筑材料及非金属矿类	101.69	98.14	99.63	99.67	98.57	100.28
(七)其它工业原材料及半成品类	－	－	99.15	93.52	96.98	98.75
(八)农副产品类	130.84	111.85	95.39	89.07	90.12	100.42
(九)纺织原料类	124.99	112.81	95.56	86.29	90.00	98.03

17－8　土地交易价格指数

（以上年价格为 100）

项　　目	1998 年	1999 年	2000 年
土地交易价格指数	**100.1**	**100.3**	**100.0**
一、居民住宅用地	100.2	100.4	100.0
1.豪华住宅用地	99.6	102.5	100.0
2.普通住宅用地	100.4	100.0	100.0
二、工业用地	99.3	99.9	100.0
三、商业、旅游、娱乐用地	101.3	100.0	100.0
四、其它用地	100.0	100.0	100.0

17－9　房地产销售价格指数

(以上年价格为100)

项　　目	1998年	1999年	2000年
房地产销售价格指数	**100.5**	**100.4**	**101.3**
一、商　品　房	100.6	100.6	102.0
(一)住　　宅	100.6	100.6	102.2
1.安居工程	100.0	99.8	101.6
2.普通住宅	102.5	101.3	102.9
(1)单层住宅	－	－	－
(2)多层住宅	102.3	102.4	104.0
(3)高层住宅	102.0	99.7	101.2
3.豪华住宅	100.1	101.7	100.2
(1)别墅	100.5	100.0	100.3
(2)高档公寓	99.9	97.5	99.9
(二)非住宅	100.6	100.8	100.4
1.写字楼	100.1	100.1	100.1
2.商业用房	100.8	100.9	101.5
3.其他	100.3	105.3	100.7
二、旧房交易	98.8	100.0	100.0
(一)商业用房	96.6	100.0	100.0
(二)住宅	99.5	100.0	100.0
三、公有住房	101.1	100.0	100.0
(一)成本价房	101.7	100.0	100.0
(二)转售价房	－	－	－

17－10　房地产租赁价格指数

（以上年价格为100）

项　　目	1998年	1999年	2000年
房地产租赁价格指数	**102.5**	**100.6**	**101.2**
一、住　宅	102.5	101.7	100.0
（一）公　房	116.3	100.9	100.0
1.直管公房	117.5	103.3	100.0
2.自管公房	109.4	100.0	100.0
（二）私　房	100.0	102.0	100.0
二、办公用房	101.6	98.2	98.2
（一）高标准写字楼	99.1	94.4	95.1
（二）普通办公用房	103.4	99.9	99.7
三、商业用房	100.8	101.7	100.2
四、厂房仓库	101.7	101.7	100.4
（一）工业厂房	101.7	99.3	102.0
（二）仓　库	101.8	103.6	98.4
五、旅馆饭店客房	106.3	99.6	102.8
（一）旅游饭店	104.0	96.3	106.1
1.星级饭店	104.1	96.2	106.5
2.非星级饭店	97.5	98.8	101.9
（二）其他旅店	107.5	107.2	100.9

17－11 固定资产投资价格指数

(以上年价格为100)

项目	1999年	2000年
固定资产投资价格指数	**100.8**	**102.1**
一、按构成分：		
建筑安装工程	101.8	103.9
设备、工具器购置	99.2	97.9
其它费用	99.7	100.0

17－12 建筑安装工程价格指数

(以上年价格为100)

项目	1999年	2000年
报告期施工产值价格指数	**101.8**	**103.9**
直接费	101.2	104.2
其中：		
人工费	102.7	103.6
材料费	100.5	104.4
机械使用费	102.1	103.9
间接费	105.2	102.3

主要统计指标解释

房地产价格:是指建筑物连同其占用土地价格的统称,即人们通常所说的房价。房地产价格按取得所有权(使用权)的方式分为房地产销售价格和房地产租赁价格两种形式。

房地产销售:指以买卖方式转移房地产的所有权。它包括商品房销售、旧房交易和公有住房三部分。

房地产租赁:指以支付租金形式取得房地产使用权。它包括住宅租赁、办公用房租赁、商业用房租赁、厂房仓库和旅馆饭店客房租赁五部分。

土地交易价格:土地交易价格是指房地产开发商或其他建设单位在进行商品房开发之前,为取得土地使用权而实际支付的价格,不包括土地的后续开发费用、税费、各种手续费和拆迁费等。土地交易方式一般包括:出让、转让、租赁等。

XI'AN

統計年鑒

2001

企业调查

QIYEDIAOCHA

18－1　建立现代企业制度企业基本情况

（2000年）

企业名称	企业规模	主营行业	登记注册类型	注册资本（万元）	控股情况
陕西鼓风机（集团）有限公司	大型	制造业	国有独资公司	13 000	国有绝对控股
西安化工（集团）有限公司	大型	制造业	国有独资公司	31 980	国有绝对控股
西安无线电二厂	大型	制造业	国有企业	8 824	国有绝对控股
西安中国国际旅行社集团有限责任公司	中型	服务业	有限责任公司	1 650	国有绝对控股
西安华山机械工业有限公司	大型	制造业	国有独资公司	15 334	国有绝对控股
陕西精密金属（集团）有限责任公司	大型	制造业	国有独资公司	6 973	国有绝对控股
陕西省糖酒副食总公司	中型	批发零售贸易业	国有企业	382	国有绝对控股
陕西建设机械（集团）有限责任公司	大型	制造业	国有独资公司	11 800	国有绝对控股
陕西百隆（集团）股份有限公司	大型	批发零售贸易业	股份有限公司	13 247	国有相对控股
陕西省纺织品进出口公司	大型	批发零售贸易业	国有企业	10 133	国有绝对控股
西安利君制药股份有限公司	大型	制造业	股份有限公司	21 090	国有相对控股
五环（集团）实业有限责任公司	大型	制造业	有限责任公司	9 735	国有绝对控股
陕西省农工贸（集团）总公司	大型	批发零售贸易业	国有企业	5 405	国有绝对控股
西仪集团有限责任公司	大型	制造业	国有独资公司	17 499	国有绝对控股
陕西省物资产业集团总公司	大型	批发零售贸易业	国有企业	15 021	国有绝对控股
西安飞机工业（集团）有限责任公司	特大型	制造业	国有独资公司	46 000	国有绝对控股
西安标准工业股份有限公司	大型	制造业	股份有限公司	15 950	国有绝对控股
西安电力机械制造公司	特大型	制造业	国有企业	67 194	国有绝对控股
长岭黄河集团有限公司	大型	制造业	国有独资公司	46 400	国有绝对控股
庆安集团有限公司	大型	制造业	国有独资公司	9 247	国有绝对控股
西安秦川汽车有限责任公司	中型	制造业	有限责任公司	50 000	国有绝对控股
西安航空发动机（集团）有限公司	特大型	制造业	国有独资公司	59 467	国有绝对控股
陕西唐华纺织印染集团有限责任公司	大型	制造业	国有独资公司	26 416	国有绝对控股
陕西省路桥工程总公司	大型	建筑业	国有企业	6 743	国有绝对控股
西安航天发动机厂	大型	制造业	国有企业	5 803	国有绝对控股
陕西汽车制造总厂	大型	制造业	国有企业	28 887	国有绝对控股
西安民生集团股份有限公司	大型	批发零售贸易业	股份有限公司	20 201	国有相对控股
陕西建工集团总公司	大型	建筑业	国有企业	99 245	国有绝对控股
西安解放集团股份有限公司	大型	批发零售贸易业	股份有限公司	12 035	国有相对控股
陕西省天然气有限责任公司	大型	运输业	国有独资公司	22 000	国有绝对控股
西安华联制皮工业有限公司	大型	制造业	港澳台合资企业	5 547	外商资本控股
陕西省电力公司	特大型	电力生产供应业	国有企业	100 000	国有绝对控股

18-1 续表 (2000年) 单位:万元

企 业 名 称	年末资产总计	主营业务收入	利润总额	从业人员年末人数(人)
陕西鼓风机(集团)有限公司	59 943	18 601	1 537	2 310
西安化工(集团)有限公司	156 012	45 548	-482	5 089
西安无线电二厂	31 205	8 703	57	1 427
西安中国国际旅行社集团有限责任公司	24 005	30 529	813	972
西安华山机械工业有限公司	136 092	32 350	-886	5 982
陕西精密金属(集团)有限责任公司	27 780	3 977	-6 777	1 673
陕西省糖酒副食总公司	7 544	3 755	-213	86
陕西建设机械(集团)有限责任公司	57 778	26 763	652	1 877
陕西百隆(集团)股份有限公司	88 567	55 443	4 842	610
陕西省纺织品进出口公司	54 339	33 577	-845	193
西安利君制药股份有限公司	49 746	69 013	7 502	2 489
五环(集团)实业有限责任公司	54 341	41 157	2 013	6 720
陕西省农工贸(集团)总公司	24 301	5 229	-3 351	336
西仪集团有限责任公司	54 051	933	-3 749	3 314
陕西省物资产业集团总公司	75 523	64 608	-2 947	1 816
西安飞机工业集团有限责任公司	564 905	129 673	1 239	10 787
西安标准工业股份有限公司	86 412	42 156	7 054	1 655
西安电力机械制造公司	568 476	261 190	1 125	16 172
长岭黄河集团有限公司	482 910	114 671	-3 104	12 635
庆安集团有限公司	166 842	52 421	430	7 611
西安秦川汽车有限责任公司	93 141	21 942	9	775
西安航空发动机(集团)有限公司	260 909	62 645	656	12 515
陕西唐华纺织印染集团有限责任公司	179 078	78 636	2 928	19 301
陕西省路桥工程总公司	46 047	39 441	-352	2 723
西安航天发动机厂	73 679	16 764	382	2 847
陕西汽车制造总厂	167 737	87 369	1 526	5 588
西安民生集团股份有限公司	98 293	81 841	4 223	3 338
陕西建工集团总公司	690 311	268 135	912	33 955
西安解放集团股份有限公司	63 579	72 808	3 713	1 419
陕西省天然气有限责任公司	93 430	23 642	-6 886	217
西安华联制皮工业有限公司	21 134	7 721	183	276
陕西省电力公司	2 940 218	894 868	1 162	44 864

18－2　全市建立现代企业制度企业主要经济指标

单位：万元

指标名称	2000年	1999年	增减%
企业个数	32	32	－
年末资产总计	7 498 328	6 789 988	10.4
固定资产原价	4 119 915	3 866 327	6.6
累计折旧	1 272 076	1 245 801	2.1
累计对外投资	278 650	166 792	67.1
存货	767 408	772 235	－0.6
流动资产年平均余额	3 081 119	2 789 650	10.5
年末负债合计	5 352 258	4 849 426	10.4
流动负债	3 430 031	3 089 366	11.0
年末股东(所有者)权益合计	2 146 069	1 940 561	10.6
股本(实收资本)	1 346 092	1 214 658	10.8
主营业务收入	2 696 109	2 340 072	15.2
其中:主营业务成本	2 229 600	1 972 910	13.0
主营业务税金及附加	18 553	15 799	17.4
存货跌价损失和营业、管理、财务等费用合计	384 165	358 697	7.1
投资收益	17 131	6 975	1.5倍
利润总额	13 365	－45 712	－
应交所得税	7 814	5 199	50.3
应交增值税	119 748	87 858	36.3
研究开发费用	57 227	45 578	25.6
年末从业人数(人)	211 572	237 367	－10.9
其中:在岗职工	210 151	236 546	－11.2
从业人员劳动报酬	227 226	228 265	－0.5
其中:在岗职工	226 264	227 726	－0.6
从业人员人均月工资(元)	895	801	11.7
其中:在岗职工(元)	897	802	11.8

18-3 企业家信心指数

(2000年以上季度为100)

	一季度	二季度	三季度	四季度
企业家信心指数	121.52	124.33	125.01	119.23
按行业门类分				
工业	133.61	130.40	128.64	124.03
建筑业	97.16	113.32	123.58	125.72
交通运输、仓储及邮电通信业	109.20	117.80	138.72	99.08
批发和零售贸易、餐饮业	101.35	98.94	88.90	92.63
房地产业	134.78	147.83	137.84	146.54
社会服务业	130.87	156.25	153.13	159.38
按企业登记注册类型分				
国有企业	114.44	114.70	110.65	108.52
集体企业	101.16	106.88	110.45	111.55
股份合作企业	100.00	105.00	105.00	105.26
有限责任公司	131.01	136.21	132.14	116.24
股份有限公司	129.15	133.92	132.30	136.02
外商及港、澳、台投资企业	139.08	144.29	142.79	140.98
按企业规模分				
大型企业	129.80	132.32	127.05	121.33
中型企业	109.64	115.10	115.54	120.00
小型企业	110.71	117.07	103.61	100.00

18－4 企业景气指数

(2000年以上季度为100)

	一季度	二季度	三季度	四季度
企业景气指数	111.51	115.78	121.19	118.65
按行业门类分				
工业	119.61	118.85	120.94	123.25
建筑业	89.31	110.56	135.59	137.23
交通运输、仓储及邮电通信业	110.00	103.51	127.69	93.17
批发和零售贸易、餐饮业	99.98	103.14	98.97	102.16
房地产业	127.27	121.74	113.04	100.00
社会服务业	107.19	150.00	143.75	146.88
按企业登记注册类型分				
国有企业	107.43	106.08	116.40	112.76
集体企业	88.83	94.92	114.60	105.74
股份合作企业	110.00	115.00	115.00	100.00
有限责任公司	125.55	131.32	117.02	116.53
股份有限公司	119.89	135.87	113.69	127.37
外商及港、澳、台投资企业	113.37	133.27	134.79	123.91

18－4 续表 (2000年以上季度为100)

	一季度	二季度	三季度	四季度
按企业规模分				
大型企业	138.99	130.47	136.66	133.13
中型企业	98.97	107.37	107.77	112.82
小型企业	82.93	104.88	89.16	92.59
特殊分组				
国家重点联系企业	144.00	141.15	150.41	134.08
试点企业集团成员	123.15	149.08	128.44	137.43
乡镇企业	100.00	106.15	137.50	137.50
上市公司	132.80	158.43	136.31	127.97
生产情况	104.22	131.94	127.79	124.49
盈利(亏损)变化	89.07	105.73	97.06	96.68
流动资金	49.68	52.14	53.83	52.29
货款拖欠	90.18	89.70	89.93	89.65
用工情况	83.01	95.46	91.93	89.88
固定资产投资	109.94	101.45	108.26	113.12

主要统计指标解释

现代企业制度:现代企业制度是指适应社会化大生产和社会主义市场经济要求的产权明晰、权责明确、政企分开、管理科学的企业制度。它的基本特征是:第一,产权关系明晰,企业中的国有资产所有权属于国家,企业拥有包括国家在内的出资者形成的全部法人财产权,成为享有民事权利,承担民事责任的法人实体;第二,企业以其全部法人财产依法自主经营,自负盈亏,照章纳税,对出资者承担资产保值增值的责任;第三,出资者按投入企业的资本额享有所有者的权益,即资产收益、重大决策和选择管理者等权利。企业破产时,出资者只以投入企业的资本额对企业债务负有限责任;第四,企业按照市场需求组织生产经营,以提高劳动生产率和经济效益为目的,政府不直接干预企业的生产经营活动,企业在市场竞争中优胜劣汰。长期亏损、资不抵债的应依法破产;第五,建立科学的企业领导体制和组织管理制度,调节所有者、经营者和职工之间的关系,形成激励和约束相结合经营机制。

登记注册类型:是指在工商行政管理机关登记注册的具有法人资格的各类企业。其中:(1)国有企业:是指企业全部资产归国家所有,并按《中华人民共和国企业法人登记管理条例》规定登记注册的非公司制的经济组织。不包括有限责任公司中的国有独资公司;(2)国有独资公司:是指国家授权的投资机构或者国家授权的部门单独投资设立的有限责任公司;(3)其他有限责任公司:是指根据《中华人民共和国公司登记管理条例》规定登记注册,由两个以上,五十个以下的股东共同出资,每个股东以其所认缴的出资额对公司承担有限责任,公司以其全部资产对其债务承担责任的经济组织。其他有限责任公司不包括独资公司;(4)股份有限公司:是指根据《中华人民共和国公司登记管理条例》规定登记注册,其全部注册资本由等额股份构成并通过发行股票筹集资本,股东以其认购的股份对公司承担有限责任,公司以其全部资产对其债务承担责任的经济组织。

注册资本合计:指企业在工商行政管理部门登记注册的资金合计,包括国家资本、集体资本、法人资本、个人资本以及外商资本等。

控股情况:是指按所有制性质和控股状况划分的企业情况,包括:(1)国有绝对控股:是指在企业的全部资本中,国家资本(股本)所占比例大于50%的企业;(2)国有相对控股:指在企业的全部资本中,国家资本(股本)所占的比例虽未大于50%,但相对大于企业中的其他经济成份所占比例的企业;或者虽不大于其他经济成份,但根据协议规定,由国家拥有实际控制权的企业协议控制;(3)集体绝对控股:指在企业的全部资本中,集体资本(股本)所占的比例大于50%的企业;(4)集体相对控股:指在企业全部资本中,集体资本(股本)所占的比例虽未大于50%,但相对大于企业中的其他经济成份所占比例的企业;或者虽不大于其他经济成份,但根据协议规定,由集体拥有实际控制权的企业协议控制。

主营业务收入:指企业从事某种主要生产、经营活动所取得的营业收入。该指标在各行业会计制度中的名称叫法不同,但一律按各行业会计制度或报表的口径进行填报。农业企业是指“主营业务收入”;工业企业是指“产品销售收入”;交通运输企业指“主营业务收入”;建筑业指“工程结算收入”;批发零售贸易企业指“商品销售收入”,房地产业指“房地产经营收入”;其他企业指“经营(营业)收入”。

企业景气调查：是适应我国社会主义市场经济发展的新形势，借鉴西方市场经济国家的经验而建立的一项统计调查制度。它是通过对企业家进行定期的问卷调查，根据企业家对企业生产经营状况及宏观经济状况的判断和预期（通常为对"乐观"、"一般"、"不乐观"的选择）而编制企业家信心指数和企业景气指数，由此反映企业的生产经营状况、经济运行状况、预测未来经济的发展变化趋势。

企业家信心指数：是根据企业家对企业外部市场经济环境与宏观政策的认识看法、判断与预期而编制的指数，用以综合反映企业家对经济环境的感受与信心。企业家信心指数也称"宏观经济景气指数"。

企业景气指数：是根据企业家对本企业综合生产经营情况的判断与预期而编制的指数，用以综合反映企业的生产经营状况。企业景气指数也称"企业综合生产经营景气指数"。

景气指数的表示范围在 0—200 之间，其含义为：100 为景气指数的临界值，表明景气状况变化不大；100—200 为景气区间，表明经济状况趋于上升或改善；越接近 200 状况越景气；0—100 为不景气区间，表明经济状况趋于下降或恶化，越接近 0，状况越不景气。

中国统计出版社最新资料书简目

中国统计年鉴－2001
中国统计摘要－2001
中国城市统计年鉴－2000
中国农村统计年鉴－2001
中国劳动统计年鉴－2001
中国人口统计年鉴－2001
中国社会统计资料－2000
中国市场统计年鉴－2001
中国建筑业统计年鉴－2001
中国固定资产投资统计年鉴－2001
中国价格及城镇居民家庭收支调查统计年鉴－2001
国际统计年鉴－2001
中国对外经济贸易统计年鉴－2000
中国商品交易市场统计年鉴－2001
中国基本单位统计年鉴－2000
中国食品工业年鉴－2000
中国民政统计年鉴－2001
如何使用统计年鉴
北京统计年鉴－2001
天津统计年鉴－2001
河北经济年鉴－2001
山西统计年鉴－2001
内蒙古统计年鉴－2001
辽宁统计年鉴－2001
吉林统计年鉴－2001
黑龙江统计年鉴－2001
上海统计年鉴－2001
江苏统计年鉴－2001
浙江统计年鉴－2001
安徽统计年鉴－2001
福建统计年鉴－2001
江西统计年鉴－2001
山东统计年鉴－2001
河南统计年鉴－2001
湖北统计年鉴－2001
湖南统计年鉴－2001
广东统计年鉴－2001
广西统计年鉴－2001
贵州统计年鉴－2001
云南统计年鉴－2001
海南统计年鉴－2001
四川统计年鉴－2001
重庆统计年鉴－2001
西藏统计年鉴－2001
陕西统计年鉴－2001
甘肃年鉴－2001
青海统计年鉴－2001
宁夏统计年鉴－2001
新疆统计年鉴－2001
新疆生产建设兵团统计年鉴－2001
石家庄统计年鉴－2001
唐山统计年鉴－2001
廊坊统计年鉴－2001
邯郸统计年鉴－2001
衡水统计年鉴－2001
张家口统计年鉴－2001
邢台经济统计年鉴－2001
太原统计年鉴－2001
临汾年鉴－2001
呼和浩特经济统计年鉴－2001
沈阳年鉴－2001
大连统计年鉴－2001
吉林市社会经济统计年鉴－2001
四平统计年鉴－2001
延吉统计年鉴－2001
哈尔滨统计年鉴－2001
齐齐哈尔经济统计年鉴－2001
双鸭山社会经济统计年鉴－2001
黑龙江垦区统计年鉴－2001
牡丹江统计年鉴－2001
上海浦东新区统计年鉴－2001
宝山年鉴－2001
南京统计年鉴－2001
苏州统计年鉴－2001
无锡统计年鉴－2001
常州统计年鉴－2001
徐州统计年鉴－2001
南通统计年鉴－2001
盐城统计年鉴－2001
连云港统计年鉴－2001
杭州统计年鉴－2001
宁波统计年鉴－2001
绍兴统计年鉴－2001
嘉兴统计年鉴－2001
台州统计年鉴－2001
舟山统计年鉴－2001
金华统计年鉴－2001
温州统计年鉴－2001
福州年鉴－2001
厦门经济特区年鉴－2001
福州经济技术开发区年鉴－2001
南昌统计年鉴－2001
九江统计年鉴－2001
宜春统计年鉴－2001
济南统计年鉴－2001
青岛统计年鉴－2001
潍坊统计年鉴－2001
泰安统计年鉴－2001
德州统计年鉴－2001
日照统计年鉴－2001
郑州统计年鉴－2001
洛阳统计年鉴－2001
开封统计年鉴－2001
三门峡统计年鉴－2001
平顶山统计年鉴－2001
南阳经济统计年鉴－2001
武汉统计年鉴－2001
宜昌统计年鉴－2001
广州统计年鉴－2001
深圳统计信息年鉴－2001
惠州统计年鉴－2001
珠海统计年鉴－2001
东莞统计年鉴－2001
南宁统计年鉴－2001
南宁地区统计年鉴－2001
桂林经济社会统计年鉴－2001
柳州经济统计年鉴－2001
柳州地区统计年鉴－2001
贵阳统计年鉴－2001
海口统计年鉴－2001
成都统计年鉴－2001
广安统计年鉴－2001
攀枝花统计年鉴－2001
西安统计年鉴－2001
兰州年鉴－2000
西宁统计年鉴－2001
乌鲁木齐统计年鉴－2001
巴音郭楞统计年鉴－2001
吐鲁番统计年鉴－2001
石河子统计年鉴－2001
伊犁统计年鉴－2001
巴州统计年鉴－2001
河北农村统计年鉴－2001
广东农村统计年鉴－2001
福建农村统计年鉴－2001
湖北农村统计年鉴－2001
河南农村统计年鉴－2001
山东城市统计年鉴－2001
湖北工交统计年鉴－2001